부 동 산
토지경매
따라하기

**부 동 산
토지경매
따라하기**

초판 1쇄 발행일 2014년 6월 4일
초판 2쇄 발행일 2015년 3월 26일

지은이 김병석
펴낸이 양옥매
디자인 이윤경
교정 조준경

펴낸곳 도서출판 책과나무
출판등록 제2012-000376
주소 서울특별시 마포구 월드컵북로 44길 37 천지빌딩 3층
대표전화 02.372.1537 **팩스** 02.372.1538
이메일 booknamu2007@naver.com
홈페이지 www.booknamu.com
ISBN 979-11-85609-45-4(13320)

이 도서의 국립중앙도서관 출판시도서목록(CIP)은 서지정보유통지원 시스템
홈페이지(http://seoji.nl.go.kr)와 국가자료공동목록시스템
(http://www.nl.go.kr/kolisnet)에서 이용하실 수 있습니다.
(CIP제어번호 : CIP2014016735)

*저작권법에 의해 보호를 받는 저작물이므로 저자와 출판사의 동의 없이 내용의 일부를
 인용하거나 발췌하는 것을 금합니다.
*파손된 책은 구입처에서 교환해 드립니다.

부동산 토지경매 따라하기

김병석 지음

책나무과

| 글을 시작하면서 |

우리나라 전 국토의 등록면적은 1년새 여의도 면적의 27배인 78만㎢ 증가한 100,266㎢(2013년 말 지적공부 등록)이며 이는 10년전 국토의 등록면적에 비해 여의도의 223.7배인 649㎢증가한 것이다. 국토의 면적이 늘어난 증가요인은 산업용지 확보를 위한 간척지 신규등록 요인이 가장크다.

국토의 면적은 고정되어 있고 증가시키기에는 한계가 있기에 토지 개발이 아직 이뤄지지 않은 전국 토지들에 대한 가치평가 작업이 대대적으로 이뤄지고 있다. 미개발 토지의 개발가치를 따지는 소위 '토지적성평가'가 진행되며 대상은 총9만9124㎢로 전체 국토의 59%에 달한다. 자연보전지역, 농림지역 등 체계적인 개발이 이뤄지지 않은 토지를 대상으로 토지적성평가를 실시하는 방안을 추진하고 있으며 향후 여건에 맞춰 개발할 수 있도록 용도가 정해진 관리지역 토지의 개발가치 평가를 진행중이며 농림, 자연환경보전지역 등 개발이 허용되지 않는 토지까지 확대·적용 하여 국토의 균형적인 발전과 난개발에 따른 혼란을 막고 체계적으로 국토개발을 유도하기 위한 제도이기에 토지의 투자방향도 변화가 필요할 듯하다.

토지는 건물에 비해 2배에서 8배이상의 가격 상승율을 가져다 주고 있다. 소액으로 전국의 모든 토지를 취득할 수 있고 토지거래허가제도의 규제도 적용받지 않기에 투자목적과 계획만 잘 세운다면 투자는 누구든 할 수 있지만 국토의 계획적인 개발과 규제정보를 잘 분석하여 접근해야만 성공적 투자가 이루어 질 것이다.

수도권 규제 완화로 도시용지 비율을 2020년까지 6%에서 9%까지 확대하는 계획인 만큼 호재지역을 찾는게 중요하며 그린벨트, 군사시설보호구역 해제와 준공업지역 용도변경, 농지, 산지 개발규제 완화, 농업보호구역 또는 농업진흥구역 개발 가능 토지에 관심을 갖는 것이 유리하다.

토지경매로 성공적인 투자를 한다는 것은 토지에 대한 분석과 가치의 흐름을 완전 정복 하기 위한 체계적인 로드맵에 달려있다. 새로운 토지이용규제에 지역·지구 등의 신설과 급변하는 토지이용규제의 개정을 수반하는 지역·지구등의 각종 제한을 명쾌하게 제시하여 토지가격의 확실한 재평가와 투자의 미래가치를 시도하고 있다.

본 서는 토지이용계획확인서와 토지이용규제에 따른 각종 토지이용제한에 관한 설명과 용도지역·지구·구역으로서 약 400여개에 달하는 토지의 공적 제한을 한눈에 파악할 수 있도록 집필하여 토지경매 공권상의 하자에 따른 토지의 가치판단을 정확히 하고 나아가 토지투자 활동시 실무현장의 유용한 실무 지침서가 되도록 이론에서 실무까지 체계적으로 이해할 수 있도록 저술하였으며 경매 물건지에 인접해 있는 국·시유지를 활용하여 토지가치를 높일 수 있는 방법을 실전 사례를 통해 제시하였으며 부록으로 매각, 대부 방법에 대한 방법을 수록하였다.

- 저자 김 병 석-

글을 시작하면서 _ 4

1장   토지투자 기초 다지기

Ⅰ. 토지경매용어 이해 _ 12

Ⅱ. 지목의 종류 _ 19

Ⅲ. 토지의 면적과 형상을 알아야 한다 _ 26

Ⅳ. 건폐율과 용적률을 알자 _ 29

Ⅴ. 용도별 건축물의 종류 _ 36

2장   국토종합계획

Ⅰ. 국토종합계획은 국가의 최상위 국토개발계획 _ 52

Ⅱ. 국토계획의 용어 이해 _ 55

Ⅲ. 국토계획의 체계 _ 60

Ⅳ. 국토종합계획의 변천 _ 68

Ⅴ. 국토의 여건과 전망 _ 80

Ⅵ. 도시기본계획 _ 103

Ⅶ. 부동산경매 site 이용하기 _ 107

3장   토지이용계획 확인원

Ⅰ. 토지이용계획원은 公簿이다 _ 116

Ⅱ. 국토계획법의 용도지구·지역·구역 _ 133

Ⅲ. 도로의 요건 _ 144

Ⅳ. 맹지에 진입도로를 내는 방법 _ 158

4장   지적공부

Ⅰ. 지적공부란? _ 168
Ⅱ. 토지등기부[등기사항전부증명서] 보는 법 _ 171
Ⅲ. 토지대장으로 사실관계 확인하기 _ 177
Ⅳ. 건축물대장으로 사실관계 확인하기 _ 181
Ⅴ. 지적도와 임야도 _ 184
Ⅵ. 땅을 찾는 방법에는 원칙이 있다 _ 188

5장   주택재개발사업

Ⅰ. 주택재개발사업이란? _ 192
Ⅱ. 주택재건축사업이란? _ 199
Ⅲ. 지구단위계획 구역 _ 206

6장 농지의 투자

Ⅰ. 농지란 무엇인가? _ 232
Ⅱ. 농지의 세부 종류 _ 244
Ⅲ. 농지전용이란? _ 255
Ⅳ. 농지경매 낙찰시 주의사항 _ 261
Ⅴ. 농지전용 허가 면적 및 종류 _ 267

7장 산지(임야)의 투자

Ⅰ. 산지의 정의 _ 272
Ⅱ. 산지전용의 흐름도 _ 275
Ⅲ. 산지분류별 분석과 경사도 조사방법 _ 276
Ⅳ. 산지경사도에 따른 투자 분석 _ 279
Ⅴ. 산지에서 할 수 있는 행위 _ 280
Ⅵ. 산지전용허가 _ 296
Ⅶ. 산지전용 허용시설 및 면적 _ 309

8장 개발행위 허가 _ 314

9장 개발제한구역

Ⅰ. 개발제한구역이란? _ 322
Ⅱ. 개발제한구역에서 건축 행위 _ 325

10장 군사기지 및 군사시설 보호구역 _342

11장 법정지상권

  Ⅰ. 법정지상권이란? _ 350
  Ⅱ. 법정지상권 판례사례 _ 360

12장 분묘기지권

  Ⅰ. 분묘기지권이란? _ 368
  Ⅱ. 장사등에 관한 법률 _ 370

13장 토지경매의 투자 _376

14장 토지보상 _382

부록

  Ⅰ. 토지 분석 보고서 _ 392
  Ⅱ. 실전경매 물건사례 _ 397
  Ⅲ. 국유지 매각과 임대 방법 _ 438
  Ⅳ. 경매 서식 _ 453

1 토지투자
기초다지기

토지경매용어 이해

토지경매를 최초로 접하는 사람들이 가장 어렵게 생각하고 생소하게 여기는 것이 토지경매에서 사용하는 용어다. 물론 경매라는 것을 모르는 사람은 거의 정도로 요즘은 부동산경매가 대중화되었고, 그 이유는 재산 증식 수단(재테크)으로 가장 좋다고 생각하여, 너도나도 경매에 관심을 갖고 있기 때문이다.

그래도 토지경매에 관심을 갖고 있고, 또한 언젠가는 경매에 참여하고자 한다면 토지경매에서 사용하는 용어를 확실히 알고 가는 것이 좋다.

왜냐하면 기본적인 용어와 그 뜻을 확실히 알고 있어야 토지경매를 제대로 알 수 있기 때문이다.

대지 : 하나의 건축물에 필요한 최소의 공지를 확보하여 일조, 채광, 통풍, 소방상의 편리를 도모하는 목적으로 구획된 토지를 말한다.

택지 : 주택건설용지와 공공시설용지로 개발, 공급되는 토지를 말한다.

필지 : 하나의 지번이 붙는 토지의 등지번이 붙는 토지의 등록단위(토지대장, 임야대장등)이며, 토지는 형태에 관계없이 하나의 필지에는 하나의 지번이 붙는다. 예들 들어 '보정동 1261-1번지'하면 1번지의 땅은 하나의 필지가 되는 것이다. 한 개의 토지소유권이 미치는 범위를 뜻한다.

획지(경제적 개념) : 경제적, 행정적 조건에 의해 다른 토지와 구별되는 가격수준이 비슷한 토지의 단위면적을 말하며, 1획의 토지가 여러 필지로 될 수 있고 1필지가 여러 획지로 될 수도 있다.

또는 1필지와 1획지가 같을 수도 있다. 위의 예에서 1번지의 땅이 워낙 넓으면 1필지, 즉 1번지의 땅이 여러 획지에 걸쳐있을 수가 있고, 반대로 면적이 좁으면 주위의 필지와 합쳐져 1획지에 속하게 될수도 있는 것이다.

- 지번: 다른 토지와 구별하기 위하여 개개의 필지마다 숫자를 붙여 표시하는 것을 말하며, 지번으로 그 토지의 위치를 추측할 수 있고 '산1번지'처럼 지번앞에 '산'자가 들어가는 것은 임야대장 및 임야도에 등록하는 토지의 지번을 뜻한다.
- 지목: 토지의 주된 사용목적 또는 용도에 따라 1필지마다 1개의 지목을 설정한다. 지적법시행령에 의하여 다음과 같은 28개의 지목으로 구분한다.
  전, 답, 과수원, 목장용지, 임야, 광천지, 염전, 대(垈), 공장용지, 학교용지, 주차장, 주유소용지, 창고용지, 도로, 철도용지, 하천, 제방, 구거(수로·둑), 유지(저수지·호수·연못등), 양어장, 수도용지, 공원, 체육용지, 유원지, 종교용지, 사적지, 묘지, 잡종지.

나지 : 택지의 지상에 건물 등의 건축물이 없는 토지로 사법상, 공법상의 규제를 모두 받는다.
갱지(更地) : 건물 등이 없고 사법상의 아무런 제한이 없는 토지로 공법상, 행정상의 규제를 받는 토지다.
공지(空地) : 건폐율·용적율의 제한 때문에 한 필지 내에서 건축하지 못하고 비어 있게 되는 토지를 말한다.
건부지 : 건물이 서 있는 부지를 말한다.
소지(素地) : 농업, 임업 등 1차산업에 이용되는 자연 그대로의 토지를 말한다.
선하지(線下地) : 고압선 아래에 있는 토지를 말한다.
맹지(盲地) : 사방이 도로와 맞닿은 부분이 없는 토지를 말한다.
포락지(浦落地) : 개인의 사유지였으나 지반이 무너져 하천으로 변한 토지를 말한다.
법지(法地) : 법적으로만 소유할 뿐 실제 사용할 수 없는 토지를 말한다.
빈지(濱地) : 소유권은 인정되지 않지만 쓸모있는 토지로, 이를테면 해변의 토지 등이 있다.

유휴지 : 그냥 사용하지 않고 묵히는 토지를 말하며, 흔히 '노는 땅'이라고도 한다.

휴한지 : 토지의 재충전을 위하여, 즉 비옥도를 높이기 위하여 일부러 일정기간 사용하지 않고 묵히는 토지를 말한다.

공한지(空閑地) : 투기의 목적으로 지가상승만을 기대하며 장기간 방치해 두는 토지를 말한다.

이행지 : 용도지역(택지지역·농지지역·임지지역 등)이 각각의 지역 내에서 지역간 이동이 진행되고 있는 토지. 예를 들어 택지지역 내에서 주거지가 상업지로 전환되고 있거나, 주거지가 공장용지로 전환되고 있는 토지를 말한다.

후보지 : 용도지역 상호간에 전환되고 있는 토지로 농지가 택지로 전환되고 있거나, 임지가 택지로 전환되고 있는 토지를 말한다.

입지 : 주택, 공장, 상점, 학교, 사무실, 공항, 도시 등이 자리잡고 있는 장소를 말한다

배후지 : 고객이 존재하는 상권 또는 시장지역을 말한다.

표준지 : 일정지역마다 그 지역의 토지들을 대표할 수 있는 표준적 이용이나 규모가 되는 토지로서 공시지가의 산정대상이 되는 토지를 말한다.

환지 : 도시개발사업 시행 전에 존재하던 토지에 관한 권리를 개발 사업 시행 후에 새로 조성된 대지로 이전하는 행위이다.

환지처분 : 도시개발사업의 시행자가 환지계획에 따라 종전의 토지에 대신하여 새로운 토지를 교부하거나 종전의 토지에 관한 권리와 새로운 토지에 관한 권리 간의 과부 족분을 금전으로 청산할 것을 결정하는 행정처분을 말한다.

체비지(替費地) 및 보류지 : 도시개발사업 시행자가 사업에 필요한 경비에 충당하거나(체비지), 규약·정관·시행규정 또는 실시계획이 정하는 목적에 사용하기 위하여 환지로 정하지 않은 토지를 말한다.

지역지구 : 토지이용계획에서 토지의 용도나 기능을 계획원칙에 부합하도록 유도하기 위해 마련한 법적·행정적 장치로 해당 지역에 따라 건축제한을 받게 된다.

대지면적 : 건축할 수 있는 대지의 넓이를 말하는 것으로 대지면적은 그 대지의 수평 투영면적으로 한다.

건축면적 : 건축물이 차지한 면적으로 건폐율을 산정하는데 사용되며 법적으로는 외벽 기둥의 중심선으로 둘러싸인 수평 투영 면적을 말합니다. 건축물의 외벽에 처마, 차양 부연 등은 외벽으로부터 1m를 제외한 나머지를 건축면적에 합산한다.

연면적 : 건축물 하나에서 각 층의 바닥면적의 총 합계를 말한다.

건축물 : 땅 위에 지은 구조물 중에서 지붕, 기둥, 벽이 있는 건물과 이에 부수되는 시설물을 통틀어 이르는 말이다.

건축설비 : 건축물에 설비하는 모든 공작물의 총칭으로, 조명·배선·동력·전화 등을 취급하는 전기설비, 급배수설비, 위생설비, 소화설비, 가스설비, 공기조절설비, 수송설비 등으로 분류할 수 있다.

건축 : 사람이나 물품·계계설비 등을 수용하기 위한 구축물의 총칭으로 건축물의 신축·증축·개축·재축 또는 이전하는 것을 말한다.

- 신축 : 건축물이 없는 대지에 새로 건축물을 축조하는 것을 말한다.
- 증축 : 기존에 건축물이 있는 대지 내에서 건축물의 건축면적, 연면적, 용적 또는 높이를 증가시키는 것을 말한다.
- 개축 : 기존건축물의 전부 또는 일부를 철거하고 그 대지 안에 종전과 동일한 규모의 범위 안에서 다시 축조하는 것을 말한다.

부속건축물 : 동일한 대지 안에서 주된 건축물과 분리된 건축물로 주된 건축물의 이용 또는 관리에 필요한 규모 이하의 건축물을 말한다.

건폐율: 대지면적에서 건축을 하는 바닥면적. 즉 1층의 바닥면적을 대지면적으로 나누어 퍼센트로 표시한 것. 건폐율은 규제 사항이 있는 항목인데 규제하는 목적은 최소한의 공지를 남겨놓아 건축물의 지나친 밀집을 막고 채광·통풍을 확보하기 위함이다.

용적률 : 대지면적에 대한 총 건축면적의 비율을 말한다. 2층 이상의 건축물이면 각층의 연면적을 합해서 계산하며, 지하층과 지상에서도 주차용으로 쓰이는 바닥

면적은 포함되지 않는다. 용적률은 건축법이 정한 최대한도 범위 내에서 각 지방자치단체가 건축조례로 정한다. 건축물의 높이가 올라갈수록 용적률이 늘어나고 이에 따른 수익성도 높아지나 형평성과 부동산시장 등을 고려하여 일정한 제한을 두고 일정 수준 이상은 허용하지 않는다.

건축물대장 : 건축법에 의해 시장·군수·구청장이 관리하는 건축물 및 그 부지에 관한 현황을 관리하는 대장을 말하며, 건축물의 소유·이용상태를 확인하거나 건축정책의 자료로 활용하기 위해 다음의 경우 그 현황을 기재하고 보관해야 한다.

① 건축물에 사용승인서를 교부한 경우
② 건축허가대상건축물(신고대상건축물 포함) 외의 건축물의 공사를 완료한 후 그 건축물에 대해 기재의 요청이 있는 경우
③ 기타 대통령령이 정하는 경우

지적도 : 지적공부 중 토지대장에 등록된 토지에 대하여 토지의 소재·지번·지목·경계 기타 부령으로 정하는 사항을 등록한 것이다. 대축도(大縮圖)의 지도로 토지 소유자마다 그에 따른 지적 즉 경계, 지목, 등록번호를 나타낸 것으로 지적도의 축척은 1/500, 1/600, 1/1000, 1/1200, 1/3000, 1/6000 등으로 표기한다.

임야도 : 임야대장에 등록할 사항을 도면으로 표시하는 지적공부이다. 임야도의 축척은 1/3000, 1/6000등으로 표기한다.

지적공부 : 토지의 소재, 지번, 지목, 면적 또는 좌표 등 지적에 관한 내용을 표시 등록하여 그 내용을 공적으로 증명하는 장부를 말한다.

⋯ 지적공부의 종류 : 토지대장, 임야대장, 공유지연명부, 대지권등록부, 지적도, 임야도, 경계점좌표등록부, 전산정보처리 조직에 의한 파일 등
⋯ 지적공부의 등록사항

① 토지(임야)대장의 등록사항 : 토지의 소재, 지번, 지목, 면적, 소유자의 성명 또는 명칭 주소 및 주민등록번호, 토지의 고유번호, 도면번호와 필지별 대장의

장번호 및 축척, 토지의 이동사유, 토지소유자가 변경된 날과 그 원인, 토지등급 또는 기준 수확량등급과 그 설정, 수정연월일, 개별공시지가와 그 기준일 등

② 공유지연명부의 등록사항 : 토지의 소재, 지번, 대지권 비율, 소유자의 성명 또는 명칭, 주소 및 주민등록번호, 토지의 고유번호, 전유부분의 건물 표시, 건물명칭, 집합건물별 대지권 등록부의장번호, 토지소유자가 변경된 날과 그 원인, 소유권 지분 등

③ 지적(임야)도의 등록사항 : 토지의 소재, 지번, 지목, 경계, 도면의 색인도, 도면의 제명 및 축척, 도곽선과 그 수치, 좌표에 의하여 계산된 경계점간의 거리(경계점좌표등록부를 비치하는 지역에 한함), 삼각점 및 지적측량기준점의 위치, 건축물 및 구조물 등의 위치등

④ 경계점좌표등록부의 등록사항 : 토지의 소재, 지번, 좌표, 토지의 고유번호, 도면 번호, 필지별 경계점좌표등록부의 장번호, 부호 및 부호도 등

★전용면적: 사람들이 주거만을 위해 사용되는 공간을 말한다. 즉, 거실과 주방, 침실, 욕실등을 전용면적이라고 한다. 단, 베란다는 제외된다.

★공용면적: 아파트를 기준으로 했을 때 복도, 계단, 엘리베이터 등의 면적을 공용면적이라고 한다.

★공급면적: 전용면적 + 공용면적을 말한다.

특수물건 경매 관련 용어

유치권

타인 물건 또는 유가증권을 점유하고 있는 자가 그 물건 또는 유가증권에 관하여 생긴 채권에 대한 변제를 받을 때까지 그 목적물을 유치해 채무자에게 변제를 간접적으로 강제하는 법정담보물건이다. 주로 공사대금채권과 임차인의 인테리어 시설비를 가지고 유치권을 주장한다.

법정지상권

토지와 건물이 동일 소유자에 속하여 있다가 경매등의 이유로 소유자가 달라진 경우건물을 철거하지 않고 그대로 유지시켜주는 것이 사회·경제적으로 바람직하다는 관점에서 법률상 당연히 인정하는 제도로서 법률의 규정에 의한 지상권의 취득이므로 등기를 필요로 하지 않는다고 볼 수 있다.

예고등기 [2011.10.13일 예고등기 폐지]

예비등기의 하나로 볼 수 있으며 토지와 건물이 등기원인이 무효 또는 취소되어 등기 말소나 말소된 등기를 회복시키기 위한 소송이 신청 중인 때 법원에서는 소송이 제기 되었다는 것을 선의의 제3자에게 경고하여 무고한 입찰자들이 피해를 입는 것을 막기 위해 수소법원의 직권으로 이를 등기소에 촉탁하여 등기를 하는 제도이다.

수소법원(受訴法院)이란 간단히 말하자면, 해당 관할서 내에서 발생한 민형사상 사건들 중에서 기소된 사건을 받은 법원을 이야기 한다.

※ 경매절차상 지위
① 예고등기는 말소기준권리의 선후와 관계없이 항상 낙찰자에게 인수되는 권리
② 소유권말소예고등기

…▸ 원고(당초의 소유자)가 승소하는 경우 피고(현 소유자)에게의 소유권 이전은 원인무효로서 낙찰자 소유권 상실
…▸ 원고가 패소하는 경우 피고에게 소유권이전은 적법한 것으로 낙찰자 소유권 취득

③ 근저당권말소예고등기 : 말소기준등기인 근저당권에 대한 말소예고등기인 경우 소송 결과에 따라 후순위 권리의 인수(원고 승소, 근저당 말소) 및 소멸(원고 패소, 근저당 유지) 여부가 결정

II 지목의 종류

지목이란 토지의 주된 용도에 따라 토지의 종류를 구분하여 지적공부에 등록한 것이다. 따라서 토지의 주된용도가 지목을 설정하는 기준이 되며, 지목에 따라 토지의 사용용도가 달라진다.

지목을 변경하려면 반드시 지목변경 사유에 적합해야 한다. 국계법과 기타 관련법에 의거 토지의 형질변경공사를 준공하여야 지목의 변경이 가능하다는 것이다.

지목이 임야인 토지가 형질변경 공사를 준공하거나 건축물이 건축되었으나 아직 지목변경이 이루어지지 않은 임야는 임야도가 아닌 지적도상에 '산1'자가 빠진 일반 '1임'지번으로 표기가 된다.

지적법상의 지목의 종류

지목	부호	코드	지목	부호	코드
전	전	01	철도용지	철	15
답	답	02	제방	제	16
과수원	과	03	하천	천	17
목장용지	목	04	구거	구	18
임야	임	05	유지	유	19
광천지	광	06	양어장	양	20
염전	염	07	수도용지	수	21
대	대	08	공원	공	22
공장용지	장	09	체육용지	체	23
학교용지	학	10	유원지	원	24
주차장	차	11	종교용지	종	25
주유소용지	주	12	사적지	사	26
창고용지	창	13	묘지	묘	27
도로	도	14	잡종지	잡	28

1. 전 2013-14480[2] 경남 김해
물을 상시적으로 이용하지 않고 곡물·원예작물(과수류는 제외한다)·약초·뽕나무·닥나무·묘목·관상수 등의 식물을 주로 재배하는 토지와 식용(食用)으로 죽순을 재배하는 토지

2. 답 2013-27240 경기 파주
물을 상시적으로 직접 이용하여 벼·연(蓮)·미나리·왕골 등의 식물을 주로 재배하는 토지

3. 과수원 2013-8396⑴ 충남 마정리
사과·배·밤·호두·귤나무 등 과수류를 집단적으로 재배하는 토지와 이에 접속된 저장고 등 부속시설물의 부지. 다만, 주거용 건축물의 부지는 "대" 로 한다.

4. 목장용지 2011-23210 경기 가평
다음 각목의 토지. 다만, 주거용 건축물의 부지는 "대"로 한다.
가. 축산업 및 낙농업을 하기 위하여 초지를 조성한 토지
나. 「축산법」 제2조 제1호에 따른 가축을 사육하는 축사 등의 부지
다. 가목 및 나목의 토지와 접속된 부속시설물의 부지

5. 임야 2011-4136[1] 충남 당진
산림 및 원야(原野)를 이루고 있는 수림지(樹林地)·죽림지·암석지·자갈땅·모래땅·습지·황무지 등의 토지

6. 광천지 2011-2006 충남 아산
지하에서 온수·약수·석유류 등이 용출되는 용출구(湧出口)와 그 유지(維持)에 사용되는 부지. 다만, 온수·약수·석유류 등을 일정한 장소로 운송하는 송수관·

송유관 및 저장시설의 부지는 제외한다.

7. 염전 2013-70943 인천 운서동
바닷물을 끌어들여 소금을 채취하기 위하여 조성된 토지와 이에 접속된 제염장(製鹽場) 등 부속시설물의 부지. 다만, 천일제염 방식으로 하지 아니하고 동력으로 바닷물을 끌어들여 소금을 제조하는 공장시설물의 부지는 제외한다.

8. 대 2013-5284[5] 충남 공주
가. 영구적 건축물 중 주거·사무실·점포와 박물관·극장·미술관 등 문화시설과 이에 접속된 정원 및 부속시설물의 부지
나. 「국토의 계획 및 이용에 관한 법률」 등 관계 법령에 따른 택지조성공사가 준공된 토지

9. 공장용지 2013-8128 경기 안성
가. 제조업을 하고 있는 공장시설물의 부지
나. 「산업집적활성화 및 공장설립에 관한 법률」 등 관계 법령에 따른 공장부지 조성공사가 준공된 토지
다. 가목 및 나목의 토지와 같은 구역에 있는 의료시설 등 부속시설물의 부지

10. 학교용지 2010-6768 경기 남양주
학교의 교사(校舍)와 이에 접속된 체육장 등 부속시설물의 부지

11. 주차장 2012-31801[6] 경기 용인
자동차 등의 주차에 필요한 독립적인 시설을 갖춘 부지와 주차전용 건축물 및 이에 접속된 부속시설물의 부지. 다만, 다음 각 목의 어느 하나에 해당하는 시설의 부지는 제외한다.

가. 「주차장법」 제2조 제1호 가목 및 다목에 따른 노상주차장 및 부설주차장(「주차장법」 제19조 제4항에 따라 시설물의 부지 인근에 설치된 부설주차장은 제외한다)

나. 자동차 등의 판매 목적으로 설치된 물류장 및 야외전시장

12. 주유소용지 2013-13151 경기 안성

다음 각 목의 토지. 다만, 자동차·선박·기차 등의 제작 또는 정비공장 안에 설치된 급유·송유시설 등의 부지는 제외한다.

가. 석유·석유제품 또는 액화석유가스 등의 판매를 위하여 일정한 설비를 갖춘 시설물의 부지

나. 저유소(貯油所) 및 원유저장소의 부지와 이에 접속된 부속시설물의 부지

13. 창고용지 2012-6266 강원 원주

물건 등을 보관 또는 저장하기 위하여 독립적으로 설치된 보관시설물의 부지와 이에 접속된 부속시설물의 부지

14. 도로 2011-63200[2] 인천 부평

다음 각 목의 토지. 다만, 아파트·공장 등 단일 용도의 일정한 단지 안에 설치된 통로 등은 제외한다.

가. 일반 공중(公衆)의 교통 운수를 위하여 보행이나 차량운행에 필요한 일정한 설비 또는 형태를 갖추어 이용되는 토지

나. 「도로법」등 관계 법령에 따라 도로로 개설된 토지

다. 고속도로의 휴게소 부지

라. 2필지 이상에 진입하는 통로로 이용되는 토지

15. 철도용지 2011-2734[2] 강원 속초

교통 운수를 위하여 일정한 궤도 등의 설비와 형태를 갖추어 이용되는 토지와 이

에 접속된 역사(驛舍)·차고·발전시설 및 공작창(工作廠) 등 부속시설물의 부지

16. 제방 2012-4488(1) 전북 군산

조수·자연유수(自然流水)·모래·바람 등을 막기 위하여 설치된 방조제·방수제·방사제·방파제 등의 부지

17. 하천 2012-2586(3) 경기 포천

자연의 유수(流水)가 있거나 있을 것으로 예상되는 토지

18. 구거 2012-1649(2) 경남 거창

용수(用水) 또는 배수(排水)를 위하여 일정한 형태를 갖춘 인공적인 수로·둑 및 그 부속시설물의 부지와 자연의 유수(流水)가 있거나 있을 것으로 예상되는 소규모 수로부지

19. 유지 2012-13742 경기 용인

물이 고이거나 상시적으로 물을 저장하고 있는 댐·저수지·소류지(沼溜地)·호수·연못 등의 토지와 연·왕골 등이 자생하는 배수가 잘 되지 아니하는 토지

20. 양어장 2011-8690[2] 전남 완도

육상에 인공으로 조성된 수산생물의 번식 또는 양식을 위한 시설을 갖춘 부지와 이에 접속된 부속시설물의 부지

21. 수도용지 2011-4552 전남 무안

물을 정수하여 공급하기 위한 취수·저수·도수(導水)·정수·송수 및 배수 시설의 부지 및 이에 접속된 부속시설물의 부지

22. 공원 2011-12501⑵ 서울 성동구

일반 공중의 보건 · 휴양 및 정서생활에 이용하기 위한 시설을 갖춘 토지로서 「국토의 계획 및 이용에 관한 법률」에 따라 공원 또는 녹지로 결정 · 고시된 토지

23. 체육용지 2010-17429 경기 화성

국민의 건강증진 등을 위한 체육활동에 적합한 시설과 형태를 갖춘 종합운동장 · 실내체육관 · 야구장 · 골프장 · 스키장 · 승마장 · 경륜장 등 체육시설의 토지와 이에 접속된 부속시설물의 부지. 다만, 체육시설로서의 영속성과 독립성이 미흡한 정구장 · 골프연습장 · 실내수영장 및 체육도장, 유수(流水)를 이용한 요트장 및 카누장, 산림 안의 야영장 등의 토지는 제외한다.

24. 유원지 2012-20606 인천 중구

일반 공중의 위락 · 휴양 등에 적합한 시설물을 종합적으로 갖춘 수영장 · 유선장(遊船場) · 낚시터 · 어린이놀이터 · 동물원 · 식물원 · 민속촌 · 경마장 등의 토지와 이에 접속된 부속시설물의 부지. 다만, 이들 시설과의 거리 등으로 보아 독립적인 것으로 인정되는 숙식시설 및 유기장(遊技場)의 부지와 하천 · 구거 또는 유지[공유(公有)인 것으로 한정한다]로 분류되는 것은 제외한다.

25. 종교용지 2010-5101 전북 전주

일반 공중의 종교의식을 위하여 예배 · 법요 · 설교 · 제사 등을 하기 위한 교회 · 사찰 · 향교 등 건축물의 부지와 이에 접속된 부속시설물의 부지

26. 사적지

문화재로 지정된 역사적인 유적 · 고적 · 기념물 등을 보존하기 위하여 구획된 토지. 다만, 학교용지 · 공원 · 종교용지 등 다른 지목으로 된 토지에 있는 유적 · 고적 · 기념물 등을 보호하기 위하여 구획된 토지는 제외한다.

27. 묘지 2011-267[6] 경북 영덕

사람의 시체나 유골이 매장된 토지, 「도시공원 및 녹지 등에 관한 법률」에 따른 묘지공원으로 결정·고시된 토지 및 「장사 등에 관한 법률」제2조 제9호에 따른 봉안시설과 이에 접속된 부속시설물의 부지. 다만, 묘지의 관리를 위한 건축물의 부지는 "대"로 한다.

28. 잡종지 2011-6364[2] 강원 태백

다음 각 목의 토지. 다만, 원상회복을 조건으로 돌을 캐내는 곳 또는 흙을 파내는 곳으로 허가된 토지는 제외한다.

가. 갈대밭, 실외에 물건을 쌓아두는 곳, 돌을 캐내는 곳, 흙을 파내는 곳, 야외시장, 비행장, 공동우물

나. 영구적 건축물 중 변전소, 송신소, 수신소, 송유시설, 도축장, 자동차운전학원, 쓰레기 및 오물처리장 등의 부지

다. 다른 지목에 속하지 않는 토지

토지의 면적과 형상을 알아야 한다

1. 토지의 면적을 알아야 한다.

토지의 실제 현황과 일치하지 아니하는 지적공부(地籍公簿)의 등록사항을 바로 잡고 종이에 구현된 지적(地籍)을 디지털 지적으로 전환함으로써 국토를 효율적으로 관리함과 아울러 국민의 재산권 보호에 기여함을 목적으로 「지적재조사에 관한 특별법」에 따르며, 면적은 지적공부에 등록한 필지의 수평면상의 넓이를 말하며 단위는 제곱미터로 한다.

과거 척관법으로 정, 단, 무, 보라는 용어를 사용했으며 1902년 이후 사용되던 도량형이 1909년 일본형의 도량형으로 변경되었다.

2007년 7월 부터는 모든 거래단위는 제곱미터로 사용해야 한다.

임야구단위				토지구단위				신단위
정(町)	단(段)	무(畝)	보(步)	평(坪)	홉(合)	작(勺)	재(才)	m²
1	10	100	3,000	3,000	30,000	300,000	3,000,000	
	1	10	300	300	3,000	30,000	300,000	
		1	30	30	300	3,000	30,000	
			1	1	10	100	1,000	3.3058
					1	10	100	
						1	10	

10畝步(무보)는 1段步(단보)이고 10단보는 1町步(정보)이다.
1단보는 300평 (3.3058㎡ × 300 = 약 991.8㎡)
1정보는 10단보 3,000평(9,918㎡) 이다.
그리고 "무보(30평)"라는 단어는 요즘엔 사용하지 않는다.

보통 1평은 6자 x 6자로써(1자=30.303cm, 6자=181.818cm, 181.818cm x 181.818cm =약 3.3058㎡) 즉, 약 3.3058㎡가 1평이 되는 계산식이다.
"논"의 경우에는 "마지기"라는 단어를 사용(한 마지기의 크기는 지역에 따라 약간의 차이가 있다).
한 마지기 = 150평(500㎡), 또는 200평(660㎡)으로 환산한다.
1평 =3.3㎡(1㎡=0.3025평) [※ 건축업계에서는 1㎡는 헤베, 1㎥는 루베라고 함]
1아르(a) = 100제곱미터(㎡)
100아르(a) = 1헥타르(ha)
10,000제곱미터(㎡) = 3,025평
1제곱킬로미터(㎢) = 100ha(302,500평)
1에이커(acre) = 4,046.95제곱미터(1,224.20평)

	- 면적계산공식
㎡를 평으로 환산하기	㎡에 0.3025를 곱하면 평수이다. (예: 1,000㎡ × 0.3025 = 302.5평) ㎡에 3.3058를 나누면 평수이다. (예: 1,000㎡ ÷ 3.3058 = 302.5평)
평을 ㎡로 환산하기	평수에 3.3058을 곱하면 ㎡이다. (예: 1,000평 × 3.3058 = 3,305㎡)

2. 토지의 형상을 알아야 한다.

토지를 알기 위해서는 토지의 형상과 지형에 대하여 이해하고 있어야 한다. 경매 물건 정보에서 감정평가서 내용을 보면 토지의 형상과 지형에 대한 용어로 평가되어 있다.

1) 지형지세 설명

구 분	기재방법	설 명
저 지	저 지	간선도로 또는 주위의 지형지세보다 현저히 낮은 지대의 토지
평 지	평 지	간선도로 또는 주위의 지형지세와 높이가 비슷하거나 경사도가 미미한 토지
완경사지	완 경 사	간선도로 또는 주위의 지형지세보다 높고 경사도가 15°이하인 지대의 토지
급경사지	급 경 사	간선도로 또는 주위의 지형지세보다 높고 경사도가 15°를 초과하는 지대의 토지
고 지	고 지	간선도로 또는 주위의 지형지세보다 현저히 높은 지대의 토지

2) 토지형상 설명

구 분	기재방법	설 명
정 방 형	정 방 형	정사각형 모양의 토지로서 양변의 길이 비율이 1:1.1 내외인 토지
가로장방형	가 장 형	장방형의 토지로 넓은면이 도로에 접하거나 도로를 향하고 있는 토지
세로장방형	세 장 형	장방형의 토지로 좁은면이 도로에 접하거나 도로를 향하고 있는 토지
사다리형	사 다 리	사다리꼴(변형사다리형을 포함)모양의 토지
삼 각 형	삼 각 형	삼각형의 토지로 그 한면이 도로에 접하거나 도로를 향하고 있는 토지
역삼각형	역 삼 각	삼각형의 토지(역사다리형을 포함)로 꼭지점 부분이 도로에 접하거나 도로를 향하고 있는 토지
부 정 형	부 정 형	다각형 또는 부정형의 토지
자 루 형	자 루 형	출입구가 자루처럼 좁게 생긴 토지

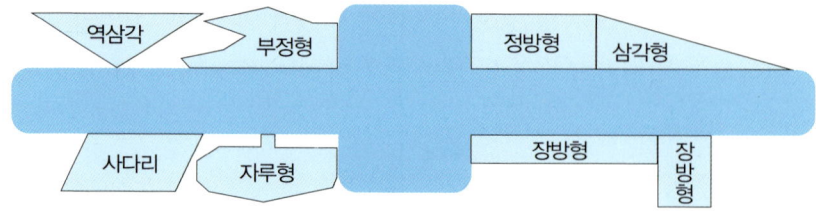

Ⅳ 건폐율과 용적률을 알자

1. 건폐율과 용적률의 의미

▶ 건폐율

건폐율이란 대지면적에 대한 건축면적의 비율을 말한다. 건폐율을 규제하는 목적은 대지 안에 최소한의 공지를 확보함으로써 건축물의 과밀을 방지하여 일조, 채광, 통풍 등 위생적인 환경을 조성하고자 하는 것이다. 아울러 화재 기타의 재해 발생시에 연소의 차단이나 소화, 피난 등에 필요한 공간을 확보하는데 목적이 있다.

> 건폐율 = 건축면적 ÷ 대지면적 × 100

건폐율이 클수록 대지면적에 비해서 건축면적의 비율이 높다는 뜻이다. 즉, 건폐율이 클수록 건물을 넓게 지을 수 있다. 그만큼 대지를 효율적으로 이용할 수 있으므로, 건폐율은 토지의 가격에 직접적인 영향을 크게 미친다.

건폐율이 높은 토지가 건폐율이 낮은 토지에 비해 가격이 높다. 그리고 이 건폐율은 용도지역에 따라서 크기가 달라진다. 통상 농림지역의 건폐율은 20% 이지만, 계획관리 지역은 40%로 되어 있다.

▶ 용적률

용적률은 지하층을 빼고 지상으로 얼마만큼 높이로 건물을 올릴 수 있는지 알 수 있는 면적의 비율을 말한다.

즉, 용적률이란 대지면적에 대한 건축물의 연면적 비율을 말한다. 여기서 건축물의 연면적이란 건축물 각 층의 바닥면적의 합계를 말한다.

> 용적률 = 건축물의 연면적 ÷ 대지면적 × 100

용적률을 계산할 때 쓰는 연면적에는 지하층의 바닥면적이나 주차용으로 쓰이는 면적은 제외된다.

용적률이 클수록 대지면적에 비해서 건축물 연면적의 비율이 높다는 것은 용적률이 큰 만큼 건물을 높게 지을 수 있으며, 건물의 층수가 많다는 것을 의미한다. 따라서 용적률이 크면 그만큼 건물을 여러 층으로 높게 지을 수 있어 건폐율과 함께 용적률도 토지의 가격에 직접적인 영향을 미친다. 그리고 이 용적률도 용도지역에 따라서 크기가 달라진다.

2. 건폐율과 용적률의 계산방법

▶ 건폐율과 용적률의 계산근거는 〈대지면적〉이다. 대지면적은 대지의 수평투영면적으로 한다.

다만, 건축법 제46조 제1항 단서에 따라 대지에 건축선이 정하여진 경우: 그 건축선과 도로 사이의 대지면적과 대지에 도시계획시설인 도로·공원 등이 있는 경우 그 도시계획시설에 포함되는 대지면적은 이를 제외한다. 예컨대, 대지에 도시·군·계획시설로 정하여진 완충녹지가 일부 포함되어 있는 경우에는 대지면적에서 이를 제외하게 된다.

▶ 건폐율의 계산기준인 〈건축면적〉이다. 건축면적은 건축물의 외벽(외벽이 없는 경우에는 외곽 부분의 기둥을 말한다)의 중심선으로 둘러싸인 부분의 수평투영면적으로 한다.

> 건축면적 = 대지면적 × 건폐율

건축면적은 주로 건축면적과 대지 면적의 비율, 즉 공지(空地)를 확보하기 위한 건폐율 등을 규정할 목적으로 정의된 것이므로, 지표면으로부터 1m 이하의 지하층 부분이나 처마·차양·부연(附椽)등과 같이 대지의 부분을 완전히 점유하지 않아 공지확보(일조·통풍·식목·화재시연소 차단·소화·피난상 유효한 공간

확보 등)에 비교적 영향이 적은것은 건축 면적산정에서 전부 또는 일부를 제외한다.

▶ 용적률의 산정자료인 〈연면적〉이다. 하나의 건축물 각 층의 바닥면적의 합계로 하되, 용적률을 산정할 때에는 다음 각 목에 해당하는 면적은 제외한다.
가. 지하층의 면적
나. 지상층의 주차용(해당 건축물의 부속용도인 경우만 해당한다)으로 쓰는 면적
다. 「주택건설기준 등에 관한 규정」 제2조 제3호에 따른 주민공동시설의 면적

건물의 연면적 = 대지면적 x 용적률
건물 층수 = 연면적 ÷ 건축면적

라. 초고층 건축물의 피난안전구역의 면적

3. 건폐율과 용적률에 포함되는 것과 포함되지 않는 것

▶ 지하층
건폐율 산정의 바닥면적에 산입되지 않으며, 용적률을 산정하는 연면적에서도 제외

▶ 데크
데크는 건물 본체로부터 1m이상이 되는 부분을 건축면적에 산입한다.

▶ 필로티의 층수 산입
필로티란 지상 층 부분이 기둥 등으로 이뤄져 통행공간이나 주차장등으로 활용할 수 있는 개방된 공간을 말한다. 즉 지면에 닿는 접지층에 있어서 기둥, 내력벽 등 하중을 지지하는 구조체 이외의 외벽, 설비 등을 설치하지 않고 개방시킨 구조로서, 미관은 물론 범죄예방, 습기, 진동방지, 주차장 활용에 유용하다.
건축법에는 벽면적이 1/2 이상이 개방된 공간(open)으로 되어있으면 필로티와 유사한 구조로 보도록 규정하고 있다. 필로티 및 유사한 구조가 공중의 통행 또는 차량

의 통행·주차에 전용되는 경우와 공동주택에 설치된 경우에는 이를 바닥면적에 산입하지 않는다.

또한 건축물의 1층 전체에 필로티(건축물의 사용을 위한 경비실·계단실·승강기실 기타 이와 유사한 것을 포함)가 설치되어 있는 경우에는 건축물의 높이 산정에서 필로티의 층고를 제외할 수 있도록 하고 있다. 가령 다가구 주택은 주택으로 쓰이는 층 수(지하층을 제외)가 3개층 이하여야 하는데, 1층 전부를 필로티 구조로 하여 주차장으로 사용하는 경우에는 필로티 부분을 층수에서 제외한다. (「건축법」 시행령 제119조 면적·높이 등의 산정방법)

▶ 발코니와 베란다

발코니와 베란다는 흔히 혼용하거나 구별하지 않지만, 양자는 엄격히 다른 개념이다. 발코니와 베란다는 1m 이를 초과하는 부분을 건축면적에 산입한다.

발코니(Balcony)는 거실공간을 연장시키는 개념으로 건축물의 외부로 돌출되게 단 부분이다. 서양건축의 노대(露臺) 중 하나로 지붕은 없고 난간이 있으며, 보통 2층 이상에 설치한다.

「건축법 시행령」 의거 "발코니"란 건축물의 내부와 외부를 연결하는 완충공간으로서 전망이나 휴식 등의 목적으로 건축물 외벽에 접하여 부가적(附加的)으로 설치되는 공간을 말한다. 이 경우 주택에 설치되는 발코니로서 국토해양부장관이 정하는 기준에 적합한 발코니는 '필요에 따라 거실·침실·창고 등의 용도로 사용할 수 있다' 고 규정하고 있다.

베란다(Veranda)는 1, 2층 면적 차이로 생긴 공간을 활용한 곳으로, 일반적으로 1층 면적이 넓고 2층 면적이 적을 경우 1층의 지붕 부분이 남게 되는데 이곳을 활용한 것이 베란다이다. 정확한 의미의 베란다는 건폐율이나 용적율과는 관계없다.

5) 포치와 테라스

포치(Porch)는 출입구 위에 설치해 비 바람을 막는 곳으로 건물의 현관 또는 출입구에 설치되는 것으로 방문객이 집주인이 나올때까지 기다리는 공간이다. 입구에 가깝게 세워 차에서 비바람을 피해 주택의 내부로 들어가게 하는 역할도 한다.
포치도 1m가 넘으면 그 초과면적은 건축면적에 산입된다.

테라스(Terrace)는 정원에 지붕이 없고 건물보다 낮게 만든 대지로서, 정원의 일부를 높게 쌓아올린 대지(臺地)를 말한다. 거실이나 식당 에서 정원으로 직접 나가게 하거나 실내의 생활을 옥외로 연장할 수 있게 한다. 테이블을 놓거나 어린이들의 놀이터, 일광욕 등을 할 수 있는 장소로 쓰이고, 건물의 안정감이나 정원과의 조화를 위해 만들기도 한다. 일반적으로 지붕이 없고 실내 바닥보다 20cm 정도 낮게 하여 타일이나 벽돌·콘크리트 블록 등으로 조성한다. 테라스는 건축면적과 상관없다.

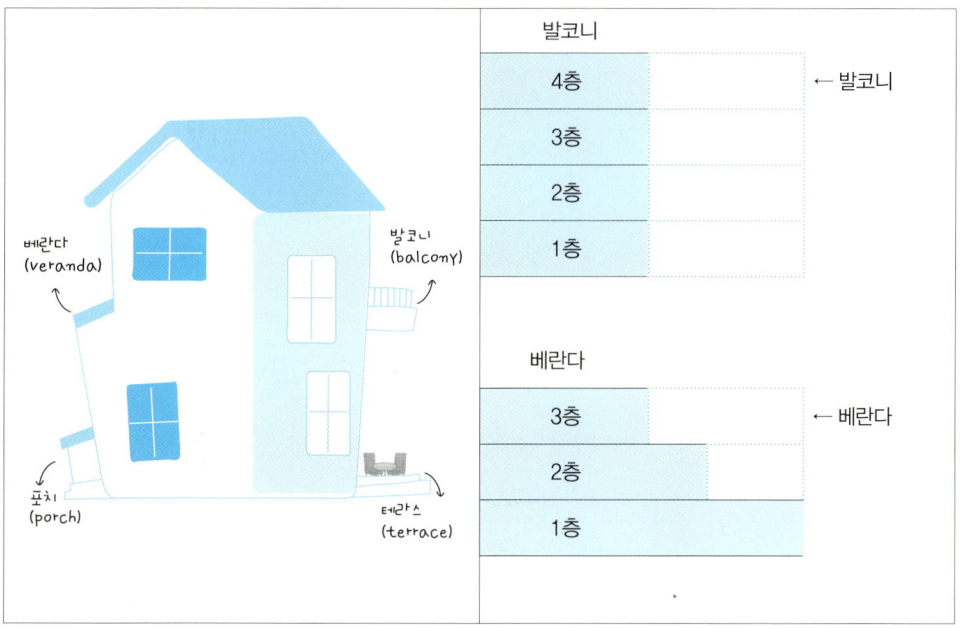

4. 토지의 건폐율과 용적율을 알아보는 방법

해당 토지의 건폐율과 용적율에 관한 것은 별도로 그 지역 (지방자치단체)의 건축조례를 찾아 보아야 정확하게 알 수 있다.

지방자치단체의 건축조례를 찾는 방법은 두 가지가 있다.

첫째, 해당 시·군의 홈페이지로 들어가 법령정보를 찾아 들어가는 방법으로 가장 쉬운 방법이다. 그러나 구(區)나 군(郡)의 경우에는 예외가 있다.

구(區)의 경우에는 특별시(서울)나 광역시(인천 대전 대구 부산 광주 울산)의 조례를 보아야 한다. 예컨대 서울시 은평구는 서울특별시 조례를 보아야 한다. 또 인구 50만 명 이상의 특례시에는 비자치단체 구(區)가 있는데, 이 경우에는 관할시의 홈페이지로 들어간다. 일산동구나 덕양구는 고양시로, 분당구는 성남시로 들어가야 한다. 광역시 내에 있는 군(郡)은 소속 광역시의 조례를 보아야 하며, 예컨대 강화군 옹진군(인천), 달성군(대구), 기장군(부산) 등의 경우가 그렇다.

둘째, 조례만을 모아 놓은 사이트를 이용하는 방법이다.

인터넷에 http://www.elis.go.kr (자치법규정보시스템)에 들어가면, 전국 모든 지역의 조례를 검색할 수 있다. 매우 편리하고 유용한 사이트 이므로 즐겨찾기에 추가해 놓으면 편리할 것이다.

5. 용도지역내에서의 건폐율과 용적률

도시지역			건폐율	용적률
주거지역	전용주거지역	제1종전용주거지역	50%이하	50%이상 100%이하
		제2종전용주거지역	50%이하	100%이상 150%이하
	일반주거지역	제1종일반주거지역	60%이하	100%이상 200%이하
		제2종일반주거지역	60%이하	150%이상 250%이하
		제3종일반주거지역	50%이하	200%이상 300%이하

	준주거지역	70%이하	200%이상 500%이하
상업지역	중심상업지역	90%이하	400%이상 1,500%이하
	일반상업지역	80%이하	300%이상 1,300%이하
	근린상업지역	70%이하	200%이상 900%이하
	유통상업지역	80%이하	200%이상 1,100%이하
공업지역	전용공업지역	70%이하	150%이상 300%이하
	일반공업지역	70%이하	200%이상 350%이하
	준공업지역	70%이하	200%이상 400%이하
녹지지역	보전녹지지역	20%이하	50%이상 80%이하
	생산녹지지역	20%이하	50%이상 100%이하
	자연녹지지역	20%이하	50%이상 100%이하

▶ 도시지역 : 인구와 산업이 밀집되어 있거나 밀집이 예상되어 당해 지역에 대하여 체계적인 개발·정비·관리·보전 등이 필요한 지역

▶ 관리지역 : 도시지역의 인구와 산업을 수용하기 위하여 도시지역에 준하여 체계적으로 관리하거나 농림업의 진흥, 자연환경 또는 산림의 보전을 위하여 농림지역 또는 자연환경보전지역에 준하여 관리가 필요한 지역

보전관리지역	20%이하	50%이상 80%이하
생산관리지역	20%이하	50%이상 80%이하
계획관리지역	40%이하	50%이상 100%이하

▶ 농림지역 : 도시지역에 속하지 아니하는 농지법에 의한 농업진흥지역 또는 산지관리법에 의한 보전산지 등으로서 농림업의 진흥과 산림의 보전을 위하여 필요한 지역적률

농림지역	20%이하	50%이상 80%이하

▶ 자연환경보전지역 : 자연환경·수자원·해안·생태계·상수원 및 문화재의 보전과 수산자원의 보호·육성등을 위하여 필요한 지역

자연환경보전지역	20%이하	50%이상 80%이하

용도별 건축물의 종류

"건축물"이라 함은 토지에 정착하는 공작물 중 지붕과 기둥 또는 벽이 있는 것과 이에 부수되는 시설물, 지하 또는 고가에 설치하는 사무소, 공연장, 점포, 차고, 창고, 기타 대통령이 정하는 것을 말한다.

"건축물의 용도"란 건축물의 안전·기능 및 미관의 향상이라는 건축법의 입법목적을 달성하기 위하여 건축물의 종류를 유사한 구조·이용목적 및 형태별로 묶어 분류한 것이다.

「건축법 시행령」 [별표 1]에 의한 용도별 건축물의 종류는 1번 단독주택부터 28번 장례식장 까지 28가지가 있다.

1. 단독주택	11. 노유자 시설	21. 동물 및 식물관련시설
2. 공동주택	12. 수련시설	22. 분뇨 및 쓰레기처리시설
3. 제1종 근린생활시설	13. 운동시설	23. 교정 및 국방, 군사시설
4. 제2종 근린생활시설	14. 업무시설	24. 방송통신시설
5. 문화 및 집회시설	15. 숙박시설	25. 발전시설
6. 종교시설	16. 위락시설	26. 묘지관련시설
7. 판매시설	17. 공장	27. 관광휴게시설
8. 운수시설	18. 창고시설	28. 장례식장
9. 의료시설	19. 위험물저장 및 처리시설	
10. 교육연구시설	20. 자동차관련시설	

토지는 법령에 의거 허용되는 건폐율과 용적률의 기준범위에 준하여 용도별 허용 건축물을 건축할 수 있는지에 따라 유사한 토지라도 토지의 가격형성과 가치와 달라진다. 전국의 모든 토지는 '토지이용계획확인원'에 용도지구, 용도지역, 용도구역을 확인하여 「국토의 계획 및 이용에 관한 법률」에 의거 건축 가능한 건축물을 확인하고 관할청의 도시기본조례에 적법한 건축 허가를 최종 확인해 보아야 토지에

대한 가치 판단을 할 수 있다.

「건축법 시행령」 [별표 1] 〈개정 2014.11.28〉 [용도별 건축물의 종류(제3조의 5 관련)]

1. **단독주택** [단독주택의 형태를 갖춘 가정어린이집·공동생활가정·지역아동센터 및 노인복지시설(노인복지주택은 제외한다)을 포함한다.]

가. 단독주택
나. 다중주택 : 다음의 요건을 모두 갖춘 주택을 말한다.
　1) 학생 또는 직장인 등 여러 사람이 장기간 거주할 수 있는 구조로 되어 있는 것
　2) 독립된 주거의 형태를 갖추지 아니한 것(각 실별로 욕실은 설치할 수 있으나, 취사시설은 설치하지 아니한 것을 말한다. 이하 같다)
　3) 연면적이 330제곱미터 이하이고 층수가 3층 이하인 것
다. 다가구주택 : 다음의 요건을 모두 갖춘 주택으로서 공동주택에 해당하지 아니하는 것을 말한다.
　1) 주택으로 쓰는 층수(지하층은 제외한다)가 3개 층 이하일 것. 다만, 1층의 바닥면적 2분의 1이상을 필로티 구조로 하여 주차장으로 사용하고 나머지 부분을 주택 외의 용도로 쓰는 경우에는 해당 층을 주택의 층수에서 제외한다.
　2) 1개 동의 주택으로 쓰는 바닥면적(지하주차장 면적은 제외한다)의 합계가 660제곱 미터 이하일 것
　3) 19세대 이하가 거주할 수 있을 것
라. 공관(公館)

2. **공동주택** [공동주택의 형태를 갖춘 가정어린이집·공동생활가정·지역아동센터·노인복지시설(노인복지주택은 제외한다) 및 「주택법 시행령」 제3조 제1항에 따른 원룸형 주택을 포함한다.] 다만, 가목이나 나목에서 층수를 산정할 때 1층 전부를 필로티 구조로 하여 주차장으로 사용하는 경우에는 필로티 부분을 층수에서 제외하고, 다목에서 층수를 산정할 때 1층의 바닥면적 2분의 1이상을 필로티 구

조로 하여 주차장으로 사용하고 나머지 부분을 주택 외의 용도로 쓰는 경우에는 해당 층을 주택의 층수에서 제외하며, 가목부터 라목까지의 규정에서 층수를 산정할 때 지하층을 주택의 층수에서 제외한다.

가. 아파트 : 주택으로 쓰는 층수가 5개 층 이상인 주택

나. 연립주택 : 주택으로 쓰는 1개 동의 바닥면적(지하주차장 면적은 제외한다) 합계가 660제곱미터를 초과하고, 층수가 4개 층 이하인 주택

다. 다세대주택 : 주택으로 쓰는 1개 동의 바닥면적 합계가 660제곱미터 이하이고, 층수 4개 층 이하인 주택(2개 이상의 동을 지하주차장으로 연결하는 경우에는 각각의 동으로 본다)

라. 기숙사 : 학교 또는 공장 등의 학생 또는 종업원 등을 위하여 쓰는 것으로서 공동취사 등을 할 수 있는 구조를 갖추되, 독립된 주거의 형태를 갖추지 아니한 것(「교육 기본법」 제 27조 제2항에 따른 학생복지주택을 포함한다)

3. 제1종 근린생활시설

가. 식품·잡화·의류·완구·서적·건축자재·의약품·의료기기 등 일용품을 판매하는 소매점으로서 같은 건축물(하나의 대지에 두 동 이상의 건축물이 있는 경우에는 이를 같은 건축물로 본다)에 해당 용도로 쓰는 바닥면적의 합계가 1천 제곱미터 미만인 것

나. 휴게음식점 또는 제과점 등 음료·차(茶)·음식·빵·떡·과자 등을 조리하거나 제조하여 판매하는 시설(제4호 너목 또는 제17호에 해당하는 것은 제외한다)로서 같은 건축물 에 해당 용도로 쓰는 바닥면적의 합계가 300제곱미터 미만인 것

다. 이용원, 미용원, 목욕장 및 세탁소 등 사람의 위생관리나 의류 등을 세탁·수선하는 시설(세탁소의 경우 공장에 부설되는 것과 「대기환경보전법」, 「수질 및 수생태계 보전에 관한 법률」 또는 「소음·진동관리법」에 따른 배출시설의 설치 허가 또는 신고의 대상이 되는 것은 제외한다)

라. 의원, 치과의원, 한의원, 침술원, 접골원(接骨院), 조산원 및 안마원, 산후조

리원 등 주민의 진료 · 치료 등을 위한 시설

마. 탁구장 및 체육도장으로서 같은 건축물에 해당 용도로 쓰는 바닥면적의 합계가 500제곱미터 미만인 것

바. 지역자치센터, 파출소, 지구대, 소방서, 우체국, 방송국, 보건소, 공공도서관, 건강보험조합 사무소 등 공공업무시설로서 같은 건축물에 해당 용도로 쓰는 바닥면적의 합계가 1천 제곱미터 미만인 것

사. 마을회관, 마을공동작업소, 마을공동구판장, 공중화장실, 대피소, 지역아동센터(단독 주택과 공동주택에 해당하는 것은 제외한다) 등 주민이 공동으로 이용하는 시설

아. 변전소, 도시가스배관시설, 정수장, 양수장, 등 주민의 생활에 필요한 에너지공급이나 급수 · 배수와 관련된 시설

4. 제2종 근린생활시설

가. 공연장(극장, 영화관, 연예장, 음악당, 서커스장, 비디오감상실, 비디오물소극장, 그 밖에 이와 비슷한 것을 말한다. 이하 같다)으로서 같은 건축물에 해당 용도로 쓰는 바닥면적의 합계가 500제곱미터 미만인 것

나. 종교집회장 [교회, 성당, 사찰, 기도원, 수도원, 수녀원, 제실(帝室), 사당, 그 밖에 이와 비슷한 것을 말한다. 이하같다] 으로서 같은 건축물에 해당 용도로 쓰는 바닥면적의 합계가 500제곱미터 미만인 것

다. 자동차영업소로서 같은 건축물에 해당 용도로 쓰는 바닥면적의 합계가 1천 제곱미터 미만인 것

라. 서점(제1종 근린생활시설에 해당하지 않는 것)

마. 총포판매소

바. 사진관, 표구점

사. 청소년게임제공업소, 복합유통게임제공업소, 인터넷컴포터게임시설제공업소, 그 밖에 이와 비슷한 게임 관련 시설로서 같은 건축물에 해당 용도로 쓰는 바닥면적의 합계가 500제곱미터 미만인 것

아. 휴게음식점, 제과점 등 음료ㆍ차(茶)ㆍ음식ㆍ빵ㆍ떡ㆍ과자 등을 조리하거나 제조하여 판매하는 시설(너목 또는 제17호에 해당하는 것은 제외한다)로서 같은 건축물에 해당 용도로 쓰는 바닥면적의 합계가 300제곱미터 이상인 것

자. 일반음식점

차. 장의사, 동물병원, 동물미용실, 그 밖에 이와 유사한 것

카. 학원(자동차학원ㆍ무도학원 및 정보통신기술을 활용하여 원격으로 교습하는 것은 제외한다), 교습소(자동차교습ㆍ무도교습 및 정보통신기술을 활용하여 원격으로 교습하는 것은 제외한다), 직업훈련소(운전ㆍ정비 관련 직업훈련소는 제외한다)로서 같은 건축물에 해당 용도로 쓰는 바닥면적의 합계가 500제곱미터 미만인 것

타. 독서실, 기원

파. 테니스장, 체력단련장, 에어로빅장, 볼링장, 당구장, 실내낚시터, 골프연습장, 놀이형 시설(「관광진흥법」에 따른 기타유원시설업의 시설을 말한다. 이하 같다) 등 주민의 체육 활동을 위한 시설(제3호마목의 시설은 제외한다)로서 같은 건축물에 해당 용도로 쓰는 바닥면적의 합계가 500제곱미터 미만인 것

하. 금융업소, 사무소, 부동산중개사무소, 결혼상담소 등 소개업소, 출판사 등 그 밖에 이와 비슷한 것으로서 같은 건축물에 해당 용도로 쓰는 바닥면적의 합계가 500제곱 미터 미만인 것

거. 다중생활시설(「다중이용업소의 안전관리에 관한 특별법」에 따른 다중이용업 중 고시원업의 시설로서 독립된 주거의 형태를 갖추지 않은 것을 말한다. 이하 같다)로서 같은 건축물에 해당 용도로 쓰는 바닥면적의 합계가 500제곱미터 미만인 것

너. 제조업소, 수리점 등 물품의 제조ㆍ가공ㆍ수리 등을 위한 시설로서 같은 건축물에 해당 용도로 쓰는 바닥면적의 합계가 500제곱미터 미만이고, 다음의 요건 중 어느 하나에 해당하는 것

  1) 「대기환경보전법」, 「수질 및 수생태계 보전에 관한 법률」 또는 「소음ㆍ진동관리법」에 따른 배출시설의 설치허가 또는 신고의 대상이 아닌 것

  2) 「대기환경보전법」, 「수질 및 수생태계 보전에 관한 법률」 또는 「소음ㆍ진동

관리법」에 따른 설치허가 또는 신고 대상 시설이나 귀금속·장신구 및 관련 제품 제조시설로서 발생되는 폐수를 전량 위탁처리하는 것
더. 단란주점으로서 같은 건축물에 해당 용도로 쓰는 바닥면적의 합계가 150제곱미터 미만인 것
러. 안마시술소, 노래연습장

5. 문화 및 집회시설

가. 공연장으로서 제2종 근린생활시설에 해당하지 아니하는 것
나. 집회장 [예식장, 공회당, 회의장, 마권(馬券) 장외 발매소, 마권 전화투표소, 그 밖에 이와 비슷한 것을 말한다] 으로서 제2종 근린생활시설에 해당하지 아니하는 것
다. 관람장(경마장, 경륜장, 경정장, 자동차 경기장, 그 밖에 이와 비슷한 것과 체육관 및 운동장으로서 관람석의 바닥면적의 합계가 1천 제곱미터 이상인 것을 말한다)
라. 전시장(박물관, 미술관, 과학관, 문화관, 체험관, 기념관, 산업전시장, 박람회장, 그 밖에 이와 비슷한 것을 말한다)
마. 동·식물원(동물원, 식물원, 수족관, 그 밖에 이와 비슷한 것을 말한다)

6. 종교시설

가. 종교집회장으로서 제2종 근린생활시설에 해당하지 아니하는 것
나. 종교집회장(제2종 근린생활시설에 해당하지 아니하는 것을 말한다)에 설치하는 봉안당(奉安堂)

7. 판매시설

가. 도매시장(「농수산물유통 및 가격안정에 관한 법률」에 따른 농수산물도매시장, 농수산물공판장, 그 밖에 이와 비슷한 것을 말하며, 그 안에 있는 근린생활시설을 포함한다)
나. 소매시장(「유통산업발전법」 제2조 제3호에 따른 대규모 점포, 그 밖에 이와 비슷한 것을 말하며, 그 안에 있는 근린생활시설을 포함한다)

다. 상점(그 안에 있는 근린생활시설을 포함한다)으로서 다음의 요건 중 어느 하나에 해당하는 것
   1) 제3호 가목에 해당하는 용도(서점은 제외한다)로서 제1종 근린생활시설에 해당하지 아니하는 것
   2) 「게임산업진흥에 관한 법률」 제2조 제6호의 2가목에 따른 청소년게임제공업의 시설, 같은 호 나목에 따른 일반게임제공업의 시설, 같은 조 제7호에 따른 인터넷컴퓨터게임시설제공업의 시설 및 같은 조 제8호에 따른 복합유통게임제공업의 시설 및 같은 조 제8호에 따른 복합유통제공업의 시설로서 제2종 근린생활시설에 해당하지 아니하는 것

8. 운수시설
가. 여객자동차터미널
나. 철도시설
다. 공항시설
라. 항만시설
마. 삭제 〈2009.7.16〉

9. 의료시설
가. 병원(종합병원, 병원, 치과병원, 한방병원, 정신병원 및 요양병원을 말한다)
나. 격리병원(전염병원, 마약진료소, 그 밖에 이와 비슷한 것을 말한다)

10. 교육연구시설(제2종 근린생활시설에 해당하는 것은 제외한다)
가. 학교(유치원, 초등학교, 중학교, 고등학교, 전문대학, 대학, 대학교, 그 밖에 이에 준하는 각종 학교를 말한다)
나. 교육원(연수원, 그 밖에 이와 비슷한 것을 포함한다)
다. 직업훈련소(운전 및 정비 관련 직업훈련소는 제외한다)
라. 학원(자동차학원 및 무도학원은 제외한다)

마. 연구소(연구소에 준하는 시험소와 계측계량소를 포함한다)

바. 도서관

11. 노유자시설

가. 아동 관련 시설(어린이집, 아동복지시설, 그 밖에 이와 비슷한 것으로서 단독주택, 공동주택 및 제1종 근린생활시설에 해당하지 아니하는 것을 말한다)

나. 노인복지시설(단독주택과 공동주택에 해당하지 아니하는 것을 말한다)

다. 그 밖에 다른 용도로 분류되지 아니한 사회복지시설 및 근로복지시설

12. 수련시설

가. 생활권 수련시설(「청소년활동진흥법」에 따른 청소년수련관, 청소년문화의집, 청소년특화시설, 그 밖에 이와 비슷한 것을 말한다)

나. 자연권 수련시설(「청소년활동진흥법」에 따른 청소년수련원, 청소년야영장, 그 밖에 이와 비슷한 것을 말한다)

다. 「청소년활동진흥법」에 따른 유스호스텔

13. 운동시설

가. 탁구장, 체육도장, 테니스장, 체력단련장, 에어로빅장, 볼링장, 당구장, 실내낚시터, 골프연습장, 놀이형시설, 그 밖에 이와 비슷한 것으로서 제1종 근린생활시설 및 제2종 근린생활시설에 해당하지 아니하는 것

나. 체육관으로서 관람석이 없거나 관람석의 바닥면적이 1천제곱미터 미만인 것

다. 운동장(육상장, 구기장, 볼링장, 수영장, 스케이트장, 롤러스케이트장, 승마장, 사격장, 궁도장, 골프장 등과 이에 딸린 건축물을 말한다)으로서 관람석이 없거나 관람석의 바닥면적이 1천 제곱미터 미만인 것

14. 업무시설

가. 공공업무시설 : 국가 또는 지방자치단체의 청사와 외국공관의 건축물로서 제1종 근린생활시설에 해당하지 아니하는 것

나. 일반업무시설 :

　1) 금융업소, 사무소, 결혼상담소 등 소개업소, 출판사, 신문사, 그 밖에 이와 비슷한 것으로서 제2종 근린생활시설에 해당하지 아니하는 것

　2) 오피스텔(업무를 주로 하며, 분양하거나 임대하는 구획 중 일부 구획에서 숙식을 할 수 있도록 한 건축물로서 국토교통부장관이 고시하는 기준에 적합한 것을 말한다)

15. 숙박시설

가. 일반숙박시설 및 생활숙박시설

나. 관광숙박시설(관광호텔, 수상관광호텔, 한국전통호텔, 가족호텔, 호스텔, 소형호텔, 의료관광호텔 및 휴양 콘도미니엄)

다. 다중생활시설(제2종 근린생활시설에 해당하지 아니하는 것을 말한다)

라. 그 밖에 가목부터 다목까지의 시설과 비슷한 것

16. 위락시설

가. 단란주점으로서 제2종 근린생활시설에 해당하지 아니하는 것

나. 유흥주점이나 그 밖에 이와 비슷한 것

다. 「관광진흥법」에 따른 유원시설업의 시설, 그 밖에 이와 비슷한 시설(제2종 근린생활시설과 운동시설에 해당하는 것은 제외한다)

라. 삭제 〈2010.2.18〉

마. 무도장, 무도학원

바. 카지노영업소

17. 공장

물품의 제조·가공[염색·도장(塗裝)·표백·재봉·건조·인쇄 등을 포함한다] 또

는 수리에 계속적으로 이용되는 건축물로서 제1종 근린생활시설, 제2종 근린생활시설, 위험물저장 및 처리시설, 자동차 관련 시설, 분뇨 및 쓰레기처리시설 등으로 따로 분류되지 아니한 것

18. 창고시설(위험물 저장 및 처리 시설 또는 그 부속용도에 해당하는 것은 제외한다)
 가. 창고(물품저장시설로서「물류정책기본법」에 따른 일반창고와 냉장 및 냉동 창고를 포함한다)
 나. 하역장
 다.「물류시설의 개발 및 운영에 관한 법률」에 따른 물류터미널
 라. 집배송 시설

19. 위험물 저장 및 처리 시설
「위험물안전관리법」,「석유 및 석유대체연료 사업법」,「도시가스사업법」,「고압가스 안전관리법」,「액화석유가스의 안전관리 및 사업법」,「총포·도검·화약류 등 단속법」,「유해화학물질 관리법」 등에 따라 설치 또는 영업의 허가를 받아야 하는 건축물로서 다음 각 목의 어느 하나에 해당하는 것. 다만, 자가난방, 자가발전, 그 밖에 이와 비슷한 목적으로 쓰는 저장시설은 제외한다.
 가. 주유소(기계식 세차설비를 포함한다) 및 석유 판매소
 나. 액화석유가스 충전소·판매소·저장소(기계식 세차설비를 포함한다)
 다. 위험물 제조소·저장소·취급소
 라. 액화가스 취급소·판매소
 마. 유독물 보관·저장·판매시설
 바. 고압가스 충전소·판매소·저장소
 사. 도료류 판매소
 아. 도시가스 제조시설
 자. 화약류 저장소
 차. 그 밖에 가목부터 자목까지의 시설과 비슷한 것

20. 자동차 관련 시설(건설기계 관련 시설을 포함한다)

가. 주차장

나. 세차장

다. 폐차장

라. 검사장

마. 매매장

바. 정비공장

사. 운전학원 및 정비학원(운전 및 정비 관련 직업훈련시설을 포함한다)

아. 「여객자동차 운수사업법」, 「화물자동차 운수사업법」 및 「건설기계관리법」에 따른 차고 및 주기장(駐機場)

21. 동물 및 식물 관련 시설

가. 축사(양잠·양봉·양어시설 및 부화장 등을 포함한다)

나. 가축시설 [가축용 운동시설, 인공수정센터, 관리사(管理舍), 가축용 창고, 가축시장, 동물검역소, 실험동물 사육시설, 그 밖에 이와 비슷한 것을 말한다.]

다. 도축장

라. 도계장

마. 작물 재배사

바. 종묘배양시설

사. 화초 및 분재 등의 온실

아. 식물과 관련된 마목부터 사목까지의 시설과 비슷한 것(동·식물원은 제외한다.)

22. 자원순환 관련 시설

가. 하수 등 처리시설

나. 고물상

다. 폐기물재활용시설처

라. 폐기물 처분시설

마. 폐기물감량화시설

23. 교정 및 군사 시설(제1종 근린생활시설에 해당하는 것은 제외한다.)

가. 교정시설(보호감호소, 구치소 및 교도소를 말한다)

나. 갱생보호시설, 그 밖에 범죄자의 갱생·보육·교육·보건 등의 용도로 쓰는 시설

다. 소년원 및 소년분류심사원

라. 국방·군사시설

24. 방송통신시설(제1종 근린생활시설에 해당하는 것은 제외한다)

가. 방송국(방송프로그램 제작시설 및 송신·수신·중계시설을 포함한다)

나. 전신전화국

다. 촬영소

라. 통신용 시설

마. 그 밖에 가목부터 라목까지의 시설과 비슷한 것

25. 발전시설

발전소(집단에너지 공급시설을 포함한다)로 사용되는 건축물로서 제1종 근린생활시설에 해당하지 아니하는 것

26. 묘지 관련 시설

가. 화장시설

나. 봉안당(종교시설에 해당하는 것은 제외한다.)

다. 묘지와 자연장지에 부수되는 건축물

27. 관광 휴게시설

가. 야외음악당

나. 야외극장

다. 어린이회관

라. 관망탑

마. 휴게소

바. 공원·유원지 또는 관광지에 부수되는 시설

28. 장례식장 [의료시설의 부수시설(「의료법」제36조 제1호에 따른 의료기관의 종류에 따른 시설을 말한다)에 해당하는 것은 제외한다.]

▶ 비고 ◀

1. 제3호 및 제4호에서 "해당 용도로 쓰는 바닥면적"이란 부설 주차장 면적을 제외한 실(實) 사용면적에 공용부분 면적(복도, 계단, 화장실 등의 면적을 말한다)을 비례 배분한 면적을 합한 면적을 말한다.

2. 비고 제1호에 따라 "해당 용도로 쓰는 바닥면적"을 산정할 때 「집합건물의 소유 및 관리에 관한 법률」에 따라 건축물의 내부를 여러 개의 부분으로 구분하여 독립한 건축물로 사용하는 경우에는 그 구분된 면적 단위로 바닥면적을 산정한다. 다만, 다음 각 목에 해당하는 경우에는 각 목에서 정한 기준에 따른다.

   가. 제4호 너목에 해당하는 건축물의 경우에는 내부가 여러 개의 부분으로 구분되어 있더라도 해당 용도로 쓰는 바닥면적을 모두 합산하여 산정한다.
   나. 동일인이 둘 이상의 구분된 건축물을 같은 세부 용도로 사용하는 경우에는 연접되어 있지 않더라도 이를 모두 합산하여 산정한다.
   다. 구분 소유자가 다른 경우에도 구분된 건축물을 같은 세부 용도로 연계하여 함께 사용하는 경우(통로, 창고 등을 공동으로 활용하는 경우 또는 명칭의 일부를 동일하게 사용하여 홍보하거나 관리하는 경우 등을 말한다)에는 연접되어 있지 않더라도 연계하여 함께 사용하는 바닥면적을 모두 합산하여 산정한다.

3. 「청소년 보호법」 제2조 제5호 가목8) 및 9)에 따라 여성가족부장관이 고시하는 청소년 출입·고용금지업의 영업을 위한 시설은 제1종 근린생활시설 및 제2종 근린생활시설에서 제외한다.

4. 국토교통부장관은 별표 1 각 호의 용도별 건축물의 종류에 관한 구체적인 범위를 정하여 고시할 수 있다.

\<단독주택과 공동주택의 차이점\>					
구 분	주택명	층 수	세대수	연면적	특 징
단독주택	단독주택		단일가구		한가구의 독립구조
	다중주택	3층 이하		330㎡이하	독립된 주거의 형태를 갖추지 아니한 것
	다가구주택	주택부분 3개층 이하	19세대 이하	660㎡이하	3층 이하의 주택이 해당됨 단, 1층이 필로피 구조의 주차장일 경우 4층까지 해당되며 분양은 불가능
	공관				정부의 관리가 공적으로 쓰는 저택
공동주택	다세대주택	4개층 이하	무 관	각동의 바닥면적 660㎡ 이하	다세대주택과 연립주택은 대동소이하며 1개동의 바닥면적이 넓이에 따라 분류
	연립주택	4개층 이하	무 관	각동의 바닥면적 660㎡ 초과	
	아파트	주택부분 5개층이상	무 관	무 관	20세대 이상이면 사업승인 대상
	기숙사		공동시설		학교나 회사등에 딸려 있어 학생이나 직원에게 숙식을 제공하는 시설

※「건축법」상 주택의 종류는 크게 단독주택과 공동주택으로 구분되며, 단독주택과 공동주택의 차이점은 주택의 소유권이 각 호수별로 구분되어 있는지 아닌지로 구별된다.

☞ **법원 경매에서 주무관청의 허가를 받지 못해 낙찰 불허가를 받는 물건들이 있다.**

1. 「사립학교법」 및 「공익법인의 설립·운영 등에 관한 법률」에 따른 '학교법인 또는 장학재단 기본재산' [(전문대 이상의 경우는 주무관청은 교육인적자원부 장관이고 초, 중, 고교는 주무관청이 관할 교육감(광역시 또는 도 단위)]
2. 「사회복지사업법」 제23조 규정에 따른 '사회복지법인의 기본재산'(주무관청-보건복지가족부장관)
3. 「전통사찰보존법」 제9조 규정에 따른 등록된 사찰 및 경내지(주무관청-문화체육관광부장관 또는 시, 도지사)
4. 「의료법」 제50조 규정에 따른 의료법인의 기본재산(주무관청-보건복지가족부장관 또는 시, 도지사)
5. 「징발법」 제18조 규정에 따른 징발물(주무관청-국방부장관)

학교법인 또는 장학재단의 기본재산일지라도 저당권실행을 위한 임의경매일 경우, 저당권 설정 당시 이미 관할청의 허가를 받았다면 추가로 경매 매각에 대한 허가를 받을 필요가 없다는 대법원 판례가 있으나 소유권 취득에 주무관청의 허가가 반드시 필요해 법원 경매를 통한 매각이 불가능함에도 불구하고 법원은 경매 접수 자체를 거부 할 수 없다.

이러한 물건은 주무관청의 허가없이 매각 결정이 확정돼 잔금을 완납했다 하더라도 그 대금 납부는 효력이 없으며 매수인은 소유권을 취득할 수 없기에 특별 매각 조건에 주문관청의 소유권 이전 동의서가 첨부돼야 하는지 여부와 주무관청의 허가를 받아야 하는지 확인을 하고 응찰해야 하는 주의가 필요하다. (명도에도 어려움이 따른다)

2 국토 종합계획

국토종합계획은 국가의 최상위 국토개발계획

국토종합계획은 중앙정부가 20년 단위로 수립한다. 1972년 이전에는 별도의 국토개발계획이 없었으며 이때 국토개발계획은 경제개발 5개년계획과 함께 수립됐다. 이것이 1972년부터 5년 단위 경제개발계획과 별도의 10년 단위 국토종합개발계획으로 분리된 것이다.

제1차 국토종합개발계획의 계획기간은 1972년~1981년이었다. 제1차 계획의 핵심 내용은 경부고속도로 축 중심의 거점개발이었다. 제2차와 제3차 계획기간은 각각 1982~1991년과, 1992~2001년이었다.

현재 제4차 계획(2000~2020년)이 진행 중이며 제4차 국토종합계획 수정계획 2006-2020)은 행정중심복합도시 건설 등으로 인한 국토공간구조 변화 반영, 남북 교류 협력 확대 및 대외환경 변화에 대응하는 국토전략 제시를 위해 수립되었다.

제4차 계획에서는 명칭에서 '개발' 이라는 용어가 빠졌다. 환경친화성을 살리려는 의지를 담아 '국토종합개발계획'에서 '국토종합계획' 으로 변경한 것이다.

대상기간도 2000년부터 2020년까지 20년으로 늘어났다. 쉽게 말하자면 국토종합계획은 국토의 종합적인 계획을 수립하여 어느지역을 어떤 식으로 개발할지를 결정하는 국토의 마스터플랜에 해당한다고 볼 수 있다.

지금까지 고속도로와 산업단지, 항만, 공항, 신도시 등의 대규모 개발사업이 국토종합계획에 따라 추진돼 왔다. 따라서 국토종합계획을 면밀히 살펴보면 20여 년 후 우리 국토의 모습을 어느 정도 가늠해 볼 수 있으므로 투자자들은 관심을 가져 볼만 하다.

일례로 1999년 7월 기본안이 발표된 제4차 국토종합계획을 살펴보면, 제4차 국토종합계획은 지역 간의 균형개발을 위한 '10대 광역권 개발계획'을 주요 내용으로 한다. 당시 제4차 국토종합계획 가운데 특히 투자자들의 관심을 끈 것은 '아산만

광역권 개발계획' 이었다. '아산만권 개발계획'의 핵심내용은 바로 '아산신도시 건설'이다. 정부는 광역권 개발의 첫 단계로 아산신도시 개발계획을 들고 나왔다. 만약 발표 당시 누군가 분석을 통해 이곳의 미래가치를 먼저 깨닫고 투자를 선점했다면 큰 투자이익을 챙겼을 것이다. 현재 시행 중인 제4차 국토종합계획은 지방분권과 국가의 균형발전을 통한 지방화의 실천에 그 주안점을 두고 있다. 이전(1~3차)까지의 종합계획이 수도권을 중심으로 수립되었다면 제4차 국토종합계획은 지방 개발 위주로 수립됐다.

이는 지방 땅의 개발 가능성을 높여주면서 수도권 이외의 지역, 특히 서남부 해안권의 땅값 상승에 큰 영향을 미치고 있다. 큰 틀에서 보면 땅값은 어차피 정부의 개발계획과 정책에 따라 변할 수 밖에 없다.

정책변화에 따라 개발 불가능한 땅이 개발 가능한 땅으로 바뀌면, 당연히 땅값이 올라간다. 이런 의미에서 최근 정부의 국토개발정책이 지역균형개발 차원에서 수도권보다는 지방의 개발계획에 초점이 맞춰지고 있는 점에 주시할 필요가 있다.

세종특별자치시는 충청남도 연기군 일대에 2015년까지 정부 부처가 이주할 행정중심복합도시의 시명(市名)이다.

정부 기관의 이전은 2012년부터 이뤄지며, 민간 기관의 입주는 2010년부터 이뤄질 최초의 계획이며 현재는 이를 전부 수정하여 정부기구는 이전하지 않고 대학교 기업 연구단지등만 입주하는 것으로 수정되었으며 전국지가 상승률을 1위를 지키게 된 요인이다.

- 세종시 설립 목적 및 배경

행정중심복합도시(세종시) 건설은 수도권 과밀화를 막고 지역 균형발전을 위해 추진된 것으로 세종시는 사실상 참여정부 시절부터 대통령 공약으로 추진되어 온 국정 과제 중 하나이다. 지난 2003년 12월 정부와 여당은 「신행정수도특별조치법」을 처리했으나 곧바로 수도 이전 논란에 휩싸였다. 다음해 헌법재판소는 「신행정수도특별법」에 위헌 판결을 내렸고, 국회는 2005년 12부 4처 2청 규모의 부처를 이전하는 현재의 세종시를 건설키로 결정했다.

– 이전계획안 변경

이명박 정부가 들어서면서 세종시의 자족기능을 보완하기 위한 연구결과가 나오지 않았다는 이유와 행정부서의 과도한 분산은 오히려 능률저해는 판단과 무엇보다 현재의 세종시 추진안대로 결정될 경우 유령도시로 전락할 수 있다는 지적이 나왔다. 이로써 당초 목표인 인구 50만 명을 이전시키기는 사실상 불가능하다는 의견과 자족기능이 없을 경우 이전한 기관들이 다시 돌아와야 한다는 주장이 제기될 가능성이 높아 불필요한 비용만 소모될 것이라는 판단 하에 이전계획을 전면 재검토 되는 혼란을 겪기도 하였다.

하지만 정부와 여당은 세종시로 이전할 정부부처의 규모를 축소하는 대신에 기업과 대학의 이전을 추진하는 방안을 검토하고, 국내 10대 그룹 중 한 개 본사와 정부 투자기관이나 연구기관을 옮기고 국내 주요대학 공과대학이 이전해 비즈니스 과학도시 기능으로 특성화하는 방안으로 대폭 수정되었다.

세종시의 설립 중 가장 큰 요인은 인구 분산인데, 정부부처 당사자가 세종시로 내려간다고 해서 일가족이 모두 이주를 하기는 쉽지 않아 주말부부가 조성 될 가능성이 높다.

이 처럼 정권의 공략에 따라 부동산 시장의 흐름과 투자 지역의 선호도가 달라지기에 정권에 따른 공략을 주시하고 선거공약에 따른 투자흐름을 잘 분석해야 한다.

국토계획의 용어 이해

1. 광역도시계획

광역계획권의 장기발전방향을 제시하는 계획을 말한다. 광역계획권은 두 개 이상의 특별시·광역시·시 또는 군의 공간구조 및 기능을 상호·연계시키고 환경을 보전하며, 광역시설을 체계적으로 정비하기 위하여 국토해양부 장관이 지정한다.

2. 도시계획

특별시·광역시·시 또는 군(광역시의 관할 구역에 있는 군은 제외한다. 이하 같다)의 관할 구역에 대하여 수립하는 공간구조와 발전방향에 대한 계획으로서 도시기본계획과 도시관리계획으로 구분한다.
종전의 「도시계획법」상의 도시계획은 현재의 도시관리계획을 의미하며, 도시기본계획은 도시계획에 포함되지 않았었다.

3. 도시기본계획

특별시·광역시·시 또는 군의 관할 구역에 대하여 기본적인 공간구조와 장기발전방향을 제시하는 종합계획으로서 도시관리계획 수립의 지침이 되는 계획을 말한다. 도시기본계획은 계획기간이 20년으로서 도시기본계획이 국가의 최상위계획인 종전 「국토건설종합계획법상」의 계획기간이 10년인 국토건설종합계획보다 계획기간이 길어 사실상 이원화된 계획체계를 유지하였다. 그러나 「국토기본법」이 제정되면서 국토계획을 국토종합계획, 도종합계획, 시군종합계획으로 구분하여 계획기간을 도시기본계획과 같이 20년으로 늘리면서, 도시기본계획과 도시관리계획을 묶은 도시계획을 시군종합계획으로 보도록 함으로써 계획체계가 일원화되었다.

4. 도시관리계획

특별시·광역시·시 또는 군의 개발·정비 및 보전을 위하여 수립하는 토지이용, 교통, 환경, 경관, 안전, 산업, 정보통신, 보건, 후생, 안보, 문화 등에 관한 다음의 계획을 말한다.

가. 용도지역·용도지구의 지정 또는 변경에 관한 계획
나. 개발제한구역, 도시자연공원구역, 시가화조정구역, 수산자원보호구역의 지정 또는 변경에 관한 계획
다. 기반시설의 설치·정비 또는 개량에 관한 계획
라. 도시개발사업이나 정비사업에 관한 계획
마. 지구단위계획구역의 지정 또는 변경에 관한 계획과 지구단위계획

5. 지구단위계획

도시계획 수립 대상지역의 일부에 대하여 토지 이용을 합리화하고 그 기능을 증진시키며 미관을 개선하고 양호한 환경을 확보하며, 그 지역을 체계적·계획적으로 관리하기 위하여 수립하는 도시관리계획을 말한다.

2000년 「도시계획법」 전면 개정 시 건축법상 도시설계와 도시계획법상 상세계획을 통합한 것으로 용도지역에 관한 계획이 평면계획인데 반해, 지구단위계획은 건축물의 높이등에 관한 계획이 포함되어 있어 입체계획이라 볼 수 있다.

6. 기반시설

도시를 형성하는데 반드시 필요한 도로 공원등과 같은 시설과 유통업무설비 폐기물처리시설등과 같이 그 시설이 입지함으로 인해 당해지역 또는 주변지역의 토지 이용에 미치는영향이 큰 시설들에 대하여는 계획적 입지를 위한 기반시설로 규정하고 있다.

7. 도시계획시설

기반시설 중 도시관리계획으로 결정된 시설을 말한다. [기반시설의 종류 : 53개 시설]

1) 교통시설(10) : 도로 · 철도 · 항만 · 공항 · 주차장 · 자동차정류장 · 궤도 · 운하, 자동차 및 건설기계검사시설, 자동차 및 건설기계운전학원
2) 공간시설(5) : 광장 · 공원 · 녹지 · 유원지 · 공공공지
3) 유통 · 공급시설(9) : 유통업무설비, 수도 · 전기 · 가스 · 열공급설비, 방송 · 통신시설, 공동구 · 시장, 유류저장 및 송유설비
4) 공공 · 문화체육시설(10) : 학교 · 운동장 · 공공청사 · 문화시설 · 체육시설 · 도서관 · 연구시설 · 사회복지시설 · 공공직업훈련시설 · 청소년수련시설
5) 방재시설(8) : 하천 · 유수지 · 저수지 · 방화설비 · 방풍설비 · 방수설비 · 사방설비 · 방조설비
6) 보건위생시설(7) : 화장시설 · 공동묘지 · 봉안시설 · 자연장지 · 장례식장 · 도축장 · 종합의료시설
7) 환경기초시설(4) : 하수도 · 폐기물처리시설 · 수질오염방지시설 · 폐차장

8. 광역시설

기반시설 중 광역적인 정비체계가 필요한 다음의 시설을 말한다.

가. 둘 이상의 특별시 · 광역시 · 시 또는 군의 관할 구역에 걸쳐 있는 시설

　　(도로 철도 운하, 광장 녹지, 수도 전기 가스 열공급설비, 방송 통신시설, 공동구, 하천 하수도)

나. 둘 이상의 특별시 · 광역시 · 시 또는 군이 공동으로 이용하는 시설

　　(항만 공항 자동차정류장, 공원 유원지, 유통업무설비, 운동장 문화시설 체육시설 사회복지시설, 유수지, 화장장, 공동묘지, 하수도 폐기물처리시설, 폐차장등)

9. 공동구

전기 · 가스 · 수도 등의 공급설비, 통신시설, 하수도시설 등 지하매설물을 공동 수용함으로써 미관의 개선, 도로구조의 보전 및 교통의 원활한 소통을 위하여 지하에 설치하는 시설물을 말한다.

10. 도시계획시설사업

도시계획시설을 설치·정비 또는 개량하는 사업을 말한다.

11. 도시계획사업

도시관리계획을 시행하기 위한 사업으로 도시계획시설사업, 「도시개발법」에 의한 「도시개발사업 및 도시및주거환경정비법」에 의한 정비사업을 말한다.

12. 도시계획사업시행자

이 법 또는 다른 법률에 따라 도시계획사업을 하는 자를 말한다.

13. 공공시설

도로·공원·철도·수도, 그 밖에 공공용 시설을 말한다.
공공시설은 개발행위허가 또는 도시계획시설사업으로 설치한 경우에는 그 시설을 관리할행정청에 무상으로 귀속되고, 새로이 설치한 공공시설로 용도가 폐지된 기존의 공공시설은 개발행위허가를 받은 자 또는 도시계획시설사업 시행자에게 무상으로 귀속된다.

14. 국가계획

중앙행정기관이 법률에 따라 수립하거나 국가의 정책적인 목적을 이루기 위하여 수립하는 계획 중 도시관리계획으로 결정하여야 할 사항이 포함된 계획을 말한다. 국가계획은 단순히 국가기관이 집행하는 계획이라 하여 해당되는 것은 아니다. 사업계획의 경우 고속철도와 같이 법률에 의하여 시행되는 경우 동 사업계획은 국가계획으로 볼 수 있다.

15. 용도지역

토지의 이용 및 건축물의 용도, 건폐율, 용적률, 높이 등을 제한함으로써 토지를 경제적 · 효율적으로 이용하고 공공복리의 증진을 도모하기 위하여 서로 중복되지 아니하게 도시관리계획으로 결정하는 지역을 말한다.

16. 용도지구
토지의 이용 및 건축물의 용도 · 건폐율 · 용적률 · 높이 등에 대한 용도지역의 제한을 강화하거나 완화하여 적용함으로써 용도지역의 기능을 증진시키고 미관 · 경관 · 안전 등을 도모하기 위하여 도시관리계획으로 결정하는 지역을 말한다.

17. 용도구역
토지의 이용 및 건축물의 용도 · 건폐율 · 용적률 · 높이 등에 대한 용도지역 및 용도지구의 제한을 강화하거나 완화하여 따로 정함으로써 시가지의 무질서한 확산 방지, 계획적이고 단계적인 토지이용의 도모, 토지이용의 종합적 조정 · 관리 등을 위하여 도시관리계획으로 결정하는 지역을 말한다.

18. 개발밀도관리구역
개발로 인하여 기반시설이 부족할 것으로 예상되나 기반시설을 설치하기 곤란한 지역을 대상으로 건폐율이나 용적률을 강화하여 적용하기 위하여 지정하는 구역을 말한다.

19. 기반시설부담구역
개발밀도관리구역 외의 지역으로서 개발로 인하여 도로, 공원, 녹지 등 기반시설의 설치가 필요한 지역을 대상으로 기반시설을 설치하거나 그에 필요한 용지를 확보하게 하기 위하여 지정 · 고시하는 구역을 말한다.

20. 기반시설설치비용
단독주택 및 숙박시설 등 시설의 신 · 증축 행위로 인하여 유발되는 기반시설을 설치하거나 그에 필요한 용지를 확보하기 위하여 부과 · 징수하는 금액을 말한다.

국토계획의 체계

국토계획체계

공간적 범역	해당 법령	계획의 종류		
국토 지역	국토기본법	국토계획 → 국토종합계획		
		도종합계획	수도권정비계획(수도권정비계획법) 종합계획(제주특별자치특별법)	
		시군종합계획	지역계획: 수도권발전계획, 광역권개발계획, 특정지역개발계획, 개발촉진지구개발계획 등	부문별계획: 전국항만계획, 전국공항계획, 전국도로망계획, 지하수관리기본계획 등
도시 단지	국토의 계획 및 이용에 관한 법률	★ 도시·군계획 → 도시·군기본계획 ★ 도시·군기본계획	용도지역·지구·구역	21개 지역, 26개 지구, 4개 구역
			기반시설 설치·정비 개량	7개 시설군 52개 시설
	도시개발사업	도시개발사업		
	도시 및 주거환경정비법	도시개발사업	주거환경개선·주택재개발·도시환경정비·주택재건축	
	개별법령 → 사업계획 승인 등	지구단위계획	지구단위계획구역·계획	
개발 건축	건축법 → 건축계획		제반 행정절차 건물구조 설비, 건축선, 용도, 규모 등	

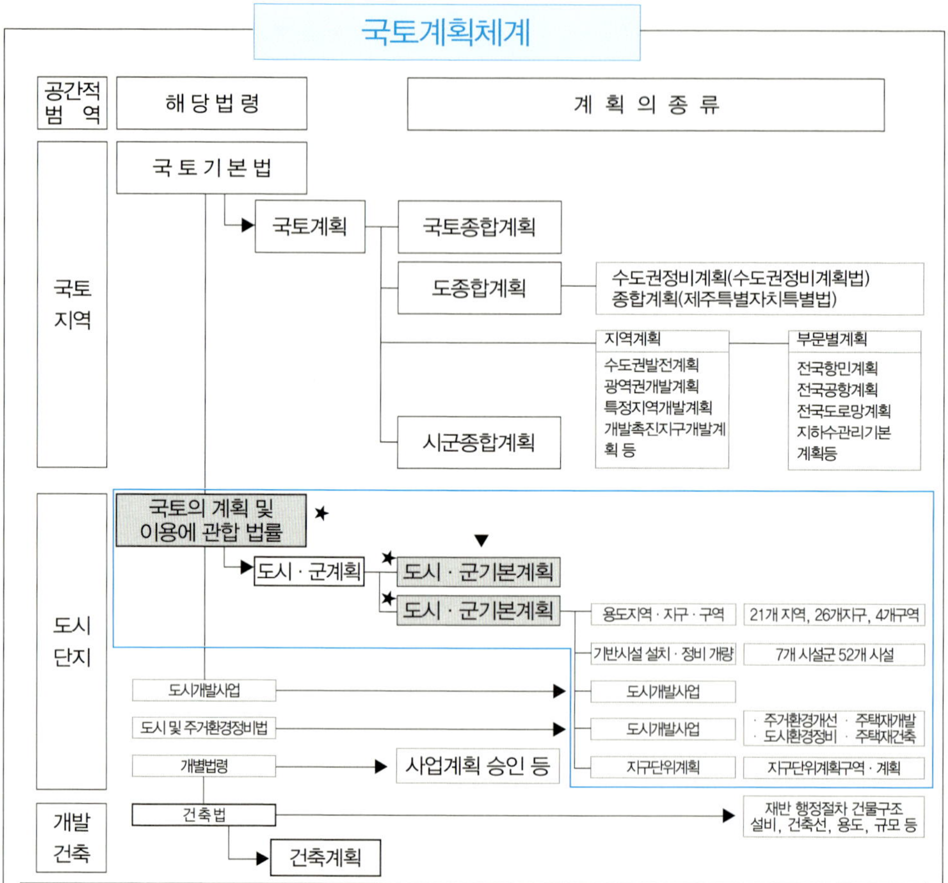

국토계획체계의 개요

* 종전의 국토계획체계는 국토건설종합계획법, 국토이용관리법, 도시계획법을 기본으로 하여 약 90여 개의 개별 법령에 의해 토지이용규제 및 개발행위허가가 이루어짐에 따라 일관성 있고 효율적인 국토계획 및 국토관리가 어려워 국토의 난개발 초래
* 이와 관련하여 국토 및 토지이용계획체계를 개편하여 국토의 난개발을 방지하고 국토의 지속가능한 발전을 도모하기 위하여 2003년에 국토건설종합계획의 절차법 성격이 강한 국토건설종합계획법을 국토관리의 기본이념과 국토의 균형있는 발전, 경쟁력 있는 국토여건의 조성, 환경친화적 국토관리에 관한 사항을 명기한 「국토기본법」으로 개편하여 국토의 나아갈 바를 설정
* 또한 「국토기본법」에서는 국토계획체계를 명확히 하기 위하여 국토종합계획은 도종합계획 및 시군종합계획의 기본이 되며, 부문별 계획과 지역계획은 국토종합계획과 조화를 이루어야 하고, 도종합계획은 당해 도의 관할 구역 내에서 수립되는 시군종합계획의 기본이 된다고 명시함으로서 국토계획체계를 명확히 하였음
* 또한, 시군종합계획을 「국토의 계획 및 이용에 관한 법률」에 따라 수립되는 도시계획인 도시·군기본계획과 도시·군관리계획으로 갈음함으로써 국토계획체계를 국토종합계획부터 도시·관리계획까지 체계화하였음

1. 국토계획 체계 이해

우리나라 국토공간계획체계는 공간적 범위에 따라 크게 3단계로 구분된다. 국토전역 또는 일정지역에 대하여 계획을 수립하는 국토 및 지역계획, 시·군단위 또는 개별사업구역을 설정하여 계획을 수립하는 도시 및 단지계획, 그리고 개별건축물에 대한 계획을 수립하는 건축계획이다.

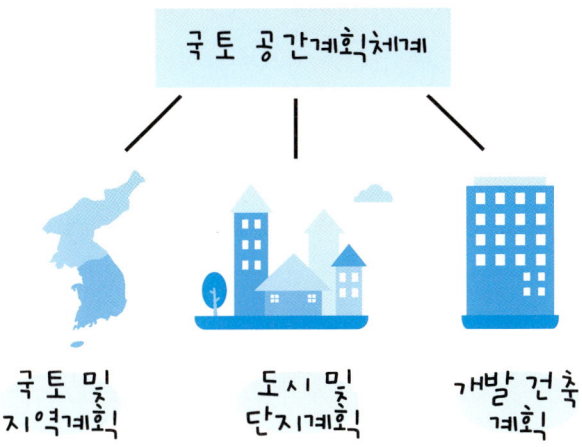

2. 국토 및 지역계획은?

국토 및 지역계획은 국토를 이용·개발 및 보전함에 있어서 미래의 경제적·사회적 변동에대응하여 국토가 지향하여야 할 발전방향을 설정하고 이를 달성하기 위한 계획으로서 국토 및 지역계획을 수립하기 위한 근거법으로는 「국토기본법 및 수도권정비계획법」, 「지역균형개발 및 지방중소기업 육성에 관한 법률」 등이 있다.

「국토기본법」(2002. 2. 4 제정)은 국토전반에 관한 계획 및 정책을 수립·시행함에 있어 지향하여야 할 이념과 기본방향을 명시하고, 국토계획의 수립과 이의 체계적인 실천을 위한 제도적 장치를 마련하여 국토의 지속가능한 발전을 도모하기 위하여 제정되었으며, 21세기에 전개될 세계화, 지방화 및 지식정보화에 적극 대응하고, 과거 국토개발과정에서 야기된 환경훼손과 지역 간 불균형 등 국토의 문제점을 극복하기 위한 국토관리체계를 근본적으로 재정립함으로써 국토의 건전한 발전과 국민의 복리향상에 이바지하는 것을 목적으로 하고 있다.

국토관리의 기본이념으로서 국토에 관한 계획과 정책은 개발과 환경의 조화를 바탕으로 국토를 균형 있게 발전시키고, 국가의 경쟁력을 높이며, 국민의 삶의 질을 개선함으로써 국토의 지속가능한 발전을 도모할 수 있도록 수립 및 집행토록 하고 있다.

「국토기본법」에서 정하고 있는 국토계획으로는 국토종합계획, 도종합계획, 지역계획, 부문별계획 등이 있으며, 이 중 국토종합계획은 국토계획의 최상위계획으로서 다른 법령에 의하여 수립되는 국토에 관한 모든 계획에 우선된다.

종전의 국토계획체계는 국토건설종합계획법, 국토이용관리법, 도시계획법을 기본으로 하여 약 90여 개의 개별 법령에 의해 토지이용규제 및 개발행위 허가가 이루어짐에 따라 일관성 있고 효율적인 국토계획 및 국토관리가 어려워 국토의 난개발을 초래하였다.

이와 관련하여 국토 및 토지이용 계획체계를 개편하여 국토의 난개발을 방지하고 국토의 지속가능한 발전을 도모하기 위하여 2003년에 국토건설종합계획의 절차법 성격이 강한 국토건설종합계획법을 국토관리의 기본이념과 국토의 균형있는 발전, 경쟁력있는 국토여건의 조성, 환경친화적 국토관리에 관한 사항을 명기한 「국토기본법」으로 개편하였다.

또한, 「국토기본법」에서는 국토계획체계를 명확히 하기 위하여 국토종합계획은 도종합계획 및 시군종합계획의 기본이 되며, 부문별계획과 지역계획은 국토종합계획과 조화를 이루어야 하고, 도종합계획은 당해 도의 관할구역 내에서 수립되는 시군종합계획의 기본이 된다고 명시하였다.

국토종합계획은 국토전역을 대상으로 하여 국토의 장기적인 발전방향을 제시하는 종합계획으로서 도종합계획의 기본이 되며, 국가기간교통망계획, 주택계획 등의 부문별계획과 광역권개발계획, 수도권정비계획 등의 지역계획은 국토종합계획과 조화를 이루도록 하고 있다.

국토종합계획은 20년 단위의 장기계획으로 국토해양부장관이 수립하며 그 내용은 다음과 같다.

1) 국토의 현황 및 여건변화 전망에 관한 사항
2) 국토발전의 기본이념 및 바람직한 국토 미래상의 정립에 관한 사항
3) 국토의 공간구조의 정비 및 지역별 기능분담방향에 관한 사항
4) 국토의 균형발전을 위한 시책 및 지역산업육성에 관한 사항
5) 국가경쟁력 제고 및 국민생활의 기반이 되는 국토기간시설의 확충에 관한 사항
6) 토지·수자원·산림자원·해양자원 등 국토자원의 효율적 이용 및 관리에 관한 사항
7) 주택·상하수도 등 생활여건의 조성 및 삶의 질 개선에 관한 사항
8) 수해·풍해 그 밖의 재해의 방제에 관한 사항
9) 지하공간의 합리적 이용 및 관리에 관한 사항
10) 지속가능한 국토발전을 위한 국토환경의 보전 및 개선에 관한 사항

국토해양부장관이 국토종합계획을 수립할 때에는 공청회를 개최하여 국민과 관계 전문가의 의견을 청취하고, 계획에 대하여 국토정책위원회의 심의와 국무회의의

심의를 거친 후 대통령의 승인을 얻어 공고하게 된다.

현재 우리나라에는 2020년을 목표년도로 하는 제4차 국토종합계획(수정계획)이 수립되어 있으며, '약동하는 통합국토'의 실현을 계획기조로 하여 상생하는 균형국토, 경쟁력 있는 개방국토, 살기 좋은 복지국토, 지속가능한 녹색국토, 번영하는 통일국토 등 5대 기본목표를 중심으로 계획을 추진하고 있다.

도종합계획은 도의 관할구역을 대상으로 하여 당해지역의 장기적인 발전방향을 제시하는종합계획으로서 해당 도지사가 수립하게 된다.
도지사가 도종합계획을 수립할 때에는 공청회를 개최하여 국민 및 관계 전문가의 의견을 듣고, 도에 설치된 도시계획위원회의 심의를 거친 후 국토해양부장관의 승인을 얻어야 한다. 그리고 국토해양부장관은 도종합계획을 승인하고자 할 때에는 관계중앙행정기관의 장과 협의 후 국토정책위원회의 심의를 거쳐야 한다.

지역계획은 특정한 지역을 대상으로 특별한 정책목적을 달성하기 위하여 수립하는 계획으로서 중앙행정기관의 장 또는 지방자치단체의 장이 필요에 따라 수립하게 되며 지역계획에는 수도권정비계획, 광역권개발계획, 특정지역개발계획, 개발촉진지구개발계획 등이 있으며 개별 관계 법률에 의하여 수립하게 된다.

부문별 계획은 국토전역을 대상으로 특정부문에 대한 장기적인 발전방향을 제시하는 계획으로써 국토종합계획과 상호연계 되어 수립되며 부문별 계획은 중앙행정기관의 장이 필요시 수립하게 되며, 계획 수립 시 국토정책위원회의 심의를 거쳐 국토해양부장관이 승인하게 된다.

3. 수도권 정비계획
수도권이란 서울특별시와 인천광역시, 경기도 일원의 지역을 말하며, 2012년 말

현재 수도권의 면적은 11,818㎢(전국토의 11.8%)이며 2013년 말 인구는 전국인구 5,100만명 중 2,520만명(전국인구의 49.4%)이 살고 있는 우리나라의 중심지역이다. 수도권의 질서 있는 정비와 체계적인 관리를 위한 종합계획으로서 수도권정비의 기본방향, 인구 및 산업의 배치, 권역의 구분 및 정비, 인구집중 유발시설 및 개발사업의 관리, 수도권의 환경보전에 관한 사항 등을 그 내용으로 하고 있다.

근거법인 「수도권정비계획법」(1982. 12. 31. 제정)에서는 권역 내 인구 및 산업의 적정배치와 과밀화 방지를 위해 수도권 전체를 과밀억제권역, 성장관리권역, 자연보전권역 의 3개 권역으로 구분하여 각 권역별 정비전략에 따라 권역 특성별로 인구집중유발시설과 대규모 개발사업의 입지에 대한 차등규제를 실시하고 있다.

※인구집중유발시설 : 대학, 공장, 공공청사, 업무·판매·복합 건축물, 연수시설 등
※대규모 개발사업 : 택지개발사업, 공업용지조성사업, 관광지조성사업, 도시개발사업, 지역종합개발사업 등

■ 권역구분 현황도

권역구분	권역 내용
과밀억제권역	인구와 산업이 지나치게 집중되었거나 집중될 우려가 있어 이전하거나 정비할 필요가 있는 지역
성장권리권역	과밀억제권역으로부터 이전하는 인구와 산업을 계획적으로 유치하고 산업의 입지와 도시의 개발을 적정하게 관리할 필요가 있는 지역
자연보전권역	한강 수계의 수질과 녹지 등 자연환경을 보전할 필요가 있는 지역

(참고) 수도권 권역 현 수정법 시행령 제 9조 [별표1](개정'2011.3.9)

과밀억제권역	성장관리권역	자연보전권역
• 서울특별시 • 인천광역시(강화군, 옹진군, 서구 대곡동·불노동·마전동·금곡동·오류동·왕길동·당하동·원당동, 인천경제자유구역 및 남동 국가산업단지는 제외한다) • 의정부시 • 구리시 • 남양주시(호평동·평내동·금곡동·일패동·이패동·삼패동·가운동·수석동·지금동 및 도농동만 해당한다) • 하남시 • 고양시 • 수원시 • 성남시 • 안양시 • 부천시 • 광명시 • 과천시 • 의왕시 • 군포시	• 동두천시 • 안산시 • 오산시 • 평택시 • 파주시 • 남양주시(와부읍, 진접읍, 별내면, 퇴계원면, 진건읍 및 오남읍만 해당한다) • 용인시(신갈동, 하갈동, 영덕동, 구갈동, 상갈동, 보라동, 지곡동, 공세동, 고매동, 농서동, 서천동, 언남동, 청덕동, 마북동, 동백동, 중동, 상하동, 보정동, 풍덕천동, 신봉동, 죽전동, 동천동, 고기동, 상현동, 성복동, 남사면, 이동면 및 원삼면, 목신리, 죽릉리 학일리, 독성리, 고당리, 문촌리만 해당한다) • 연천군 • 포천시 • 양주시 • 김포시 • 화성시 • 안성시(가사동, 가현동, 명륜동, 숭인동, 봉남동, 구포동, • 안성시(가사동, 가현동, 명륜동, 숭인동, 봉남동, 구포동, 동본동, 영동, 봉산동, 성남동, 창전동, 낙원동, 옥천동, 현수동, 발화동, 옥산동, 석정동, 서인동, 인지동, 아양동, 신흥동, 도기동, 계동, 중리동, 사곡동, 금석동, 당왕동, 신모산동, 신소현동, 신건지동, 금산동, 연지동, 대천동, 대덕면, 미양면, 공도읍, 원곡면, 보개면, 금광면, 서운면, 양성면, 고삼면, 죽산면, 두교리, 당목리, 칠장리 및 삼죽면 마전리, 미장리, 진촌리, 기솔리·내강리만 해당한다) • 인천광역시중 강화군,옹진군,서구 대, 곡동, 불노동, 마전동, 금곡동, 오류동, 왕길동,당하동 원당동,인천경제자유구역, 남동 국가산업단지 • 시흥시 중 월곶수지역(반월특수지역에서 해제된 지역을 포함한다)	• 이천시 • 남양주시(화도읍, 수동면 및 조안면만 해당한다) • 용인시(김량장동, 남동, 역북동, 삼가동, 유방동, 고림동, 마평동, 운학동, 호동, 해곡동, 포곡읍, 모현면, 백암면, 양지면 및 원삼면 가재월리 사암리, 미평리 좌항리, 맹리, 두창리만 해당한다) • 가평군 • 양평군 • 여주군 • 광주시 • 안성시(일죽면, 죽산면 죽산리 용설리 장계리 매산리 장릉리 장원리 두현리 및 삼죽면 용월리 덕산리 율곡리 내장리 배태리만 해당한다)

Ⅳ 국토종합계획의 변천

국토종합계획의 연혁

제1차 국토종합개발계획 (1972~1981년)

제2차 국토종합개발계획 (1982~1991년)

제2차 국토종합개발계획 수정계획 (1987~1991년)

제3차 국토종합개발계획 (1992~2001년)

제4차 국토종합계획 (2000~2020년)

제4차 국토종합계획 수정계획 (2006~2020년)

※ 제4차 국토종합계획 수정계획(2006~2020)은 행정중심복합도시 건설 등으로 인한 국토공간구조 변화 반영, 남북 교류협력 확대 및 대외환경 변화에 대응하는 국토전략 제시를 위해 수립

국토형성의 기본골격

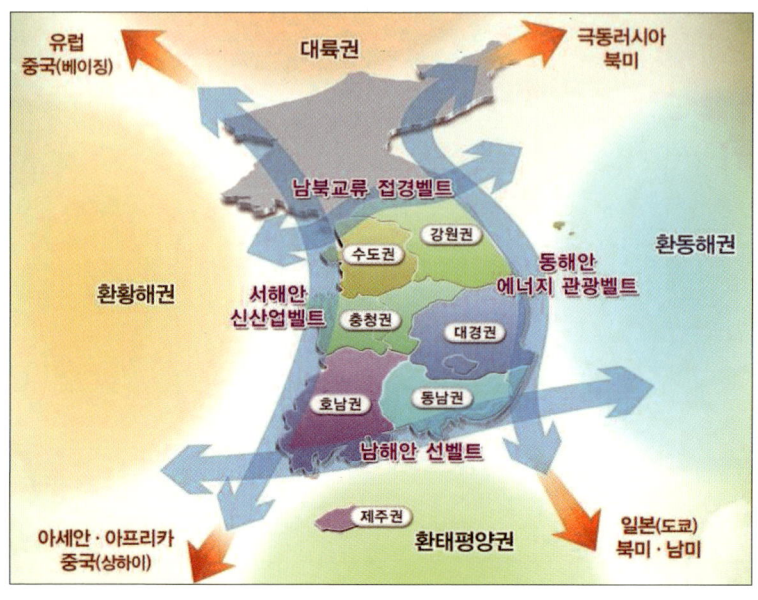

제4차 국토종합계획(2006~2020)과 수정계획(2011~2020)의 비교

구 분		제4차 국토종합계획(2006-2020)	수정계획 (2011-2020)
기 간		2006~2020년	2011-2020년
기 조		약동하는 통합국토의 실현	대한민국의 새로운 도약을 위한 「글로벌 녹색국토」
인 구		인구증가와 고령화 사회	인구감소 및 초고령 사회 형성
지역균형 및 국가경쟁력		지역간 균형발전에 중점	광역경제권 중심의 특성화발전 및 글로벌 경쟁력 강화에 중점
		수도권 과밀 억제	수도권의 경쟁력 강화 및 계획적 성장관리
대외개방 및 국토골격		한반도 육지(경성국토)	한반도 육지와 해양, 재외기업 활동 공간을 포함(연성국토)
		행정구역별 접근(7+1 경제권역)	초월한 광역적 접근(5+2 광역경제권)
		점적 개방(3개축)에 중점	대외개방 벨트 및 접경벨트(4개축) 글로벌 개방거점 육성 등 개방형 국토 형성 추진
기후변화 및 자원확보		기후변화를 환경 보호 및 재해대응측면에서 접근	기후변화 대응 및 녹색성장을 국토계획의 기조로 설정(환경, 산업, 교통, 도시개발, 재해등 종합적 차원에서 접근)
		국내 자원관리에 중점	해외자원 확보 및 공동개발 추진
지역개발 산업입지		지역혁신체계 구축을 통한 자립적 지역발전 기반 마련	광역경제권 형성을 통한 지역별 특화발전 및 글로벌 경쟁력 강화
		지역분산형 개발 정책(행정도시, 공공기관 지방이전, 혁신도시·기업도시 건설등)	지역특성을 고려한 전략적 성장거점 육성(대도시 및 KTX 정차도시를 중심으로 도시권 육성)
		혁신클러스터 형성	신성장동력 육성 및 녹색성장을 위한 新산업 기반 조성
도 시 주 택 토 지		기초적 삶의 질 보장 네트워크형 도시체계 형성	도시재생 및 품격있는 도시 조성 한국형 녹색콤팩트도시 조성
		주거복지 향상 임대주택 공급 확대	주거수준의 선진화 인구감소·고령화에 대응한 수요맞춤형 주택정책
		계획적 토지이용 관리 강화 (선계획-후개발)	계획적 토지이용의 제고를 위한 개발행위허가 제도운영 계획적 토지이용을 전제로, 수요변화에 대응하는 유연한 토지이용체계 구축
교 통 물 류		7×9 간선도로망 구축	철도 중심의 녹색교통체계, 기존시설의 운영 효율화
		행정중심복합도시와 각 지역의 연결성 강화	광역경제권 및 초광역개발권 연계 인프라 확충
수자원방재 정보		수자원의 안정적 공급 및 수질관리 중심	하천의 다목적 이용 및 새로운 하천문화 창출 수변공간의 적극적 활용
		예방적·통합적 방재체계 구축	기후변화에 대응한 선제적·예방적 방재 도시형 재난 대책 강화
유라시아 -태평양 협력		경제자유구역, 자유무역지역 중심의 개방 협력거점 육성	다변화된 글로벌 개방거점 육성(새만금, 경제자유구역, 국제자유도시, 국제과학비즈니스벨트, 첨단의료복합단지등) 한국형 도시개발 수출
		접경지역 협력사업 추진	남북교류·접경벨트 종합관리계획 수립 북한자원 공동개발 및 인적·물적자원 지원
해 양		-	해양자원 및 해양산업 육성을 통한 글로벌 해양국토실현
계획의관리 및 집행		지방분권과 갈등조정시스템 구축	효율적인 지역개발시스템 구축(지역개발사업 남발방지)
		투자재원의 다양화와 운영효율화	재원 조달방식 다양화 및 재정분담 원칙 정립

수정계획의 비전과 목표

1. 계획의 비전 [대한민국의 새로운 도약을 위한『글로벌 녹색국토』]
- 동북아시아 중심에 위치한 한반도의 장점을 최대한 활용하고 FTA 시대의 글로벌 트렌드를 수용하여 유라시아-태평양 지역을 선도하는 글로벌 국토 실현
- 정주환경, 인프라, 산업, 문화, 복지 등 전 분야에 걸쳐 국민의 꿈을 담을 수 있는 국토공간을 조성하고, 저탄소 녹색성장의 기반을 마련하는 녹색국토 실현

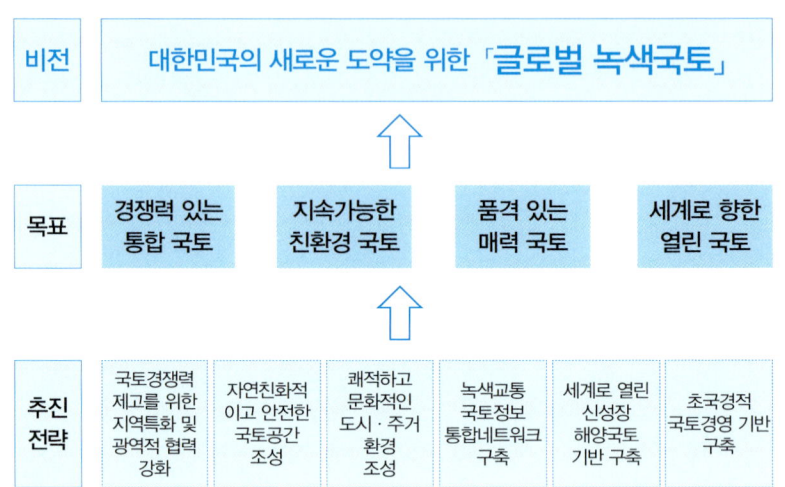

2. 국토형성의 기본목표
■ 경쟁력있는 통합국토
- 개별 지역이 통합된 광역적 공간 단위에 기초한 新국토골격을 형성하여 지역특화 발전 및 동반성장을 유도
- 남북간 신뢰에 기반한 경제 협력과 국토 통합을 촉진
■ 지속가능한 친환경국토
- 경제성장과 환경이 조화되고 에너지·자원 절약적인 친환경국토 형성
- 기후변화로 인한 홍수·가뭄 등 재해에 안전한 국토 구현
■ 품격있는 매력국토
- 역사·문화자원을 우리 국토공간에 접목한 품격있는 국토 조성

- 정주환경을 개선하여 국민 모두가 쾌적한 삶을 누리는 매력있는 국토 조성
■ 세계로 향한 열린국토
- 유라시아-태평양 시대에 물류, 금융, 교류의 거점국가로 도약하기 위해 글로벌 개방 거점 확충
- 대륙-해양 연계형 인프라 구축을 통한 유라시아-태평양 지역의 관문기능 강화

3. 국토공간 형성 방향

국토공간구조 형성의 기본방향
- 대외적으로는 초광역개발권을 중심으로 개방형 국토발전축을 형성하여 초국경적 교류·협력기반 강화
- 대내적으로는 5+2 광역경제권을 중심으로 거점도시권 육성, 광역경제권간 연계·협력을 통해 지역의 자립적 발전을 유도

1) 세계와 교류하는 개방형 국토축 형성
■ 유라시아-태평양지역의 전략적 요충지로서 가치를 적극적으로 활용한 관문국가 역할과 동아시아 주요 경제권(환황해권, 환동해권, 환태평양권, 유라시아 대륙권)의 중추국가로서 위치를 확립

유라시아-태평양의 전략적 요충지

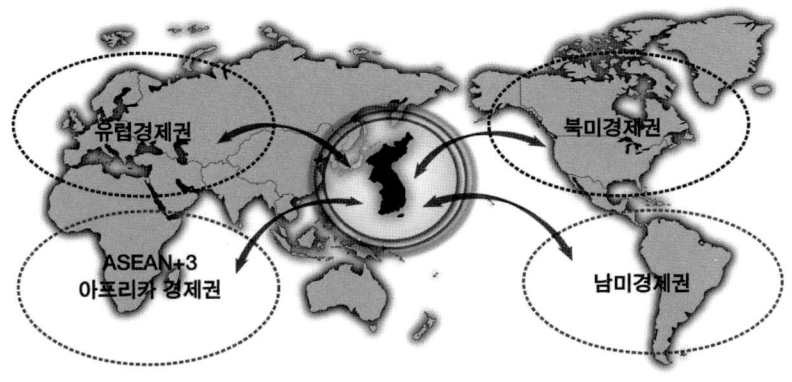

■ 세계를 향한 한반도의 위상 강화와 광역경제권간 연계를 위한 개방적 국토발전축 형성
- 동·서·남해안 등 대내외 접점지대인 3개 연안지역과 대북접경지역을 중심으로 초광역 벨트를 구축하여 대외개방적이고 해양지향적인 국토구조를 형성
- 광역경제권 간의 연계와 동시에 연안개방축과 내륙을 연계하는 내륙 신발전축을 구축

2) 광역연계형 녹색국토 형성
■ 대도시권을 중심으로 광역경제권이 거점 역할을 하는 광역연계형 국토구조로 개편
- 국가경쟁력 강화를 위해 국가의 성장엔진인 도시권(City-Region)을 글로벌 인재와 자본이 집적되는 국제적 성장거점으로 육성
- 도시권의 특성화 발전을 통해 거점도시와 주변지역이 동반 성장함으로써 광역경제권과 국토발전을 선도하도록 유도
■ 행정구역을 탈피하여 광역경제권 단위의 자체역량 및 대외경쟁력을 강화할 수 있도록 권역별 게이트웨이 기능을 강화하고 각 권역의 중심도시를 고속 네트워크로 연계하여 생산적·포괄적·지속적 성장을 추구
- 공항, 항만, 고속철도 등 초고속교통수단과 같은 글로벌 인프라와 양호한 정주여건을 갖춘 도시권을 중심으로 국토정주체계 형성
- 각 권역이 독립적으로 발전할 수 있도록 권역 게이트웨이와 중심도시간 연계를 강화하고 중심도시에서 권역내 타 지역으로 성장의 확산이 원활하도록 교통망을 정비
- 도시권 내외 및 글로벌 시장과의 원활한 교류가 가능하도록 지원할 수 있는 연성적 네트워크형 국토구조로 개편
■ 강 중심의 지역발전 및 하천생태 복원과 기후변화에 대응한 자원순환형 녹색국토 공간구조를 구축
- 국토 균형발전 및 강 중심의 국토 재창조를 선도할 수 있도록 지천 살리기, 문화

가 흐르는 4대강 살리기, 활력넘치는 금수강촌 만들기, 4대강을 활용한 녹색성장산업 활성화 등 추진
- 온실가스 감축목표에 부합하는 녹색국토 구조를 형성할 수 있도록 탄소배출 저감형 교통체계, 에너지 저소비형 국토 공간구조 형성, 부존자원 및 폐기물의 효율적 활용 등을 추진
- 4대강, 백두대간, 새만금, 연안지역 등을 중심으로 자원 순환형 녹색 국토공간을 구축
- 도시권을 중심으로 한 INBEC(IT·NT·BT·ET·CT)형 녹색산업 육성
  광역경제권간 교류·연계 강화 및 녹색 국토공간 형성을 토대로 유라시아-태평양 주요 국가로 진출하기 위한 「개방형 녹색국토」 완성

6대 추진전략

1. 국토경쟁력 제고를 위한 지역특화 및 광역적 협력 강화

■ 국토의 성장잠재력을 극대화하기 위해 3차원 지역발전전략을 발전적으로 수용
- 대외개방적 국토형성을 위한 초광역개발권 개발, 지역간 네트워킹 강화 및 글로벌 경쟁력 제고를 위한 광역경제권 육성, 기본적 삶의 질이 보장되는 기초생활권 구축을 통해 전 국토의 성장잠재력을 극대화

■ 5+2 광역경제권 발전을 견인하는 도시권 육성
- 도시권 육성으로 광역경제권 발전을 선도하고 도시권간 국토의 글로벌 경쟁력을 제고 국가경제를 견인하는 신성장거점 육성
- 지역특화발전을 선도하고 국가 경쟁력을 제고하기 위해 새만금, 경제자유구역, 국제과학비즈니스벨트, 행정중심복합도시 및 기업·혁신도시 등 성장거점을 육성
- 수도권의 글로벌 경쟁력을 강화하고, 수도권 개발이익의 지방이전을 통해 수도권과 지방의 상생발전 도모

■ 글로벌 경쟁력을 갖춘 신성장 산업입지 육성

- 3차원 지역발전전략과 연계하여 지역 특화산업을 육성하고, 융복합 산업과 녹색성장 산업 육성 등을 통해 미래 신성장동력 산업 기반을 조성
- ■ 농·산·어촌의 녹색성장 기반 구축
- 농·산·어촌의 중심거점 육성 및 통합적 개발, 인구유입·정착기반 확충 등을 통해 삶의 질 향상 및 경쟁력 향상 도모
- ■ 문화국토 조성을 위한 역사·문화·관광자원의 연계 활용
- 역사·문화자원의 창조적 산업화 및 문화·관광산업 기반 육성 등을 통해 지역산업을 활성화시키고 국토의 문화경쟁력을 제고

2. 자연친화적이고 안전한 국토공간 조성

- ■ 강·산·바다를 연계한 국토 품격의 새로운 창출
- 4대강, 백두대간·정맥, 해안·도서를 연결하는 통합 국토관리체계 구축 및 추진전략 마련
- 해양, 하천, 산림 등 주요 생태계의 보전 및 활용을 위하여 보호지역 지정 확대 및 환경친화적 이용방안 마련
- ■ 국민과 강이 어우러지는 친수국토 조성
- 치수(治水)·이수(利水)·친수(親水)와 수질을 고려하여 종합적인 강 이용 및 관리체제 구축
- 강과 수변공간 및 주변지역을 계획적이고 통합적으로 관리
- 하천공간 정비, 다양한 문화콘텐츠 및 프로그램 개발 등을 통해 하천을 문화·레저·여가활동 등이 가능한 다목적 공간으로 이용하고 새로운 하천 문화를 창출
- ■ 지속가능하고 안전한 국토·생활공간 조성
- 기후변화에 대응하고 재해에 대비하여 IT기술을 활용한 첨단 통합방재시스템을 구축하고 예방적·통합적 안전관리체계 구축
- 재해 대응 및 피해 경감을 위해 녹색방재축 설정, 방재거점 설정 등을 추진하고, 부처별로 분산·다기화된 재해관리체계를 통합적·포괄적 관리체계로 전환

3. 쾌적하고 문화적인 도시·주거환경 조성

■ 녹색성장 시대에 부응하는 한국형 압축도시(Compact City) 조성

- 신시가지 확산을 억제하여 도심재생의 경쟁력을 강화하고, 토지의 집약적·복합적 이용의촉진 등을 통해 대중교통 이용이 편리한 도시환경을 조성
- 도시 및 자연생태계 보전·복원, 에너지 절약형 도시 및 택지개발, 저탄소·에너지 절감형 주택 및 건물 보급 및 신재생에너지 활용 등을 통해 지속가능한 도시환경을 조성

■ 삶의 질을 향유할 수 있는 매력적 문화도시 창조

- 지역상징거리 조성 및 전통건축물 정비 등을 통해 도시의 고유한 문화적 가치를 제고
- 저출산·고령화 시대에 대응한 육아보육시설 및 노인복지시설 확충과 함께 다문화 사회에 대응하여 외국인도 살기 좋은 커뮤니티 조성 추진

■ 인구 감소 및 기존 도심 쇠퇴에 대응하는 도심재생 활성화로 도시경쟁력 제고

- 주거환경 개선에서 산업 활성화, 정주여건 및 생산기반을 중시하는 복합적 도시재생으로 전환
- 신산업기능 집적을 유도하기 위하여 노후산업단지의 재생, R&D 및 컨퍼런스 기능 등을 도입한 복합산업단지화 지원

■ 도시경쟁력 제고를 위한 용도지역체계의 탄력적 적용

- 인구정체 및 감소, 질적 성장으로의 패러다임 전환 등에 따른 새로운 토지수요에 대처할 수 있는 유연한 용도지역제를 운용하고 Time-Zoning 제도를 도입
- 개발행위허가제도 정비를 통해 계획적 국토관리의 실효성을 제고

■ 주거 수준의 선진화 및 주거안전망 확충

- 점차 다양화되는 주택수요에 부응하여 1인 가구용 소형주택, 고령자 전용주택, 도심 소형주택, 전원주택, 타운하우스 등 수요맞춤형 주택 공급정책 추진
- 보금자리주택 등 신규주택 공급, 공공임대주택 재고 확대, 기존 주택의 개보수 등에 대한 정부지원 강화 등을 통해 주택의 양적·질적 수준을 선진국 수준으로 제고
- 환경친화적 녹색주택 보급을 확대하고 주거단지 및 주택 디자인 개선을 통해 주

거환경의 질적 향상을 도모

4. 녹색교통·국토정보 통합네트워크 구축
■ 철도 중심의 저탄소 녹색성장형 교통체계 구축
- 도로 중심에서 철도 중심으로, 신규건설 위주에서 운영 효율화 위주로 교통정책 전환
- 광역경제권의 거점도시간 및 초광역개발권간의 신속한 연계를 위한 'X+ㅁ'자형 고속 철도망을 구축하고, 고속철도망의 접근성 향상을 위해 대중교통 연계체계를 강화
■ 선택과 집중을 통한 효율적 도로망 정비를 통해 국토경쟁력 강화 지원
- 고속국도, 국도 등 도로간 상호연계를 강화하고 지역간 균등한 간선도로 서비스 제공을 위한 도로시설 개량 및 확충 추진
- 국가간선도로망의 지능화 및 첨단화로 신속·안전하고 편리한 첨단교통서비스 제공
■ 교통수단간 기능적 역할분담을 통한 통합연계 교통체계 구축
- 도로, 철도, 공항, 항만 등 교통수단간 상호연계로 저비용 고효율 교통체계 구축
- 국가기간교통망계획과 부문별계획의 통합·조정을 강화하여 교통정책과 교통시설 확충의 상호연계를 도모
■ 탄소배출을 줄이고 에너지를 절약하는 친환경 교통정책 추진
- 자전거 및 보행자도로 확충 등을 통해 생활 속의 녹색교통 정착을 추진하고 대중교통 지향형 교통정책 추진
- CO_2 저배출형 교통수단(CNG버스, 경전철 등)의 점진적 확대로 친환경 녹색교통체계 구축
■ 고부가가치 창출 및 동북아 물류 중심국가 성장을 위한 글로벌 물류체계 구축
- 인천국제공항의 허브경쟁력을 지속적으로 강화하고, 김포공항의 근거리 국제선 서비스 강화

- 부산항 신항, 광양항, 울산항 등을 동북아 거점 항만으로 육성하고, 권역별 거점 항만의 특화 개발 추진
- 동북아 포트 얼라이언스(Port Alliance)구축, 공항·항만 배후단지 물류클러스터 조성, 미래형 첨단 물류기술 개발 및 보급 등을 통해 글로벌 물류체계 구축
- ■ 첨단 국토정보 인프라 구축 및 활용을 통한 국토관리 선진화
- 미래형 선진 국가공간정보 인프라를 구축하여 고정밀 공간정보를 실시간 제공
- GIS, 센서, 네트워크 기술을 결합한 스마트 국토관리 체계를 구축하고 각종 시설 및 정보 활용의 첨단 인텔리전트화 추진

5. 세계로 열린 신성장 해양국토 기반 구축
- ■ 해양자원 확보를 위한 활동영역 확장과 해양산업의 국제경쟁력 강화
- 북극해 항로 개발에 적극 참여하고 태평양권역 국가와 남극대륙 및 북극해 해양자원에 대한 공동개발 추진
- 풍력, 조류, 파력 등을 활용한 해양 신재생에너지 개발, 해양산업의 클러스터 및 네트워크화 추진과 해양관광산업 활성화 기반 조성
- ■ 생태계에 기반한 해양자원 및 공간의 통합적 관리
- 육지부 개발시 해양환경의 수용력을 고려하고, 연안해역 용도제의 조기 정착을 통해 연안의 보전·이용·개발 질서를 확립
- 자연해안 유지 및 인공해안 복원 추진과 연안·해양보호구역 면적을 확대하고 연안·해양 조사 및 정보화를 통해 과학적이고 합리적인 정책 수립·시행

6. 초국경적 국토경영 기반 구축
- ■ 남북한 교류협력 확대에 대비한 기반 구축
- 남북한 교류협력 사업 등은 남북관계의 진전과 국내외 정치·경제적 여건 등을 감안하여 단계적으로 추진
- 접경벨트를 중심으로 남북 교류협력 기반을 구축하고, 접경지역의 생태환경 보

전, 평화지대 구축 및 남북한 수자원 모니터링 등 남북관계 진전에 대비한 협력 과제 강구

■ 유라시아-태평양 시대를 선도하는 글로벌 국토역량 강화

- 한·중·일 복합수송체계를 구축하고, 아시안 하이웨이 및 아시아 횡단철도 연결을 추진하여 글로벌 교통·물류 관문국가로 도약
- 국제항공노선망 확충, 항공자유화 추진 등을 통해 글로벌 항공 네트워크를 구축 G20 개발의제 실천을 통한 글로벌 연성국토 개척
- 저개발 국가에 대한 한국형 국토개발 지원모형을 구축하고 국토개발사업 지원을 추진하여 국격 향상에 기여
- 고속철도, 고속도로, 원자력발전소, 한국형 첨단그린도시, 산업단지, 물관리 기술 등을 세계에 수출하여 해외로부터 새로운 기회를 포착하고 국익 창출로 연결

2020년의 국토지표

주요지표	단위	2009년	2020년
도시화율	%	90.8	95.0
수도권 인구 비중	%	49.0	47.5
1인당 도시공원 면적	m²	7.4	12.5
매출액 대비 기업 물류비	%	9.1 (2008년)	5.5
1인당 주거면적	m²	22.8 (2005년)	30.0
상수도 보급률	%	92.7	97.5
국민임대주택 (장기공공임대)	%	4.8	12

국가철도망계획(2011~2020)

국토의 여건과 전망

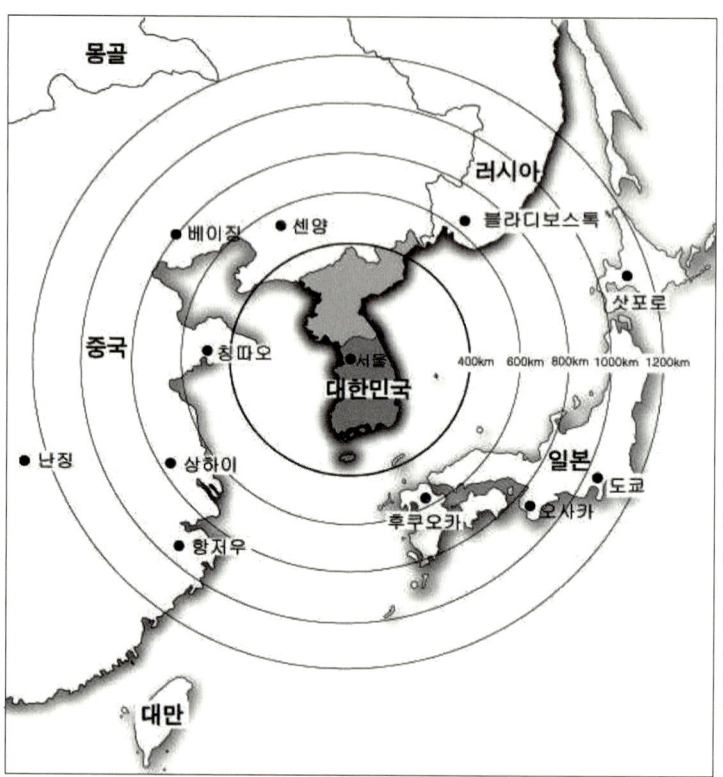

○ 한반도의 위치
- 최북단 : 함북 온성군 유포면 풍서리
  (북위 43°00′42″)
- 최남단 : 제주특별자치도 서귀포시 대정읍
  마라도 (북위 33°06′43″)
- 최서단 : 평북 신도군 비단섬
  (동경 124°10′51″)
- 최동단 : 경북 울릉군 울릉읍 독도 동도
  (동경 131°52′22″)
○ 한반도 길이 : 남북 약 1,100km
  (동서 평균 폭 약 300km)

○ 한반도 면적 : 223,348㎢
- 남한 : 100,210㎢ (총면적의 약 45%)
  (지적 미복구지역 312.3㎢ 포함)
- 북한 : 123,138㎢
○ 관할해역 면적(남한) : 44.3만㎢ (EEZ2) 포함)
- 3,300여 개의 도서 (남한)
○ 해안선 길이 : 16,323km(도서포함)
- 남한 12,733km, 북한 3,590km
○ 연간강수량 : 1,000~1,900mm
- 중부지방 : 1,100~1,400mm

- 남부지방 : 1,000~1,800mm 자료 : 국토해양부. 2010.「2010년도 국토의 계획 및 이용에 관한 연차보고서」

1. 지리적 여건과 자연환경

■ 우리나라는 한반도에 입지한 반도국가로서 육지부와 3,300여 개의 도서로 구성되어 있으며, 국토 면적은 100,210㎢ (남북한 전체로는 223,348㎢)임
- 해안선의 길이는 12,733km (도서 포함)이며, 관할해역 면적은 44.3만㎢임
■ 백두대간이 한반도 남북으로 길게 뻗어 있는 동고서저의 지형을 형성하고 있으며, 국토의 약 (2/3)3분의 2가 산지로 구성되어 가용 토지가 제한되어 있음
■ 1인당 연 강수총량은 2,591㎥로 세계 평균(1만 9635㎥)의 약 (1/8)8분의 1 수준에 불과하고, 연 강수량의 (2/3) 3분의 2가 홍수기인 6~9월에 집중
■ 천연자원 보유량이 빈약하여 외국수입 의존도가 매우 크나, 삼 면이 바다와 접하고 있어 해양자원은 비교적 풍부한 잠재력을 가지고 있음

2. 인구와 경제활동

■ 2009년말 현재 우리나라의 인구(남한 기준)는 4977만 명이며, 출산율의 저하로 인구성장이 둔화되고 고령화 현상이 급속히 진전
- 출산율은 1970년 4.5명에서 2009년 1.2명으로 감소함에 따라 인구증가율도 크게 감소
- 기대수명은 80.1세(2008년)이며, 65세 이상 인구비율은 지속적으로 증가하여 2009년 말 기준으로 10.6%(약 527만 명)

고령인구(65세 이상 인구) 비율 변화 추이

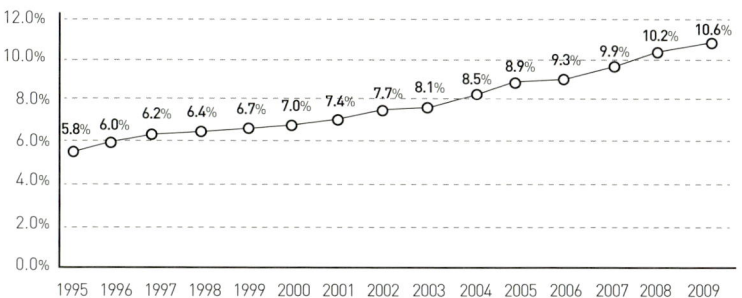

- 도시인구 증가가 지속되어 2009년 도시화율은 90.8% 수준
- 2009년 기준 도시인구는 4518만 명으로 1970년에 비해 약 3배 이상 증가하여 도시 화율이 1970년의 50.1%에서 90.8%로 상승

    2009년 기준 산업별 국내총생산은 1차 산업 2.6%, 2차 산업 36.7%, 3차 산업 60.7%
- 농·림·어업 등 1차 산업의 비중은 지속적으로 감소하고 있으며 제조업 부문은 큰 변동없이 정체 상태이나 서비스업 부문은 지속적으로 비중이 확대되고 있음

3. 국토이용과 공간구조

- 용도지역별로는 전 국토의 48.3%가 농림지역으로 지정되어 가장 큰 비중을 차지하고 있으며 도시지역은 16.5%를 차지함
- 관리지역은 24%, 자연환경보전지역은 11.2%가 지정되어 있음

용도지역 지정 현황(2009년) (단위 : km², %)

구분	계		육지		해면	
	면적	비율	면적	비율	면적	비율
합계	105,593.9	100.0	100,167.6	100.0	5,426.3	100.0
도시지역	17,420.2	16.5	16,443.7	16.4	976.5	18.0
관리지역	25,283.3	24.0	25,268.9	25.2	14.5	0.3
농림지역	51,019.1	48.3	51,019.1	51.0	-	-
자연환경보전지역	11,871.3	11.2	7,435.9	7.4	4,435.3	81.7

- 지목별로는 대지, 공장용지, 공공용지 등의 비율이 지속적으로 증가하여 2009년 현재 전 국토의 6.6%가 도시적 용지로 이용되고 있음
- 산지는 지목별 면적의 64.5%, 농지는 20.9%를 차지하고 있음

지목별 토지이용 현황

구분		1995년	2000년	2005년	2009년
전국		99,286 100%	99,461 100%	99,646 100%	99,897 100%
도시적용지		4,850 (4.9%)	5,499 (5.5%)	6,101 (6.1%)	6,638 (6.6%)
	대 지	2,124 (2.1%)	2,349 (2.4%)	2,533 (2.5%)	2,706 (2.7%)
	공장용지	386 (0.4%)	514 (0.5%)	622 (0.6%)	720 (0.7%)
	공공용지	2,340 (2.4%)	2,636 (2.7%)	2,946 (3.0%)	3,212 (3.2%)
산지		65,506 (66.0%)	65,139 (65.5%)	64,805 (65.0%)	64,472 (64.5%)
농지 (목장포함)		21,989 (22.1%)	21,596 (21.7%)	21,216 (21.3%)	20,845 (20.9%)
기타		6,826 (6.9%)	7,109 (7.1%)	7,524 (7.6%)	7,943 (8.0%)

1) 농지는 전, 답, 과수원. 산림지는 임야, 기타는 하천까지 포함.
2) 지적 미복구지역의 면적(12.4㎢) 미포함

자료 : 국토해양부. 2010. 「2010년도 국토의 계획 및 이용에 관한 연차보고서」 재구성

3차원 지역발전전략의 발전적 수용을 통한 국토의 성장잠재력 극대화

광역경제권 전략 : 특성화 발전을 통한 지역경쟁력 제고
- 인구규모, 산업연계성 및 보완성, 역사문화 동질성 등을 종합적으로 고려하여 (5+2)광역경제권을 설정하고, 지자체 주도로 지역특성에 맞는 특화발전 추진
※ 5+2 : 수도권, 충청권, 대경권, 호남권, 동남권 + 강원권, 제주권

■ 30대 선도프로젝트 추진

- 신성장거점을 육성하고 권역내 및 권역간 접근성을 제고하기 위해 교통인프라 확충
- 원활한 사업추진을 위해 개발용지 확대 및 규제 합리화 추진

광역경제권 30대 선도프로젝트

초광역개발권 전략 : 개방과 협력의 촉진

■ 초국경 시대에 대응한 대외개방형 국토의 신성장축 형성을 위해 연안지역을 잇는 동·서·남해안 벨트와 남북교류·접경벨트를 초광역개발권으로 육성
- 환동해·환황해·환태평양권 등과의 경제협력을 촉진하고, 광역경제권간 공유자원, 산업, 인프라 등을 연계한 발전을 통해 수도권과 비수도권 간의 상생발전 도모
- 동북아 및 유라시아 대륙을 연결하는 도로, 철도, 공항, 항만 등 통합 교통·물류 인프라를 확충하여 초국경적 교류·협력 기반을 구축
- 권역별 특성을 고려하여 국가기간산업(철강, 석유화학, 조선 등), 생산자 서비스, 물류, 신 재생에너지 등 특화산업을 중심으로 세계 수준의 초광역적 산업벨트 육성 추진

초광역개발권의 개발방향

구 분	개 발 방 향
동해안 초광역개발권 (에너지·관광벨트)	○ 에너지 산업벨트 구축 - 산업간 연계 강화를 통한 기간산업 고도화 ○ 국제관광거점 기반 조성 및 창조산업 육성 ○ 인프라 확충 및 환동해권 교류협력 강화
서해안 초광역개발권 (신산업벨트)	○ 국제비즈니스 거점 및 환황해 협력체계 조성 ○ 초일류 첨단 산업벨트 구축 ○ 글로벌 해양 생태·문화 관광벨트 조성 ○ 역내외 연계 인프라 구축
남해안 초광역개발권 (선벨트)	○ 세계적 해양 관광·휴양지대 조성 ○ 글로벌 경제·물류거점 육성 ○ 통합 인프라 및 초국경 네트워크 구축 ○ 동서 통합 및 지역발전 거점 육성
남북교류·접경벨트 (평화에코벨트)	○ 남북한 교류협력단지 조성 ○ 비무장지대 생태자원 보전 및 녹색관광 육성 ○ 통일대비 접경지역 개발 촉진 및 지역경제 활성화

대외개방형 초광역개발권과 연계하여 지역발전 성과를 내륙으로 확산시키는 한편, 내륙 자체의 산업·고유자원을 활용한 내륙특화벨트를 육성하여 지역의 성장 잠재력을 극대화
- 하천 등 초광역적으로 이어지는 국토 공유자원과 역사·문화유산을 기반으로 창조산업과 창조지역을 육성

개방형 초광역개발축

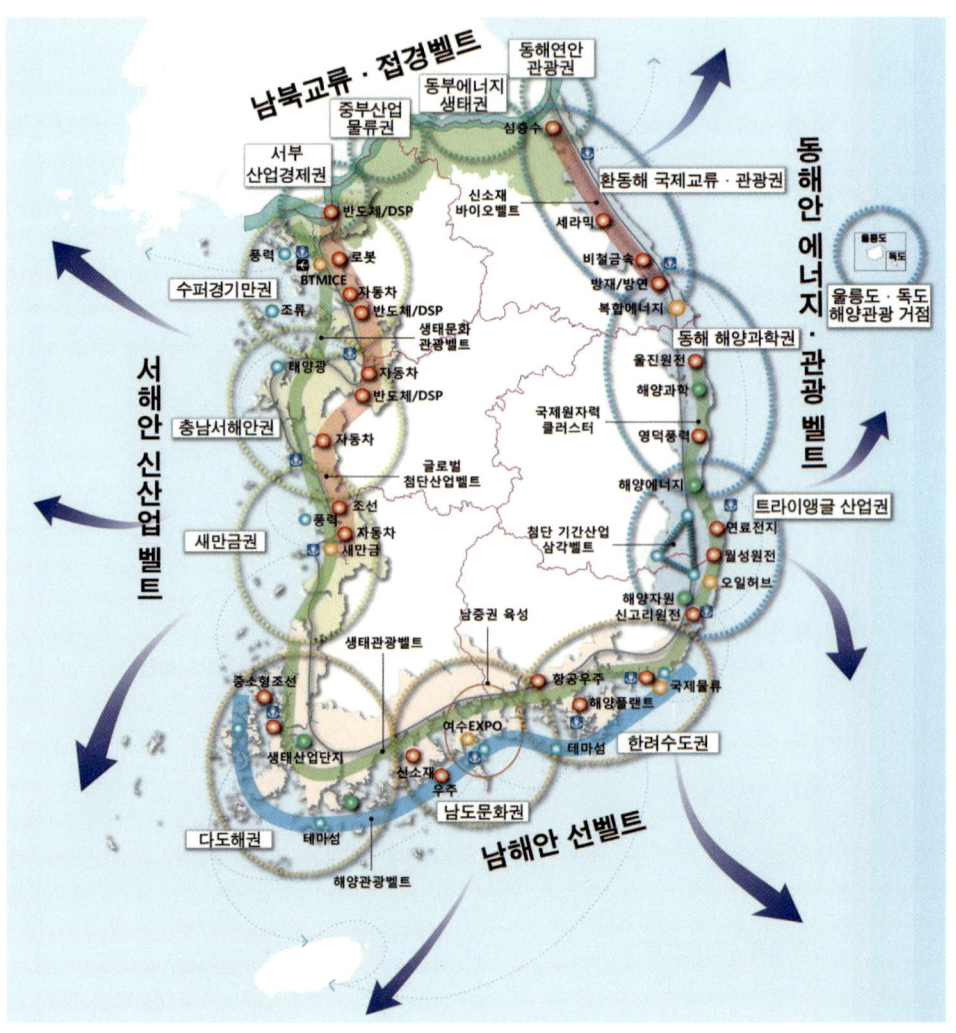

5+2 광역경제권 발전을 견인하는 도시권 육성

■ 거점도시와 인근 지역을 연계하는 도시권 육성

세계경제의 개방화 및 지방화의 진전으로 글로벌 장소경쟁이 심화됨에 따라 글로벌 경쟁력을 갖춘 통합경제권의 핵심지역으로 도시권을 육성

- 대도시 등 거점도시와 기능적으로 연계된 인근 시·군을 경제, 사회, 문화, 교육 등 핵심기능이 집적된 국토 중추공간이 되도록 전략적으로 육성하여 광역경제권 발전을 선도
- 도시권이 글로벌 투자와 교역 및 네트워크의 중심지로서 발전할 수 있도록 인프라 확충, 고차서비스업 및 첨단산업 유치, 우수한 정주환경 조성 등 추진

도시권 육성 전략

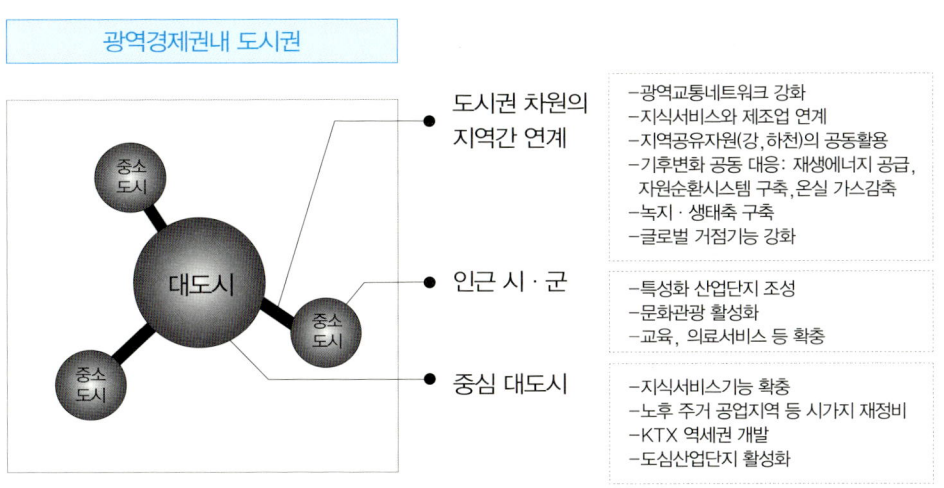

■ KTX 정차도시를 중심으로 성장동력을 결집·확산하여 거점도시권을 육성함으로써 자생력 있고 특성화된 지역발전을 견인

- KTX 역세권을 순차적으로 개발하되, 대도시역세권을 우선 개발하고, 신시가지형은 성과를 보아가며 단계적으로 개발
- 도심 재생, 노후산업단지 재정비 등 도시경쟁력을 제고하고, 고부가가치 융·복합산업등 지역별 특화산업이 KTX 광역 역세권에 입지할 수 있도록 지원방안 마련

■ 도시권의 광역적 산업클러스터 구축
- 도시권의 특성화 발전방향에 따라 도시권내 주요 도시간 연관산업의 입지 지원, 교육 및 R&D 기능의 협력 관계를 강화하고 기존 대도시와 혁신도시, 기업도시 등 신성장거점과 연계 강화
- 도심내 노후 산업단지를 복합기능의 친환경·첨단 산업단지로 재생하고, 대규모 재생 사업이 곤란한 지역은 지원시설 확충, R&D 기능 강화 등으로 산업단지의 기능고도화 추진

■ 도시권내 교통인프라 확충
- 도시권내 핵심 도시와 인근 도시간 30분내 이동이 가능하도록 순환방사형으로 교통망을 확충
- 도시간 순환교통망과 도시내 대중교통망과의 환승·연계시스템을 확충하고, 4대강 자전거길, 대중교통-자전거이용 연계 강화

■ 도시권 정주여건 및 생태환경 개선
- 도시권의 공간구조 개편 전략을 원도심 재생과 연계하여 성장형 도시는 도시성장관리 계획마련, 정체형 도시는 토지이용 효율성 제고에 우선순위를 두는 전략 실행
- 대도시권 차원에서 환경자원을 통합 관리·정비할 수 있는 시스템을 구축하고, 도시민의 생활여건 개선을 위해 공원·녹지 확충방안 모색

■ 도시권 고유의 역사문화 창출 및 역량 강화
- 도시권내 역사문화 특성별 거점도시를 설정하고, 도시 간 역사문화적 맥락을 연계하여 도시권 고유의 역사문화 정체성 확보
- 권역별 역사문화 거점도시 조성, 역사문화적 상징체계 구축, 디자인 역량 강화로 세계 도시 경쟁시대에 대비한 대도시권별 지명도 제고

■ 도시권간 연계·협력 강화를 통한 상생발전 추진
- 고속간선교통망을 통한 도시권간 연계 강화, 도시권간 및 중앙정부-지자체간 협력사업 활성화 등 추진

지역특화발전 및 지역균형발전을 촉진하는 선도도시 육성

- 세종시, 혁신도시 및 기업도시간 연계교통망 등 인프라를 구축하고 산업 및 기능분담을 강화하여 지역특화 및 균형발전을 촉진
- 도시권간 사람, 자본, 정보 교류가 확대될 수 있도록 초고속교통망 및 정보통신 네트워크 구축
- 세종시에 9부 2처 2청, 20개 정부소속기관 및 16개 국책연구기관 등 52개 기관을 이전시켜 지역균형발전을 선도하는 자족도시로 육성
- 질 높은 공공서비스와 도시기능을 제공하고, 다양한 자족기능의 유치 기반 조성
- 쾌적하고 편리한 도시공간을 조성하여 최적의 정주공간을 제공
- 저탄소 녹색도시 조성, 안전하고 편리한 교통체계 구축, 품격 높은 문화·휴식 공간 조성, 최적의 주거환경 조성, 우수한 교육환경 등 조성 추진

세종시 이전기관

중앙행정기관	정부소속기관	국책연구기관
○ 9부 2처 2청 1실 2위원회 ■ 국무총리실 ■ 기획재정부 　국토해양부 　환경부 　농림수산식품부 　교육과학기술부 　문화체육관광부 　지식경제부 　보건복지부 　고용노동부 ■ 공정거래위원회 　국민권익위원회 ■ 국가보훈처 　법제처 ■ 국세청 　소방방재청	○ 20개 기관 조세심판원 복권위원회 중앙토지수용위원회 항공철도사고조사위원회 중앙해양안전심판원 중앙환경분쟁조정위원회 교원소청심사위원회 해외문화홍보원 경제자유구역기획단 지역특화발전특구기획단 무역위원회 전기위원회 광업등록사무소 연구개발특구기획단 중앙노동위원회 최저임금위원회 산재보상보험재심위원회 보훈심사위원회 한국정책방송원 우정사업본부	○ 16개 기관 경제인문사회연구회 기초기술연구회 산업기술연구회 국토연구원 한국법제연구원 과학기술정책연구원 대외경제정책연구원 산업연구원 한국개발연구원 한국교통연구원 한국노동연구원 한국조세연구원 한국보건사회연구원 한국직업능력개발원 한국청소년정책연구원 한국환경정책평가연구원

■ 공공기관 지방 이전을 계기로 산·학·연·관이 서로 협력하여 새로운 성장동력을 창출하는 미래형 혁신도시를 건설
- 혁신도시를 지역의 새로운 성장거점으로 조성하고 주변도시와 연계를 통해 지역발전 촉진
- 최적의 혁신여건과 수준 높은 생활환경을 갖춘 새로운 차원의 도시로 육성

혁신도시 및 기업도시 개발방향

구 분		개 발 방 향
혁신도시	부산	▷ 대륙과 해양이 만나는 해양수산, 영화, 금융의 중심 ▷ 이전기능 : 해양수산, 금융산업, 영화진흥 등
	대구	▷ 교육·학술 산업의 메카, 동남권 산업클러스터의 중심 ▷ 이전기능 : 산업진흥, 교육·학술진흥, 가스산업 등
	광주/전남	▷ 하나로 빛나는 초광역 첨단미래산업 클러스터 ▷ 이전기능 : 전력산업, 정보통신, 농업기반, 문화예술 등
	울산	▷ 인간과 자연이 함께하는 친환경 첨단 에너지 메카 ▷ 이전기능 : 에너지, 근로복지, 산업안전 등
	강원	▷ 녹색건강과 건강·생명·관광으로 생동하는 강원혁신도시 푸른숨 ▷ 이전기능 : 광업진흥, 건강생명, 관광 등
	충북	▷ IT·BT 산업의 테크노폴리스 ▷ 이전기능 : 정보통신, 인력개발, 과학기술 등
	전북	▷ 전통과 첨단을 잇는 생물·생명산업의 메카 ▷ 이전기능 : 국토개발관리, 농업생명, 식품연구 등
	경북	▷ 첨단과학기술과 교통의 허브 ▷ 이전기능 : 도로교통, 농업기술혁신, 전력기술 등
	경남	▷ 한국을 움직이는 메카트로닉스의 거점 ▷ 이전기능 : 주택건설, 중소기업진흥, 국민연금 등
	제주	▷ 국제자유도시를 선도하는 국제교류·교육연수도시 ▷ 이전기능 : 국제교류, 교육연수, 국세관리 등

기업도시	지식기반형	원주	– 세계 최고수준의 미래형 첨단 의료·바이오 산업의 중추 – 기업과 지자체가 새롭게 도약할 수 있는 기업도시의 모델 Wonju for U-Life
		충주	– 친환경, 자족형 복합도시, 첨단형 기업도시 – IT, BT, NT 중심의 최첨단 부품소재 산업의 세계최고 도시
	산업교역형	무안	– 서남권의 새로운 성장거점도시, 미래형 첨단산업도시 – 중국과 합작해서 만든 국토 서남권의 새로운 성장 거점도시
	관광레저형	태안	– 관광, 레저, 웰빙 시설이 복합된 "고품격 미래지향적 도시" – 생태와 사람이 공존하는 "Dream City"
		영암/해남	– 세계인이 찾는 복합레저도시 조성 – 동북아의 새로운 관광 메카

글로벌 경쟁력을 갖춘 신성장 산업 육성

3차원 지역발전전략과 연계한 특화산업 육성

■ 지역연고·향토산업, 지역전략산업, 광역경제권 선도산업간 유기적 연계체계 구축

- 지역연고산업, 향토산업에서 시·도의 지역전략산업을 거쳐 광역경제권의 선도산업으로 단계적 발전을 유도하고 선도산업 간의 전후방연계를 고려한 지역산업발전체계 구축 지원
- 광역경제권 선도산업, 지역전략산업, 지역연고산업·향토산업은 지역여건에 따라 각각 5년~10년씩 선택과 집중을 통하여 지원

■ 지역산업의 글로벌 경쟁력 제고를 위하여 광역경제권 선도산업을 국가전략산업으로 지원·육성

- 광역경제권 선도산업을 중심으로 기업 유치, 연구개발 및 기업 지원 등을 통해 산업 클러스터 형성을 유도하고 국가적인 경쟁력을 확보한 지역전략산업은 선도산업으로 신규 선정하여 지원
- 광역경제권 선도산업이 임계규모와 글로벌 경쟁력을 확보하여 자립적으로 추진이 가능한 경우 지원을 종료하고 신규 광역경제권 선도산업을 발굴·지원

광역경제권 선도산업 및 지역전략산업

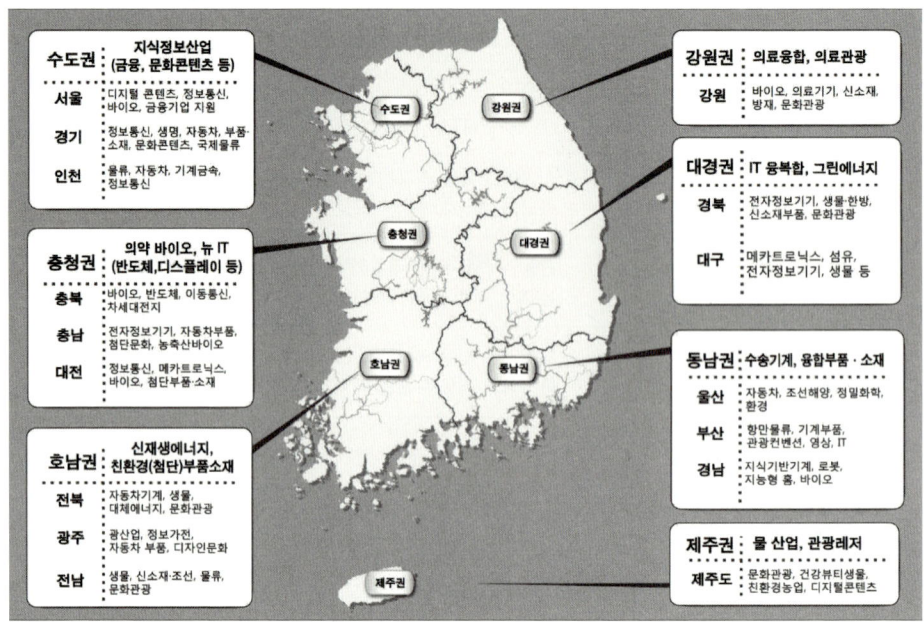

문화관광권역별 특성화로 관광산업의 경쟁력 제고

- 문화·관광자원의 특성 및 분포, 접근 교통체계, 행정구역 등을 고려하여 전국을 특성 있는 문화관광권역으로 구분하여 개발
- 동·서·남해안 및 접경지역의 광역관광벨트, 백제문화지역·유교문화지역·지리산등과 같이 특정 자원이 여러 행정구역에 걸치는 광역관광권을 문화관광 특정지역으로 개발·육성
- 4대강과 연계한 유적 및 강변 문화·관광벨트를 조성하여 문화·관광자원 확충
- 한강을 중심으로 강원도, 충청북도, 경기도, 서울시 등 다양한 지역의 역사·문화자원을 연계하는 강변문화·관광벨트를 조성
- 금강을 중심으로 공주·부여 등 백제문화자원을 연계하는 강변문화·관광벨트를 조성
- 낙동강을 중심으로 안동 등 유교문화자원을 연계하는 강변문화·관광벨트를 조성
- 영산강을 중심으로 진안, 하동, 광양, 지리산 등 고대역사·문화유적 및 수려한 자연 환경 자원을 연계하는 강변문화·관광벨트를 조성

문화관광권역 및 관광벨트

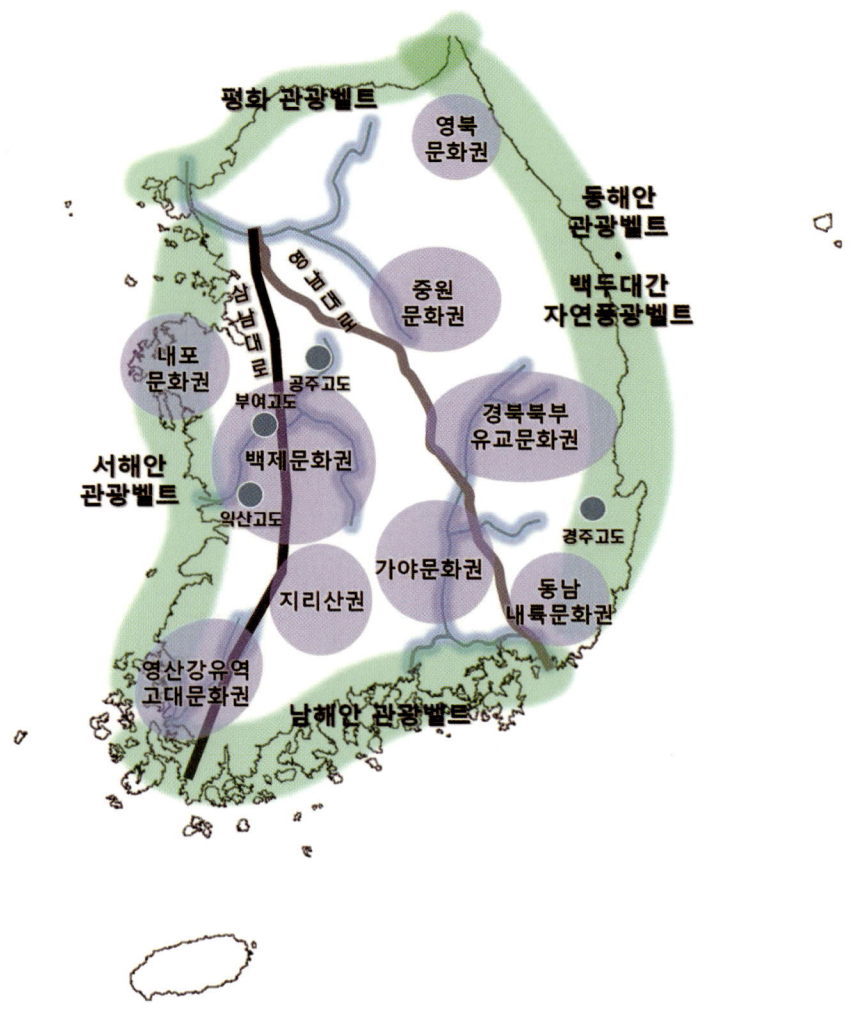

강을 중심으로 한 품격있는 국토 개조

■ 4대강 살리기 사업, 지류 정비 등을 통해 홍수 피해와 물 부족을 근본적으로 해결
- 기후변화에 대비한 퇴적토 준설, 홍수조절지 및 강변저류지 설치 등을 통해 홍수조절 능력을 증대하여 주요 江주변은 200년 빈도 홍수에도 안전하도록 조성

※ 4대강 본류는 4대강 사업으로 2012년까지 우선 정비하고, 4대강에서 제외된 나머지 국가 하천 및 지방하천도 단계적으로 정비 추진

- 하도 준설, 보 설치, 중소규모 다목적댐 건설, 기존 농업용저수지 증고 등을 통해 용수 확보량 13.0억㎥를 증대

※장래 물부족과 가뭄에 대한 대처역량 제고는 물론, 갈수기에도 풍부한 하천 유지유량 확보

■ 수질 개선과 하천 복원으로 생명이 살아숨쉬는 수생태계 조성
- 하수처리시설 확충, 비점오염 저감 등을 통해 하천으로 유입되는 오염원을 사전에 저감하여 낚시가 가능하고 수영할 수 있는 '좋은 물'의 비율을 대폭 향상
- 하천 수생태계 현황 진단 및 훼손구간에 대한 단계별·체계적인 생태하천 조성 및 복원을 통해 수생태계 건강성 제고
- 생태습지, 하천숲 조성, 하천내 농경지 정리 등을 통해 수변생태환경을 획기적으로 개선

■ 강을 중심으로 국민 여가문화 수준 및 삶의 질 향상과 지역 활성화 유도
- 홍수 방어, 물 확보 외에 수변접근성, 문화·레저공간 등을 고려한 복합하천정비를 통해 주민들의 문화·휴식공간 및 여가활동 기회 제공
- 강을 중심으로 자연·문화·역사자원 등 지역성·장소성을 감안한 경관거점(Landmark) 조성을 통해 관광자원 개발 및 지역경제 활성화 유도
- 4대강 살리기 사업, 지류하천 정비 등을 통해 강 살리기의 효과를 전 국토에 골고루 돌아가도록 함으로써 지역균형발전 효과 제고

■ 4대강 등 주요 江주변지역을 체계적으로 보전·활용
- 4대강 등 국가하천 주변지역의 난개발 방지와 체계적 활용을 위해 국가하천 주변 일부지역을 친수구역으로 지정·조성 추진
- 수질 보전, 수변경관 향상 등 사전대책을 감안함과 동시에 지역특색, 여가패턴 변화, 고령화등을 반영한 차별화된 주변지역 활용전략 마련
- 지역의 역사·문화·관광자원 등과 연계하여 시너지 효과 창출 유도
- 수변공간을 중심으로 품격있는 국토공간 조성을 위해 친수구역 개발 및 관리 지침을 마련

하천 관리의 패러다임 전환

- 강의 다목적 이용·관리로 국토가치 증진
- 대하천 본류를 중심으로 국가하천과 지방하천의 연계성을 고려한 치수(治水), 이수(利水), 친수(親水) 등과 수질을 고려한 종합적인 강 이용·관리 체제 구축
- 강과 수변공간의 연계 강화를 위한 계획적·통합적 관리
- 홍수에 안전하면서도 맑고 풍부한 물이 흐르며 생태계가 살아있는 자연형 하천 복원을 통해 생태계 복원 및 도시민의 어메니티 증진
- 역사·문화 및 자연경관자원을 활용하여 강을 지역문화의 거점축으로 육성
- 4대강 살리기 사업과 연계한 건강·문화·복지공간 조성 및 하천관리체제 구축
- 수변경관 등의 인프라를 활용하기 위한 다양한 연계사업을 추진하고, 명품숲, 생태습지, 시민공원, 자전거도로 마련 등 수변공간을 녹색 건강인프라로 조성
- 하천변에서 역사적으로 이용된 옛길을 복원하고, 주변의 역사·문화자원 스토리텔링 기법과 결합한 다양한 수변길 조성
- 중앙정부·지자체·주민의 협력을 통한 수량, 수질, 수변공간 통합관리
- 국가하천 정비 이후 지방하천, 소하천의 점진적 정비 추진

4대강 살리기의 유역별 핵심사업

구 분	주요내용
한 강	남한강의 홍수 방어, 생태 복원 및 여가 기반 조성
낙동강	물 부족과 홍수 방어 대비 및 생태계 복원
금 강	백제 문화유산과 연계한 지역발전
영산강	홍수 방어와 수질 개선

자료 : 국토해양부·4대강 살리기 추진본부. 2009.7. 「4대강 살리기 마스터플랜」

- 건전한 하천문화 창출을 위한 다양한 문화 콘텐츠 및 프로그램 개발
- 하천과 주변지역을 다양한 문화·레저 활동이 가능한 공간으로 조성·활용하기 위한 다양한 문화 콘텐츠 및 프로그램을 발굴·활용

- 바람직한 하천문화를 창출하기 위해 정부·지자체·민간이 참여하는 지역공동체를 구성·운영
- 이수, 치수, 환경, 친수 등이 함께 고려된 하천관리 통합지표의 개발·운영

하천문화 창출 개념도

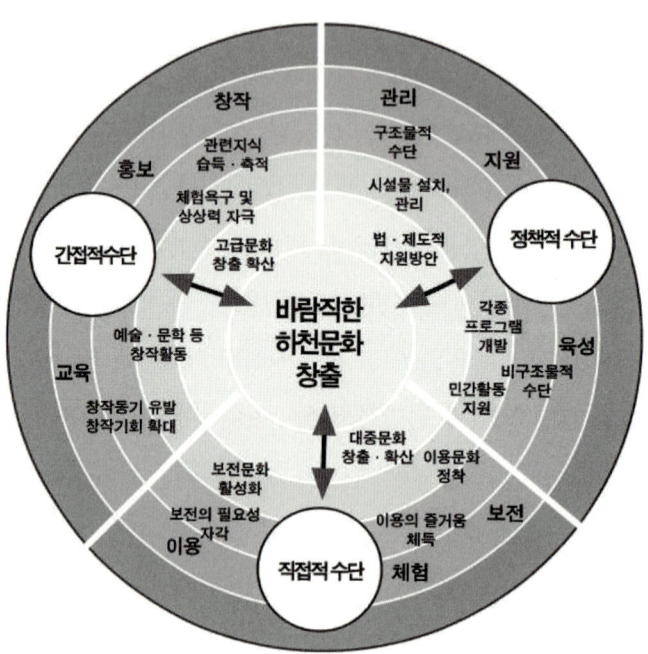

도심의 생활 및 생산기능 취약

■ 구시가지는 상대적으로 생활편익시설의 부족, 노후주택, 교통혼잡 등 주거생활환경이 열악하여 신·구시가지간 불균형 초래

■ 무분별한 도시외곽 개발, 도심기능의 외곽 이전으로 원도심의 기능 쇠퇴 가속화

- 대도시의 경우 외곽지역의 신시가지 개발에 따른 인구 유출, 중소도시의 경우 인구 감소에 의한 수요 격감에 따라 대도시 및 중소도시의 원도심 기능이 쇠퇴

■ 도시 내 전통 제조업의 쇠퇴와 지식기반·첨단산업 등 고부가가치 산업구조로의 전환이 부진하여 도시 성장동력 상실

전국 도시 중심시가지 인구 변화 유형

도시유형	구분유형	구 분 기 준	해당도시
도시인구 증가형	절대집중	도심인구증가 / 비도심인구감소	-
	상대집중	도심인구증가 〉 비 도심인구증가	안양
	상대분산	도심인구증가 〈 비도심인구 증가	수원, 춘천
	절대분산	도심인구감소 / 비도심인구증가	전주, 포항, 천안, 청주
도시인구 감소형	절대분산	도심인구감소 / 비도심인구 증가	진주, 마산
	상대분산	도심인구 감소 〉 비 도심인구 감소	부산
	상대집중	도심인구 감소 〈 비도심인구 감소	-
	절대집중	도심인구 증가 / 비도심인구 감소	여수

주택수요 증가 추세의 둔화 및 주택수요의 다양화

■ 향후 가구증가율은 2010년 1.3%, 2020년 0.7%로 급격히 감소할 전망
- 향후 우리나라 경제성장률은 선진국과 같이 점차 둔화되고, 주택보급률 증가, 주택시장 투명화로 주택시장 불안요인이 점진적으로 감소할 전망

■ 경제적 여유와 여가활동이 증가하면서 주택수요의 유형이 다양화될 것으로 예상
- 전원주택, 별장주택(second house), 단지형 단독주택, 타운하우스, 장애인 편의주택 등 여러 형태의 주택에 대한 수요가 증가할 전망
- 1~2인 가구가 증가하면서 도시형 생활주택, 준주택 등 도심내 소형주택 등에 대한 수요가 증가할 것으로 예상
- 노인가구가 증가하면 고령자임대주택, 실버타운, 노인복지주택 등 노인전용주택 수요가 증가하고, 전원지역 거주 수요도 증가할 것으로 예상

■ 환경기준의 강화에 따라 녹색주택 공급 필요성이 커지고, 주택 및 주거문화에 대한 관심이 지속적으로 확대될 전망
- 태양열·태양광 주택 등 환경 친화적 녹색주택을 공급할 필요성이 증대
- 한옥 등 전통적인 주택 및 주거문화에 대한 관심이 증대되면서 이에 대한 창조적

계승과 보급의 필요성이 높아질 전망
- 기존 주택의 재고 관리, 무주택 서민과 빈곤층의 주거문제가 더욱 부각될 전망
- 생활편의 증진, 교통비 절감, 도심공동화 방지 등을 위해 직주근접성 제고를 위한 도심 및 도심 주변지역 주택개발방식에 대한 선호도가 증대될 것으로 전망
- 저소득층을 위한 주거 지원 및 주택 공급 프로그램 확대·개편 요구가 증가할 전망

사회적 약자를 위한 주거안전망 확충

- 신규주택을 지속적으로 공급하여 주택의 양적 수준을 선진국 수준으로 제고하고, 무주택 서민을 위해 도심 및 주변지역에 지자체 중심으로 다양한 유형의 보금자리 주택 공급
- 무주택 서민을 위해 2009~2018년간 공공부문에서 보금자리주택 150만 호(분양주택 70만호, 임대주택 80만 호)를 선계획-후개발 방식에 따라 공급
- 주택 유형별로는 국민임대주택 40만 호, 영구임대주택 10만 호, 장기전세주택 10만호, 10년임대주택 등 20만 호를 공급
- 무주택 서민의 주거 불안을 해소하기 위하여 국민임대주택을 비롯한 장기공공임대 주택 재고를 2020년까지 12%(2009년 기준 4.8%) 수준으로 확대
- 저소득 임차가구의 주거비 절감 및 주거 수준 상향을 위해 주택바우처 제도 등 다양한 주거복지 프로그램 도입 추진
- 노령자, 장애인, 외국인 노동자 등 특수계층의 주거환경을 제고
- 고령자 전용주택의 공급 확대, 생활·의료·휴양기능이 어우러진 건강문화클러스터 조성, 고령자가 대부분인 농촌의 주택 개보수 지원 등을 추진
- 유니버설 디자인 개념을 적용한 주택을 공급하여 노인, 장애인, 외국인 등 다양한 사회 구성원의 주거 질 향상을 도모
- 최저주거기준을 현실의 주거 수준에 맞추어 상향 조정하고, 최저주거기준 미달 가구의 상향 이동 및 지원을 위한 다양한 프로그램 시행

−최저주거기준의 구조·성능·환경 지표를 구체화하여 주거복지 프로그램과 연계

재고주택의 관리 강화

■ 주택의 성능·노후도·불량도에 따른 주택 정비 및 개보수 프로그램 수립
− 노후화가 심한 단독·다가구·다세대주택의 관리 강화와 밀집지역에 대한 재고주택관리 시범사업 시행
− 아파트의 노후화에 대비하여 의무관리 대상단지 및 장기수선계획 수립 대상항목을 확대
■ 재고주택 관리에 대한 정부지원 강화
− 도심의 노후도가 심한 지역은 재개발 또는 주거환경개선사업을 추진하고 노후화 정도에 따라 아파트 리모델링 및 재건축 시행
■ 농어촌 인구 감소에 따라 발생하는 농어촌 공가에 대한 활용방안 강구
− 향후 수요가 증가할 것으로 예상되는 세컨드 하우스, 레저용 주택으로 농어촌 공가를 리모델링하는 방안 등을 검토
■ 농어촌주거환경개선자금, 농촌주택정비자금을 확대 지원
− 농어촌 뉴타운 조성사업, 농·산·어촌마을 종합개발, 녹색농촌 체험마을 등 농어촌지역 개발사업과 연계 추진하여 농어촌 주거환경을 개선

도시경쟁력 제고를 위한 용도지역제 개편

■ 국토의 개발과 보전가치 제고를 위한 용도지역체계의 효율적 운영
− 도시지역, 관리지역, 농림지역 및 자연환경보호지역 등 용도지역제의 기본 틀을 유지 하면서도 당해 토지의 개발 또는 보전가치에 따라 합리적으로 이용될 수 있도록 운영
■ 용도지역·지구는 '국토계획법'에서 일괄적으로 규정하고, 개별부처에서는 규정된 용도지역·지구를 선택하여 지정·관리
− 범부처 추진단을 구성하여 개별법으로 규정한 각종 용도지역·지구의 행위제한

내용을 표준화하여 국민에게 전산정보로 제공하고 유사한 개별법 상의 용도지역·지구 통폐합
- 계획적 국토관리의 실효성 제고를 위해 용도지역지구제와 계획허가제의 장점을 절충하여 계획허가제적 요소를 가미한 개발행위허가제도 운용
  - 기본적인 허용 용도와 용적률은 일상생활이 자유로운 수준으로 허용하고, 그 이상 개발이 필요한 경우에는 지역을 지정하여 규제를 완화하되, 이에 따른 개발이익 환수 후 개발 허가
- 용도지역제의 경직성을 해소할 수 있도록 유연지역제를 활용하여 시급한 토지수요 발생에 유연하게 대처
  - 도시용지 공급이 필요할 경우 구체적인 지역을 대상으로 준산업지구, 개발진흥지구, 특별건축구역 등을 지정하여 규제 완화 및 개발절차 단순화 추진
- 토지정책의 지방화를 추진하여 토지이용 관리의 지역적합성 제고
  - 용도지역·지구제의 행위제한 내용을 지역특성에 맞게 운용할 수 있도록 강화 또는 조정할 수 있는 융통성 제고
- 난개발로 훼손된 국토를 회복시키고, 비도시지역의 난개발을 방지할 수 있도록 단계별로 규제를 강화하거나, 개발을 허용하는 시간적지역제(Time-Zoning) 적용
  - 개발압력이 높은 시·군을 대상으로 당해 도시의 인구성장 규모 및 경제, 기반시설의 설치 용이성 등을 고려한 성장관리계획을 수립하여 단계적 개발 허용
  - 중요 생태 녹지축, 역사문화축에 해당되는 지역 중 난개발로 훼손된 지역은 목표연도의 관리목표를 제시하고 점진적으로 규제를 강화하여 점진적 국토 회복 추진

대도시권 대중교통 활성화
- 지역간, 지역내 주요 환승지점에 교통류의 특성을 고려한 복합환승센터를 설치하여 유출입 교통량을 대중교통으로 처리

복합 환승센터 유형

지역간 통행 : 철도 중심

지역내 통행 : 버스 중심

- 대중교통중심 지역개발(TOR: Transit-Oriented Regions) 추진
- TOD 개념을 지역차원의 공간으로 확장하여, 대중교통간 연계환승이 가능한 복합환승 센터 중심의 도시권 공간구조 형성
- 토지이용계획과 연계한 대중교통지향형개발(TOD)을 통해 고밀도의 대중교통 중심 공간에서 수단간 환승 및 지선형 대중교통으로 주요 지점과 연계
- 일반철도, 지하철, 버스, 경전철 등 대중교통수단을 KTX역과 연결하기 위해 KTX 중심의 대중교통지향형 환승시설 설치
- 대도심 중심부와 도심 근교, 신도시 등을 대상으로 광역급행전철 구축 추진
- 간선급행버스(BRT)37) 중심의 대중교통체계 구축을 통해 승용차 보다 빠르고 편리한 이용자 중심의 버스 서비스 제공
- 광역급행버스를 수도권 전역 및 지방 대도시권으로 확대하여 노선연장을 2009년 97.9km에서 2020년 470.2km까지 확대
- 고속도로 휴게소에 버스 환승시스템을 확대 구축하여 운행 거리 및 비용 절감
- 지역간 대중교통수단(철도, 고속·시외버스, 항공, 해운 등)과 지역내 이동수단(시내버스, 지하철 등) 간의 이용정보를 통합·연계하여 전국의 대중교통정보 제공
- 원하는 시점에 원하는 정보를 얻을 수 있도록 스마트폰, 내비게이션, IPTV, 포털사이트 등 정보 제공매체 다양화
- 실시간 버스도착정보 등 버스정보시스템(BIS)의 연계 및 제공 추진

- KTX, 지하철역 등 교통시설에 설치된 교통약자 편의시설정보 제공으로 교통약자의 대중교통이용 편의 도모
- 교통수요관리 정책의 사회적 수용성 제고를 위한 홍보 및 다양한 수요관리 기법 도입
- 대중교통 활성화 필요성과 사회적 불이익에 대한 대국민 교육 및 홍보 프로그램 개발
- 대중교통 이용 편리성 제고 및 대중교통정보 제공으로 승용차 수요 전환을 유도
- 램프 미터링, 도심주차 상한제 등 교통수요 관리정책 시행

접경벨트 발전종합계획 수립

- 접경지역의 체계적 관리 및 남북한 평화적인 교류협력을 위하여 남북교류·접경벨트의 종합적인 발전계획 수립
- 남북관계 진전추이에 따라 접경벨트에 남북한 교류협력지구를 조성하여 향후 남북 교류 협력의 전진기지화 및 접경지역의 지역경제 활성화를 도모하는 방안 강구
- DMZ 인근의 안보·생태환경 체험관광을 위해 접경지역내 핵심 거점지역 중심의 평화 누리길을 조성하고 인접 시·군간 연계를 위한 동서녹색평화도로 조성 등으로 접경지역간 교류 활성화 추진

남북교류·접경벨트 종합관리계획(안)

Ⅵ 도시기본계획

1. 도시기본계획이란?

국토종합계획이 '숲' 이라면 도시기본계획은 '나무' 에 해당한다. 도시기본계획이란 지방자치단체의 중장기 개발계획을 담은 틀이다.

이 개발계획은 20년 단위로 수립되며, 특별시, 광역시, 시·군 등이 수립 대상이다. 해당 시·군의 중장기 개발계획이 모두 담긴 만큼 '도시의 개발 청사진' 으로 불린다. 지방자치단체장은 인구 변화 등을 감안해 필요하면 5년마다 이를 변경할 수 있다. 2007년 10월 현재 수도권 31개 지자체 가운데 20곳에서 도시기본계획 수립 및 개편작업이 완료됐으며 용인, 성남, 구리, 안양, 하남, 김포 등 12개 지자체는 건교부 산하 중앙도시계획위원회의 승인을 받아 도시기본계획을 확정한 상태다.

도시기본계획에 담겨있는 핵심지표는 인구계획이다. 이에 맞춰 도로 등 기반시설과 주택공급, 경제, 산업 등의 부문별 계획이 세워진다. 계획기간 내 다른 지방자치단체보다 인구계획이 크게 잡혀 있다면 그 만큼 지역개발도 많아질 수 밖에 없다. 개발이 많아지면 또 그만큼 땅값도 오를 수 밖에 없다. 부동산 토지경매 투자자라면 특히 도시기본계획으로 확정된 토지이용계획을 눈여겨 봐야한다.

토지이용계획에는 보전할 지역과 개발할 지역이 표시되어 있다. 이 가운데 시가화예정용지는 나중에 개발될 잠재력이 큰 땅이라는 점에서 투자가치가 높다.

도시기본계획 도면에 시가화예정용지는 황색 점으로만 표시된다. 투기를 막기 위해 구체적인 지번 등은 표시되지 않는다. 물론 도시기본계획에 담겨 있는 개발계획이 100% 모두 실현되는 것은 아니다.

기본계획지역의 변경 또는 폐지 되기도 한다.(실제 투자에서는 이를 감안해야 한다.)

최근 도시기본계획의 제도개선의 주요내용은 ▲도시기본계획의 위상과 실행력 제고 ▲목표인구에 대한 인구지표 관리 강화 ▲인구배분계획의 유연성 확대 ▲지역별 특성을 반영한 '특정주제별 계획' 수립 등 총 4가지 요지로서 다음과 같다.

1) 도시기본계획의 위상과 실행력 제고
첫 번째, 도시기본계획이 개별법상의 계획에 우선하여 시·군의 최상위 공간계획으로서 위상과 실행력을 갖출 수 있도록 한다.
다른 법률에 의해 수립되는 각 부문별 계획이나 지침 등은 도시기본계획을 따르도록하고 부문별 정책이나 계획 등에 따라 개별적인 입지나 토지이용이 변경되지 않도록 하였다. 계획을 수립할 때에는 인구·기반시설 공급능력·재정자립도를 연동하여 입안토록함으로써 실행력을 확보하고, 인구지표 및 토지이용계획의 적정성과 예산확보 및 재원조달의 타당성 여부에 대한 지방의회의 검증을 거치도록 하였다.

2) 목표인구에 대한 인구지표 관리 강화
두 번째, 목표인구가 현실에 맞게 설정되도록 인구지표 관리를 강화한다.
도시기본계획상의 목표인구는 시·군의 미래상을 제시하는 주요 지표이자 도로나 상하수도 등 기반시설 규모를 결정하는 중요한 기준이 됨에도 불구하고 대부분의 지자체가 도시성장을 목표로 과다하게 목표인구를 설정함으로써 토지이용계획과 도시계획시설의 과다 추정으로 인한 과개발과 장기미집행 도시계획시설의 증가 등 부작용을 초래하는 요인이 되어 왔다. 이에 지자체의 목표인구 과다 설정을 방지하고 인구 추정의 타당성과 합리성을 확보하기 위해 인구추정시 정확성을 높이도록 하고, 주기적으로 현실에 맞게 조정할 수 있도록 하는 한편, 도시대상평가 등에 목표인구 달성율 등을 반영할 수 있도록 하였다.

3) 인구배분계획의 유연성 확대
세 번째, 인구배분계획의 유연성이 확대되어 개발사업의 탄력적 추진이 가능하게 된다.

도시기본계획 수립시 반영된 개발사업 반영인구는 목표연도까지 이행이 어려운 사업인 경우에도 도시기본계획의 변경없이는 다른 개발사업으로 전용이 되지 않아 신규 사업의 추진이 제한되고 계획의 잦은 변경을 유발하는 등 문제점이 있었다.

이러한 문제를 해소하기 위해 인구배분계획 반영 인구 중 사업계획의 지연, 취소 등으로 목표연도내 사업목적 달성이 불가능하다고 판단되는 인구는 시·도 도시계획위원회의 심의를 거쳐 다른 사업에 배분할 수 있도록 하고 도시기본계획을 변경하거나 재수립할 때에 조정내용을 반영하도록 개선하였다.

4) 지역별 특성 반영 '특정주제별 계획' 수립

네 번째, 지역별 특성을 반영한 '특정주제별 계획'을 수립할 수 있도록 한다.

지금까지는 소규모 도시와 인구 1,000만 규모의 대도시가 도시규모나 특성과 무관하게 동일한 구성체계와 내용으로 12개 부문별 계획을 수립토록 하고 있으나 지역별 여건과 환경을 고려하여 특정주제별 계획을 수립할 수 있도록 개선함으로써 지역별로 특화된 계획수립이 가능하게 되었다.

도시계획의 유연성이 확대되고, 현실에 맞게 목표인구를 설정하는 등 도시기본계획수립 제도의 실효성이 높이고자 제도 개선을 하였다.

2. 도시계획 및 단지개발은?

도시계획 및 단지개발을 위한 법으로는 「국토의 계획 및 이용에 관한 법률」과 「도시개발법」, 「도시 및 주거환경 정비법」, 「도시재정비 촉진을 위한 특별법」 등이 있다.

「국토의 계획 및 이용에 관한 법률」(2004.2.4 제정)은 우리나라 모든 도시계획의 근간이 되는 법률로서 광역도시계획 및 도시기본계획, 도시관리계획, 지구단위계획, 기반시설계획, 개발행위허가 등에 관한 계획수립 절차 및 내용에 대하여 규정하고 있다.

「도시개발법」(2000.1.28 제정)은 도시전체에 대한 종합적이고 체계적인 도시개발을 유도하고 민간의 다양한 도시개발 수요에 부응하기 위하여 제정되었으며, 도시 내에서 주거, 산업, 유통, 정보통신, 생태 등 복합적 기능을 가진 도시개발사업을 시행하고자 할 때 적용하는 법률이다.

「도시 및 주거환경 정비법」(2002.12.30 제정)은 도시기능의 회복이 필요하거나 주거환경이 불량한 지역을 계획적으로 정비하고 노후 불량주택을 효율적으로 개량함으로써 도시환경을 개선하고 주거생활의 질을 높이고자 제정하였으며, 도시·주거환경정비기본계획의 수립과 정비구역의 지정, 정비사업의 시행절차 등에 관하여 규정하고 있다.

「도시재정비 촉진을 위한 특별법」(2005.12.30 제정)은 낙후된 기존시가지 지역의 주거환경 개선과 기반시설의 확충을 위하여 광역적인 재정비계획을 수립하고 체계적·효율적으로 개발함으로써 도시의 균형있는 발전과 국민의 삶의 질 향상에 기여하고자 제정하였다.

이 법에서는 재정비 촉진지구의 지정과 재정비 촉진계획의 수립 및 재정비 촉진사업의 시행을 위한 절차 및 내용에 관하여 규정하고 있다.

마지막으로 개별 건축물의 건축을 위한 법으로는 「건축법」이 있으며, 「건축법」에서는 개별 필지단위의 건축행위에 관한 모든 법적 절차와 내용을 규정하고 있다.

부동산경매 site 이용하기

대법원 경매 사이트(www.courtauction.go.kr)를 열람하면 경매물건의 진행내역, 채무자, 채권자, 당사자 내역, 물건처리, 송달내역 등 정확한 정보제공을 하고 있지만, 일반사설 경매 사이트에서 제공하는 정보처럼 자세한 내용은 제공하지 않는다. 물건송달내역에서 많은 내용을 확인하고 유추해 볼 수 있으며, 정보제공에서 알지 못한 중요한 부분을 확인할 수 있다.

일반 사설경매 사이트는 지지옥션, 굿옥션, 스피드옥션 등 많은 유료정보 회사와 리치옥션, 인사이드옥션 등 무료정보 회사가 있으며, 정보제공 내용과 메뉴창 등 조금씩 차이가난다. 따라서 직접 대법원 경매사이트부터 다양한 유·무료 경매 사이트를 접속해서 권리분석, 유사낙찰사례, 수익률분석, 낙찰통계 등 많은 정보제공을 직접 확인해 보고 나에게 맞는 사이트를 선택하면 된다.
본 책에서는 대법원 경매사이트와 사설경매 사이트 중 지지옥션을 사례로 들어 설명해 보겠다.

1. 대법원 경매 site 열람하기

1. 경매물건을 선택하면 물건상세검색 ~ 경매사건검색 까지 메뉴창이 보인다.

주로 많이 이용되는 메뉴

* 물건상세검색은 경매물건 조회를 하고자 할 때 쉽게 검색이 가능하다.

* 매각예정물건은 경매 진행이 이루어 지려고 진행되는 물건 검색이다.

* 경매사건검색은 경매사건번호와 관할법원을 알면 쉽게 물건정보 검색이 가능하다.

2. 부동산 물건지 관할법원을 선택후 용도별 문건종류에서 임야를 선택하였다.

3. 물건상세검색 창이 열리고 선택한 지역 경매 진행물건중 임야 물건이 검색된다.
4. 선택한 지역 물건지 관할법원(서울중앙지방법원)이 명시되고 2010타경 23280가 경매 사건번호로서 앞에 2010은 2010년에 경매신청이 진행됨을 알려주고 타경은 경매사건을 칭하고 23280은 접수된 순차번호를 나타낸다.
5. 경매물건번호와 지목을 알려주고 경매물건번호가 여러개일 경우 입찰서에 물건번호를 정확히 기재해야 한다. 만약 입찰서에 물건번호를 기재하지 않으면 무효처리가 된다.
6. 부동산 경매물건이 소재한 주소지와 면적을 표식하였다.
7. 물건에 대한 내용과 정보에 대한 자료가 있다.
8. 물건을 감정평가 하였던 금액과 금차 입찰진행되는 금액을 알려준다(최초감정평

가금액이 대부분 경매시작가로 진행되지만 토지위에 불포함되는 건물이나 기타 이유로 토지활용에 제약이 있는 경우 기타 등 경매시작가가 낮게 진행되는 경우도 있다)

9. 물건을 관리하는 경매담당계와 입찰기일을 알려준다. (2013년10월30일 진행물건이다)
경매 진행상태를 알려준다 본건은 유찰이 11회 되어 감정평가대비 16%에 경매가 진행되는 물건이다.

10. 경매사건 내역을 전체적으로 알 수 있다.
경매사건번호, 경매사건명 등 경매진행 내역과 청구금액등을 상세히 기재되어 있고 기일내역과 문건/송달내역을 통해 경매사건 이해관계인의 내역을 알 수 있다.

2. 지지옥션 경매 site 열람하기

  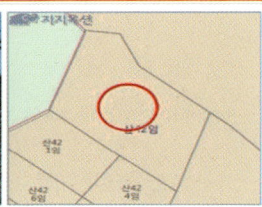

1. 경매계와 사건번호를 알 수 있다.
2. 물건지 소재지와 정보를 요약해서 알 수 있다.
3. 물건지 감정평가에서부터 임차조사서, 등기권리가 한눈에 요약되어있다.
4. 사설사이트의 장점인 공시자료열람과 지도서비스와 인근물건정보 권리분석을 정리하여 초보자도 쉽게 정보이용이 가능하고 가격자료를 참조하여 입찰가 산정에 도움이 될 수 있다.

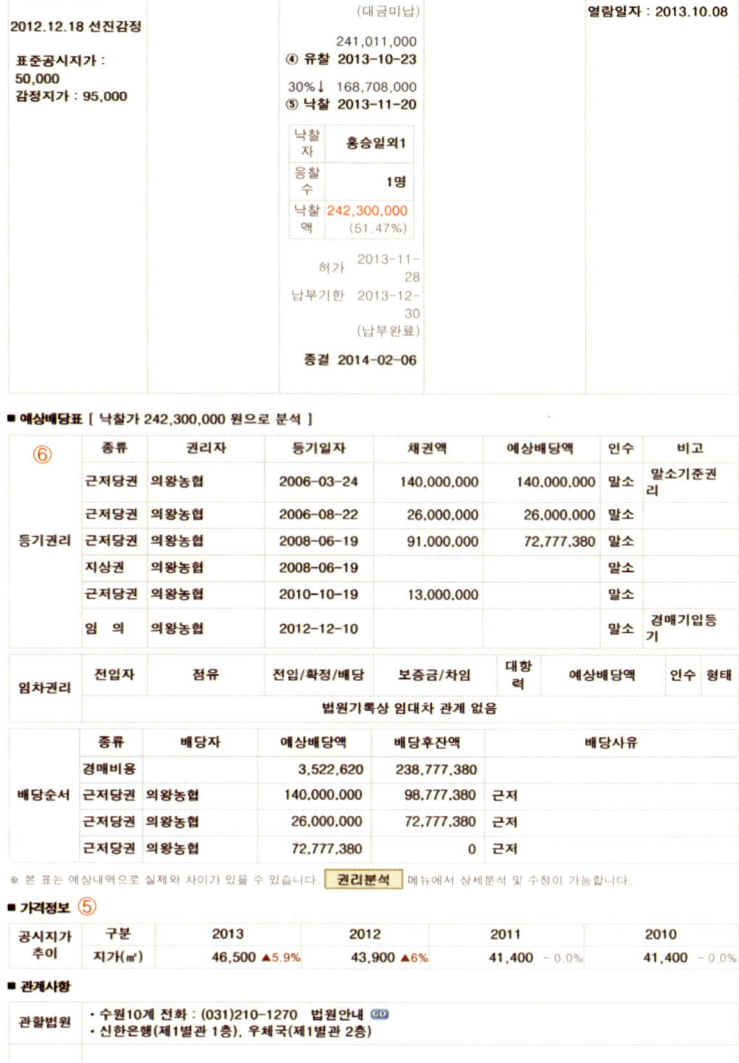

5. 가격정보에서 공시지가 추이를 통해 토지지가의 변동을 쉽게 알 수 있다.

6. 등기권리를 순차적으로 배열하면서 말소기준권리를 비고란에 입력하여 말소기준권리를 바로 찾아볼 수 있고 임차인내역과 권리, 배당순서 예상 배당금액과 인수, 소멸 권리를 분석해 놓았다.

7. 물건지 관할 경매담당계 전화번호와 법원 내 은행과 인근 개발계획정보를 알려 준다.

■ 낙찰통계

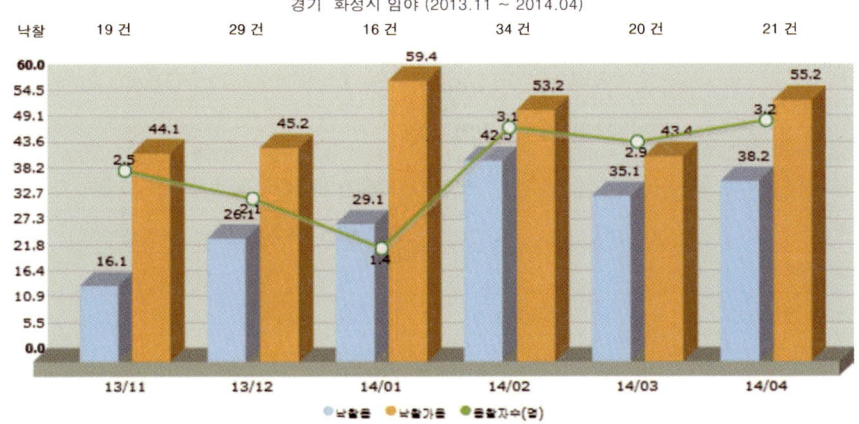

■ 낙찰사례 - 최근 6개월 경기 화성시 임야

사건번호	낙찰일자	감정가	낙찰가	응찰자수	낙찰가율
수원7계 2012-36653	2014.05.23	2,939,706,000	843,100,000	7명	28.7%
수원7계 2013-53532[2]	2014.05.23	652,355,000	286,900,000	2명	44.0%
수원2계 2013-36490[2]	2014.05.21	574,586,000	350,120,000	2명	60.9%
수원1계 2013-20372[1]	2014.05.20	4,522,691,000	2,225,900,000	2명	49.2%
수원16계 2012-31108	2014.05.16	87,531,000	33,000,000	1명	37.7%

※ 낙찰통계를 그래프로 표시하여 물건지 인근 연도별 낙찰건수과 낙찰가율을 통해 이전 경매 사례분석을 알 수 있는 정보제공을 하고있어 타 지역을 모른다 하여도 비교사례법을 통한 지역의 흐름을 파악해 볼 수 있고 경매입찰시 많은 정보활용을 통한 입찰분석과 입찰가 산정에 큰 도움을 받을 수 있다.

☞ 사설경매 사이트 정보자료는 항상 참조용으로만 활용하여야 하며 정확한 정보자료는 대법원 경매정보에서 확인을 하여야 한다.

3. 부동산경매 관련 정보이용 사이트

- 부동산 경매 관련 정보이용 사이트 -	
대법원 법원 경매 정보 www.courtauction.go.kr	온비드 http://www.onbid.co.kr
지지옥션 http://www.ggi.co.kr	굿옥션 www.goodauction.co.kr
부동산 태인 http://www.taein.co.kr	스피드옥션 http://www.speedauction.co.kr
Kb국민은행 시세 http://nland.kbstar.com	부동산 114 www.r114.co.kr
닥터아파트 http://www.drapt.com	부동산정보통합포털 www.onnara.go.kr
국토해양부 http://www.molit.go.kr	자치법규시스템 http://www.elis.go.kr
법제처(현행법령) http://www.moleg.go.kr	서울지방국토관리청 http://scmo.mltm.go.kr
토지이용규제정보서비스 http://luris.moct.go.kr	전자관보 http://gwanbo.korea.go.kr
국토지리정보원 http://www.ngii.go.kr	경기도시공사 http://www.gico.or.kr
미래철도db http://www.frdb.wo.to	경기도청 http://www.gg.go.kr
지오피스 http://www.geopis.co.kr	네이버지도 http://www.map.naver.com
다음지도 http://map.daum.net	구글맵스 http://maps.google.co.kr
한국도로공사 http://www.ex.co.kr	부동산통합민원 http://www.kras.go.kr
산림청 http://www.forest.go.kr	농림수산식품부 http://www.mifaff.go.kr
서울시청 http://www.seoul.go.kr	용인시청 www.yonginsi.net
성남시청 http://www.cans21.net	경기도광주시청 http://www.gjcity.go.kr
충청남도 3차원 지리정보 시스템 http://3dgis.chungnam.net	
경기도 한국토지정보시스템 http://klis.gg.go.kr	
부동산(국토해양부)공시지가 알리미 http://www.realtyprice.or.kr	
도시포털(도시정책, 정책사업, 도시정보) http://www.city.go.kr	
서울도시계획포털(재개발, 재건축지구단위 계획정보) http://urban.seoul.go.kr	
민원24정부민원포털서비스(인터넷 민원서류 안내, 신청, 열람, 발급) http://www.minwon.go.kr	
지역발전위원회(광역 지역개발 정책) http://www.region.go.kr	
부동산공시가격알리미(토지, 주택의 가격정보 제공) http://www.kreic.org	
대법원인터넷등기소(인터넷등기부) http://www.iros.go.kr	
상권정보시스템(소상권인진흥원) http://sg.kmdc.or.kr/main.sg#/main	
대법원 나의사건검색(예고등기, 가처분, 인도명 령, 명도소송) http://www.scourt.go.kr	
종합법률정보(판례검색) http://glaw.scourt.go.kr	
국가법령정보센터(우리나라 모든 법령정보 제공) http://www.law.go.kr	
국세청 홈택스(세금신고, 양도세자동계산) http://www.hometax.go.kr	
한국토지주택공사(국토관리, 택지개발, 산업지원, 토지매각공고 안내) http://www.lh.or.kr	
SH공사(택지개발, 주택건설, 주거환경개선, 도시정비등 안내) http://www.i-sh.co.kr	
국토연구원(국토계획환경, 지역도시, 토지주택, 연구, 발간물제공) http://www.krihs.re.kr	

3
토지이용계획
확인원

토지이용계획 확인원은 公簿이다

토지이용계획확인서는 국토의 효율적 이용(「헌법」 제122조)을 위하여 사유재산권(「헌법」 제23조)을 제한할 수 있지만 그 제한이 필요최소한에 그쳐야 하는 것이므로, 국가는 토지소유자의 '토지 이용규제의 투명성을 확보하여 국민의 토지이용상의 불편을 줄이고 국민경제발전에 이바지할 목적'으로 제정된 토지이용규제기본법에 근거하여, 그 제한을 공시하기 위하여 만들어진 공부(公簿)이다.

국민 개개인의 소유 토지라도 그 토지가 합해지면 국토가 되는 것이므로, 사유재산권이 보장되었다고 하더라도 재산권 행사의 한계는 법률로 정할 수 있으므로(헌법 제23조), 국가는 사유 토지의 이용에도 공공복리 개념을 적용하여 국토의 효율적 이용을 도모해야 하는 의무가 있는 것이다. 이런 이유로 우리는 부동산의 가치를 평가함에 있어 먼저 토지이용계획확인서를 보게 된다.

1. 필지별 행위제한표

첫째 토지이용계획확인서는 필지별 행위제한표라고 정의할 수 있다. 국민이 어떤 토지의 토지이용규제를 확인하려면 그 필지에 대한 토지이용계획확인서를 신청하여야 하고, 발급처(지자체 민원실 등)에서는 그 필지에 적용되는 토지이용규제에 대한 확인서를 발급해 주는데 그 확인서의 내용은 곧 행위제한이 될 수도 있고, 행위가능표가 될 수도 있다.

▷ 토지이용계획확인서에는 그 뒷면에 모든 행위제한을 확인해주는 것이 아니다(유의사항)

또 다른 용어로 획지별행위제한표가 있는데 이것은 일단의 토지에 대한 행위제한으로서 주로 지구단위계획구역에서 만들어지는 것이다.

2. 종합계획과 도시관리계획

토지이용계획확인서를 통하여 국토계획법에 의한 행위제한을 확인할 수 있는데 이것을 이해하려면 먼저 도시관리계획을 알아야 한다.

도시관리계획이란 기초지자체가 그 행정구역 내의 토지의 효율적 이용을 통하여 공공복리의 증진을 달성하고자 만든 것으로, 상위계획에 맞게 수립되어 있다. 여기서 상위계획이란 국토기본법에 의하여 만들어진 국토종합계획(20년)과 광역자치단체에서 계획된 시·도종합계획, 그리고 기초자치단체가 수립한 시군종합계획이 있다.

이 시군종합계획을 도시계획이라고 하는데, 그 도시계획은 다시 도시기본계획(20년)과 도시·군관리계획(10-5년)으로 나뉘게 된다.

3. 국토이용체계 4단계

도시관리계획은 도시기본계획을 실제 집행하기 위하여 만들어진 계획이므로 전 국민에게 구속력도 있고, 도시관리계획은 5년마다 정기 수정을 하는 것도 있고 수시로 변경할 수 있는 계획도 있다.

도시관리계획에 있어 근간은 용도지역이다. 국토의 효율적 이용을 위하여 국가는 국토이용체계를 여러 법률에서 제시하고 있다. 국토이용체계란 첫째 국토기본법에 의한 이용계획체계와 둘째 119가지 공법에 의한 321가지 용도지역제, 셋째 개발규모에 따른 개발체계(대·중·소)가 있고, 넷째 수도권만 특별하게 규제하는 수도권 규제 등 4가지가 있다.

그리고 세부적인 개발규제 방식으로는 국토를 크게 도시와 비도시로 나누고, 또는 개발·유보·보전용도로 나누고 있다. 투자자는 이런 국토의 효율적 이용을 위한 개발규제 방식의 큰 틀을 이해하고서 국토계획법을 보아야 할 것이며, 그래야 토지이용계획확인서를 잘 활용할 수 있을 것이다.

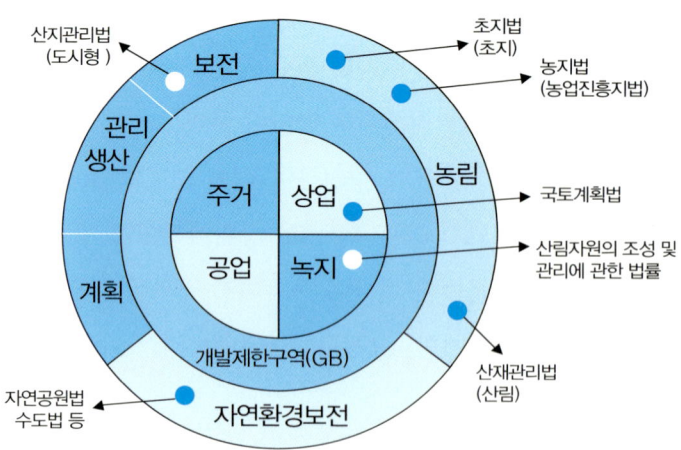

4. 토지이용계획확인서의 역할

대부분의 건축물이 토지 위에 존재하므로 결국 모든 부동산의 미래가치를 평가하는데 토지이용계획확인서가 기본이다. 그런데 통상 기개발된 시내지역의 토지나 건축물의 경우에는 토지이용계획확인서도 큰 의미는 없지만, 시내지역이라도 재개발예상지인 경우 또는 시외곽의 녹지지역 및 비도시지역인 경우에는 토지이용계획확인서의 내용이 워낙 많고 어려워서 전문적으로 분석해야 할 경우가 많다.

만약 건축 당시와 다르게 용도지역이 변경된 곳에 위치한 토지 또는 건축물의 경우 그 부동산의 가치를 평가함에 있어 토지이용계획확인서는 건축의 활용 결정에 첫 번째로 중요하다. 단순하게 토지이용계획확인서에서 확인할 수 있는 것은, 그 토지에 부과된 (119가지 부동산공법에 의한) 용도지역 명칭과 그 지자체가 결정한 도시관리계획에 의한 (도시계획시설) 도면뿐일 수도 있다.

그러나 토지경매로 성공을 하려면 이 토지이용계획확인서를 통하여 용도지역별 (평면적) 행위제한표를 통해서 개발용도을 넓히는 것은 물론 그 부동산(토지+건물)의 내재가치를 극대화할 수 있는 입체적 행위제한 내용까지 만들어가야 한다.

토지이용계획확인서 양식

부동산매매시 본 확인서에 대하여는 사전에 토지이용계획확인원 발급 담당자에게 재확인하여 주시기 바랍니다.

토지이용계획확인서

처리기간: 1일

신청인	성 명	김병석	주 소			
대상지	토 지 소 재 지			지 번	지 목	지 적(㎡)
	시.군.구	읍.면	리.동			
	기흥구	기흥구	마북동	산15-3		

확인내역				
확인	1	도시관리계획	용 도 지 역	자연녹지지역
			용 도 지 구	
			용 도 구 역	
			도시계획시설	
			지구단위계획구역	
			기 타	
	2	군사시설		전술항공작전기지제3구역, 군용항공기지구역(비행안전구역)
	3	농 지		[해당없음]
	4	산 림		준보전산지
	5	자연공원		[해당없음]
	6	수 도		[해당없음]
	7	하 천		[해당없음]
	8	문 화 재		[해당없음]
	9	전원개발		[해당없음]
	10	토지거래		토지거래허가구역
	11	개발사업		[해당없음]
	12	기 타		성장관리권역

토지이용규제 기본법 제 10조제1항의 규정에 의하여 귀하의 신청 토지에 대한 현재의 토지이용계획사항을 위와 같이 확인합니다.

용인시 기흥구청장

(수입증지가 인영(첨부)되지 아니한 것은 그 효력을 보증할 수 없습니다)

※유의사항
1. 이 확인원은 1필지에 대한 앞쪽의 1내지 12에 대한 토지용계획사항의 확인 입니다.
2. 이 확인원은 부동산에 관한 주요 제한사항을 기재하였으나, 이 기재사항이
   모든 법령의 제한사항을 망라한 것이 아님을 유의하시기 바랍니다.
3. 당해 지역이 용도지역 등의 경계부근에 위치하여 국토의계획및이용에 관한 법률
   제 32조의 규정에 의한 지형도면상 그 경계가 확실하지 아니한 경우를 제외하고는
   필요한 경우 도시관리계획확인도면을 발급하여 드립니다.
4. 군사시설란 중 군용항공기지구역에 대하여는 확인원의 발급이 불가능한 경우가 있습니다.
   이 경우 군용항공기지구역에 해당되는지의 여부에 대하여는 별도로 확인하셔야 합니다.
5. 전원개발란중 전원개발사업구역은 발전소 및 변전소에 한하여 확인이 가능합니다.
6. 지구단위계획구역에 해당하는 경우에는 담당과를 방문하여 토지이용과 관련한 계획내용을 별도로
   확인하셔야 합니다.

〈도시계획확인도면, 개발계획도면〉 〈축척 : 1 / 6000〉

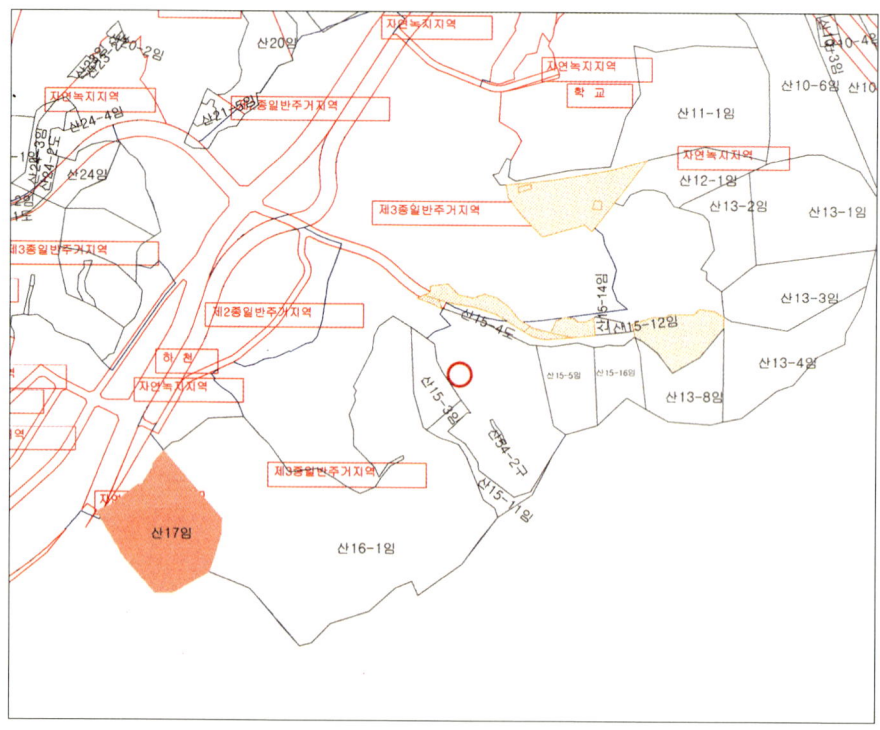

이 도면에 의하여 측량할 수 없습니다.

위 토지이용계획확인서의 앞면과 뒷면을 얼핏 살펴보자. 먼저 토지이용계획확인신청서 양식을 보면 누구나 신청할 수 있고, 신청 필지별로 119가지 법령에 의한 지정된 321가지 용도지역 중에서 (그 신청 필지에) 지정된(규제된) 지역·지구 등의 지정 내용(명칭)을 신청할 수 있고, 별도로 그 명칭별로 구체적인 행위제한 법규내용(토지이용규제사항)을 같이 신청할 수도 있다.

이 신청서의 처리기한은 1일이나 즉시 발급되고, 인터넷을 통하여 무료로 발급받을 수 있다. 신청서는 한 장에 여러 필지를 신청하나, 확인서는 필지별로 1개씩 발급되며, 수수료는 지방자치단체 조례로 정하고 있으나 서울시의 경우 등본발급을 칼라로 하는 경우 1,500원, 흑백은 1000원, 열람은 100원이다. (필지당)

5. 확인서의 전면 기재사항

확인서는 전면에 다섯 가지, 뒷면에 유의사항 다섯 가지와 지구단위계획 별도확인 등이 있다.

지번별로 확인서 전면에 표시되는 것

> ① 지목과 면적
> ② 「국토의 계획 및 이용에 관한 법률」의 용도지역·지구
> ③ 타법률의 용도지역·지구
> ④ 「토지이용규제 기본법 시행령」 제9조 4항
> ⑤ 도시관리계획 확인도면, 지도범례와 축척

첫 번째, 지목(地目)은 주고·상업·공업 지역과 계획관리지역에서는 그 중요도가 떨어지는 것 같지만 (「국토의 계획 및 이용에 관한 법률」에 의한 용도지역에 따라 허용되는 건축물의 용도(종류)폭에 따라 그 토지의 가치가 달라지는 것이므로), 그 이외의 용도지역에서 형질변경이 되지 않은 토지인 경우에는 지목이 굉장히 중요하다.

6. 확인서의 뒷면 기재사항

토지이용계획확인서의 뒷면의 유의사항에, 원래 토지이용계획확인서는 토지이용규제기본법의 모든 용도지역의 지정내용을 확인해주어야 하는 것이지만, 업무협

조가 모자라 확인누락으로 인한 책임지지 않겠다고 하였다. (지형도면, 확인도면, 자치법규 등 포함)

왜냐하면 각종 법령에 의한 행위제한이 아직 지자체의 도시관리계획과 100% 연동되지 않기 때문에 또는 규제내용이 신설되거나 해제되는 경우, 경계가 변경되는 등의 경우, 법령개정과 계획변경이 확인도면에 곧바로 반영되지 못하여 토지소유자가 입는 재산상의 손해를 국가나 지자체가 책임질 수 없기 때문이다.

7. 토지이용계획서에 안 나타나는 규제

각 용도지역에 따라서 각기 다르게 규제되는 용도규제와 밀도규제는 토지이용계획확인서에 직접 나타나지 않으므로, 「국토의 계획 및 이용에 관한 법률」 제76조·시행령 제71조와 지자체 도시계획조례 별표에 규정된 건축물의 용도 및 종류를 「건축법 시행령」 별표와 맞추어 보면서 용도규제를 정확하게 확인해야 한다.

용도지역별로 허용되는 건축물의 용도 및 종류 중 전국적으로 공통적으로 허용되는 것은 「국토의 계획 및 이용에 관한 법률 시행령」에서 미리 정하고, 각 지자체 사정에 따라 달리 적용할 필요가 있는 건축물은 영별표에서 지자체 도시계획조례로 위임하였기 때문에, 각 지자체는 조례(별표)로 규정하고 있다. 그래서 토지소재지 지자체 도시계획조례가 중요한 것이다.

밀도규제도 토지이용계획확인서에 나타나지 않으므로, 「국토의 계획 및 이용에 관한 법률」 제77조(건폐율)~78조(용적률)와 시행령과 지자체 조례를 통하여 확인하여야 하며, 특히 취락지구·개발진흥지구·수산자원보호구역·자연공원·농공단지·산업단지에서는 조례로 유리하게 정할 수 있다.(법제77조 제3항) 또한 녹지지역·보전생산관리·농림지역·자연환경보전지역에 있는 농림어업용 시설은 국토계획법이 아닌 개별법에 의한 별도의 밀도규제가 따로 있는데 지자체 조례에 있다.(법제77조 제4항)

2012년 1월 6일에 개정된 「국토의 계획 및 이용에 관한 법률 시행령」 제71조 제3항 제1호에 의하면, 「건축법 시행령」 별표에 새로운 건축물이 규정된 경우에는 「국토의 계획 및 이용에 관한 법률」이 개정되지 않아도 지자체 조례로 먼저 허용여부를 결정할 수 있도록 하여, 「국토의 계획 및 이용에 관한 법률 시행령」 별표에 허용여부가 규정되지 않은 건축물도 미리 지자체 조례로 허용할 수 있도록 하였다.

8. 확인도면

토지이용계획확인서 하단에 있는 도면을 도시·군관리계획 확인도면이라고 한다. 이 도면은 토지의 경계와 크기를 표시하는 지적도(임야도 포함)위에 도시관리계획으로 결정된 각종 행정계획을 표시한 도면으로 주로 도시계획시설(도로, 공원, 주차장 등)등이 표시된다.

이 도시계획시설의 종류는 크게 54가지이고 100여가지의 세부종류가 있는데, 구체적인 것은 '도시계획시설 규칙'을 참고할 필요가 있다. 이런 시설은 그 지자체가 도시관리계획으로 결정한 것이므로, 내 재산권이 공공복리에 의하여 제한되거나 박탈될 수 있으므로 유의 깊게 보아야 한다. (헌법 제23조 제3항)

9. 지목의 중요성

용도지역이 주거·상업·공업지역은 큰 의미가 없다. (농지의 경우에는 농지전용부담금과 임야인 경우에는 대체산지조림비 등의 부담을 제외하고) 왜냐하면 주거·상업·공업지역 내의 토지는 이미 개발목적으로 각종 부동산 법률에 의한 행위제한이 허용쪽으로 협의된 토지이므로, 기본적인 기반시설(진입로, 상하수도)만 충족되면 건축행위가 가능하기 때문이다.

그리고 계획관리지역과 자연녹지는 유보형(필요시 개발) 성격의 용도지역이므로 주거·상업·공업지역 보다 약간 강한 규제를 받지만 그래도 계획관리지역이라는 용도지역을 결정할 때에 이미 타법률에 의한 허용(전용)기준 등을 충분히 검토하여 정한 용도지역이므로, 기본적인 기반시설과 개발행위허가기준에 충족되면 건축행위가 가능하다.

10. 기반시설의 중요성

여기서 한 가지 더 강조하면, 주거ㆍ상업ㆍ공업, 계획관리지역, 자연녹지 안에 있는 토지라도 기반시설에 따라 그 가치가 달라지게 되는데, 이런 것은 토지이용계획확인서의 도면을 가지고 정확하게 판단할 수 없지만, 일단 지적도와 도시관리계획도면을 통하여 개략적인 판단을 하고 임장활동을 하여야 한다.

건축행위에 있어 「건축법」의 도로(진입로)는 굉장히 중요하다.(우리나라 공부는 공신력이 없으므로) 지적도에 길이 없으나 실제(현황)는 길이 있다면 길이 있는 것으로 본다는 것이다. 다만 도로넓이에 따라 허가여부가 달라지고 지적도상 도로가 실제 도로로 이용 중 일시에 건축허가를 내주는 지자체도 있기에 사전에 사실확인을 요하며 별도의 공부를 요한다.

그리고 형질변경이 되지 않은 곳에서 건축허가를 받으려면 먼저 개발행위허가를 받아야 하는데, 형질변경과 동시에 검토되는 기반시설은 도로와 상ㆍ하수도이다. 예를 들어, 어떤 토지에 건축을 하려면 주거ㆍ상업ㆍ공업 지역은 원칙적으로 지자체가 기반시설을 확보해야 하고, 그 외의 지역은 개발(신청)자가 확보해야 한다.

11. 부동산 공부 1장으로 통합

토지이용계획확인서에 지목 다음으로 표시되는 것이 면적이 표시된다. 이 면적은 토지대장 또는 임야대장에 나타나는 면적을 옮겨 적은 것에 불과하므로 만약 이 면적과 대장면적이 다르면 당연히 대장면적을 따라야 한다. 등기부에 기재된 면적도 대장과 다르면 무의한 것이다. 그러므로 정확한 면적을 확인할 필요가 있는 때에는 토지대장 또는 임야대장을 확인하여야 한다.

앞으로는 18종의 부동산 공부가 하나로 통합된다. 국토해양부에서 '부동산 종합공부 시스템'을 1단계('11~'12년)는 지적과 건축물 11종 ⇒ 1종 공부 통합 및 확산하고(토지, 건축물, 용도, 가격 등), 2단계('13년)는 가격 등을 포함한 15종 ⇒ 1종 공부 통합 및 확산하며, 3단계('14년)는 소유권을 포함한 18종 ⇒ 1종 공부통합 단계로 설계하였다.

구분	1단계		2단계 ('13년)	중장기 ('14년~)
	'11년	'12년		
통합대상	11종 (지적 7종+건축물 4종)		15종(토지, 가격 4종)	18종 (등기부 3종)
예산	32 억	103 억	80 억	85 억

이렇게 부동산 종합공부가 완성되면, 2개기관 4개부서에 방문·확인하던 절차가 무방문·실시간 확인으로 개선되고, 건축허가 등의 민원신청에 온라인·무서류 민원서비스가 가능해서 처리기한이 단축되고, 또한 행정력 낭비가 대폭 줄어들게 되고 행정효율화가 이루어질 것이다.

12. 일사편리 서비스

복잡한 부동산 민원처리를 위해 개별적으로 발급받던 18종의 부동산증명서가 하나로 통합되어 2014년 1월 18일부터 서비스 되었다.

※ "일사편리"(一事便利)는 부동산 행정정보 일원화 사업의 정책브랜드로, 친숙한 한자성어 "일사천리"(一瀉千里)를 본따 "한 장으로 편한 부동산 서비스"를 의미

"부동산종합증명서"란 토지대장, 건축물대장, 개별공시지가, 주택가격, 토지이용계획확인서 등 개별법에 의해 관리되던 18종 부동산 관련 증명서를 하나의 증명서로 통합·연계한 것을 말한다.

부동산종합증명서는 부동산 형태에 따라 3가지 유형(토지, 토지·건축물·토지·집합건물)으로 구분하여 맞춤형은 1,000원, 종합형은 1,500원으로 제공되며, 기존 개별 증명서 합산 금액보다 저렴하다.

※ 토지대장(500원), 건축물대장(500원), 공시지가(800원), 토지이용계획(1,500원) 등

▶ (맞춤형) 정보 중 필요한 일부 정보를 선택하여 발급 받는 증명서
▶ (종합형) 이력, 공유지 등 모든 정보를 포함하여 발급 받는 증명서

부동산종합증명서 서비스

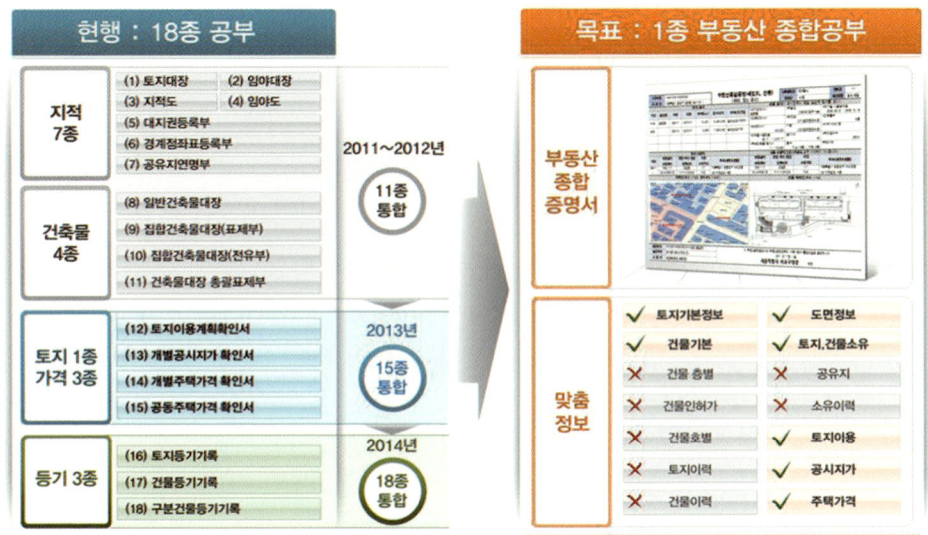

부동산종합정보 활용 서비스

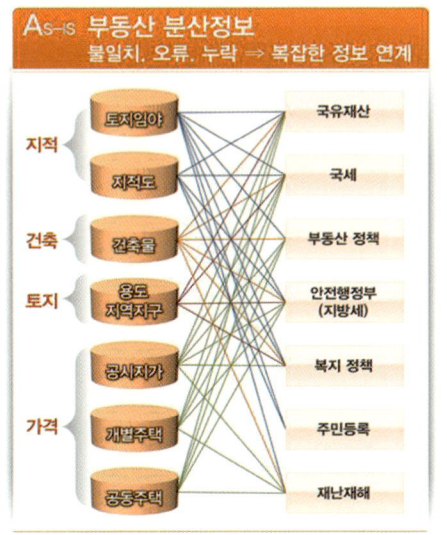
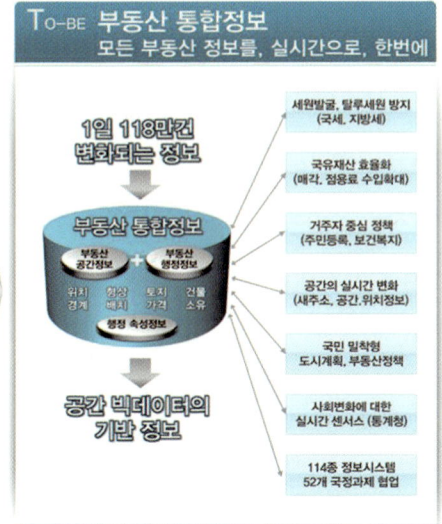

▶18종 부동산 증명서 현황

분야	부동산 증명서	관련법	관련부처	운영
	18종	5개 법	2 부	
지적(7종)	1) 토지대장 2) 임야대장 3) 공유지연명부 4) 대지권등록부 5) 지적도 6) 임야도 7) 경계점좌표등록부	측량·수로조사 및 지적에 관한 법률	국토교통부	시·도 시·군·구
건축물(4종)	8) 일반건축물대장 9) 집합건축물대장(표제부) 10) 집합건축물대장(전유부) 11) 건축물대장 총괄표제부	건축법		
토지(1종)	12) 토지이용계획확인서	토지이용규제 기본법		
가격(3종)	13) 개별공시지가 확인서 14) 개별주택가격 확인서 15) 공동주택가격 확인서	부동산가격공시 및 감정평가에 관한 법률		
등기(3종)	16) 토지등기기록 17) 건물등기기록 18) 구분건물등기기록	부동산등기법	대법원 (법원행정처)	등기소

▶부동산 증명서 발급수수료 (단위 : 원)

분야	부동산 증명서	발급기준	방문 기준	
			열람 수수료	발급 수수료
지적(7종)	1) 토지대장	1필지	300	500
	2) 임야대장	1필지	300	500
	3) 공유지연명부			
	4) 대지권등록부			
	5) 지적도	1장	400	700
	6) 임야도	1장	400	700
	7) 경계점좌표등록부	1필지	300	500

건축물(4종)	8) 일반건축물대장	1건	300	500
	9) 집합건축물대장(표제부)			
	10) 집합건축물대장(전유부)			
	11) 건축물대장 총괄표제부			
토지(1종)	12) 토지이용계획확인서	시군구 조례	무료	1000-1500
가격(3종)	13) 개별공시지가 확인서	시군구 조례	무료	800
	14) 개별주택가격 확인서	시군구 조례	무료	800
	15) 공동주택가격 확인서	시군구 조례	무료	800
등기(3종)	16) 토지등기기록	1건/1200원		1통/20장/1200원 초과 1장 50원
	17) 건물등기기록			
	18) 구분건물등기기록			

1. 국토교통부 온나라 부동산 포털(www.onnara.go.kr) 접속, 시도 선택

2. 인증을 통해 민원 및 증명서 발급 신청 접속

3. 경매물건 검색

NPL정보	• 관리회사 : **(농협자산관리)** 1순위 농협자산관리회사 - 설정금액 : 1,064,000,000 원 - 해당물건 : 경기 화성시 서신면 매화리504-2외 / 임야 - 담 당 자 : 유효상 (☎ **02-2224-8636**)

소재지/감정서	물건번호/면 적(㎡)	감정가/최저가/과정	임차조사	등기권리 NPL
445-881 경기 화성시 서신면 매화리 504-2 감정평가액 토지:636,244,000 ●감정평가서정리 -위험물저장및처리 시설(주유소),세차 장과근린생활시설 (소매점)으로산지전 용허가득한토지로, 산지전용허가기간 이2013.9.30.까지 로(화성시청,산림과 (369-6112))탐문조 사됨 -서측왕복4차선도로 접함 ------------------ -일괄입찰 -서신면사무소남측 인근위치 -주변농경지,소규모 공장등소재 -차량접근가능	물건번호: 단독물건 임야 1466 (443.46평) 현:나대지	감정가 1,203,973,000 • 토지 1,203,973,000 (100%) (평당 1,187,725) 최저가 412,963,000 (34.3%) ●경매진행과정 1,203,973,000 ① 유찰 2014-03-05 30%↓ 842,781,000 ② 유찰 2014-04-03 30%↓ 589,947,000 ③ 유찰 2014-05-09 30%↓ 412,963,000 ④ 진 2014-06-12	●법원임차조사 *각 부동산들의 경계, 면 적은 정확한 측량을 요함.	소유권이진순 2006.12.28 전소유자:이영일 근저당농협자산관리 2008.09.02 1,064,000,000 지상권농협자산관리 2008.09.05 30년 근저당서울석유 2011.02.25 400,000,000 임 의정남농협 2013.08.28 *청구액:801,304,612원 등기부채권총액 1,464,000,000원 열람일자 : 2014.04.23

4. 부동산종합 증명서 정보 확인

☞ 1페이지 부동산종합증명서 정보

①물건소재지, 건축물대장존재유무, 지목, 소유권현황 등 정보 수록
  토지이용계획도면과 토지이용계획 내용이 기재되어 있다.

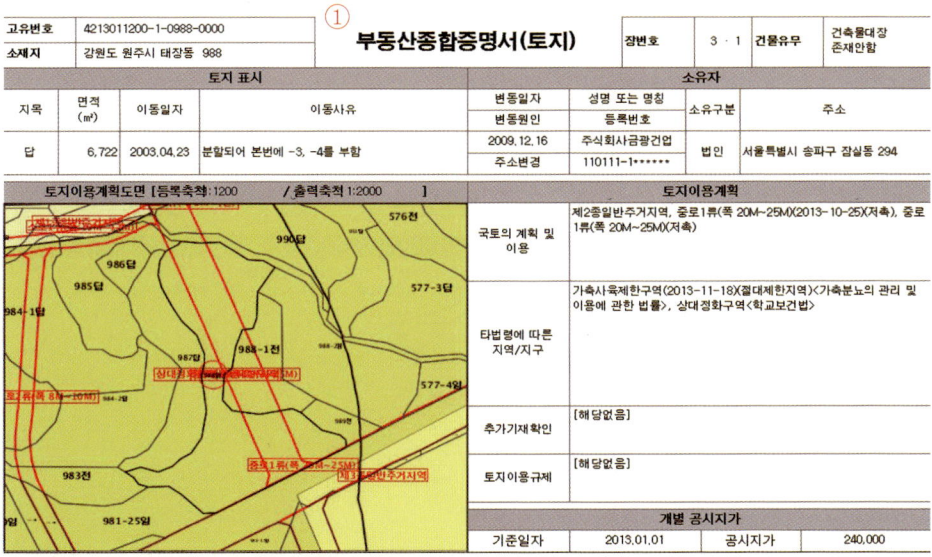

☞ 2페이지 부동산종합증명서

② 지목과 면적의 이동일자와 사유, 토지소유자 연혁, 공시지가 및 토지등급 연혁 정보가 기재되어 있다.

제3장 토지이용계획 확인원

☞ 3페이지 부동산종합증명서

③지적(임야도)등록축적과 도면정보가 기재되어 있다.

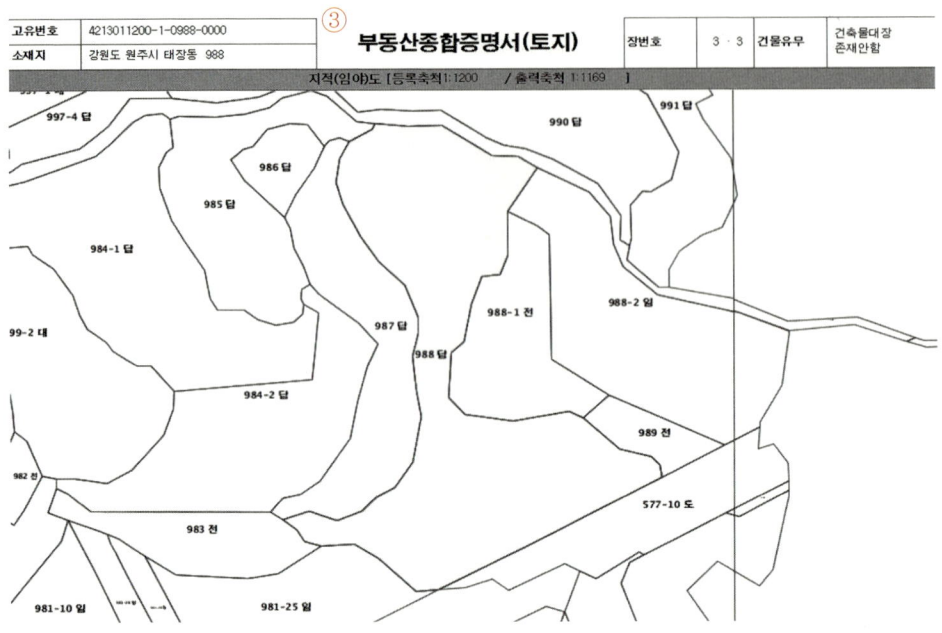

국토계획법에 의한 용도지구·지역·구역

「국토계획법」에 의한 용도지역은 21가지이고(4-9-21), 용도지구는 10가지(세분류25)이며, 용도구역은 5가지이다. 이 용도지역제도는 공공복리 달성을 위하여 국민의 사유재산권을 제한하는 6,296가지 행위제한의 첫 번째인 셈이다.

이 용도지역은 도시관리계획에 의해서 결정되는 것이므로, 5년마다 바뀔 수 있다. 국토종합계획과 도종합계획(수도권정비계획)에 의하여 각 지자체는 도시관리계획을 수립하게 되는데 당초 수립당시와 다르게 도시발전이 될 수 있으므로 5년마다 적당하게 용도지역도 수정 또는 신설하여야 한다.

그래서 이 용도지역 변경은 도시기본계획에 의해서 예측할 수도 있다. 도시가 빠르게 성장하는 곳이면 시가화예정용지로 지정된 곳에 미리 투자하면 된다. 시가화예정용지란 그지자체에 인구와 산업이 늘어날 경우 주거·상업·공업지역 또는 도시계획시설 등으로 지정될 토지로, 매우중요한 곳이다. 이 시가화예정용지는 지자체에 따라서 미리 그 지역을 표시하기도 하고, (생활)권역별로 면적만 미리 확보하는 곳도 있다.

용도지역·지구·구역제는 전 국토를 종합적이고 체계적으로 관리할 수 있는 수단으로서 운영되고 있다.

도시지역, 관리지역, 농림지역, 자연환경보호지역으로 4등분하는 용도지역제와 그것만으로 부족하여 그 용도지역 위에 입지별 특성에 따라 미관지구, 경관지구, 보존지구, 고도지구 등으로 덮어씌우는 용도지구제가 있다.

그 외에 도시 주변의 무질서한 확산을 방지하기 위하여 개발제한구역, 소위 그린벨트로 지정하기도 하고, 일정 기간 통제를 하면서 도시를 계획적으로 가꾸기 위한 시가화조정구역, 삼면이 바다인 우리나라 여건을 감안 해변지역을 대상으로 수산자원보호구역을 지정하는 용도구역제도 있다.

이러한 용도지역·지구·구역제에 따라서 건축할 수 있는 건축물의 종류와 건축물의 높이나 용적률·건폐율 기준을 달리하는 수단을 통해 국토와 도시를 관리하고 있다.

☞ 용도지역·지구·구역의 성격
용도지역제가 최초로 등장한 것은 1845년 제정된 독일의 프러시아 공업법에 의해서이며 공해 발생원이 되는 공장을 시가지 내 주택지로부터 분리시키는데 그 목적이 있었다.
미국은 1985년 캘리포니아주 조례로 채택했는데, 시 중심지에 마구잡이로 건설되는 중국인 세탁소를 억제하며 세탁소에서 흘러나오는 오수로 인한 환경악화나 건조기에서 발생하는 화재의 위험을 방지하는데 그 목적이 있었다.

1. 용도지역 제도의 의미

용도지역·지구는 토지이용규제의 수단 중 가장 기본적이고 핵심적인 수단으로, 개별적인 토지이용 행위를 사회적으로 바람직한 방향으로 유도하여 전 국토의 이용과 보존을 관리하는 기본 틀이다.
이에 따라 전국의 모든 토지는 용도지역이 각기 하나씩 지정되고, 그 위에 용도지구와 (개별법상의 용도지구) 또는 용도구역 등이 지정되어, 그 동일한 용도지역·지구 내에 있는 모든 토지는 동일한 토지이용 및 건축물 등의 위치·규모·형태·용도 등에 관하여 동일한 규제를 받고 있다.
「국토계획법」에서 채택하고 있는 용도지역·지구제는 외형적으로는 미국식 용도지역제이나, 운용 면에서는 미국과 상이하다. 우리나라의 용도지역제는 철저한 기능분리에 바탕을 둔 미국식의 용도지역제와는 달리, 거의 대부분의 용도지역에서 용도혼합을 인정하는 누적적인 용도규제를 하고 있다.
그리고 용도지역·지구제의 일률적인 행위제한에 따른 문제점을 보완하는 장치의 도입도 걸음마 단계에 있다. 미국은 유클리드 용도지역제의 경직성의 한계를 극복하기 위해 좀 더 유연한 용도지역제(Flexible Zoning)로 인센티브조닝, 개발권양도제(TDR), 계획단위개발(PUD) 등을 도입하고 있다.

반면 우리나라에서는 서울시의 결합개발제도(CRP)가 있으나, 용도지역제의 보완장치의 도입이 여러 장애요인들로 인해 아직 미진한 실정이다.

2. 용도지역 제도의 변천

용도지역(Zoning)이 일반화되기 시작한 것은 미국에서 1924년 표준 주(州) 용도지역 수권법(Standard State Zoning Enabling Act, 1924년)을 제정하고, 1926년에 유클리드 판결에서 용도지역에 의한 규제가 합헌인 것으로 인정된 이후부터다.

우리나라는 1934년 「조선시가지계획령」에 의해 용도지역·지구제가 도시지역에 처음 도입되어 주거지역, 상업지역, 공업지역의 3개 유형으로 용도지역이 구분되었으나, 1940년부터 녹지지역과 혼합지역이 추가되었다.

1962년에 「조선시가지계획령」에서 토지구획정리사업 분야는 「도시계획법」으로, 건축분야는 별도로 「건축법」으로 분리하여 규정하였다. 이에 따라 「도시계획법」에 용도지역지구를 구분 지정하는 기본 규정은 두고 용도지역 세분이 추진되었고, 용도 및 밀도 규제의 실질적인 내용은 「건축법」에 위임한 채로 운영되었다.

한편 전국토를 대상하는 국토이용계획에 의한 용도지역·지구제는 1972년 「국토이용관리법」에 의해 도입되어, 전국의 토지를 6개 용도지역으로 구분하여 지정하고, 그 위에 11개 용도지구가 중복해서 지정되었다.

그 이후 1993년 도시용지 공급을 확대하기 위해 토지이용규제 완화 차원에서 용도지역 구분체계를 5개로 축소하고 준도시지역과 준농림지역이 도입되었다.

그러나 준농림지역의 난개발이 사회문제로 대두됨에 따라 이를 해결하기 위해 2002년 「도시계획법」과 「국토이용관리법」을 통·폐합하여, 「국토의 계획 및 이용에 관한 법률(국토계획법)」을 제정하였다.

구분	용도지역	용도지구	용도구역
성격	토지를 경제적·효율적으로 이용 하고 공공복리의 증진을 도모	용도지역의 기능을 증진시키고 미관, 경관, 안전 등을 도모	시가지의 무질서한 확산방지, 계획적이고 단계적인 토지이용의 도모, 토지이용의 종합적 조정·관리
종류	-도시지역(주거, 상업, 공업, 녹지지역) -관리지역(보전관리, 생산관리, 계획관리지역) -농림지역/자연환경보전지역	-경관/미관/방화/방재/보존/시설보호/취락/개발진흥지구 -특정용도제한지구 -위락지구 -리모델링/기타 지구	-개발제한구역 -시가화조정구역 -수산자원보호구역 -도시자연공원구역 -입지규제최소구역 (2015.1.6.시행)
비고	중복지정 불가	중복지정 가능	

3. 용도규제와 밀도규제

토지이용계획확인서에서 확인되는 용도지역은 「헌법」 제122조에 규정된 국토의 효율적 이용을 달성하기 위한 정부 각 부처별로 각종 정책적, 사회적 필요 등에 의해 만들어진 123가지 법령에 의한 330개의 용도지구 또는 구역이 지정된다.

그 대표적인 용도지역이 국토계획법에 의한 용도지역인데, 이 용도지역의 토지이용규제를 위한 행위제한 내용은 건축물의 건축을 제한하는 용도규제(「국토계획법」 제76조)와 건폐율, 용적률, 높이, 층수 등을 통한 밀도규제로 크게 구분된다.(「국토계획법」 제77~78조)

먼저 용도규제란, 어떤 토지든(도시관리계획에 의해서) 21가지 용도지역 중 하나의 용도지역으로 결정되는데, 그 결정된 용도지역별로 지을 수 있는 건축물 허용용도가 각기 다르다. 그리고 용도지구 또는 용도구역에 따라 용도지역의 행위제한이 강화 또는 완화 적용될 수 있다. (「국토계획법」 제1조16-17호)

밀도규제란 건축밀도를 나타내는 지표인 건폐율·용적률·호수밀도·평균층수 등을 통하여 도시계획적인 관점에서 건축을 규제하는 방식으로, 여기서 건폐율이란 '건축면적의 대지면적에 대한 비율'을 말하며, 건축면적이란 '건축물의 외벽의 중심선으로 둘러싸인 부분의 수평투영면적'을 말한다.

4. 국토계획법의 용도지역

용도지역이란, 토지의 이용 및 건축물의 용도·건폐율·용적률·높이 등을 제한함으로써 토지를 경제적·효율적으로 이용하고 공공복리의 증진을 도모하기 위하여 서로 중복되지 않게 도시관리계획으로 결정하는 지역이다(「국토계획법」제2조 15호). 「국토계획법」상 용도지역은 4-9-21(대분류4, 중분류9, 소분류21)이다. 대분류는 도시지역, 관리지역, 농림지역, 자연환경보전지역의 4가지가 되고, 중분류는 도시지역을 다시 주거·상업·공업·녹지지역으로 나누고, 관리지역을 보전·생산·계획관리로 나누어 총 9가지가 된다. 소분류 21개란, 비도시지역 [관리(보전·생산·계획)·농림·자연환경보전지역을 합하여 부르는 용어] 5개 용도지역 이외의 도시지역 16개 용도지역을 말한다.

도시지역 16개란, 주거지역을 6개(제1종전용·제2종전용·제1종일반·제2종일반·제3종일반·준주거)로 나누고, 상업지역을 4개(중심·일반·근린·유통상업), 공업지역을 3개(전용·일반·준공업), 녹지지역을 3개(보전·생산·자연녹지)로 나눈 것이다.

이 용도지역을 공부해야 하는 이유는, 그 용도지역별로 허용되는 건축물의 용도가 각기 다르고 (28가지, 종류 100여 가지), 건폐율과 용적률이 각기 다르게 적용되기 때문이다. 즉, 토지의 가치란 허용되는 건축물의 용도에 따라 다르기 때문에 그 허용 폭을 가늠하기 위하여 토지이용계획확인서를 잘 볼 수 있어야 한다는 것이다.

건축물의 허용용도는 「국토계획법」에서 시행령으로 직접 허용하는 것도 있고, 일부는 지자체에게 허용여부를 위임하는 것도 있다. 그러므로 우리는 지자체(도시계획)의 조례를 보아야 그 토지의 진정한 가치를 알 수 있다.

특히 조심해야 할 것은 「국토계획법」 제76조 제5항이다. 농공단지, 농림지역 중 농업진흥지역·보전산지·초지인 경우, 자연환경보전지역 중 공원구역·상수원보호구역·문화재 보호구역·해양보호구역·수산자원보호구역에서 허용건축물은 각각 개별법에 따르므로 그 법을 별도로 확인해야 한다.

5. 국토계획법의 용도지구

용도지역은 반드시 모든 토지에 하나씩 지정되어야 하나(21가지로 세분되지 않은 용도지역이 있을 수 있음), 용도지구는 지정되지 않는 경우도 많다. 이 용도지구의 종류는 11개이나, 세분하면 25가지가 된다.

대분류 (4개)	중분류 (9개)	소분류 (21개)
1. 도시지역	주거지역	제1·2종전용, 제1·2·3종일반, 준주거
	상업지역	중심, 일반, 근린, 유통
	공업지역	전용, 일반, 준
	녹지지역	보전, 생산, 자연
2. 관리지역	보전관리지역	보전관리
	생산관리지역	생산관리
	계획관리지역	계획관리
3. 농림지역	농림지역	농림
4. 자연환경보전지역	자연환경보전지역	자연환경보전

용도지구는 하나의 토지에 2이상의 용도지구를 중복하여 지정할 수 있다. 또한 시·도 조례로 용도지구를 신설할 수 있으나, 당해 용도지역·용도구역의 행위제한을 완화하는 용도지구를 신설할 수는 없고 행위제한을 강화하는 용도지구 신설만 허용된다. 취락지구는 허용용도가 용도지역과 별도로 지정된다. (영제78조)

통상 건폐율은 용도지역에 따라 다르지만, 용도지구 중 취락지구, 개발진흥지구, 수산자원보호구역, 자연공원, 농공단지, 산업단지에서는 조례로 따로 정할 수 있다.(「국토계획법」 제76조 제3항) 주로 용도지구 등에서는 건폐율이 상향되는 것이므로 토지이용계획확인서에 의한 용도지구도 잘 보아야 할 필요가 있다.

구분	상세분류	주요내용
주거 지역	제1종 전용주거지역	단독주택중심의 양호한 주거환경을 보호하기 위하여 필요한 지역
	제2종 전용주거지역	공동주택중심의 양호한 주거환경을 보호하기 위하여 필요한 지역
	제1종 일반주거지역	저층주택을 중심으로 편리한 주거환경을 조성하기 위하여 필요한지역
	제2종 일반주거지역	중층주택을 중심으로 편리한 주거환경을 조성하기 위하여 필요한지역
	제3종 일반주거지역	중고층주택을 중심으로 편리한 주거환경을 조성하기 위하여 필요한지역
	준주거지역	주거기능을 위주로 이를 지원하는 일부 상업기능 및 업무기능을 보완하기 위하여 필요한 지역
상업 지역	중심상업지역	도심·부도심의 상업기능 및 업무기능의 확충을 위하여 필요한 지역
	일반상업지역	일반적인 상업기능 및 업무기능을 담당하기 위하여 필요한 지역
	근린상업지역	근린지역내에서 일용품 및 서비스의 공급을 위하여 필요한 지역
	유통상업지역	도시내 및 지역간 유통기능의 증진을 위하여 필요한 지역
공업 지역	전용공업지역	주로 중화학공업, 공해성공업등을 수용하기 위하여 필요한 지역
	일반공업지역	환경을 저해하지 아니하는 공업의 배치를 위하여 필요한 지역
	준공업지역	경공업 그밖의 공업을 수용하되, 주거기능과 상업기능 및 업무기능의 보완이 필요한 지역
녹지 지역	보전녹지지역	도시의 자연환경·경관·산림 및 녹지공간을 보전할 필요가 있는 지역
	생산녹지지역	주로 농업적 생산을 위하여 개발을 유보할 필요가 있는 지역
	자연녹지지역	도시의 녹지공간의 확보, 도시확산의 방지, 장래 도시용지의 공급등을 위하여 보전할 필요가 있는 지역으로서 불가피한 경우에 한하여 제한적인 개발이 허용되는 지역

용도지구	세분	내용
경관지구	자연경관지구	산지·구릉지 등 자연경관의 보호 또는 도시의 자연풍치를 유지하기 위하여 필요한 지구
	수변경관지구	지역내 주요 수계의 수변 자연경관을 보호·유지하기 위하여 필요한 지구
	시가지경관지구	주거지역의 양호한 환경조성과 시가지의 도시경관을 보호하기 위하여 필요한 지구
미관지구	중심지미관지구	토지의 이용도가 높은 지역의 미관을 유지·관리하기 위하여 필요한 지구
	역사문화미관지구	문화재와 문화적으로 보존가치가 큰 건축물 등의 미관을 유지·관리하기 위하여 필요한 지구
	일반미관지구	중심지미관지구 및 역사문화미관지구외의 지역으로서 미관을 유지·관리하기 위하여 필요한 지구
고도지구	최고고도지구	환경과 경관을 보호하고 과밀을 방지하기 위하여 건축물높이의 최고한도를 정할 필요가 있는 지구
	최저고도지구	토지이용을 고도화하고 경관을 보호하기 위하여 건축물높이의 최저한도를 정할 필요가 있는 지구
보존지구	문화자원보존지구	문화재와 문화적으로 보존가치가 큰 지역의 보호와 보존
	중요시설물보존지구	국방상 또는 안보상 중요한 시설물의 보호와 보존
	생태계보존지구	야생동식물서식처 등 생태적으로 보존가치가 큰 지역의 보호와 보존
시설보호지구	학교시설보호지구	학교의 교육환경을 보호·유지하기 위하여 필요한 지구
	공용시설보호지구	공용시설을 보호하고 공공업무기능을 효율화하기 위하여 필요한 지구
	항만시설보호지구	항만기능을 효율화하고 항만시설을 관리·운영하기 위하여 필요한 지구
	공항시설보호지구	공항시설의 보호와 항공기의 안전운항을 위하여 필요한 지구
취락지구	자연취락지구	녹지지역·관리지역·농림지역 또는 자연환경보전지역안의 취락을 정비하기 위하여 필요한 지구
	집단취락지구	개발제한구역안의 취락을 정비하기 위하여 필요한 지구

개발진흥지구	주거개발진흥지구	주거기능을 중심으로 개발·정비할 필요가 있는 지구
	산업개발진흥지구	공업기능을 중심으로 개발·정비할 필요가 있는 지구
	유통개발진흥지구	유통·물류기능을 중심으로 개발·정비 필요가 있는 지구
	관광·휴양개발진흥지구	관광·휴양기능을 중심으로 개발·정비할 필요가 있는 지구
	복합개발진흥지구	주거기능, 공업기능, 유통·물류기능 및 관광·휴양기능 중 2 이상의 기능을 중심으로 개발·정비할 필요가 있는 지구
	특정개발진흥지구(특구)	주거기능, 공업기능, 유통·물류기능 및 관광·휴양기능 이외의 기능을 중심으로 특정한 목적을 위해 개발, 정비할 필요가 있는 지구
방화지구		화재의 위험을 예방하기 위하여 필요한 지구
방재지구		풍수해, 산사태, 지반의 붕괴 그 밖의 재해를 예방하기 위하여 필요한 지구
특정용도제한지구		주거기능 보호 또는 청소년 보호 등의 목적으로 청소년 유해시설 등 특정시설의 입지를 제한할 필요가 있는 지구
위락지구		위락시설을 집단화하여 다른 지역의 환경을 보호하기 위하여 필요한 지구
리모델링지구		노후된 공동주택 등 건축물이 밀집된 지역으로서 새로운 개발보다는 현재의 환경을 유지하면서 이를 정비할 필요가 있는 지구
아파트지구		「주택건설촉진법」 제20조 내지 제22조의 규정에 의한 아파트지구 개발사업에 의한 아파트의 집단적인 건설·관리를 위하여 필요한 지구

6. 용도구역

용도구역이란 용도지역 및 용도지구의 제한을 강화 또는 완화하여 따로 정함으로써 시가지의 무질서한 확산방지, 계획적이고 단계적인 토지이용의 도모, 토지이용의 종합적 조정·관리를 위하여 도시관리계획으로 결정하는 지역을 말한다.

구역명	지정목적
개발제한구역	도시의 무질서한 확산방지와 도시주변 자연환경 보전
시가화 조정구역	무질서한 시가화를 방지하고 계획적, 단계적 도시개발 도모
수산 자원보호구역	수산 자원의 보호 · 육성
도시 자연공원구역	도시의 자연환경 및 경관을 보호하고 도시민에게 건전한 여가 · 휴식공간을 제공
입지규제 최소구역 [시행 2015.1.6]	도시지역 내 일정 면적에 대하여 기존의 용도지역 · 지구에 따른 일률적인 기준을 완화하고 행위제한은 유연하게 맞춤형 도시계획을 허용함으로써 개성있고 창의적인 도시공간 조성을 유도

개발제한구역의 행위제한은 「개발제한구역의 지정 및 관리에 관한 특별조치법」에서, 도시자연공원구역은 「도시공원 및 녹지 등에 관한 법률」에서, 수산자원보호구역은 「수산 자원관리법」에서 별도로 정하고 있으므로 각 개별법도 잘 살펴보아야 한다. 시가화조정구역은 원칙적 개발금지이고, 도시계획사업 또는 농림어업용 건축물만 제한적으로 허용한다.

7. 다른 법령에 의한 지역 · 지구

「토지이용규제 기본법」에 의하여 지정된(123가지 법령 중) 95가지 법률에 의한 용도지역은 239가지이고, 이 중 「국토계획법」에 규정된 용도지역 · 지구 · 구역은 32가지이다. 그리고 토지이용규제 기본법 시행령 별표에 의하여 지정된 3가지 영에 의한 용도지역은 46가지이며, 이중 국토계획법 시행령에 의하여 규정된 용도지역은 41가지이다.

그리고 「토지이용규제 기본법」이 아닌 다른 법령의 위임에 따라 총리령 · 부령 및 자치법규에 규정된 지역 · 지구 등으로, 국토해양부 장관이 관보에 고시하는 (용도)지역은 25가지 시행규칙 및 지자체 조례에 의하여 지정된 용도지역으로 44가지이다(2009.12.28.기준). 그래서 현재 존재하는 용도지역의 총합계는 123가지 법령에 의한 329가지이다.

(2011.12.28 현재)	개수	법률	시행령	규칙 및 조례
법령수	123	95	3	25
(국토계획법령)	(2)	(31)	(41)	
용도지역수	329	239	46	44

다른 법령에 의한 용도지역은 위에서 살펴본 것처럼, 국토계획법에서 특정한 용도지역은 각 개별법으로 위임한 것을 알아야 하고, 또한 국토해양부가 아닌 다른 행정부처 즉, 환경부·국방부·문화재청·교육부 등에서 관리하는 법령에 의한 행위제한도 중요하므로, 토지이용계획확인서의 용도지역을 확인할 필요가 있다.

국토이용계획 체계

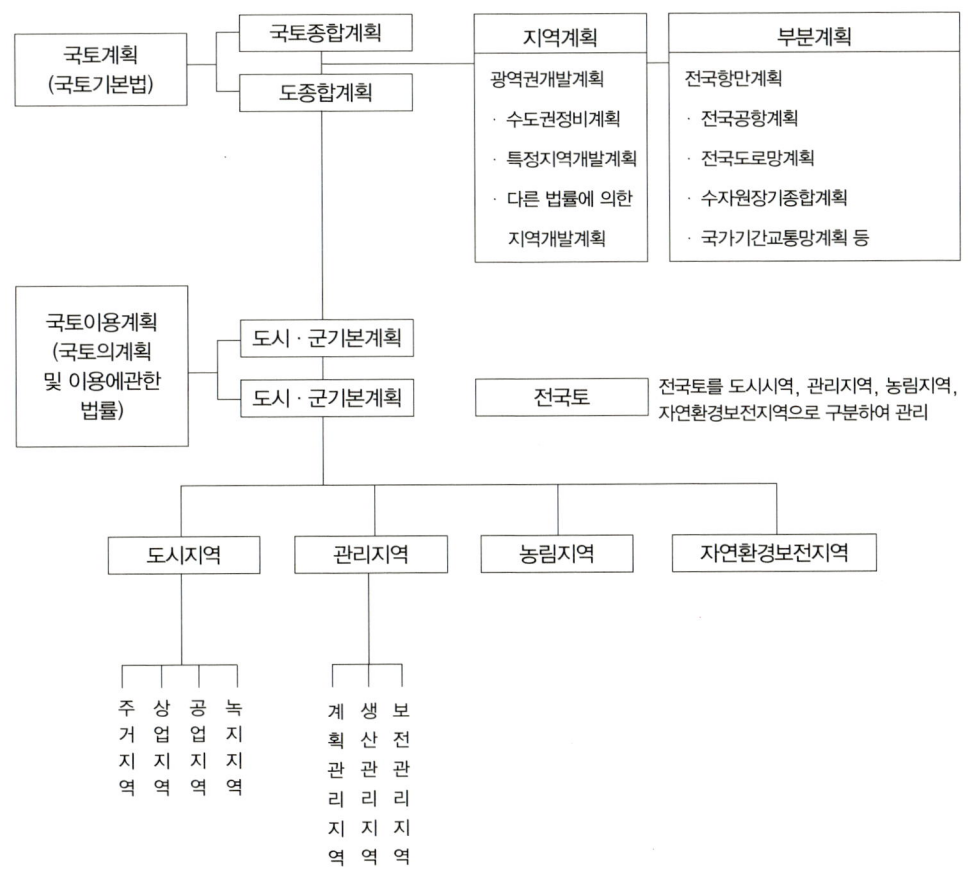

III 도로의 요건

1. 도로란?

일반적으로 두 지점 간에 사람과 물자를 경제적으로 이동시키기 위하여 합리적으로 설치한 지상의 시설을 말한다.

도로는 일반인의 교통을 위하여 제공되는 시설로서 「건축법」, 「국토의 계획 및 이용에 관한 법률」, 「도로법」, 「사도법」 등의 다양한 법률에서 각각의 법률 제정 취지에 맞게 차이를 두고 구분하여 운영되고 있다.

「도로법」은 도로의 건설·관리·시설기준·도로의 보전 등에 관한 공물관리법으로서 「도로법」 제2조에서 규정한 도로는 건설·유지·관리 등에 필요한 도로로, 이 경우에는 공부상 표시된 도로구역을 도로로 보아야 할 것이다.

국토부에서는 2005년 9월 8일 「국토계획법 시행령」을 개정하였다. 그 이유는 2003년 「국토계획법」이 만들어지면서 도시지역과 비도시지역의 개발규정이 합해졌는데, 개발행위허가에서 요구하는 도로확보 기준이 「건축법」의 기준보다 엄격하여 많은 민원이 생겼기 때문이다.

그 시행령 개정 이유를 보면, '바. 개발행위허가 대상 토지의 도로확보 기준 일원화(영별표1)'에 의하여 진입도로는 「건축법」에 맞도록 하여야 한다고 개정하였음에도 불구하고, 국토부에서는 개발행위허가운영지침을 2009년 8월 24일까지 개정하지 않아서 비도시지역이 아닌 도시지역의 녹지지역의 개발행위는 상대적으로 큰 손해를 보았던 것이다.

이제 운영지침이 개정되어, 기반시설의 확보는 '진입도로 「건축법」에 적합하게 확보하고, 대지와 도로의 관계는 「건축법」에 적합할 것'이라고 되어 있다. 그러므로 녹지지역과 비도시지역의 개발행위허가에서 「건축법」의 기준에 맞게 도로확보를 확보해야 한다.

2. 건축허가에서 지정되는 도로

1. 사용 및 형태별 구분

1) 일반도로 : 폭 4미터 이상의 도로로서 통상의 교통소통을 위하여 설치되는 도로

2) 자동차전용도로 : 특별시·광역시·시 또는 군(이하 "시·군"이라 한다)내 주요지역 간이나 시·군 상호간에 발생하는 대량교통량을 처리하기 위한 도로로서 자동차만 통행할 수 있도록 하기 위하여 설치하는 도로

3) 보행자전용도로 : 폭 1.5미터 이상의 도로로서 보행자의 안전하고 편리한 통행을 위하여 설치하는 도로

4) 자전거전용도로 : 폭 1.1미터(길이가 100미터 미만인 터널 및 교량의 경우에는 0.9미터) 이상의 도로로서 자전거의 통행을 위하여 설치하는 도로

5) 고가도로 : 시·군내 주요지역을 연결하거나 시·군 상호간을 연결하는 도로로서 지상교통의 원활한 소통을 위하여 공중에 설치하는 도로

6) 지하도로 : 시·군내 주요지역을 연결하거나 시·군 상호간을 연결하는 도로로서 지상교통의 원활한 소통을 위하여 지하에 설치하는 도로(도로·광장 등의 지하에 설치된 지하공공보도시설을 포함한다). 다만, 입체교차를 목적으로 지하에 도로를 설치하는 경우를 제외한다.

2. 규모별 구분

1) 광로	(1) 1류	폭 70미터 이상인 도로
	(2) 2류	폭 50미터 이상 70미터 미만인 도로
	(3) 3류	폭 40미터 이상 50미터 미만인 도로
2) 대로	(1) 1류	폭 35미터 이상 40미터 미만인 도로
	(2) 2류	폭 30미터 이상 35미터 미만인 도로
	(3) 3류	폭 25미터 이상 30미터 미만인 도로
3) 중로	(1) 1류	폭 20미터 이상 25미터 미만인 도로
	(2) 2류	폭 15미터 이상 20미터 미만인 도로
	(3) 3류	폭 12미터 이상 15미터 미만인 도로

4) 소로	(1) 1류	폭 10미터 이상 12미터 미만인 도로
	(2) 2류	폭 8미터 이상 10미터 미만인 도로
	(3) 3류	폭 8미터 미만인 도로

3. 기능별 구분

1) 주간선도로 : 시·군내 주요지역을 연결하거나 시·군 상호간을 연결하여 대량 통과 교통을 처리하는 도로로서 시·군의 골격을 형성하는 도로

2) 보조간선도로 : 주간선도로를 집산도로 또는 주요 교통발생원과 연결하여 시· 군 교통의 집산기능을 하는 도로로서 근린주거구역의 외곽을 형성하는 도로

3) 집산도로 : 근린주거구역의 교통을 보조간선도로에 연결하여 근린주거구역 내 교통의 집산기능을 하는 도로로서 근린주거구역의 내부를 구획하는 도로

4) 국지도로 : 가구(도로로 둘러싸인 일단의 지역)를 구획하는 도로

5) 특수도로 : 보행자전용도로·자전거전용도로 등 자동차 외의 교통에 전용되는 도로

「건축법」에서 허가권자가 지정한 도로는 (「도로법」 등에 의하여 국가나 지자체가 만든 도로가 아니면서도) 공공성을 가진 도로가 되는 것이므로 누구나 토지소유자의 별도의 사용 승낙을 얻을 필요 없이 사용할 수 있는 도로가 된다.

몇 년 전까지만 해도, 입법의 미비로 건축허가권자는 건축물로 진입하는 도로 부분을 분할하여 도로로 지적정리를 하지 않고, 그 부분을 (영구)사용승낙서로 처리하였기 때문에 오랜 시간이 흐르면서 다툼이 생기게 되는 경우가 많았으며 1994년 「건축법」 시행규칙에 처음으로 도입한 건축허가로 인한 도로대장 작성의무와 도로의 지정 및 폐지에 있어 이해관계자의 동의서가 첨부되기 때문에 이제는 별 문제가 없다. 하지만 그 이전의 건축허가에 따른 진입도로 여부는 배타적 사용수익권을 포기했는지에 대한 다툼이 많았다.

4. 사도법에 의한 도로

1. 사도의 개설허가 및 관리 등

1) 개설허가신청

「사도법」 제4조의 규정에 의하여 사도(私道)의 개설에 관한 허가를 받고자 하는 자는 착공연월일·준공연월일·공사방법 및 공사예산 등의 내용이 포함된 허가신청서를 다음각 도면 및 서류를 첨부하여 관할 시장 또는 군수에게 제출(전자문서에 의한 제출을 포함한다)하여야 한다. 〈사도의 개축·증축 또는 변경을 하고자 할 때에도 또한 같다.〉

　(1) 계획도면

　(2) 타인의 소유에 속하는 토지를 사용하고자 할 때에는 그 권한을 증명하는 서류

2) 면도·이도 등에 연결되면 사도허가 가능

"농어촌 지역에서 사도개설 쉬워진다"

※농어촌도로정비법상 면도(面道)·이도(里道) 등에 연결되면 사도법에 의한 사도허가가 가능하고, 사도허가 시 산지관리법에 의거 산지전용허가 및 농지법에 의한 농지전용허가가 가능하다.

5. 농어촌도로 정비법에 의한 도로

1. 농어촌도로의 종류 및 시설기준 등

① 농어촌도로 정비법에서 농어촌도로는 면도(面道), 이도(里道) 및 농도(農道)로 구분한다.

② 농어촌도로의 종류별 기능은 다음과 같다.

　1) 면도(面道) : 「도로법」 제8조 제6호에 따른 군도(郡道) 및 그 상위 등급의 도로(이하 "군도 이상의 도로"라 한다)와 연결되는 읍·면 지역의 기간(基幹)도로

　2) 이도(里道) : 군도 이상의 도로 및 면도와 갈라져 마을 간이나 주요 산업단지 등과 연결되는 도로

　3) 농도(農道) : 경작지 등과 연결되어 농어민의 생산활동에 직접 공용되는 도로

6. 건축법에 의한 도로

1. 건축법상 도로의 정의

"도로"란 보행과 자동차 통행이 가능한 너비 4m 이상의 도로(지형적으로 자동차 통행이 불가능한 경우와 막다른 도로의 경우에는 아래 대통령령으로 정하는 구조와 너비의 도로)로서 다음 각 목의 어느 하나에 해당하는 도로나 그 예정도로를 말한다.

가. 「국토의 계획 및 이용에 관한 법률」, 「도로법」, 「사도법」, 그 밖의 관계 법령에 따라 신설 또는 변경에 관한 고시가 된 도로

나. 건축허가 또는 신고 시에 특별시장·광역시장·도지사·특별자치도지사(이하 "시·도지사"라 한다) 또는 시장·군수·구청장(자치구의 구청장을 말한다. 이하 같다)이 위치를 지정하여 공고한 도로

▶ 지형적 조건에 따른 도로 및 막다른 도로의 구조와 너비

위에서 "대통령령으로 정하는 구조와 너비의 도로"란 다음 각 호의 어느 하나에 해당 하는 도로를 말한다.

1) 특별자치도지사 또는 시장·군수·구청장이 지형적 조건으로 인하여 차량 통행을 위한 도로의 설치가 곤란하다고 인정하여 그 위치를 지정·공고하는 구간의 너비 3m 이상(길이가 10m 미만인 막다른 도로인 경우에는 너비 2m 이상)인 도로

2) 위 1에 해당하지 아니하는 막다른 도로로서 그 도로의 너비가 그 길이에 따라 각각 다음 표에 정하는 기준 이상인 도로

▶ 막다른 도로의 길이

막다른 도로의 길이	도로의 너비
10m 미만	2m
10m 이상 35m 미만	3m
35m 이상	6m(도시지역이 아닌 읍.면 지역은 4m)

2. 법적용범위

면지역은 건축법 제44조부터 제47조(제44조는 대지와 도로의 관계, 제45조는 도로의 지정·

폐지 또는 변경, 제46조는 건축선의 지정, 제47조는 건축선에 따른 건축제한)까지, 제51조(방화지구 안의 건축물) 및 제57조(대지의 분할 제한)를 적용하지 아니한다.

3. 대지와 도로의 관계
① 건축물의 대지는 2m 이상이 도로(자동차만의 통행에 사용되는 도로는 제외한다)에 접하여야 한다. 다만, 다음 중 어느 하나에 해당하면 그러하지 아니하다.
㉠ 해당 건축물의 출입에 지장이 없다고 인정되는 경우
㉠ 건축물의 주변에 광장, 공원, 유원지, 그 밖에 관계 법령에 따라 건축이 금지되고 공중의 통행에 지장이 없는 공지로서 허가권자가 인정한 공지가 있는 경우
② 건축물의 대지가 접하는 도로의 너비, 대지가 도로에 접하는 부분의 길이, 그 밖에 대지와 도로의 관계에 관하여 필요한 사항은 대통령령으로 정하는 바에 따른다. 이 경우 연면적의 합계가 2천㎡(공장인 경우에는 3천㎡) 이상인 건축물(축사, 작물재 배사, 그 밖에 이와 비슷한 건축물로서 건축조례로 정하는 규모의 건축물은 제외한다)의 대지는 너비 6m 이상의 도로에 4m 이상 접하여야 한다.

4. 도로의 지정·폐지 또는 변경
① 허가권자는 건축허가 또는 신고 시에 특별시장·광역시장·도지사·특별자치도지사(이하 "시·도지사"라 한다) 또는 시장·군수·자치구의 구청장이 위치를 지정하여 공고한 도로의 경우, 도로의 위치를 지정·공고하려면 국토해양부령으로 정하는 바에 따라 그 도로에 대한 이해관계인의 동의를 받아야 한다. 다만, 다음 중 어느 하나에 해당하면 이해관계인의 동의를 받지 아니하고 건축위원회의 심의를 거쳐 도로를 지정할 수 있다.
㉠ 허가권자가 이해관계인이 해외에 거주하는 등의 사유로 이해관계인의 동의를 받기가 곤란하다고 인정하는 경우
㉡ 주민이 오랫동안 통행로로 이용하고 있는 사실상의 통로로서 해당 지방자치단체의 조례로 정하는 것인 경우

② 허가권자는 이미 지정한 도로를 폐지하거나 변경하려면 그 도로에 대한 이해관계인의 동의를 받아야 한다. 그 도로에 편입된 토지의 소유자, 건축주 등이 허가권자에게 이미 지정된 도로의 폐지나 변경을 신청하는 경우에도 또한 같다.

5. 건축선의 지정

▶ 건축선지정의 방법

1) 원 칙 – 대지와 도로와의 경계선
2) 예 외 – 대지 안쪽으로 일정한 거리를 후퇴하여 건축선이 지정될 수 있는 경우

> ① 소요너비에 미달하는 도로의 경우   ② 도로모퉁이에서의 경우
> ③ 특별자치도지사 또는 시장·군수·구청장이 건축선을 따로 후퇴하여 지정하는 경우

※특별자치도지사 또는 시장·군수·구청장은 시가지 안에서 건축물의 위치나 환경을 정비하기 위하여 필요하다고 인정하면 대통령령으로 정하는 범위에서 건축선을 따로 지정할 수 있다. 즉, 특별자치도지사 또는 시장·군수·구청장은 도시지역에는 4m 이하의 범위에서 건축선을 따로 지정할 수 있다.

6. 건축선에 따른 건축제한

① 건축물과 담장은 건축선의 수직면(垂直面)을 넘어서는 아니 된다. 다만, 지표(地表) 아래 부분은 그러하지 아하다.
② 도로면으로부터 높이 4.5m 이하에 있는 출입구, 창문, 그 밖에 이와 유사한 구조물은 열고 닫을 때 건축선의 수직면을 넘지 아니하는 구조로 하여야 한다.

7. 도로 연결허가

1. 신청인이 해야 할 사항
① 법적 근거
㉠「도로법」제64조 (교차방법과 다른 시설의 연결)

가) 자동차 전용도로나 일반국도 및 지방도, 4차로 이상으로 도로구역이 결정된 도로와 다른 도로, 철도, 궤도, 교통용으로 제공하는 통로, 그 밖의 시설을 교차시키려고 할 때에는 특별한 사유가 없으면 입체교차시설로 하여야 한다.

나) 자동차 전용도로나 일반국도 및 지방도, 4차로 이상으로 도로구역이 결정된 도로에 다른 도로, 통로, 그 밖의 시설을 연결시키려는 자는 도로관리청의 허가를 받아야 한다.

ⓒ 「도로와 다른 도로 등과의 연결에 관한 규칙」 제3조

이 규칙은 「도로법(이하 "법"이라 한다)」 제10조 제1항에 따른 일반국도(법 제20조제2항이 적용되는 일반국도는 제외한다. 이하 "일반국도"라 한다)의 차량 진행 방향의 우측으로 진입 하거나 진출할 수 있도록 다른 도로, 통로 또는 그 밖의 시설(이하 "다른 도로 등"이라 한다)을 도로의 차량 진행 방향의 우측에 연결(교차에 의한 연결을 제외한다)하는 경우에 적용한다.

2. 허가 심사기준

① 변속차로 설치방법과 기준

변속차로 등의 설치방법 「도로와 다른 도로 등과의 연결에 관한 규칙」 제8조 및 별표2 〈개정 2010. 9. 15〉

1. 직접식 변속차로 설치

가. 1개소 연결의 경우

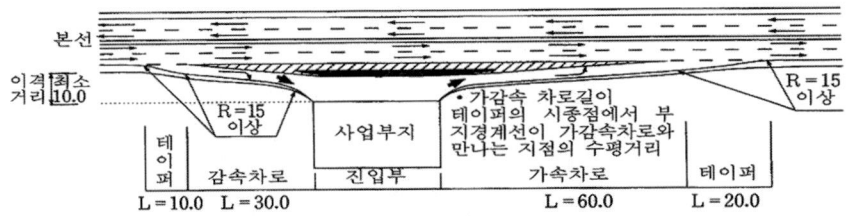

나. 2개소 연결의 경우

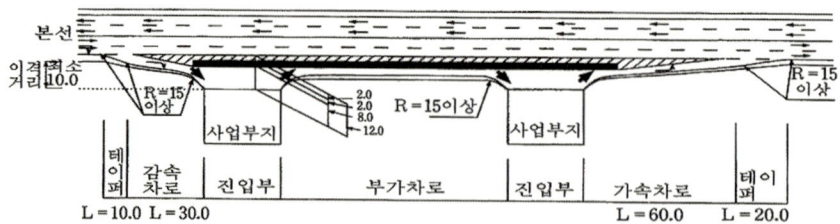

2. 평행식 변속차로 설치

가. 1개소 연결의 경우

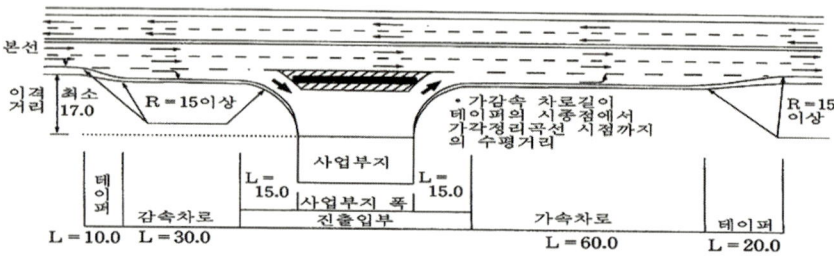

나. 2개소 연결의 경우

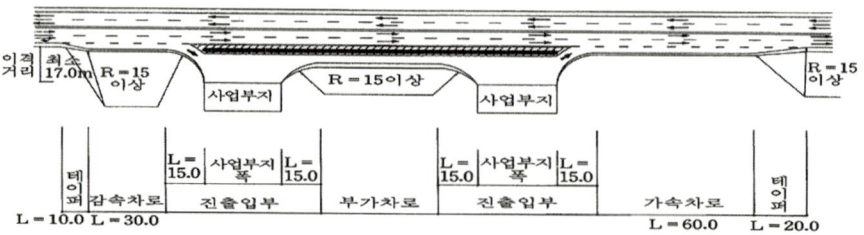

〈비고〉
1. 위 표 중 R은 곡선반경, L은 길이를 말하며 그 단위는 m로 한다.
2. 사업부지와 변속차로 등의 연결지점은 부지경계선 중 차량의 원활한 소통에 지장이 없는 범위에서 해당 부지의 상황을 고려하여 정한다.

㉠ 변속차로 설치방법
㉡ 연결허가 금지구간

가) 곡선반경이 280m(2차로 도로의 경우에는 140m) 미만인 경우 곡선구간의 안쪽차로의 중심선에서 장애물까지의 거리가 [별표 3]에서 정하는 최소거리 이상이 되지 아니하여 시거(視距)를 확보하지 못하는 경우의 안쪽 곡선구간

[별표 3](규칙 제6조 제1호관련) 곡선구간의 곡선반경 및 장애물까지의 최소거리 (단위 : m)

구분	4차로 이상				2차로		
곡선반경	260	240	220	200	120	100	80
최소거리	7.5	8	8.5	9	7	8	9

비고 : 최소거리는 곡선구간의 안쪽차로 중심선에서 장애물까지의 최소거리를 말한다.

나) 종단기울기가 평지는 6%, 산지는 9%를 초과하는 구간. 다만, 오르막차로가 설치되어 있는 경우 오르막차로의 바깥쪽 구간에 대하여는 연결을 허가할 수 있다.

다) 도로와 다음 각 중 어느 하나에 해당하는 도로를 연결하는 교차로에 대하여 교차로 영향권 산정기준에서 정한 영향권 이내의 구간 및 교차로 주변의 변속차로 등의 설치제한거리 이내의 구간. 〈다만, 5 가구 이하의 주택과 농·어촌 소규모시설(「건축법」제14조에 따라 건축신고만으로 건축할 수 있는 소규모 축사 또는 창고등을 말한다)의 진출입로를 설치하는 경우와 도시지역 안에 있는 도로로서 도시관리계획에 따라 이미 정비되어 있거나 다른 도로 등의 연결허가신청일 당시 집행계획이 수립되어 있는 경우에는 교차로 영향권 산정 기준에서 정한 영향권 이내의 구간에 한한다.〉

ⓐ 「도로법」 상의 도로
ⓑ 「농어촌도로정비법」 제4조의 규정에 의한 면도(面道) 중 2차로 이상으로 설치된 면도

ⓒ 2차로 이상이며 그 차도의 폭이 6m 이상이 되는 도로

ⓓ 관할 경찰서장 등 교통안전 관련기관의 의견조회 결과 도로연결로 인하여 교통의 안전과 소통에 현저하게 지장을 초래하는 도로

[별표 4] 교차로 영향권 산정 기준 (규칙 제6조제3호관련) 〈개정2010.9.15〉

1. 변속차로가 설치되었거나 설치예정인 평면교차로의 영향권은 본선 또는 교차도로에서 교차로로 진입하는 감속차로 테이퍼의 시점부터 교차로를 지나 교차도로 또는 본선에 진입하는 가속차로 테이퍼의 종점까지의 범위로 한다.

〈예시도〉 변속차로가 설치되었거나 설치예정인 평면교차로의 영향권

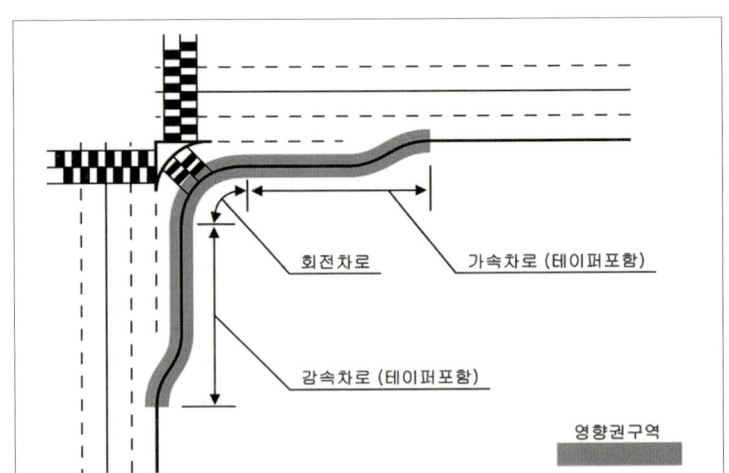

2. 변속차로가 설치되지 아니한 평면교차로의 영향권의 산정기준은 다음과 같다.

가. 교차로 영향권의 최소길이는 다음 표와 같다.

설계속도(km/h)	교차로 영향권 길이(m)	
	비도시지역	도시지역
50	50	30
60	70	40
70	90	60
80	120	80

나. 교차로 영향권의 길이 측정 기준은 아래 예시도와 같이 차량의 정지선에서부터 적용하며, 세 갈래 교차로의 직진 차로부에는 교차로 중심에서부터 적용한다.

〈예시도〉 변속차로가 설치되지 아니한 평면교차로의 영향권

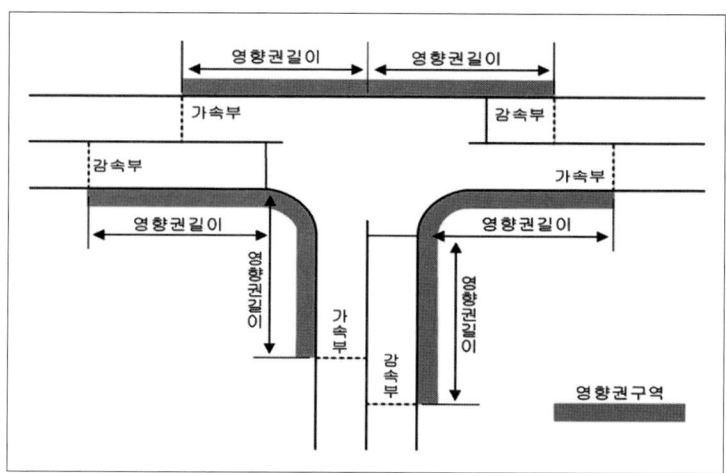

3. 입체교차로에서의 영향권은 본선 또는 교차도로의 감속차로 테이퍼의 시점에서 연결로를 지나 교차도로 또는 본선의 가속차로 테이퍼의 종점까지의 범위로 한다.

〈예시도 1〉 입체교차로에서의 영향권

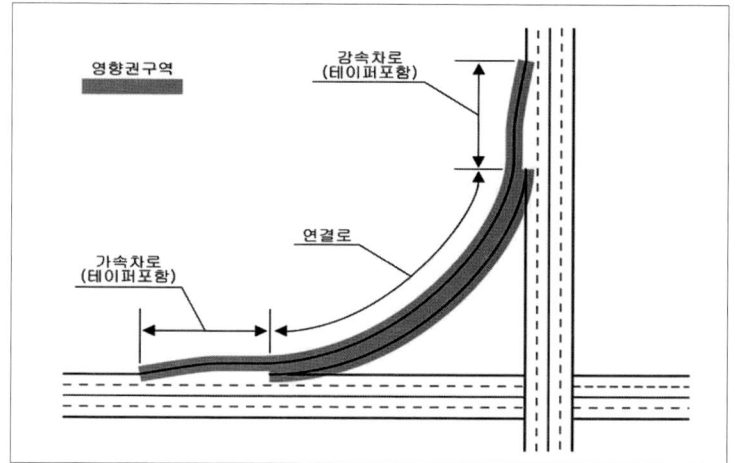

<예시도 2> 입체교차로에서의 영향권

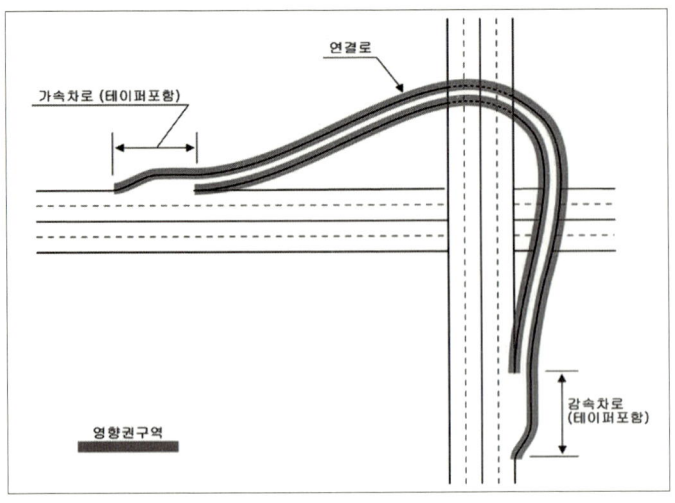

[별표 4의2] 교차로 주변의 변속차로등의 설치제한거리

(제6조제4호 관련) (개정 2010.9.15)

구분	4차로 이상	2차로
교차로 영향권으로부터 변속차로등의 설치제한거리	60	45

1. 평면교차로 주변의 영향권 및 설치제한거리 예시도

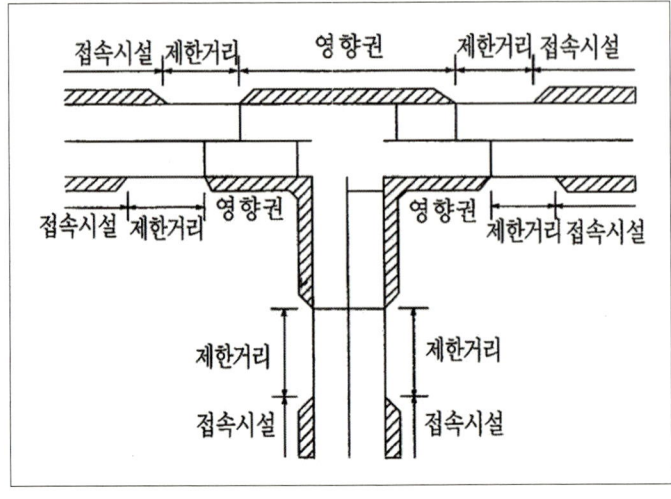

2. 입체교차로의 경우 연결로가 접속된 본선 또는 교차도로의 연결로 접속부 전방·후방으로 설치제한거리를 적용한다.

〈예시도〉 입체교차로 주변의 영향권 및 설치제한거리

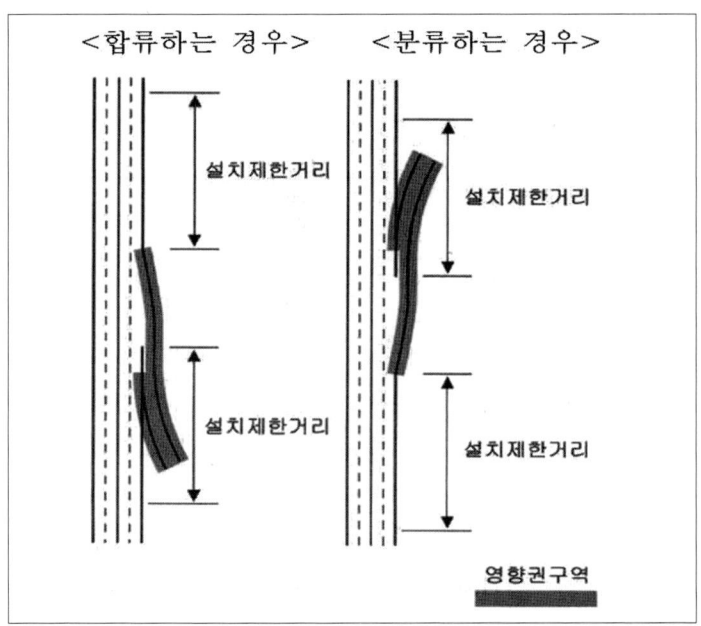

3. 터널 및 지하차도 등의 시설물 중 시설물의 내·외부 명암의 차이가 커서 장애물의 식별이 어려워 조명시설 등을 설치한 경우에는 다음 중 어느 하나에 해당하는 구간

   가. 설계속도가 시속 60Km 이하인 도로의 경우 해당 시설물로 부터 300m 이내의 구간

   나. 설계속도가 시속 60Km를 초과하는 도로의 경우 해당 시설물로 부터 350m 이내의 구간

4. 교량 등의 시설물과 근접되어 변속차로를 설치할 수 없는 구간
5. 버스정차대, 측도 등 주민편의시설이 설치되어 이를 옮겨 설치할 수 없거나 옮겨 설치하는 경우 주민통행에 위험이 발생될 우려가 있는 구간

맹지에 진입도로를 내는 방법

길은 토지에 있어서 가장 중요한 점검사항의 하나이다. 도로는 토지의 사용은 물론 발전성을 가늠하는 것이며 도로의 유무 도로의 종류, 폭과 포장여부 등은 토지가격 결정의 중요한 변수가 된다. 땅을 볼 때에는 기본적으로 도로(길)이 있는지 또 어떻게 접해 있는지를 우선적으로 보아야 한다.

1. 도로의 두 가지 의미

도로로 사용되는 토지는 도로로 지정되었을 경우에는 "도로" 지목으로 등록되며 도로는 토지와 관련된 법률상 두 가지 다른 의미를 가진다.

첫째, 도로는 토지의 교통이 편리해지고 접근성을 좋게 함으로써 땅값을 상승시킨다. 도로는 토지의 개발전망과 투자가치를 높이는 가장 중요한 요소가 된다. 이 경우의 도로란 고속도로, 터널, 국도, 지방도로 등 「도로법」 상의 도로와 철도, 연육교, 운하 등 주로 자동차가 다니는 길을 말한다. 통과도로라고 할 수 있다.

둘째, 도로는 건축물을 올리는데 있어서 반드시 갖추어야 할 필수적 허가요건이다. 도로가 없는 곳에서는 어떠한 집도 허가를 득하고 지을 수 없다. 이러한 도로는 사람들이 다닐 수 있는 "진입도로"를 의미하는 「건축법」 과 「국토계획법」 상의 도로를 말한다.

통과도로는 「도로법」 상의 도로로서 기본적으로 「도로법」 의 적용을 받고 있다. 「도로법」 제2조에 의하면 도로라 함은 일반의 교통에 사용되는 도로로서 제11조에 열거한 것을 말하고, 동법 제8에는 도로의 종류로 고속도로, 일반도로, 특별시도와 광역시도, 지방도, 시도, 군도, 구도 등 7가지를 열거하고 있다.

이러한 통과도로는 입지와 접근성 등 투자요인과 밀접한 관련이 있다. 「도로법」 상 도로는 차와 사람이 다니는 부분 외에도 터널, 교량, 도선장, 도로용 엘리베이터 및 고속도로 휴게소 등 도로와 일체가 되어 그 효능을 다하게 하는 시설 및 그 정착물을 포함 한다. 도로는 그 소유자에 따라 국도(國道), 공도(公道)와 사도(私道)로 구분할 수 있다.

도로는 국가와 지방자치단체의 소유일 것이 원칙이나 개인소유인 사도(私道)도 있다. 사도에 관하여는 별도의 「사도법」이 있다. 「사도법」에 의하면 사도를 개설하고자 하는 자는 시·구·군 등 지자체의 개설허가를 받아야 한다. 폐지의 경우도 동일하다. 도로개설을 위한 토지분할은 분할 최소면적의 제한을 받지 않는다. 사도를 개설한 자는 그 도로를 이용하는 타인으로부터 사용료를 징수할 수 있다. 그러나 관계관청의 사전허가 없이 임의로 무단 통행금지나 도로 폐쇄를 단행할 수 없다.

2. 도로저촉과 접도구역 완충녹지

경매조서를 보면 때로는 "도로저촉", "도로 접"이라고 명시되어 있는데, 이 경우에는 도로관련부서에 구체적인 내용을 확인해 보아야 한다. 접도구역인 경우도 있기 때문이다.

접도구역이란 도로구조의 손괴를 방지하고 미관을 보존하며, 교통에 대한 위험을 방지하기 위하여 도로관리청이 도로의 양 경계선으로부터 일정거리를 지정하여 고시된 구역이다. 접도구역에서는 형질변경, 공작물 신축, 증축, 개축이 허용되지 않는다. 건물이나 공작물을 신축하기 위하여 가설건축물 등을 설치하여 도로를 사용하려면 도로점용허가를 받아야 한다.

현재 접도구역은 고속도로의 경우 전 구간 양쪽 각각 20m로 지정되어 있고, 일반국도와 지방도 및 군(郡)도는 5m로 폭이 지정되어 있다. 마을 안이나 시(市)도, 구(區)도는 접도구역이 지정되지 않는다. 도시지역에는 도로의 미관과 교통안전을 위해 도로변에 완충녹지를 설정하는 경우가 있다. 완충녹지에는 길을 낼 수 없고 통행도 할 수 없어 건축물 신축 시 주의를 요한다.

3. 건축법상의 도로

집을 지을 때 건축허가를 받으려면 원칙적으로 보행 및 자동차통행이 가능한 폭 4m의 도로와 2m이상 접해야 한다. 다만, 관리지역, 농림지역 또는 자연환경보전지역 안의 동 또는 읍지역과 500인 미만의 섬 지역에서의 건축물의 건축 및 이에 수반하는 토지형질변경을 하는 경우에는 이러한 폭 4m의 조건이 완화된다 (「국토계획법령」 별표1 의 2 기준).

또한 막다른 도로의 길이가 10m미만인 막다른 도로의 경우에는 폭 2m인 경우에도 허용된다. 막다른 도로의 길이가 10m~35m 경우에는 폭 3m인 경우에도 「건축법」 상 도로로 인정된다. 그러나 막다른 길의 거리가 35m 이상인 경우는 폭 6m(다만 읍 면 지역은 4 m)이어야 한다. 반대로 연면적의 합계가 600평(2,000㎡) 이상인 건축물의 대지는 너비 6m 이상의 도로에 4m 이상 접해야 하는 것으로 요건이 강화된다.

「건축법」 상 건축의 허가요건인 진입도로가 되는 요건은 두 가지가 있다. 첫째로는 「국토계획법」, 「도로법」, 「사도법」을 근거로 신설, 고시된 도로인 경우로 일반적이다. 둘째로는 건축허가신고 시 지자체장이 그 위치를 지정·공고한 도로로서, 이 경우에는 도시계획상 향후 도로로 지정될 예정인 예정도로를 포함한다.

4. 건축법 상의 진입도로 요건

이와 같은 「건축법」 상 요건의 진입도로에 접하지 않은 토지를 "맹지(盲地)"라고 한다. 맹지에는 건축허가를 받을 수 없다. 진입도로의 확보는 건축허가의 절대적 요건이기 때문이다. 또 도로의 요건을 갖추었다고 해도 현재 현황이 대지 안으로 출입할 수 있는 현황도로가 없으면 건축허가를 받을 수 없다. 그러나 현황도로가 없어도 아직 개설 되지 않은 도시계획상 예정도로를 이용하여 건축허가가 가능하다. 그리고 대지에 접한 도로가 사람의 통행이 불가능한 자동차전용도로(고속도로·고가도로)인 경우에는 「건축법」 상의 도로로 볼 수 없으며, 이러한 자동차 전용도로에만 접한 토지의 경우에는 건축허가가 나지 않는다.

「건축법」 상으로 건축허가를 받을 수 있고 토지거래 시 가장 안전하고 보편적인 도로의 요건은 다음과 같다.
1) 「도로법」 또는 「사도법」에 의하여 개설된 도로일 것
2) 건축허가권자가 허가 시 지정 공고된 도로일 것
3) 사람과 차량이 통행할 수 있을 것
4) 지적도(임야도)에 표시되는 지적도상 도로일 것
5) 지목이 도로일 것
6) 국가 또는 지자체 소유의 공로일 것(사도는 사용료 문제 있음)
7) 실제사용 중인 현황도로일 것
8) 폭 4m 이상일 것
9) 토지가 2m 이상 도로에 접할 것

5. 맹지에 도로를 내는 방법

일반적으로 맹지는 실수요자는 물론 투자자로서도 기피하는 대상물이다. 그러나 상속 등 부득이한 사유로 맹지를 취득한 경우 맹지의 소유자가 반드시 길을 내야 할 사정이 있다면, 다음과 같은 여러 가지 방법 가운데 하나를 택하여 길을 낸 후 건축허가를 받을 수 있을 것이다.

맹지에 도로를 내는 방법에는 다음과 같은 여러 가지 방법이 있다.
1) 「도로법」에 의한 진입도로 개설 혹은 도로지정 고시
2) 「사도법」에 의한 사도개설
3) 인접 토지 매입 [단독 또는 공유지분]에 의한 사설도로 개설
4) 진입토지에 대한 도로사용승락서를 받아 도로로 사용
5) 구거의 하천 [구거] 점용허가에 의한 도로 개설
6) 민법상 주위토지통행권(「민법」 제219~220조)의 주장
7) 통로를 위한 민법상 지역권 혹은 지상권 설정으로 도로 개설 이 중에서 가장 많이 사용하는 것이 3번(도로부지 구입)과 4번(토지사용승낙)의 경우이다. 맹지에 진입도로용으로 타인의 토지를 매입할 경우에는 폭 4m 이상이 되도록 하여야 한다.

진입용 도로 부분은 후일을 위하여 토지(맹지) 구입 시 함께 매입하는 것이 가장 안전한데, 통상은 단독 매입하게 된다. 그러나 내 땅 뒤에 또 다른 맹지 지주가 있다면 공동으로 매입하여 지분등기를 하는 방법도 있다.

공유지분으로 한다면 영구사용에 전혀 지장이 없을뿐더러, 그만큼 토지구입비용이 절감될 수 있기 때문이다. 일반적으로 가장 많이 쓰는 토지사용승락서의 경우 특별한 법정양식은 없다.

다만, 이 때 주의할 것은 이 "승락"은 법적으로는 토지의 "사용대차"(사용료를 내지 않는 경우) 혹은 "임대차"(사용료를 내는 경우)의 동의이기 때문에 채권계약이라는 사실이다. 예컨대 토지사용승낙을 해 준 지주가 사망한 경우, 도로개설 전에는 그 상속인에 대하여는 이 사용승낙을 계속 주장할 수 없다.

또한 진입 도로로 쓰는 땅이 매매되어 소유자가 변경된 경우, 종전의 토지사용승낙은 계속적인 효력이 없어서, 새로운 땅 주인인 매입자에게 다시 사용료를 내야 한다. 따라서 장래를 대비해서 가장 확실한 것은 도로부지를 공유지분으로라도 매입해 두는 것이 안전하고, 경제적일 수 있다. 후일 이웃 토지의 매입자가 도로이용을 제한하거나 도로사용료로 높은 값을 요구할 수도 있기 때문이다.

일반적으로 맹지는 투자에 있어서 모든 사람들이 기피하는 물건으로 인정된다. 그러나 맹지라 하면 주변시세에 비해 싸기 때문에 후일을 감안한다면 오히려 투자대상으로서 유용한 경우가 있다. 즉 멀지 않아 보상이 요구되는 도시지역이라든가, 후일 어느 땐가 도로개설이 예정되는 임야 또 주변의 토지와 합병하여 리모델링의 가능성이 있는 곳은 오히려 투자가치가 있을 수도 있다.

6. 임도와 농로, 현황도로, 관습도로, 사실상의 통로

실무상 형태와 용도가 「건축법」상 도로와 유사한 것으로 이를 이용하여 건축허가가 가능한지 의문점이 생기는 것들이 있다.

임도(林道)는 산지 관련법상 산림의 효율적인 개발, 이용의 고화, 임업의 기계화 등 임업의 생산기반정비를 촉진하기 위하여 산림청장이 산림소유자의 동의를 받아 개설한 도로를 말한다. 임도는 수목의 산림경영과 수목의 반출 등 필요한 공적 역할을 하기 때문에 임도를 건축허가 시에 필요한 진입도로로 인정하거나 사용할 수는 없다.

따라서 임도를 이용하여 건물을 신축할 수는 없다. 그러나 조례에 따라 아주 예외적으로 허용되는 경우도 있다. 경운기 등이 다니는 시골의 논 밭 사이의 농로를 진입도로로 이용하여 집을 지을 수 있을까? 시골 밭두렁 등을 가로지르는 농로(農路) 혹은 농도는 도로가 아니고 개인소유의 농지 혹은 한국농촌공사의 농업기반시설에 속한다. 따라서 농로는「건축법」상 도로가 아니다. 비록 경운기나 사람이 다니는 현황도로라 할지라도, 일반적으로는 이를 이용하여 건축허가는 받기 어려울 것이다.

그러나 지방자치단체에 따라서는 건축조례로 이러한 개인소유의 농로라 할지라도 주민이 장기간 통행로로 이용하고 있는 사실상의 통로로서 인정하는 경우, 토지소유자의 동의 없이도 도로로 지정할 수 있다는 규정이 있는 경우에는, 이를 이용하여 건축허가가 가능하다. 따라서 실제로 가능여부는 해당 지자체의 조례를 찾아보아야 확인할 수 있다. 예컨대 충주시의 조례에는 주민이 20년 이상 사실상의 통로로 쓰는 경우(관습상 도로)에는 이해관계인의 동의 없이 도로로 고시할 수 있다는 규정도 있다.

또 지목상 도로가 아니더라도 현황도로를 진입도로로 이용하여 집을 지을 수 있는 경우가 있다. 이 중에는 종전에 이 현황도로를 이용하여 건축허가가 난 사례가 있다면, 새로운 건축허가도 가능하다는 질의응답도 있다.

현황도로, 관습상 도로, 사실상의 통로 등을 진입도로로 사용할 수 있는가는 실제 구체적인 도로의 이용현황과 토지여건 및 도로여건에 따라 조례 등의 해석상 차이에 대한 국토교통부의 유권해석과 대법원 판례에 따라 건축허가 여부를 가릴 수 있다고 본다.

7. 구거점용허가를 이용한 맹지 탈출

지방 임야의 경우 산의 입구와 지방도로 사이에 하천이 흐르거나 구거가 놓여 있는 경우가 많다. 이런 임야도 맹지인 셈이다. 이런 경우 산에 진입로를 만들 수 있다면, 임야는 맹지에서 벗어나고 동시에 땅값을 올릴 수 있다.

어떻게 도로를 만들 수 있을까?

이 경우에는 우선 임야와 도로 사이의 구거에 구거(하천) 점용허가를 받아 자비로 복개하거나 다리를 놓아 관계관청에 기부 체납한다. 이후 이를 도로로 사용하면서 도로로 고시토록 하여 정식도로로 인정받으면 된다. 다만 구거 중의 어떤 것은 「농어촌 정비법」상 농업기반시설로 관리청(지자체나 한국농촌공사)의 점용허가를 받아야 하는데, 이를 도로로 만들기는 실무상 그리 쉽지 않지만 전혀 불가능한 것은 아니다.

8. 민법상 주위토지통행권 및 통로개설권

1. 민법의 규정

제219조 (주위경매토지통행권)

① 어느 토지와 공로 사이에 그 토지의 용도에 필요한 통로가 없는 경우에 그 토지 소유자는 주위의 토지를 통행 또는 통로로 하지 아니하면 공로에 출입할 수 없거나 과다한 비용을 요하는 때에는 그 주위의 토지를 통행할 수 있고 필요한 경우에는 통로를 개설할 수 있다. 그러나 이로 인한 손해가 가장 적은 장소와 방법을 선택하여야 한다.

② 전항의 통행권자는 통행지소유자의 손해를 보상하여야 한다.

제220조 (분할, 일부양도와 주위통행권)

① 분할로 인하여 공로에 통하지 못하는 토지가 있는 때에는 그 경매토지소유자는 공로에 출입하기 위하여 다른 분할자의 토지를 통행할 수 있다. 이 경우에는 보상의 의무가 없다.

② 전항의 규정은 토지소유자가 그 경매토지의 일부를 양도한 경우에 준용한다.

2. 주위토지통행권자의 손해보상
   1) 원칙 : (유상) ⇨ 위 「민법」 제219조
   2) 예외 : (무상) ⇨ 위 「민법」 220조(토지분할 · 일부양도)

9. 임도설치 및 관리 등에 관한 규정

1. 용어의 정의
① "국유임도"라 함은 국가가 설치하는 임도를 말한다.
② "공설임도"라 함은 지방자치단체가 설치하는 임도를 말한다.
③ "사설임도"라 함은 산림소유자 또는 산림을 경영하는 자(국유림에 분수림을 설정한 자를 포함한다)가 자기 부담으로 설치하는 임도를 말한다.
④ "임도의 타당성평가"라 함은 임도설치 예정노선을 대상으로 규칙 별표 1에 따라 평가하는 것을 말한다.
⑤ "예정노선"이라 함은 당해연도 임도노선으로 확정되기 전의 계획노선을 말한다.
⑥ "테마임도"라 함은 산림관리기반시설로서의 기능을 유지하면서 특정주제(산림 문화 · 휴양 · 레포츠 등)로 널리 이용되고 있거나 이용될 가능성이 높은 임도를 말한다.

1) 산림휴양형 : 자연휴양림, 산림욕장 또는 생활권 주변의 임도에서 휴식과 여가를 즐기면서 아름다운 경관과 산림의 효용을 느끼거나 역사 · 문화를 탐방할 수 있는 임도
2) 산림레포츠형 : 임도와 주변 환경을 이용하여 산림레포츠(산악자전거 · 산악마라톤 · 오리엔티어링 · 산악승마 등) 활동을 할 수 있는 임도

2. 임도설치 대상지
① 임도설치 대상지의 우선 선정기준은 다음과 같다.
   1. 조림 · 육림 · 간벌 · 주벌 등 산림사업 대상지
   2. 산림경영계획이 수립된 임지

3. 산불예방·병해충방제 등 산림의 보호·관리를 위하여 필요한 임지

  4. 산림휴양자원의 이용 또는 산촌진흥을 위하여 필요한 임지

  5. 농산촌 마을의 연결을 위하여 필요한 임지

  6. 기존 임도간 연결·임도와 도로 연결 및 순환임도 시설이 필요한 임지

② 도로의 노선계획이 확정·고시된 지역 또는 다른 임도와 병행하는 지역은 임도 설치 대상지에서 제외한다.

4 지적공부

I 지적공부란?

지적공부란 토지의 소재·지번·지목·면적·경계 또는 좌표 등 지적에 관한 내용을 표시(등록)하여 그 내용을 공적으로 증명하는 장부로, 「측량·수로 조사 및 지적에 관한 법률」에 의해 토지와 관계된 공적증명을 위한 장부를 의미하며 그 범위는 다음과 같다.

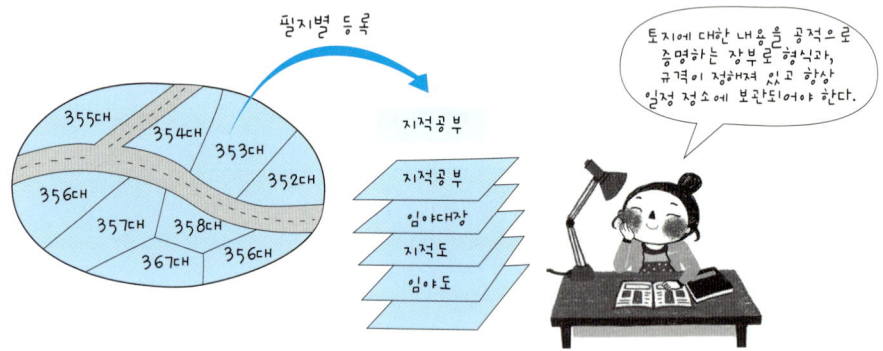

1. 토지대장·임야대장·공유지연명부·대지권등록부, 지적도·임야도 및 경계점좌표 등록부
2. 지적공부에 등록할 사항을 전산정보처리조직에 의하여 자기디스크·자기테이프 그 밖에 이와 유사한 매체에 기록·저장 및 관리하는 집합물

토지등기부, 건물등기부 및 토지이용계획확인서는 「측량.수로 조사 및 지적에 관한 법률」에 근거하지 않는 용어로서, 지적공부의 범위에 포함되지 않는다.
국가는 모든 토지에 대해 개별 필지에 대한 토지의 소재·지번·지목·면적·경계 또는 좌표 등을 조사·측량하여 지적공부에 등록하여야 하고, 토지소유자는 지적공부의 등록사항에 잘못이 있음을 발견한 때에는 소관청에 그 정정을 신청할 수 있다.
그리고 지적공부를 열람하거나 그 등본을 교부받고자 할 때에는 소관청에 신청하여 교부받을 수 있다. 이때 소정의 수수료를 그 지방자치단체의 수입증지로 소관청에 납부해야 하나 다음의 경우에는 수수료를 면제한다.

3. 지적측량업무에 종사하는 측량기술자가 그 업무와 관련하여 지적공부를 열람하는 경우
4. 국가 또는 지방자치단체가 업무수행상 필요에 의하여 지적공부의 열람 및 등본 교부를 신청하는 경우

또한 민원 편의를 위해 전산정보에 의해 인터넷으로 지적공부를 열람하거나 그 등본을 교부받을 수 있도록 하고 있다.

☞ 지형도면이란

지적이 표시된 지형도에 지역·지구등을 명시한 도면을 말한다. 여기서 지역·지구 등이란 지역·지구·구역·권역·단지·도시계획시설 등 개발행위를 제한하거나 토지이용과 관련된 인가·허가 등을 받도록 하는 등, 토지의 이용 및 보전에 관한 제한을 하는 일단의 토지를 말한다.

지형도면의 작성은 지역·지구 등의 결정 사항과 개별필지와의 사실관계를 확인하기 위하여 작성하며, 이를 일반국민에게 알려줌으로써 지역·지구 등의 지정 및 운영의 투명화와 개인의 사유재산에 대한 제한을 알려주는데 그 목적이 있다.

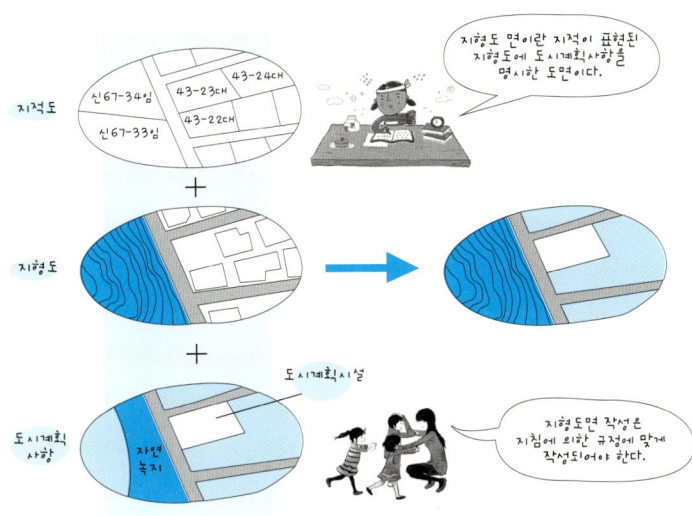

일반적으로 도시계획사항의 열람공고나 결정 및 지형도면 고시 시에 지형도면을 작성하여 활용하며, 지역·지구 등의 지정 및 고시를 위한 지형도면 작성 시에는 지형도면 작성지침에 의하여 규정에 맞게 작성하여야 한다.

지형도면을 작성하는 때에는 국토이용정보체계에 구축되어 있는 데이터베이스를 사용하여 축척 500분의 1내지 1천 500분의 1로 작성하여야 하며 녹지지역 안의 임야, 관리지역, 농림지역 및 자연환경보전지역은 축척 3천분의 1 내지 6천분의 1로 작성할 수 있다.

법률상에서 '지형도면 등'이라 함은 지형도면과 지적도등에 지역·지구 등을 명시한 도면을 말하는데「토지이용규제 기본법」에 의해 지역·지구 등의 지정의 효력은 지형도면 등의 고시를 함으로써 발생하도록 되어있다.

Ⅱ 토지등기부[등기사항전부증명서] 보는 법

등기부등본은 그 부동산의 권리관계를 알아보는 중요한 공적인 서류로서 당해 부동산의 지번, 지목, 구조, 면적, 소유권의 표기 등 현황과 저당권, 전세권 등 제한물권과 압류, 가압류 등 모든 권리설정의 내용을 확인할 수 있다.

현행 등기부는 표제부, 갑구, 을구 이렇게 세 부분으로 구성된다.

구분	표시내용	세부내용
표제부	부동산의 표시와 그 소재지	부동산의 소재지.지번,지목,면적,등기원인 및 기타사항
갑구	부동산의 소유권에 관련된 사항	등기순위번호,등기목적,등기접수와 관련된 내용,등기원인,권리자 및 기타사항
을구	소유권 이외의 권리사항	등기순위번호,등기목적,등기접수와 관련된 내용,등기원인,권리자 및 기타사항

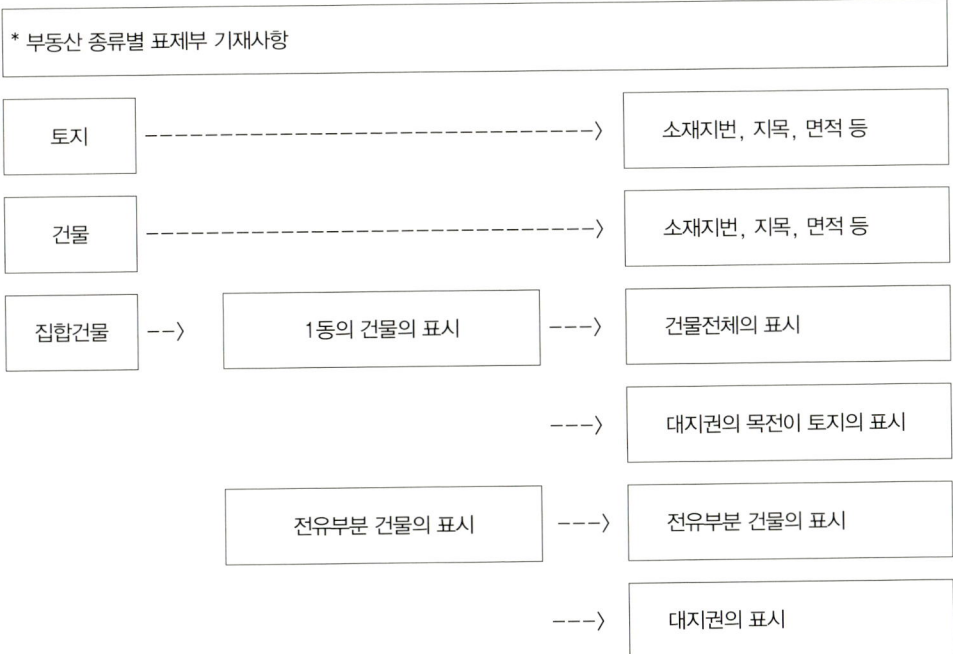

* 부동산 종류별 표제부 기재사항

1. 등기부[등기사항전부증명서]를 발급 받아보면 제일 먼저 나오는 부분이 표제부다.

〈표1등기부등본 표제부〉

표제부는 해당 부동산의 물리적 현황을 표시하는 곳으로 부동산의 주소, 면적, 용도, 구조 등 여러 가지 정보가 적혀 있다.

표1은 등기부의 첫 장인 표제부는 표시번호란과 표시란으로 나뉜다.

표시번호란은 등기한 순서를, 표시란에는 각 토지나 건물대지의 지번, 부동산의 상황과 변경에 관한 사항을 기재한다. 일반적으로 접수 일자, 해당건물의 소재 지번 및 건물번호, 건물의 구조적 특징, 등기원인 및 기타사항으로 표시란이 채워진다. 부동산에 변동이 생기면 표시번호 2번에 변경된 사항이 기재되고 마지막 줄에 변경사유가 첨가된다.

순위번호	등 기 목 적	접 수	등 기 원 인	권리자 및 기타사항
			결정(2003타경21048)	
4	3번임의경매개시결정등기말소	2003년9월18일 제10405호	2003년9월9일 취하	
5	2번압류등기말소	2004년2월16일 제1008호	2003년11월5일 해제	
6	가압류	2005년12월15일 제23649호	2005년12월13일 의정부지방법원의 가압류 결정(2005카단9725)	청구금액 금599,253,447원 채권자 경기상호저축은행주식회사 의정부시 의정부동 179-1
7	압류	2007년9월21일 제6813호	2007년9월19일 압류	권리자 국 처분청 용산세무서
8	압류	2008년10월24일 제7961호	2008년10월8일 압류	권리자 용산사수자구청
9	압류	2009년3월4일 제2404호	2009년3월3일 압류(세무과-1593)	권리자 과천시
10	8번압류등기말소	2011년11월2일 제7736호	2011년10월20일 압류해제	
11	7번압류등기말소	2012년2월1일 제543호	2011년10월14일 해제	
12	임의경매개시결정	2013년8월22일	2013년8월22일	채권자 고형석

〈표2 등기부등본 갑구〉

갑구에서는 소유권에 관한 사항을 확인할 수 있다. 소유권 보존, 소유권 이전, 가등기, 가처분, 압류, 경매신청, 가압류, 파산, 예고등기와 이들 각 권리의 변경등기, 말소 및 회복등기가 기재된다.

갑구는 사항란과 순위번호란으로 나누어지며 갑구 사항란에는 소유권에 관한 사항만을 기재하고 순위번호란에는 사항란에 등기사항을 기재한 순서를 적는다.

 갑구의 순위번호 1번은 소유권 보존에 관한 사항이다. 등기부상의 소유권 보존은 특정 건물이나 토지에 대하여 최초로 등기가 이루어졌거나 새로이 등기용지를 개설했다는 의미이며 이후의 권리변동은 모두 이 소유권 보존을 기초로 해서 이루어진다.

소유권의 변동을 일으키는 원인들은 주로 매매, 경매, 압류 등이다. 매매를 통해 소유권이 이전되면 사항란에 등기 접수 일자, 원인, 매매가 이루어진 날짜, 새로운 소유자의 이름과 주소순으로 변경 내용이 기재된다.

〈표2 등기부등본 을구〉 * 열람일시는 등기부 등본을 열람한 날짜와 시간을 알려준다.

을구에서는 저당권 설정 유무 및 채권자, 채무자, 채권액, 변제기, 이자, 기타 조건등이 명시되어 있다. 을구도 사항란과 순위번호란으로 나누어지며 소유권이외의 권리에 관한 등기사항을 기재한다. 저당권, 근저당권, 전세권, 임차권, 지상권 등 순위에 따라 효력에 결정적 영향을 받는 권리들이 기재되기 때문에 순위번호란과 사항란에서 지적하는 순위번호를 유심히 보아야 한다.

설정된 권리들이 순서대로 말소되는 것이 아니며 한 건물이나 토지에 대해서 여러 저당권이 설정될 수 있기 때문이다.

저당권은 자기 소유의 부동산을 담보로 제공하고 甲에게 돈을 빌려 쓴후 약속한 날짜까지 갚지 않았을 경우, 甲은 그 부동산을 처분해 돈을 변제받을 수 있는 담보권을 말한다.

2. 등기의 순위

각 등기는 등기한 순서 대로 순위번호를 기재하고, 같은 구에서는 그 순위번호에 의하여 등기의 우열이 가려지며, 부기등기의 순위는 주등기의 순위에 의한다. 그러나 가등기가 있는 경우 본등기를 하면 그 본등기의 순위는 가등기의 순위에 의한다. 갑구와 을구사이의 등기순위는 접수일자와 접수번호에 의하여 그 우열을 가리게 된다.

1) 등기사항전부증명서 볼 때 유의사항[갑구]

첫째, 소유권에 대한 압류, 가압류, 경매개시결정, 가처분 등 처분제한 등기가 있지는 않는지 봐야 한다. 채권자가 채권확보를 위해 채무자의 재산을 압류·가압류한 경우, 그 채무자(소유자)가 채무를 변제하지 못할 때에는 결국 그 부동산은 경매 처분되는 것이기 때문. 또 경매개시결정 등기란 이미 그 부동산에 경매절차가 진행되고 있음을 의미한다.

이와 함께 해당 부동산에 대한 소유권이전등기 청구권을 확보하기 위하거나 또는 말소하기 위하여 처분금지 가처분을 한 경우, 그 소송의 원고가 승소 판결을 얻는다면 가처분 이후의 모든 등기는 말소될 가능성이 아주 많다는 것을 유의해야 한다.

둘째, 예고등기에 관한 것이다. '예고등기'란 등기원인이 전혀 없는데도 인감증명 등을 위조하여 소유권을 이전했거나 저당권을 설정 또는 말소한 경우, 그 등기를 말소 또는 회복해 줄 것을 소송으로 청구하는 때에 그러한 소송이 제기되었음을 제3자에게 알려서 불의의 피해를 입지 않도록 법원이 촉탁하여 등기가 된 경고적 의미의 등기이다.

원고가 승소판결을 얻으면 그 판결을 실행하는데 저촉되는 등기는 설사 선의의 제3자이더라도 결국은 모두 말소될 운명에 처해진다. 물론 그 제3자의 등기를 말소하려면 다시 그 제3자를 상대로 한 말소등기 청구 소송에서 승소 판결을 받아야 하는 전제가 따른다.

구체적으로 경매절차의 진행상황이나, 누가 어떤 원인을 들어 예고등기를 하였는

지 알고 싶으면, 등기부에 기재된 사건번호를 당해 법원에 가서 제시하고 이해관계를 소명하여 기록을 열람하면 이를 자세히 알 수 있다.

등기부 기재된 소송사건 별 부호 일람표			
가합	민사 제1심 합의	가단	민사 제1심 단독
카합	민사 신청 사건 중 가압류, 가처분 및 이에 대한 이의, 취소(집행취소는 제외)사건중 "합"의 사건		
카단	민사 신청 사건 중 가압류, 가처분 및 이에 대한 이의, 취소(집행취소는 제외)사건중 "단"독 사건 (예고등기 사건 본 단 적용)		
카공	공시 최고 사건	라	민사항고
카담	담보 취소, 담보 제공, 담보물 변환, 담보권리행사 최고 사건		
타경	부동산 등 경매 사건	타기	기타 집행 사건

셋째, 가등기에 관한 것이다. 가등기 다음에 남아 있는 공란은 후일 거기에 본등기를 하기 위한 것이다.

따라서 본등기를 하면 그 순위는 가등기의 순위에 따르는 것이므로 이 본등기에 저촉되는 가등기 이후 제3자의 등기는 가등기에 터 잡은 본등기가 이루어질 때 등기관이 직권으로 말소한다.

2) 등기사항전부증명서 볼 때 유의사항[을구]

근저당권, 전세권, 지상권 등이 설정되어 있는지 보아야 한다.

근저당권의 '채권최고액'이란 채무자가 현실로 부담한 채무가 아니고 앞으로 부담할 최대한도의 채무액이란 뜻이며, 실제 원금(채권설정 근저당권 1금융권 120%, 2금융권 130%, 사금융은 150%) 설정을 한다.

그 외 지상권·지역권 등은 그 토지에 대한 이용관계를 목적으로 설정되어 있는 권리이다. 전세권·지상권·지역권 등은 저당권과는 달리, 부동산의 일부분에도 성립할 수 있으나 동일 부동산의 같은 부분에 중복하여 성립할 수 없음을 유의해야 한다.

토지대장으로 사실관계 확인하기

등기부등본이 권리관계(소유자와 설정등의 관계)를 알아보는 수단이라면, 토지대장과 건축물대장은 사람으로 치자면 주민등록증과 같은 것이다. 해당 토지의 크기는 얼마나되고 그 이용수단은 무엇이며 현재 소유자는 누구이고 가격은 얼마인가등이 상세하게 나온다. 건축물대장은 더 복잡하게 구성된다. 등기부와 대장 (토지대장,건축물대장을 통칭)은 엄연히 업무처리기관이 다르기때문에 이 둘이 일치하지 않았을때의 문제가 종종발생한다. 대장은 행정부소관 (즉, 관공서에서 처리한다는 것) 하지만 등기부는 법무부소관이다. 그래서 사법부에서 관리한다. 이렇게 관련부처가 다르니 당연히 두 부처간의 업무협조가 잘 안된다면 일치가 되지 못한다. 그래서 요즘은 등기부와 대장상 내용이 다르면 등기자체를 받아주지 않게 되어있어 불일치 사례가 흔하지는 않다.

토지대장

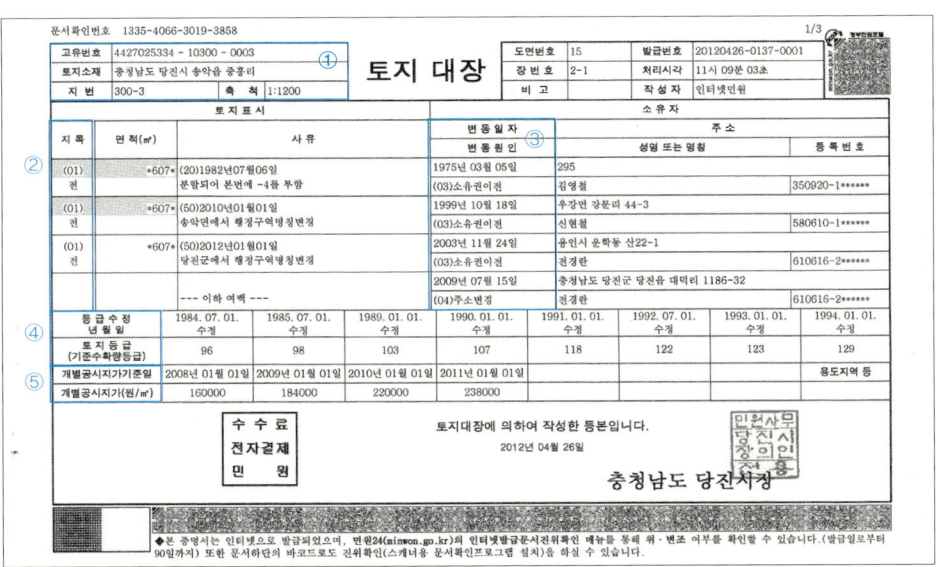

제4장 지적공부 177

토지대장을 열람하면 첫 페이지에 보여지는 부분이다.

1. 고유번호 : 토지의 일련번호다 (사람의 주민등록번호와 같은것이다.)
    1) 토지소재, 지번 : 해당 토지의 주소를 명기해 놓은 부분이다.
    2) 축척 : 이 토지의 지적측량의 축적을 보여주는 것이다.

2. 지목 : 토지의 이용에 따라 28개의 지목으로 나뉘어지고 숫자상 가장큰 숫자로 적혀있는 것이 현재의 지목이다. 본 토지는 지목상 전이다. 하지만 지목과 현상이 언제나 일치하지는 않는다. 만일 지목은 '전' 이나 '답'으로 되어있는데 수용 등으로 인해 토지의 매각시 그 위에 집이 있다면 '전' 또는 '답'으로 보지않고 대지로 보아 보상이 이루어진다.

3. 변동일자, 변동원인 : 소유권의 변경및 소유자의 변동사항에 대해 그 일자별로 기록해 놓게된다. 만일 대장상의 소유자와 등기부등본상의 소유자가 다르다면 당연히 등기부상의 소유자가 우선이다. 그러나 소유자명의가 아닌 면적이나 주소와 같은 기타사항이 등기부와 틀리다면 당연히 대장이 우선이다.

4. 토지등급 : 예전에 토지의 비약도 및 가치를 추정하던 지표였다. 하지만 이제는 더 이상 사용하고 있지 않아 1996년부터 국세와 지방세의 개별공시지가를 부과하면서 부터 토지등급은 더 이상 설정하지 않는다.

5. 개별공시지가 : 2002년 지적법령의 개정으로 대장에 등록사항으로 추가 되었으며 수용등에 지표로 사용된다.

두 번째 페이지는 1페이지의 변동사항 기재란이 넘어서면 페이지 전환을 순차적으로 기재하고 있다. 만일 토지대장에 소유자가 2명이상 이라면 공유지연명부 페이지가 별도로 작성되어진다. 공유지연명부란 말그대로 공동소유의 명의자만을 따로분리해 작성해놓은 공부(공적장부)라는 뜻이다.

6. 공유지연명부 : 토지나 건물에 대한 소유자가 2명이상 이어서 그 소유권의 내역 및 기타 지분의 내역을 정리해 놓은 장부이다.

7. 순번과 소유권지분 : 순번은 말그대로 그 동안의 공유자가 어떻게 변화해왔고 현재 공동소유자가 몇번째로 등재되었는지를 말해주는 것이다. 소유권 지분은 이제 이토지에 대한 지분이 공유자간에 얼마로 정해져 있는지 나와있는 것이다. 일반적으로 특정한 내역이 없다면 소유권자의 수만큼 균등적으로 지분을 나누어 가지게 된다.

☞ **소유권과 관련된 부분에 다툼이 생기는 경우엔 등기사항전부증명서의 내용이 우선이고 토지의 소재지, 지번, 면적 등 토지 자체에 대해 다툼이 생기는 경우는 임야, 토지대장의 내용이 우선이다.**

건축물대장으로 사실관계 확인하기

1. 일반건축물대장(갑) : 건축물대장은 일반건축물대장과 집합건축물대장이 있다. 아파트나 빌딩이 아니라면 모두 일반건축물대장을 가지게 된다.

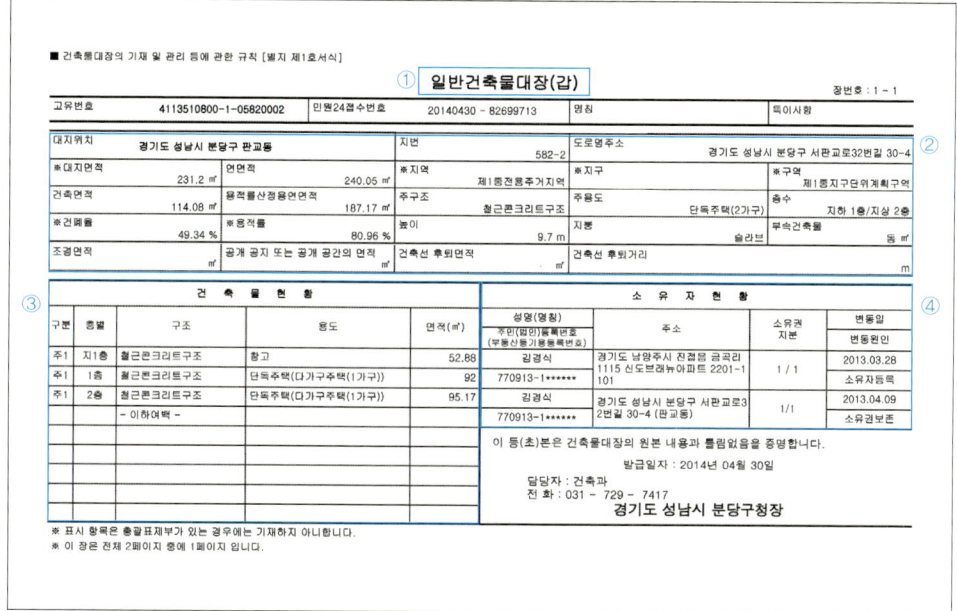

2. 대지위치·지번·명칭및 번호 : 말그대로 건축물의 위치를 특정하기위해 나타내는 부분이다. 건물번호는 한 대지안에 여러개의 건축물이 있을경우 건축물마다 특정하기 위해 번호를 붙이는 것이나 대부분 건물이 하나여서 단지안에 건물이 아닌경우를 제외하고 거의 없다고 본다.

1) 대지면적·연면적 : 건물이 위치한 부분의 총 대지면적이고 연면적이란 건물이 올라선 부분의 총면적을 말하는 것이다. 건물1층부터 10층까지 각 층마다 100평이라고 한다면 연면적은 1000평이 된다.

2) 건축면적 · 건폐율 : 건축면적이란 1층의 면적만을 말하는 것이며 건축물대장에 명시되어있는 건폐율은 건축신고시 신고된 건폐율이 명시되는 것이다.

3) 용적률 : 용적율이란 건물을 지을 수 있는 총 연면적을 나타내는 것이므로 용적율이 높을수록 건물을 더 높게 지을 수 있으며 여기에 명시된 용적율은 실제 건축시 사용된 용적률이 명시되어 있는 것이다.

4) 지역 · 지구 · 구역 : 국토의계획및 이용에 대한 법률에서 정해진 용도지역 · 용도지구 · 용도구역상 어떤부분에 속하는지를 명시하는 것이다.

5) 주구조 · 주용도 · 층수 : 건축허가시 작성하고 실질적으로 사용하는 용도대로 작성하게 된다.

6) 높이 · 지붕 · 부속건축물 : 건물의 총높이와 지붕의 종류 및 기재된 건물이외에 다른 건물이 있는지 표시한다.

3. 건축물의현황 : 현재 사용중인 건물이 각 층별로 층마다 단위별로 어떠한 용도로 신청되어 사용되고 있는지 그 면적과 구조를 나타내준다. '주1', '주2'로 구분되는 것은 건물이 두개이고 두개의 건물이 각각 어떤 용도와 면적으로 신청되었는지 순차적으로 보여주는 것이다.

4. 소유자 현황 : 건축물대장에서도 소유자의 표시가 나타난다. 일반적으로 토지와 건축물의 소유주가 같으나 우리민법상 토지와 건물을 구분해 놓았고 대장과 등기도 구분되어있어 토지와 건축물의 소유자가 다른 경우도 상당히 많다. 만일 이렇게 건축물의 소유주와 토지의 소유자가 다른경우 지상권의 문제와 토지이용에 대한 문제가 결부되는 경우가 많아 우리민법에서도 이부분의 분쟁에 대해 법정지상권이나 관습 법적 법적지상권이란 제도를 마련하여 건축물이 토지소유자의 일방적인 주장으로 인해 철거되어 막대한 사회적 손해를 방지하게 하고 있다.

5. 건축주등 : 건축주는 건물소유자를 말하며 설계자는 건축을 한 사람이다. 처음부터 승인을 받아 건물을 지어야 하는게 원칙이나 건물을 지어놓고 사용승인이나 준공검사를 받지못하면 건축물대장에 등재하지 못해 미등기 건축물이 된다.

6. 변동사항 : 일반적으로 변동사항은 중앙을 기준으로 좌면부터 기재하여 우면으로 넘어 간다. 건축물이 지어진다음 상황의 변동 내역에 따른 그 이력이 상세히 기재된다.
상단 2013년 3월 28일 사용승인을 받은 건축물 이고 간혹 '위법건축물 표시'라고 적힌부분이 보인다. 위법사항이 기재되면 건축물대장 맨앞장 우측상단에 붉은 글씨로 '위법건축물'이라고 표시되기에 위법사항에 따른 원상복구나 이행강제금에 주의를 해야한다.

지적도와 임야도

토지대장에 등록한 토지의 경계를 밝히는 것을 주목적으로 하는, 즉 등록된 사항을 이해하기 쉽도록 하기 위하여 도면으로 표시하는 지적공부이다.

지적도와 임야도는 지적공부 중 하나로서, 연속된 토지를 필지별 경계로 나누어서 평면도상에 표시해 놓은 것을 말한다. 3차원 형상의 토지를 2차원의 평면에 표시를 했기 때문에 토지대장에 의해 관리되는 토지의 면적은 실면적보다 조금이라도 적을 수 밖에 없다.

일반적으로 평지는 토지대장에 등록하고, 수림지·암석지·자갈땅·모래땅·습지·황무지·간척지 등은 임야대장에 등록한다. 지적도와 임야도는 타지역 관공서(구청, 군청, 읍사무소 등)에서도 발급받을 수 있다. 그런데 두 가지를 한 도면에서 볼 수는 없는데, 이는 서로 축척이 다르기 때문이다. 임야도는 1:6000(도시계획구역 내의 1:3,000)의 축척을 가지는 반면 지적도는 1:1200 이하의 축척을 가진다. 축적이 작을수록 정밀도가 높은데, 토지대장이 임야대장보다 5배 정도 정밀하게 나온다. 토지의 28개 지목 중에서 임야는 임야도에서 관리를 하고 나머지 27개 지목은 지적도에서 관리를 하고 있다. 그래서 지적도에는 임야가 안 나오고 임야도에는 나머지 27개 지목이 안 나타난다. 그러므로 두개의 서류를 비교해가며 봐야 하는 불편함이 있으며 거기다가 축척이 서로 달라서 지적도와 임야도를 같이 보기에는 불편하다.

【도면의 축척】

지적도의 법정 축척 : 1/500, 1/600, 1/1000, 1/1200, 1/2400, 1/3000, 1/6000

임야도의 법정 축척 : 1/3000, 1/6000

※실거리를 아는 방법 : 도면에서 자로 재었을 때 1cm가 1/500일때는 실거리 5m, 1/1200일 때는 12m, 1/6000일 때는 60m, 이런 식으로 축척에서 뒷자리의 0 두개를 떼어 버리면 도면에서의 길이를 실재의 길이로 환산할 수 있다.

등록사항

① 토지의 소재
② 지번
③ 지목
④ 경계
⑤ 도면의 색인도
⑥ 도면의 제명 및 축척
⑦ 도곽선 및 도곽선 수치
⑧ 좌표에 의하여 계산된 경계점간의 거리
⑨ 영구 표지가 설치된 지적측량의 기준점
⑩ 경계점좌표등록부를 비치하는 지역내의 지적도
⑪ 소관청 직인

1. 지적도 : 토지대장에 등록할 사항을 도면으로 표시하는 지적공부이다.

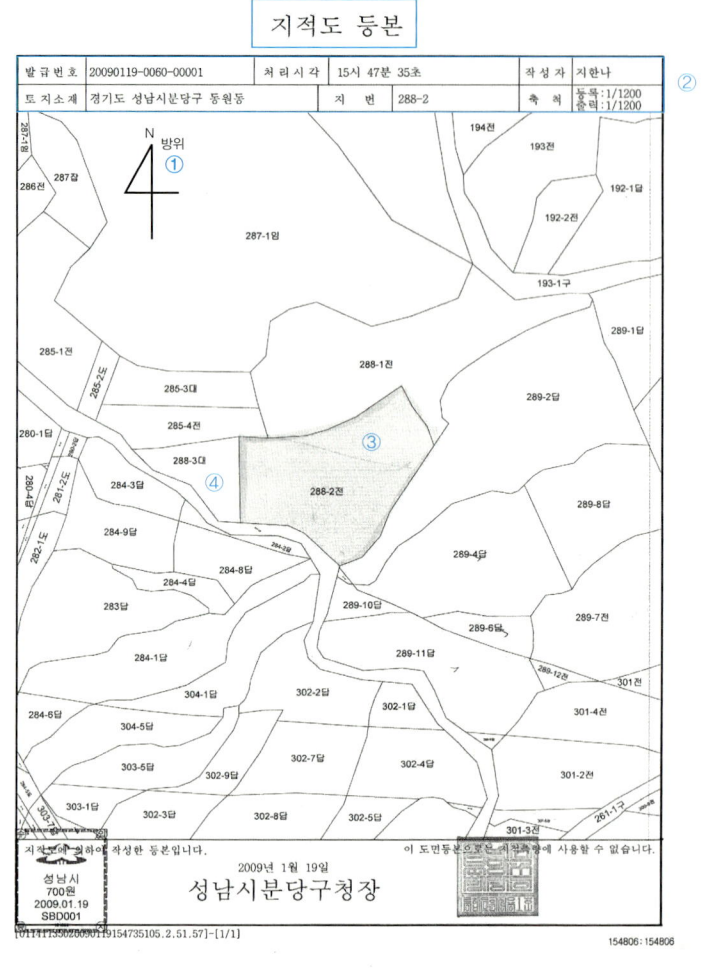

① 방위: 지적도의 상단이 북쪽을 표시한다. 나침반을 사용해 지적도상의 위치와 실체와 일치시킨다.
② 축적: 지적도는 축율1/1,200(1cm 실제12m), 자를 이용해 실제 현장에서 실제거리를 대략 계산해 거리를 확인한다.
③ 지적경계선: 토지 경계에 접한 288-3, 285-4, 288-1, 259-2 모두 본 지번과 접한부분이 지적경계선이 된다.
④ 기점: 288-3 우측 경계선을 기점으로 삼으면 된다. 기점중 기준점을 찾기쉽고 윤곽이 뚜렷히 구분되는 필지를 기준으로 지적도와 현황을 맞춰보면 된다.
※ 현장답사에서 지적도를 근거로 해당 토지의 위치를 찾아내기 위해서는 먼저 해당 토지의 기점을 찾아내 이를 지적도와 일치시키는게 중요하다.

2. 임야도 : 임야대장에 등록할 사항을 도면으로 표시하는 지적공부이다.

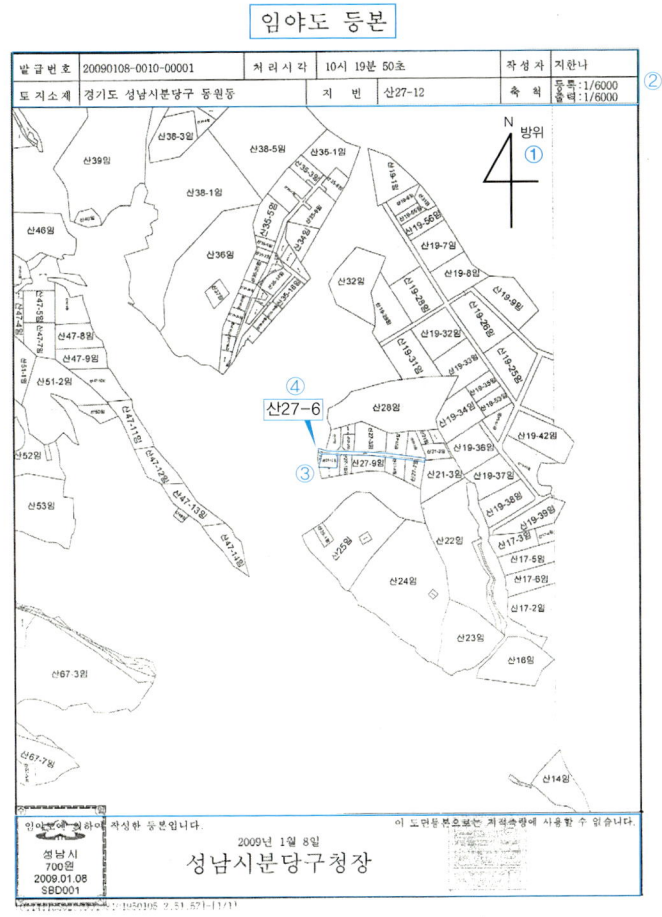

①방위: 임야도의 상단이 북쪽을 표시한다. 나침반을 사용해 임야도상의 위치와 실체와 일치시킨다.
②축적: 임야도는 축율1/6,000(1cm 실제60m) 자를 이용해 실제 현장에서 실제거리를 대략 계산해 거리를 확인한다.
③임야경계선: 임야 경계에 접한 산27-11, 산27-15, 산27-6 모두 본 지번과 접한부분이 임야 경계선이 된다.
④기점: 산27-6 우측 도로시작선을 기점으로 삼으면 된다. 기점중 기준점은 찾기쉽고 윤곽이 뚜렷히 구분되는 필지를 기준으로 임야도와 현황을 맞춰보면 된다.
※현장답사에서 임야도를 근거로 해당 토지의 위치를 찾아내기 위해서는 먼저 해당 토지의 기점을 찾아내 이를 지적도와 일치시키는게 중요하다.

땅을 찾는 방법에는 원칙이 있다

1. 지적도와 임야도 읽기

임야는 임야도로 나타내지며 임야도에는 일반 토지는 표시되지 않는다. 임야의 표시는 임야지번 앞에 '산' 또는 '山'이라고 명시된다. 임야는 지적도에는 지번표시를 하지 않기 때문에 지번표시가 없는 부분이 지적도에서는 임야가 된다. 임야도의 지번표시는 항상 동과 동, 리와 리 경계의 맨 끝부분 즉 산 정상을 산1번지로 하여 순서대로 나누어진다. 지번부여 원칙은 북서에서 남동 순으로 부여한다. 일반적으로 봉우리를 중심으로 돌아가면서 순서대로 지번을 부여하기 때문에 임야도의 지번표시로도 능선과 계곡의 구분이 가능해 지는 것이다.

2. 구거와 도로의 구분

구거는 수로나 둑 같은 소규모 수로부지를 말하는데 도랑이라고 생각하면 쉽다. 일반적으로 골짜기 깊숙한 곳에서부터 시작된다. 보통의 경우 작은 물줄기지만 크게는 소하천 즉 작은 냇물도 구거로 표시된다. 지적도상에서 구거는 나란한 선이 좁아졌다 넓어졌다 하면서 휘어진 것이 특징이다. 특히 도로와 구별을 해야 하는데 도로는 평행한 두선이 지나가는 것으로 표현되고 있어 쉽게 구별할 수 있다. 구거는 상류에서는 가늘게 표시되다가 하류로 내려가면서 폭이 넓어지게 된다. 따라서 물의 흐름 방향을 알 수 있으며 산의 좌향도 어느 정도 판단할 수 있게 된다.

3. 계곡의 구분

임야도상에서의 선형은 살아있는 듯 휘어지거나 2각점, 3각점, 5각점으로 표시되며 구거가 있는 곳은 계곡이 된다. 토지의 형태가 산쪽으로 올라간 형태 즉 볼록한 형태이면 계곡이 되고 오목한 형태이면 능선이 된다.

4. 능선의 구분

임야도상에서의 능선은 봉우리처럼 2각점, 3각점, 5각점 등이 이어지면서 산이 끝날 때까지 진행한다. 쉬지 않고 끝까지 뻗어있는 선이 바로 능선이 된다. 능선을 기준으로 동단위와 리단위가 구분되는 것이 원칙이므로 임야를 찾을 때 5만 지도나 10만 지도에서 능선을 찾는 것이 필수가 된다.

5. 봉우리의 구분

임야는 원칙적으로 봉우리(보통90도)의 각점 또는 삼각점으로 표시되며 기점으로 능선과 계곡을 나누어 분할한다. 봉우리는 보통 산맥이 진행하다가 멈춘 곳을 말한다. 임야도상에서는 2각점, 3각점, 4각점, 5각점으로 표시되며 봉우리와 계곡의 구분은 지적도와 마찬가지로 주변의 형세나 사성을 보고 판단한다.

6. 평야의 토지

임야도에서 지번 표시가 없는 부분은 토지이다.
지적도에서 토지의 지번 표시는 항상 골짜기의 맨끝을 시점으로 1번지, 2번지 순서로 나간다. 따라서 번지를 보면 토지의 위치측정이 가능 하다.

7. 도로

임야도에서는 도로의 표시는 없고, 지적도 에서는 도 또는 道라고 표시되어있다. 도로는 구거와 달리 선형이 직선이거나 사다리형 즉, 평행선으로 이루어진 경우가 많다. 실제로 도로를 설계할때는 그넓이를 4m,6m,8m,10m,12m 순으로 평행선을 원칙으로 설계한다.

8. 산소의 표시(묘지)

임야도에서 산소 자리는 보통 정방 형이나 장방형으로 작게 분할되어 나눠져 있다. 간혹 아주 작게 분할된 경우는 철탑 아주 넓게 분할된 곳은 문화재 표시도있다. 여기서 중요한 것은 표시가 않된 묘지가 실상 많은 상황이기기에 임장 활동이 중요한 이유이다.

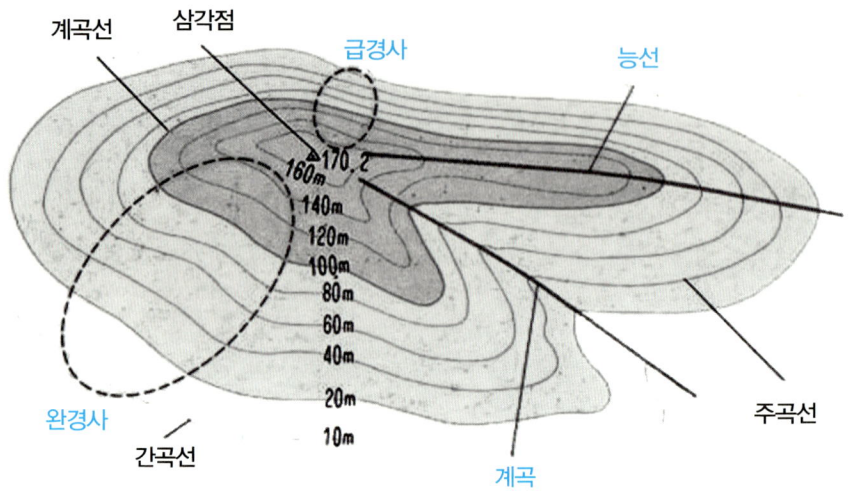

5 주택재개발 사업

주택재개발사업이란?

주택재개발사업은 도시 및 주거환경 정비사업 중 하나에 해당하는 사업으로서 정비기반시설이 열악하고 노후·불량건축물이 밀집한 지역에서 주거환경을 개선하기 위해 시행하는 정비사업이다. [관련규정 : 도시 및 주거환경정비법('03.7.1부터 시행)]
*정비기반시설 : 녹지, 하천, 공공공지, 소방용수시설, 비상대피시설, 가스공급시설 등

1. 노후·불량건축물

다음 어느 하나에 해당하는 건축물을 말한다.
1) 건축물이 훼손되거나 일부가 멸실되어 붕괴, 그 밖의 안전사고의 우려가 있는 건축물
2) 다음 요건을 기준으로 하여 시·도 조례로 정하는 건축물
   가. 지방자치단체의 조례로 정하는 면적에 미달되거나 도시계획시설 등의 설치로 인해 효용을 다할 수 없게 된 대지에 있는 건축물
   나. 공장의 매연·소음 등으로 인해 위해를 초래할 우려가 있는 지역에 있는 건축물
   다. 해당 건축물을 준공일 기준으로 40년 후까지 사용하기 위해 보수·보강하는데 드는 비용이 철거 후 새로운 건축물을 건설하는 데 드는 비용보다 클 것으로 예상되는 건축물
   라. 도시 미관(美觀)의 저해, 건축물의 기능적 결함, 부실시공 또는 노후화(老朽化)로 인한 구조적 결함 등으로 인해 철거가 불가피한 건축물로서 다음 기준에 따라 시·도 조례로 정하는 건축물
   마. 준공된 후 20년 이상의 범위에서 조례로 정하는 기간이 지난 건축물
   바. 도시기본계획상 경관(景觀)에 관한 사항에 저촉되는 건축물
   사. 건축물의 급수·배수·오수설비 등이 노후화되어 수선만으로는 그 기능을

회복할 수 없게 된 건축물

2. 주택재개발 정비계획 수립 대상구역

주택재개발 정비계획은 원칙적으로 다음 어느 하나에 해당하는 지역에 대해 수립한다.

1) 정비기반시설의 정비에 따라 토지가 대지로서의 효용을 다할 수 없게 되거나 과소토지(過小土地)로 되어 도시의 환경이 현저히 불량하게 될 우려가 있는 지역
2) 건축물이 노후·불량하여 그 기능을 다할 수 없거나 건축물이 과도하게 밀집되어 있어 그 구역안의 토지의 합리적인 이용과 가치의 증진을 도모하기 곤란한 지역
3) 철거민이 50세대 이상 규모로 정착한 지역이거나 인구가 과도하게 밀집되어 있고 기 반시설의 정비가 불량하여 주거환경이 열악하고 그 개선이 시급한 지역
4) 정비기반시설이 현저히 부족하여 재해발생 시 피난 및 구조 활동이 곤란한 지역

3. 정비기반시설(整備基盤施設)이란 다음 어느 하나에 해당하는 시설을 말한다

- 도로
- 상하수도
- 공원
- 공용주차장
- 전기
- 가스
- 전기·가스·수도 등의 공급설비, 통신시설, 하수도시설 등 지하매설물을 공동 수용함으로 써 미관의 개선, 도로구조의 보전 및 교통의 원활한 소통을 위해 지하에 설치하는 시설물
- 녹지
- 하천
- 공공공지

- 광장
- 소방용수시설
- 비상대피시설
- 가스공급시설
- 주거환경개선사업을 위해 정비구역에 설치하는 공동이용시설로서 사업시행계획서에 해당 시장·군수 또는 자치구의 구청장이 관리하는 것으로 포함된 것

4. 주택재개발사업절차

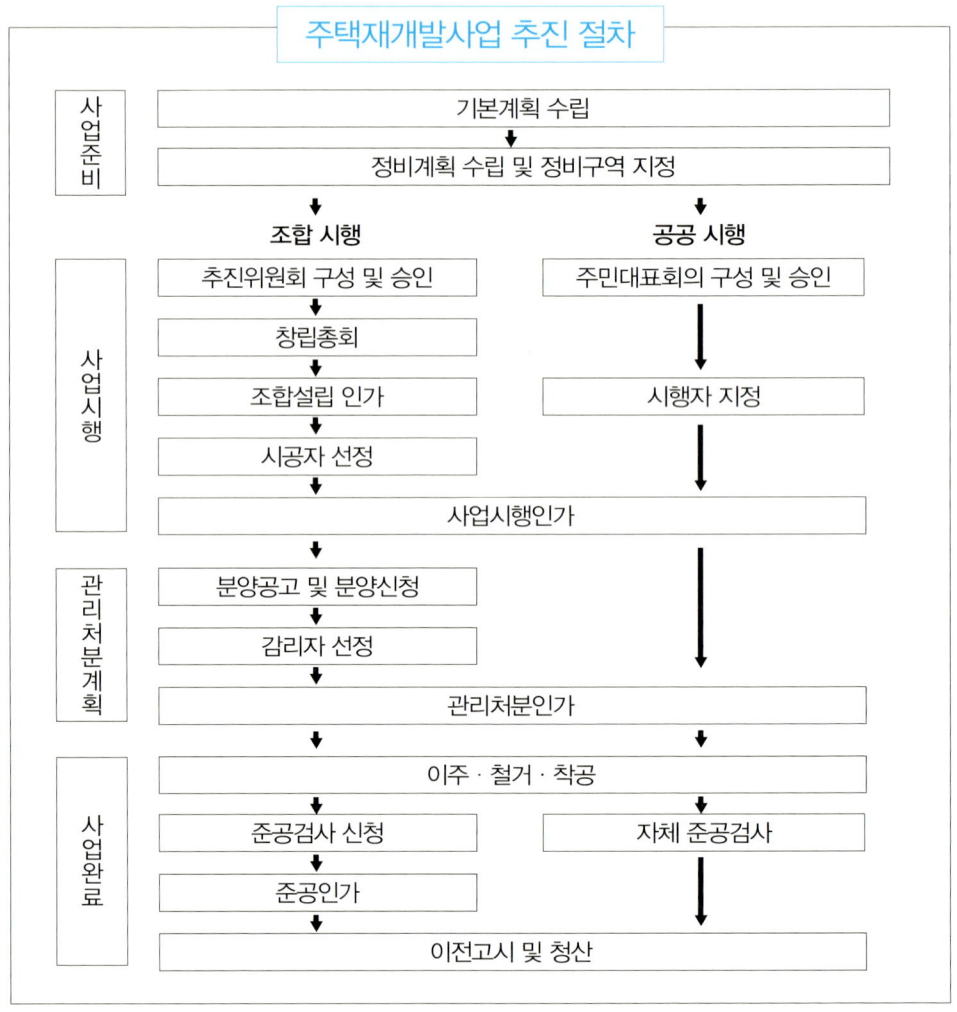

1) 계획수립 단계

가. 기본계획 수립

특별시장, 광역시장 또는 시장(인구 50만 이상의 대도시가 아닌 경우에는 도지사가 인정하는 경우)은 10년 단위로 도시 및 주거환경 정비 기본계획(이하 '기본계획'이라함)을 수립하고, 5년 마다 타당성 여부를 검토하여 그 결과를 기본계획에 반영해야 한다.

나. 정비계획 수립 및 정비구역 지정

시장·군수 또는 자치구의 구청장(이하 '시장·군수'라 함)은 기본계획에 적합한 범위에서 노후·불량건축물이 밀집하는 등의 지역에 대해 도시 및 주거환경 정비계획(이하 '정비계획'이라 함)을 수립한다

이 경우 시장·군수는

① 주민에게 이를 서면으로 통보한 후

② 주민설명회를 하고

③ 30일 이상 주민에게 공람해야 하며,

④ 지방의회의 의견을 들은 후 이를 첨부하여 특별시장·광역시장·도지사(이하 '시·도지사'라 함)에게 주택재개발 정비구역 지정을 신청해야 한다.

단계별 정비사업 추진계획에 따라 정비계획의 수립 시기가 1년 이상 경과하였음에도 불구하고 정비계획이 수립되지 않거나, 주택재개발 정비구역 안에 소재한 토지 또는 건축물의 소유자 또는 그 지상권자(이하 '토지등소유자'라 함)가 주택재개발사업조합을 설립하지 않고 토지주택공사 또는 「지방공기업법」에 따라 주택사업을 추진하기 위해 설립된 지방공사(이하 '토지주택공사 등'이라 함)를 사업시행자로 지정할 것을 요청하는 경우 등의 사유가 있으면 토지등소유자는 정비계획의 입안을 제안할 수 있다.

2) 시행단계

가. 추진위원회 구성

① 주택재개발 정비구역으로 지정된 지역의 주민은 주택재개발 사업조합(이하 '조합'이라 함)을 구성해야만 시행자가 될 수 있으며, 조합 구성을 위해서는 먼

저 토지등 소유자 과반수의 동의를 얻어 주택재개발사업 조합설립추진위원회(이하 '추진위원회'라 함)를 구성하여 시장·군수의 승인을 받아야 한다.

② 시장·군수 또는 구청장의 승인을 받은 추진위원회는 정비사업전문관리업자의 선정, 조합설립인가를 받기 위한 준비업무 등을 할 수 있다.

③ 추진위원회는 조합설립인가를 위한 창립총회를 개최해야 한다.

나. 조합 설립

① 추진위원회가 조합을 설립하고자 하는 때에는 토지등소유자의 3/4 이상 및 토지면적의 1/2 이상의 토지소유자의 동의를 얻어 시장·군수의 인가를 받아야 한다.

② 조합은 조합설립인가를 받은 날부터 30일 내에 주된 사무소의 소재지에 등기함으로써 성립한다.

다. 시공자 선정 조합은 조합 총회에서 경쟁입찰의 방법으로 건설업자 또는 등록사업자를 시공자로 선정해야 한다.

라. 사업시행인가

① 조합은 총회를 개최하여 사업시행계획에 대해 조합원 과반수의 동의를 얻어야 한다.

② 조합은 사업시행계획서, 정관, 총회의결서 사본, 수용하거나 사용할 토지 또는 건축물의 명세 및 소유권 외의 권리의 명세서 등을 시장·군수에게 제출하고 사업시행인가를 받아야 한다.

3) 분양공고 및 분양신청

가. 조합은 사업시행인가가 고시된 날부터 60일 내에 개략적인 부담금내역 및 분양신청기간 등의 사항을 토지등소유자에게 통지하고 분양의 대상이 되는 대지 또는 건축물의 내역 등의 사항을 해당 지역에서 발간되는 일간신문에 공고해야 한다. 이 경우 분양신청기간은 토지등소유자에게 통지한 날부터 30일 이상 60일 이내로 해야한다.

나. 대지 또는 건축물에 대한 분양을 받고자 하는 토지등소유자는 분양신청기간

내에 조합에 대지 또는 건축물에 대한 분양신청을 해야 한다.

4) 관리처분계획인가

가. 분양신청기간이 종료되면 조합은 분양신청의 현황을 기초로 분양설계, 주택재개발정비사업비의 추산액 및 조합원의 부담규모, 분양대상자의 권리명세 등의 사항이 포함된 관리처분계획을 수립하여 시장·군수의 인가를 받아야 한다.

나. 주택재개발사업의 시행으로 조성된 대지 및 건축물은 관리처분계획에 따라 처분 또는 관리해야 한다.

5) 건축물 철거

조합이 건축물을 철거하려면 관리처분계획인가를 받은 후 철거예정일 7일 전까지 시장·군수에게 건축물 철거 신고를 하고 철거해야 한다.

6) 시공보증서 확인 및 착공

가. 조합이 주택재개발사업의 시행을 위해 시장·군수 또는 토지주택공사 등이 아닌 자를 시공자로 선정한 경우 그 시공자는 공사의 시공보증을 위해 시공보증서를 조합에 제출해야 한다.

나. 시장·군수는 착공신고를 받는 경우 시공보증서 제출여부를 확인해야 한다.

7) 일반분양

조합원 등 건축물 공급 대상자에게 공급하고 남은 건축물 또는 주택은 「주택공급에 관한 규칙」에 따라 일반 분양한다.

8) 완료단계

가. 준공인가 및 사용허가

① 조합은 주택재개발사업 공사가 완료되면 시장·군수에게 준공인가를 받아야 하며, 준공인가를 하는 시장·군수는 공사의 완료를 지방자치단체의 공보에 고시한다.

② 시장·군수는 준공인가 전이라도 완공된 건축물이 사용에 지장이 없는 등 기준에 적합한 경우에는 입주예정자가 완공된 건축물을 사용할 것을 조합에 대해 허가할 수 있다.

나. 이전고시
　① 시장·군수가 지방자치단체의 공보에 공사완료를 고시하면 조합은 지체 없이 대지확정측량을 하고 토지의 분할절차를 거쳐 관리처분계획에서 정한 사항을 분양을 받을자에게 통지하고 대지 또는 건축물의 소유권을 이전해야 한다.
　② 조합이 대지 및 건축물의 소유권을 이전하고자 하는 때에는 그 내용을 해당 지방 자치단체의 공보에 고시한 후 이를 시장·군수에게 보고해야 한다. 이 경우 대지 또는 건축물을 분양받을 자는 고시된 날의 다음 날에 그 대지 또는 건축물에 대한 소유권을 취득한다.

다. 등기촉탁
　① 조합은 이전고시가 되면 지체 없이 지방법원지원 또는 등기소에 대지 및 건축물에 관한 등기를 촉탁해야 한다.
　② 주택재개발사업에 관해 이전고시가 된 날부터 촉탁등기가 있을 때까지는 저당권등의 다른 등기를 할 수 없다.

라. 정비기반시설 등의 귀속
주택재개발사업의 시행으로 새롭게 설치한 정비기반시설은 그 시설을 관리할 국가 또는 지방자치단체에 무상으로 귀속되고, 주택재개발 정비사업의 시행에 따라 용도가 폐지되는 국가 또는 지방자치단체 소유의 정비기반시설은 조합이 새롭게 설치한 정비 기반시설의 설치비용에 상당하는 범위에서 조합에 무상으로 양도된다.

마. 조합의 청산 및 해산
　① 대지 또는 건축물을 분양받은 자가 종전에 소유하고 있던 토지 또는 건축물의 가격과 분양받은 대지 또는 건축물의 가격사이에 차이가 있는 경우 조합은 이전고시가 된 후에 그 차액에 상당하는 금액(청산금)을 분양받은 자로부터 징수하거나 분양 받은 자에게 지급해야 한다.
　② 조합은 청산후 해산하여야 한다.

주택재건축사업이란?

정비기반시설은 양호하나 노후·불량한 건축물이 밀집한 지역에서 주거환경을 개선하기 위하여 시행하는 사업(정비구역이 아닌 구역에서 시행하는 주택재건축사업도 포함)을 말하며 정비구역 안 또는 정비구역이 아닌 구역에서 인가받은 관리처분계획에 따라 공동주택이나 부대시설·복리시설을 건설·분양하는 방법으로 시행한다.

1. 주택재건축사업의 개요

주택재건축사업은 주택재건축 정비사업조합이 시행하거나 시장·군수 또는 주택공사 등과 공동시행함이 원칙이다. 그러나 일정한 사유가 있는 경우에는 시장·군수가 직접 시행하거나 한국토지주택공사, 지방공사 등을 사업시행자로 지정하여 시행할 수 있다.

주택재건축사업은 일반적으로 도시·주거환경기본계획 수립 → 안전진단 → 정비계획수립 및 정비구역지정 → 추진위원회 구성 → 창립총회 → 조합설립인가 → 사업시행인가 → 분양공고 → 관리처분계획인가 → 철거 및 착공 → 준공인가 → 이전고시의 순으로 진행된다.

2. 주택재건축사업의 시행(시행주체에 따른 분류)

1) 조합에 의한 시행

　　주택재건축사업의 시행은 토지 등 소유자가 설립한 주택재건축 정비사업조합(이하 "조합"이라 함)이 시행하거나 조합이 조합원의 과반수 동의를 얻어 시장·군수·자치구의 구청장(이하 "시장·군수"라 함) 또는 한국토지주택공사·지방공사(이하 "주택공사등"이라함)과 공동으로 시행하는 것이 원칙이다.

2) 시장·군수 등 공공에 의한 시행

천재지변 등의 사유로 긴급히 재건축을 시행할 필요가 있다고 인정되는 경우 또는 해당 지역의 토지면적 2분의 1 이상의 토지소유자와 토지 등 소유자의 3분의 2 이상에 해당하는 자가 요청하는 경우 등 일정한 경우에는 시장·군수가 직접 시행하거나, 시장·군수, 지정개발자 또는 주택공사 등을 사업시행자로 지정하여 시행할 수 있다.

3. 주택재건축사업의 추진절차

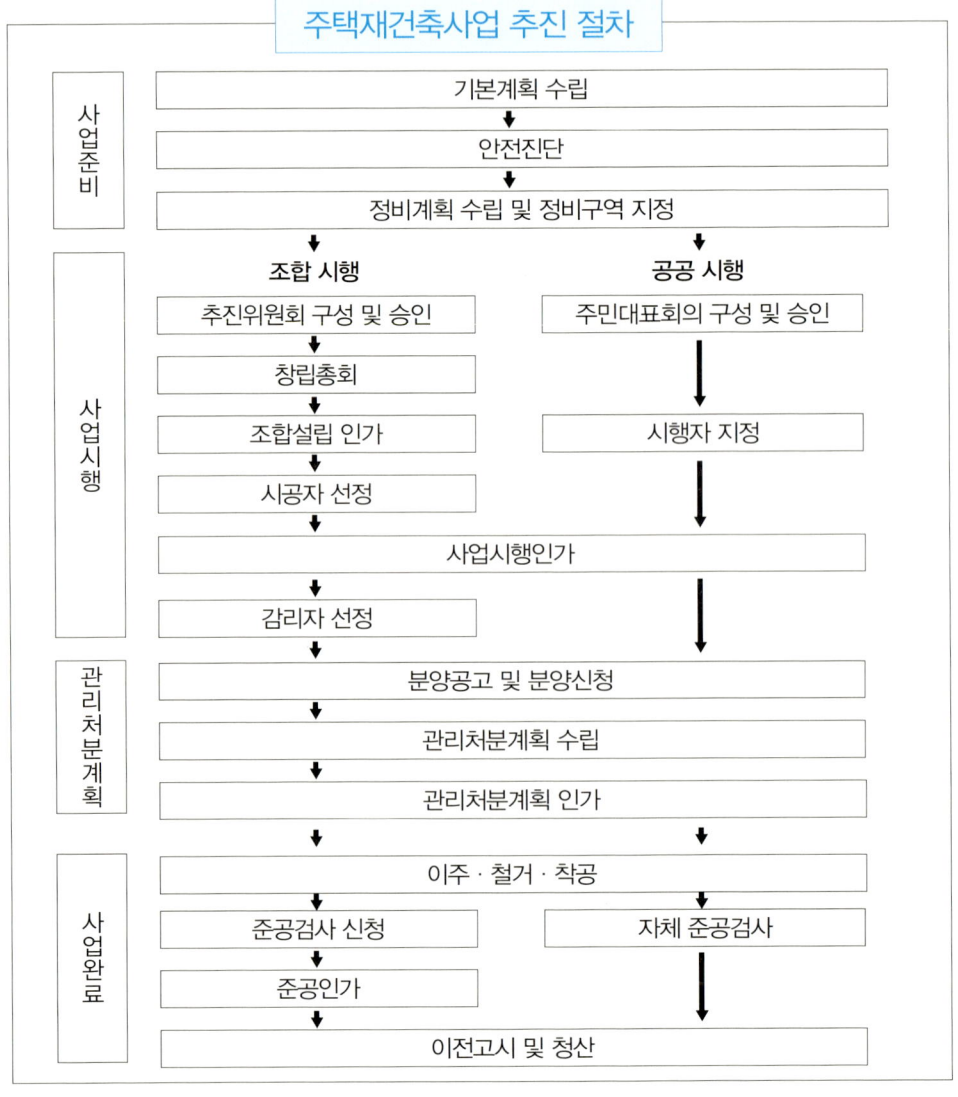

1) 사업준비

가. 기본계획 수립

특별시장 또는 광역시장, 그 밖에 서울특별시와 광역시를 제외한 인구 50만 이상의 대도시의 장은 재건축사업의 기본방향, 개략적인 정비구역의 범위 등의 내용이 포함된 도시·주거환경정비기본계획을 10년 단위로 수립해야 한다.

나. 안전진단 실시

시장·군수는 정비계획의 수립 또는 주택재건축사업의 시행 여부를 결정하기 위해 안전진단을 실시해야 하지만, 천재지변 등으로 주택이 붕괴되어 신속히 재건축을 추진할 필요가 있다고 인정하거나 주택의 구조안전상 사용금지가 필요하다고 인정하는 경우 안전진단 없이 주택재건축사업을 진행시킬 수 있다.

다. 정비계획 수립 및 정비구역 지정

시장·군수는 도시·주거환경기본계획에 적합한 범위에서 노후·불량건물이 밀집하는 등의 일정한 요건에 해당하는 구역을 대상으로 구체적인 개발 계획과 내용을 결정하는 정비계획을 수립하고, 정비계획에 대한 주민공람, 지방의회 의견청취 등의 절차를 거친 후 특별시장·광역시장 또는 도지사(이하 "시·도지사"라 함)에게 정비구역지정을 신청해야 한다.

2) 사업시행

가. 사업시행방식

주택재건축사업은 원칙적으로 토지 등 소유자로 구성된 조합이 이를 단독으로 시행하거나 조합이 조합원 과반수의 동의를 얻어 시장·군수, 주택공사 등과 공동으로 이를 시행할 수 있다.

천재지변, 그 밖의 불가피한 사유로 인하여 긴급히 재건축사업을 시행할 필요가 있다고 인정되거나, 토지면적 2분의 1 이상의 토지소유자와 토지 등 소유자의 3분의 2이상에 해당하는 자가 시장·군수 또는 주택공사 등을 사업시행자로 지정할 것을 요청하는 등의 일정한 경우에는 시장·군수가 지정개발자 또는 주택공사 등을 사업시행자로 지정하여 주택재건축사업을 시장·군수 등 공공방식에 의해 시행하게 할 수 있다.

나. 추진위원회 구성 및 승인

주택재건축사업의 시행을 위해 조합을 설립하려는 경우에는 정비구역지정 고시 후 토지 등 소유자 과반수의 동의를 얻어 조합설립추진위원회(이하 "추진위원회"라 함)를 구성하여 시장·군수의 승인을 얻어야 한다.

다. 창립총회

추진위원회는 조합설립을 위한 토지 등 소유자의 동의를 받은 후 조합설립인가의 신청을 하기 전에 조합설립을 위한 창립총회를 개최해야 한다.

라. 조합설립 인가

시장·군수 또는 주택공사 등이 아닌 자가 주택재건축사업을 시행하려는 경우에는 토지 등 소유자로 구성된 조합을 설립해야 한다.

주택재건축사업의 추진위원회가 조합을 설립하려는 경우에는 다음과 같은 동의 기준을 모두 충족하여 시장·군수의 인가를 받아야 한다.

① 주택단지 안의 공동주택의 각 동(복리시설의 경우에는 주택단지 안의 복리시설 전체를 하나의 동으로 봄)별 구분소유자의 3분의 2 이상의 동의 및 토지면적의 2분의 1 이상의 토지소유자의 동의(공동주택의 각 동별 구분 소유자가 5 이하인 경우는 제외함)

② 주택단지 안의 전체 구분소유자의 4분의 3 이상의 동의 및 토지면적의 4분의 3 이상의 토지소유자의 동의를 얻어야 한다. 만약 주택단지가 아닌 지역이 정비구역에 포함된 경우에는 주택단지가 아닌 지역 안의 토지 또는 건축물 소유자의 4분의 3 이상 및 토지면적의 3분의 2 이상의 토지소유자의 동의를 얻어야 한다.

3) 주민대표회의 구성 및 승인

토지면적 2분의 1 이상의 토지소유자와 토지 등 소유자의 3분의 2 이상에 해당하는자가 시장·군수, 주택공사 등을 사업시행자로 지정할 것을 요청할 수 있다. 이 경우 정비구역지정 고시(정비구역이 아닌 구역에서의 주택재건축사업의 경우에는 안전진단, 결과에 따른 주택재건축사업의 시행결정을 말함) 후 토지 등 소유자의 과반수의 동의를 얻어 사업시행을 원활하게 하기 위한 주민대표회의를 구성하고, 시장·군수의 승인을 받아야 한다.

가. 시행자 지정

천재지변, 그 밖의 불가피한 사유로 인하여 긴급히 재건축 사업을 시행할 필요가 있다고 인정되거나, 토지면적 2분의 1 이상의 토지소유자와 토지 등 소유자의 3분의 2 이상에 해당하는 자가 시장·군수 또는 주택공사 등을 사업시행자로 지정할 것을 요청하는 등의 일정한 경우에는 시장·군수가 지정개발자 또는 주택공사 등을 사업시행자로 지정하여 주택재건축 사업을 시행하게 할 수 있다.

나. 사업시행인가

사업시행자(공동시행의 경우를 포함하되, 사업시행자가 시장·군수인 경우는 제외함)는 주택재건축사업을 시행하려는 경우(인가받은 내용을 변경하거나 재건축사업을 중지 또는 폐지하려는 경우 포함)에는 사업시행계획서를 작성하여 이를 시장·군수에게 제출하고 사업시행인가를 받아야 하며 사업시행인가가 고시됨으로써 사업시행자는 주택재건축사업을 시행할 수 있는 지위 또는 권리를 부여받게 되고 각종 개별법상 인·허가 등이 의제되는 등 이해관계인에게 직접적이고 구체적인 법적 효과를 발생시킨다.

다. 감리자 지정

조합이 시행하는 주택재건축사업의 사업시행인가권자인 시장·군수는 사업시행인가를 하였을 경우 해당 주택건설공사를 감리할 자를 지정해야 한다.

4) 관리처분계획

가. 분양공고 및 분양신청

사업시행자는 사업시행인가의 고시가 있은 날부터 60일 이내에 개략적인 부담금 내역 및 분양신청기간 등 해당 사항을 토지 등 소유자에게 통지하고 분양의 대상이 되는 대지 또는 건축물의 내역 등을 해당 지역에서 발간되는 일간신문에 공고해야 하며 대지 또는 건축물에 대한 분양을 받으려는 토지 등 소유자는 분양신청기간 이내에 사업시행자에게 대지 또는 건축물에 대한 분양신청을 해야 한다.

나. 관리처분계획 수립 및 인가

사업시행자는 분양신청기간이 종료된 경우에는 분양신청의 현황을 기초로 관리처분계획을 수립하여 시장·군수의 인가를 받아야 하며 관리처분계획은 조합원총회의 의결사항이므로 관리처분계획인가를 신청하기 전에 반드시 조합원총회에서 조합원 총수의 과반수 찬성으로 의결을 거쳐야 한다.

5) 재건축사업 완료

가. 철거 및 착공

사업시행자는 관리처분계획의 인가를 받은 후 기존의 건축물을 철거해야 하며 다만, 기존 건축물의 붕괴 등 안전사고의 우려가 있는 경우에는 사업시행자는 기존 건축물의 소유자의 동의 및 시장·군수의 허가를 얻어 관리처분계획의 인가를 받기 전이라도 해당 건축물을 철거할 수 있으며 사업시행자는 사업시행인가를 받은 날부터 2년 이내 (일정한 경우 1년 연장 가능)에 착공신고서에 관련 도서를 첨부하여 시장·군수에게 제출하고 공사에 착수해야 한다.

나. 준공인가

시장·군수가 아닌 사업시행자는 주택재건축사업에 관한 공사를 완료한 경우에는 시장·군수로부터 준공인가를 받아야 하며, 직접 주택재건축사업을 시행하는 시장·군수는 공사가 완료된 경우 그 공사의 완료를 해당 지방자치단체의 공보에 고시해야 하며 시장·군수는 준공인가를 하기 전이라도 완공된 건축물이 사용에 지장이 없는 등 일정한 경우에는 입주예정자가 완공된 건축물을 사용할 것을 사업시행자에 대하여 허가할 수 있다.

다. 이전고시 및 청산

사업시행자는 공사완료 고시가 있은 경우 지체 없이 대지확정측량을 하고 토지의 분할절차를 거쳐 관리처분계획에 정한 사항을 분양을 받을 자에게 통지하고 대지 또는 건축물의 소유권을 이전해야 하며 대지 또는 건축물을 분양받은 자가 종전에 소유하고 있던 토지 또는 건축물의 가격과 분양받은 대지 또는 건축물의 가격 사이에 차이가 있는 경우 사업시행자는 이전고시가 있은 후에 그 차액에 상당하는 금액을 분양받은 자로부터 징수하거나 분양받은 자에게 지급해야 한다.

지구단위계획 구역

1. 지구단위계획이란?

우리나라 국토개발 및 관리에 있어서의 기조는 '선계획 후개발'의 원칙 확립, 즉 난개발을 방지하고 국토의 균형발전 및 효율적 이용을 유도하기 위하여 먼저 계획을 수립한 후에 개발행위가 이루어질 수 있도록 하는 것이다. 더 구체적으로는 '상위계획을 수립한 이후에 이 상위계획의 범위 내에서 사업단위별 계획(하위계획)을 수립하고, 이 사업단위별 계획 내에서 사업을 시행'해야 한다는 것이다.

이를 위해 '계획 없는 개발은 없다'라는 원칙을 세우고 전국의 국토에 대해 '국토종합계획 → 광역도시계획 → 도시기본계획 → 도시관리계획'을 수립하게 한 것이다. 그래서 각 지방자치단체가 수립한 도시기본계획(상위계획)에서 어느 지역이 개발예정지로 지정되면, 이곳을 체계적이고 계획적으로 관리하기 위하여 먼저 개발예정지를 지구단위계획구역으로 지정한 후 지구단위계획(하위계획)을 수립하고, 이 지구단위 계획의 내용에 따라 실제적인 개발행위가 이루어지도록 한다는 것이다.

1. 지구단위계획의 성격

1) 지구단위계획은 당해 지구단위계획구역의 토지이용을 합리화하고 그 기능을 증진시키며 경관·미관을 개선하고 양호한 환경을 확보하며, 당해 구역을 체계적·계획적으로 개발·관리하기 위하여 건축물 그 밖의 시설의 용도·종류 및 규모 등에 대한 제한을 완화하거나 건폐율 또는 용적률을 완화하여 수립하는 계획이다.

2) 지구단위계획구역 및 지구단위계획은 도시·군관리계획으로 결정한다.

3) 도시·군관리계획은 그 범위가 특별시·광역시·특별자치시·특별자치도·시 또는 군(이하 "시·군"이라 한다) 전체에 미치고 용도지역·용도지구 등 토지이용계

획과 기반시설의 정비 등에 중점을 두며, 건축계획은 그 범위가 특정필지에 미치고 건축물 등 입체적 시설계획에 중점을 둔다. 지구단위계획은 관할 행정구역 내의 일부지역을 대상으로 토지이용계획과 건축물계획이 서로 환류되도록 함으로써 평면적 토지이용계획과 입체적 시설계획이 서로 조화를 이루도록 하는데 중점을 둔다.
4) 지구단위계획은 난개발 방지를 위하여 개별 개발수요를 집단화하고 기반시설을 충분히 설치함으로써 개발이 예상되는 지역을 체계적으로 개발·관리하기 위한 계획이다.
5) 지구단위계획은 지구단위계획을 통한 구역의 정비 및 기능 재정립 등의 개선효과가 지구단위계획구역 인근까지 미쳐 시·군 전체의 기능이나 미관 등의 개선에 도움을 주기 위한 계획이다.
6) 지구단위계획은 인간과 자연이 공존하는 환경친화적 환경을 조성하고 지속가능한 개발 또는 관리가 가능하도록 하기 위한 계획이다.
7) 지구단위계획은 향후 10년 내외에 걸쳐 나타날 시·군의 성장·발전 등의 여건변화와 향후 5년 내외에 개발이 예상되는 일단의 토지 또는 지역과 그 주변지역의 미래모습을 상정하여 수립하는 계획이다.

2. 지구단위계획과 다른 계획과의 관계
1) 지구단위계획은 광역도시계획·도시·군기본계획 등의 상위계획, 도시·군관리계획 및 수도권정비계획 등 관련계획의 내용과 취지를 반영하여야 한다.
2) 지구단위계획에 의하여 다른 도시·군관리계획이 변경되거나 다른 도시·군관리계획에 의하여 지구단위계획이 변경되는 경우에는 가급적 양자를 동시에 입안하도록 한다.
3) 지구단위계획은 법에 의하여 수립하거나 도시개발법·택지개발촉진법 등 개별사업법으로 지정된 사업구역에 대한 개발계획 또는 실시계획과 함께 수립하여 당해 사업구역의 계획적 관리를 도모할 수 있다.

4) 지구단위계획구역을 지정하는 경우에는 가급적 지구단위계획의 입안과 기반시설부담계획의 수립을 동시에 하여 양 계획간 상충이 발생하지 않도록 한다.

3. 법적근거

지구단위계획구역의 지정과 지구단위계획 수립에 관한 법적근거는 「국토의 계획 및 이용에 관한 법률」 제4장 제1절 제24조부터 제35조까지 및 제4장 제4절 제49조부터 제54조까지이다.

2. 지구단위계획구역의 지정 및 지구단위계획의 수립

1. 지구단위계획구역 지정의 일반원칙

1) 지구단위계획구역의 지정은 도시·군관리계획에서 계획한 지역 또는 시·군 안에서 특별한 문제점이나 잠재력이 있는 곳으로서 지구단위계획을 통한 체계적·계획적 개발 또는 관리가 필요한 지역을 대상으로 함을 원칙으로 하되, 지구단위계획구역을 지정할 때에는 당해 구역 및 주변지역의 토지이용, 경관현황, 교통여건, 관련계획 등을 함께 고려하여 지구단위계획으로 의도하는 목적이 달성될 수 있는지 그 타당성을 면밀히 검토하여야 한다.

2) 도시지역에서 지구단위계획구역을 지정할 때에는 지구단위계획구역의 지정목적, 중심기능, 해당 용도지역의 특성과 도시의 관리정책, 도시공간구상 등을 종합적으로 고려하여야 하며, 다음과 같이 기존시가지의 정비·관리·보전 또는 신시가지의 개발, 복합용도개발, 유휴토지 및 이전적지개발, 비시가지 관리·개발, 용도지구대체 등으로 그 목적을 분명히 한다.

  (1) 기존시가지 정비 : 기존 시가지에서 도시기능을 상실하거나 낙후된 지역을 정비하는 등 도시재생을 추진하고자 하는 경우

  (2) 기존시가지의 관리 : 도시성장 및 발전에 따라 그 기능을 재정립할 필요가 있는 곳으로서 도로 등 기반시설을 재정비하거나 기반시설과 건축계획을 연계시키고자 하는 경우

⑶ 기존시가지 보전 : 도시형태와 기능을 현재의 상태로 유지·정비하는 것이 바람직한 곳으로 개발보다는 유지관리에 초점을 두고자 하는 경우

⑷ 신시가지의 개발 : 도시안에서 상업 등 특정기능을 강화하거나 도시팽창에 따라 기존 도시의 기능을 흡수·보완하는 새로운 시가지를 개발하고자 하는 경우

⑸ 복합용도개발 : 도시지역내 복합적인 토지이용의 증진을 목표로 공공의 목적에 부합하고, 낙후된 도심의 기능회복과 도시균형발전을 위해 중심지 육성이 필요한 지역으로 복합용도개발을 통한 거점적 역할을 수행하여 주변지역에 긍정적 파급 효과를 미칠 수 있도록 하고자 하는 경우

⑹ 유휴토지 및 이전적지개발 : 도시지역내 유휴토지 및 교정시설, 군사시설 등의 이전·재배치에 따른 도시기능의 쇠퇴를 방지하고 도시재생 등을 위해 기능의 재배치가 필요한 지역으로 유휴토지 및 이전부지의 체계적인 관리를 통하여 그 기능을 증진시키고자 하는 경우

⑺ 비시가지 관리·개발 : 녹지지역의 체계적 관리 및 개발(체육시설의 설치 등)을 통하여 그 기능을 증진시키고자 하는 경우

⑻ 용도지구대체 : 기존 용도지구를 폐지하고 그 용도지구에서의 건축물이나 그 밖의 용도·종류 및 규모 등의 제한을 대체하고자 하는 경우

⑼ 복합구역 : ⑴~⑻의 지정목적중 2 이상의 목적을 복합하여 달성하고자 하는 경우

3) 도지지역외 지역에 지정하는 지구단위계획구역은 당해 구역의 중심기능에 따라 주거·산업유통·관광·휴양·복합기능 등으로 구분한다.

⑴ 주거형 지구단위계획구역 : 주민의 집단적 생활근거지로 이용되고 있거나 이용될 아래의 지역으로서 계획적인 개발이 필요한 경우

① 토지이용현황 및 추이를 감안할 때 향후 5년내 개발수요가 크게 증가할 것으로 예상되는 지역

② 주택이 소규모로 연담화하여 건설되어 있거나 건설되고 있는 지역

③ 도로·상하수도 등 기반시설과 개발여건이 양호하여 개발이 예상되는 지역

④ 댐건설·공유수면매립 등 공공사업의 시행으로 인하여 이주단지를 조성할 필요가 있는 지역

(2) 산업유통형 지구단위계획 구역 : 아래의 시설 등의 설치를 위하여 계획적인 개발이 필요한 경우

① 「산업입지 및 개발에 관한 법률」에 따른 농공단지

② 「산업집적 활성화 및 공장설립에 관한 법률」에 따른 공장과 이에 부수되는 근로자 주택

③ 「물류정책기본법」에 따른 물류시설

④ 「물류시설의 개발 및 운영에 관한 법률」에 따른 물류단지

⑤ 「유통산업발전법」에 따른 집배송 시설과 공동집 배송센터 및 공동집 배송센터개발촉진 지구

⑥ 「유통산업발전법」에 따른 대규모점포

⑦ 기타 농어촌관련시설(도시·군계획시설로 설치가 가능한 것을 제외한다)

(3) 관광휴양형 지구단위계획구역 : 아래의 시설 등의 설치를 위하여 계획적인 개발이 필요한 경우

① 「관광진흥법」 제3조 제1항 제2호부터 제7호까지의 규정에 따른 관광사업을 영위하기 위하여 설치하는 시설

② 「체육시설의설치·이용에관한법률」에 따른 체육시설(제1항의 시설과 함께 설치하는 것에 한한다)

(4) 특정 지구단위계획구역 : 아래의 시설 등의 설치를 위하여 계획적인 개발이 필요한 경우

① 2002. 12. 31. 이전에 종전의 「국토이용관리법」에 따른 지정된 준도시지역안의 시설용지지구(법 부칙 제15조 제2항에 따라 도시·군계획시설로 보는 시설용지지구를 제외한다)안에 설치하는 시설로서 (1)부터 (3)까지에 해당하지 아니하는 것

② (1)부터 (3)까지에 해당하지 아니하고 도시·군계획시설로 설치할 수 없는 시

설로서 시장·군수가 당해 지역의 발전 등을 위하여 필요하다고 인정하는 것

⑸ 복합형 지구단위계획구역 : ⑴부터 ⑷까지의 지구단위계획중 2 이상을 동시에 지정하는 경우

4) 지구단위계획구역은 환경친화적으로 지정하여야 하며, 이를 위하여 도시·군관리계획수립지침의 환경성검토 방법중 지구단위계획구역의 지정목적에 적합한 사항을 선정하여 환경성검토를 실시한다. 다만,「환경영향평가법」제9조에 따른 전략환경영향평가 대상인 도시·군관리계획을 입안하는 경우에는 이를 생략할 수 있다.

5) 지구단위계획구역은 원칙적으로 결정된 날부터 5년 이내에는 이를 변경하지 않는 것으로 하되, 다음의 경우 5년 이내에 변경할 수 있다.

⑴ 국토종합계획, 광역개발계획, 도시·군기본계획 등 상위계획으로 인하여 지구단위계획의 변경결정이 불가피한 경우

⑵ 국가보안상의 사유 또는 중앙정부가 추진하는 주요정책사업으로 인하여 지구단위계획의 변경결정이 불가피하다고 인정되어 관계 중앙행정기관의 장이 당해 지구단위계획의 결정권자와 협의한 경우

⑶ 천재지변 등 불가항력적인 사유로 인하여 지구단위계획의 변경결정이 불가피한 경우

⑷ 관계법령 및 조례의 제·개정으로 인하여 지구단위계획의 변경이 불가피한 경우

⑸ 도시·군관리계획의 재정비 및 5년 주기로 시행되는 도시·군기본계획의 재검토에 의한 조정의 경우

⑹ 도시·군계획사업의 변경 기타 당해 구역 및 인근지역의 여건변화 등으로 인하여 지구단위계획의 변경이 불가피한 경우

⑺ 특별계획구역을 지정할 필요가 있는 경우

⑻ 주민의 지구단위계획 변경에 대한 입안제안이 타당한 경우

⑼ 「건축법」제69조 제1항에 의한 특별건축구역으로 지정하고자 하는 경우

2. 지구단위계획구역의 입안 및 지정

1) 지구단위계획구역의 입안 및 지정절차는 다음과 같으며, 지구단위계획구역의 입안 및 지정과 관련하여 이 지침에서 정하지 아니한 사항은「도시·군관리계획 수립지침」의 도시·군관리계획 입안 및 결정절차에 따른다.

2) 지구단위계획구역 지정절차는 다음과 같다.

3)「국토계획법」제24조 제5항 및 제6항에 따라 국토교통부장관 또는 도지사가 입안하는 경우와 법 제29조 제2항에 따라 국토교통부장관이 결정하는 경우에는 2)에 따른 지정절차를 다음과 같이 변경한다.

⑴ 국토교통부장관 또는 도지사가 입안하는 경우에는 입안자가 기초조사 및 구역지정안 작성을 직접 수행할 수 있으며, 당해 시장·군수·구청장의 의견을 듣는다.

⑵ 국토교통부장관이 결정하는 경우에는 시·도 또는 시·군도시계획위원회의 심의 대신 중앙도시계획위원회 심의를 거치며, 국토교통부장관이 지구단위계획구역의 지정을 직접 결정·고시한다.

4) 도시지역내 지구단위계획구역을 지정할 수 있는 지역은 다음과 같다.

⑴ 토지이용을 고도화하거나 특정 목적달성을 위하여 부여한 토지용도의 취지를 개별건축물에 구체적으로 반영하고자 하는 구역

① 용도지구 : 경관지구·미관지구·고도지구·방화지구·방재지구·보존지구·시설보호지구·취락지구·개발진흥지구·특정용도제한지구

② 기타 시·도의 조례가 정하는 바에 따라 도시·군관리계획으로 결정된 용도지구

⑵ 토지의 형질변경과 토지이용계획, 건축물계획이 서로 환류되도록 함으로써 쾌적한 구역환경을 조성하고자 하는 경우 또는 당초의 개발사업 취지와 내용을 살려 계획적인 관리가 되도록 함으로써 쾌적한 구역환경을 유지하고자 하는 구역

①「도시개발법」에 의하여 지정된 도시개발구역

②「도시 및 주거환경 정비법」에 의하여 지정된 정비구역

③「택지개발촉진법」에 의한 택지개발예정지구

④「주택법」에 의한 대지조성사업지구(대지조성사업을 시행하고자 하는 지역을 포함한다)

⑤「산업입지 및 개발에 관한 법률」에 의한 산업단지·준산업단지

⑥「관광진흥법」에 의하여 지정된 관광단지·관광특구

⑶ 도시형태와 기능의 재정립, 특정기능의 강화 또는 완화, 난개발 방지 등을 통하여 시·군의 기능 및 미관을 증진시키고 양호한 환경을 확보하고자 하는 구역

① 기반시설부담구역

② 개발제한구역·도시자연공원구역·시가화조정구역 또는 공원에서 해제되는 구역, 녹지지역에서 주거·상업·공업지역으로 변경되는 구역과 새로이 도

시지역으로 편입되는 구역중 계획적인 개발 또는 관리가 필요한 지역
③ 시범도시
④ 「국토계획법」 제63조의 규정에 의하여 고시된 개발행위허가제한지역
⑤ 지하 및 공중공간을 효율적으로 개발하고자 하는 지역
⑥ 용도지역의 지정·변경에 관한 도시·군관리계획을 입안하기 위하여 열람공고된 지역
⑦ 재건축사업에 의하여 공동주택을 건축하는 지역
⑧ 지구단위계획구역으로 지정하고자 하는 토지와 접하여 공공시설을 설치하고자 하는 자연녹지지역
⑨ 그 밖에 양호한 환경의 확보 또는 기능 및 미관의 증진 등을 위하여 필요한 지역으로서 도시·군계획조례가 정하는 지역

(4) 도시지역내 주거·상업·업무 등의 기능을 결합하는 등 일단의 토지에 복합적인 용도개발을 증진시킬 필요가 있는 지역은 준주거지역, 준공업지역 및 상업지역에서 낙후된 도심 기능을 회복하거나 도시균형발전을 위한 중심지 육성이 필요하여 도시·군기본계획에 반영된 다음 각 호의 어느 하나에 해당하는 지역
① 주요 역세권, 고속버스 및 시외버스 터미널, 간선도로의 교차지 등 양호한 기반시설을 갖추고 있어 대중교통 이용이 용이한 지역
② 역세권의 체계적·계획적 개발이 필요한 지역
③ 세 개 이상의 노선이 교차하는 대중교통 결절지(結節地)로부터 1킬로미터 이내에 위치한 지역
④ 「역세권의 개발 및 이용에 관한 법률」에 따른 역세권개발구역, 「도시재정비 촉진을 위한 특별법」에 따른 고밀복합형 재정비촉진지구로 지정된 지역

(5) 도시지역내 1만제곱미터 이상의 유휴토지 또는 교정시설, 군사시설 등 영 제43조 제2항에 해당하는 시설의 이전부지로서
① 대규모 시설의 이전에 따라 도시기능의 재배치 및 정비가 필요한 지역
② 토지의 활용 잠재력이 높고 지역거점 육성이 필요한 지역

③ 지역경제 활성화와 고용창출의 효과가 클 것으로 예상되는 지역

⑹ 용도지구를 대체하기 위하여 지구단위계획수립이 필요한 지역

⑺ 도시지역의 체계적·계획적 관리 또는 개발이 필요한 지역

5) 도시지역외 지역에서 지구단위계획구역을 지정할 수 있는 지역은 다음과 같다.

⑴ 계획관리지역

⑵ 지구단위계획구역 면적의 50%이상이 계획관리지역이고, 나머지 용도지역은 생산관리지역에 해당하는 지역

⑶ 개발진흥지구로서 다음의 1에 해당하는 지역

　　① 계획관리지역안에 지정된 개발진흥지구

　　② 계획관리지역·생산관리지역 및 농림지역안에 지정된 산업유통개발진흥지구 및 복합개발진흥지구(주거기능이 포함되지 아니한 경우에 한한다)

　　③ 도시지역외의 지역안에 지정된 관광휴양개발진흥지구

⑷ 용도지구를 폐지하고 그 용도지구에서의 행위제한 등을 지구단위계획으로 대체하려는 지역

6) 5)에도 불구하고 다음에 해당하는 지역에는 지구단위계획구역을 지정할 수 없다. 다만, 지구단위계획 입안권자(이하 '입안권자'라 한다)가 지역적 특성을 감안하여 불가피하다고 인정하는 경우에는 그러하지 아니하다.

⑴ 도시·군관리계획수립지침에 해당하는 지역

⑵ 관리지역중 도시·군관리계획수립지침에 해당하는 지역

⑶ 도시·군관리계획수립지침에 해당하는 지역(관광휴양형 지구단위계획구역에 한한다)

7) 지구단위계획구역으로 반드시 지정하여야 하는 지역은 다음과 같다. 다만, 관계법률에 의하여 당해 지역에 토지이용 및 건축에 관한 계획이 수립되어 있는 경우에는 그러하지 아니하다.

4) ⑵의 ②부터 ③까지의 지역(정비구역·택지개발예정지구)에서 시행되는 사업이 완료된 후 10년이 경과된 지역.

⑵ 다음의 1에 해당하는 지역으로서 그 면적이 30만㎡ 이상인 지역

① 시가화조정구역 또는 공원에서 해제되는 지역. 다만, 녹지지역으로 지정 또는 존치되거나 법 또는 다른 법령에 의하여 도시·군계획사업 등 개발계획이 수립되지 아니하는 경우를 제외한다.

② 녹지지역에서 주거지역·상업지역 또는 공업지역으로 변경되는 지역

8) 택지개발예정지구 등 개발사업이 실시되는 지역주변에 소규모 난개발이 예상되는 경우에는 당해 개발사업구역과 인근지역을 함께 지구단위계획구역으로 지정함으로써 계획적 개발이 되도록 유의한다.

9) 수도권 과밀억제권역에서 대규모 공장의 이전 또는 폐지로 인하여 발생되는 부지와 그 주변지역의 경우 지자체의 산업정책을 고려하여 제조업 기반이 유지되도록 하되 기반시설 부담 등을 고려하여 수익성 있는 개발이 되도록 지구단위계획을 수립할 수 있다.

10) 도시지역외 지역에 지정되는 지구단위계획구역의 입안기준은 다음과 같다.

(1) 공동주택중 아파트 또는 연립주택의 건설계획이 포함되는 경우에는 지구단위계획구역을 지정하고자 하는 일단의 토지의 면적이 30만㎡ 이상일 것. 다만, 다음의 1에 해당하는 경우에는 그러하지 아니하다.

① 일단의 토지의 면적이 각각 10만㎡ 이상이고 각 구역의 면적중심간의 최장거리가 1.5km 이내인 경우로서 그 총면적이 30만㎡ 이상이고 각 구역이 15m 이상의 도로로 연결되는 경우

② 종전 「국토이용관리법」에 따라 지정된 취락지구(10만㎡ 이하인 경우에 한한다)와 연접하여 개발하는 경우로서 기존의 취락지구를 포함한 지구단위계획구역의 면적이 30만㎡ 이상이며 기존취락지구내 또는 신규지구단위계획구역내의 초등학교에서 전체 취학예상아동수를 충분히 수용할 수 있다고 판단되는 경우

③ 「수도권정비계획법」에 따른 자연보전권역에서 10만㎡ 이상으로 구역을 지정하는 경우

④ 구역면적이 10만㎡ 이상으로서 지구단위계획구역 안에 초등학교 용지를 확보하여 관할 교육청의 동의를 얻거나 지구단위계획구역 안 또는 지구단위계

획구역으로부터 통학이 가능한 거리에 초등학교가 위치하고 학생수용이 가능한 경우로서 관할 교육청의 동의를 얻은 경우

⑵ 아파트 또는 연립주택을 건설하는 경우를 제외하고는 지구단위계획구역을 지정하고자 하는 일단의 토지의 면적이 3만㎡ 이상일 것

⑶ 당해 지역에 도로, 상·하수도 등 기반시설을 공급할 수 있을 것

⑷ 자연환경·경관·미관 등을 해치지 아니하고 문화재의 훼손우려가 없을 것

⑸ 생산관리지역·농림지역안에 입안하는 산업유통형 지구단위계획은 농업·임업·축산업 또는 수산업을 위한 것일 것

⑹ 도시·군기본계획에서 정하는 지구단위계획에 대한 목표년도 총량 및 단계별 토지수요량 범위안에서 지정할 것. 다만, 목표년도의 총량을 유지하면서 단계별 토지수요량의 30%내에서 조정할 수 있다.

11) 지구단위계획구역의 변경을 도시·군관리계획으로 결정함에 있어서 국토교통부장관 또는 특별시장·광역시장·특별자치시장·도지사·특별자치도지사·시장·군수(이하 "시·도지사등" 이라 한다)는 관계 중앙행정기관의 장이 국방상 또는 국가안전보장상 기밀을 요한다고 판단하여 요청하는 사항 또는 다음의 1에 해당하여 지구단위계획구역을 변경하는 경우에는 관계행정기관의 장과의 협의, 국토교통부장관과의 협의, 도시계획위원회의 심의를 거치지 아니할 수 있다.

⑴ 도시지역의 축소에 따른 변경인 경우

⑵ 지구단위계획구역 면적의 5%이내의 변경 및 동 변경지역안에서의 지구단위계획의 변경

⑶ 「국토계획법령」 제25조 제3항 제1호·제2호·제5호·제6호 및 규칙 제3조 제1항 제2호·제3호의 규정에 의한 도시·군계획시설결정 또는 용도지역·용도지구·용도구역의 변경에 따른 지구단위계획구역의 변경

12) 지구단위계획구역의 지정에 관한 도시·군관리계획결정의 고시일로부터 3년 이내에 당해 지구단위계획구역에 관한 지구단위계획이 결정·고시되지 아니하는 경우에는 그 3년이 되는 날의 다음 날에 당해 지구단위계획구역의 지정에

관한 도시·군관리계획결정은 그 효력을 상실한다.

13) 7)의 규정에 의하여 지구단위계획을 반드시 수립하여야 하는 지역에서 구역지정 결정후 3년 이내에 지구단위계획이 결정·고시되지 아니하는 경우 당해 지역은 지구단위계획구역으로 다시 지정하여야 한다. 다만, 지구단위계획의 수립이 필요 없다고 명백히 인정되는 경우에는 그러하지 아니하다.

14) 지구단위계획수립을 전제로 미리 용도지역 또는 용도지구가 변경되었으나 지구단위계획구역 지정결정후 3년 이내에 지구단위계획이 수립되지 아니하여 구역지정이 실효되는 경우 종전의 용도지역 또는 용도지구로 환원하는 것을 원칙으로 한다.

3. 지구단위계획 입안 및 결정절차

1) 지구단위계획의 입안 및 결정절차는 다음과 같으며, 지구단위계획의 입안 및 결정과 관련하여 이 지침에서 정하지 아니한 사항은 「도시·군관리계획수립지침」의 도시·군관리계획 입안 및 결정절차에 따른다.

2) 지구단위계획의 입안 및 결정절차는 다음과 같다.

```
         │
┌────────────────────────────────┐
│  도시계획위원회와 건축위원회의 공동심의  │
└────────────────────────────────┘
┌────────────────────────────────┐
│       지구단위계획의 결정 및 고시       │
│ (특별시장·광역시장·특별자치시장·도지사· │
│       특별자치도지사·시장·군수)        │
└────────────────────────────────┘
            송 부
┌────────────────────────────────┐
│            일반열람             │
│ (특별시장·광역시장·특별자치시장·도지사· │
│       특별자치도지사·시장·군수)        │
└────────────────────────────────┘
```

3) 「국토계획법」 제24조 제5항 및 제6항에 따라 국토교통부장관 또는 도지사가 입안하는 경우와 법 제29조 제2항에 따라 국토교통부장관이 결정하는 경우에는 2)에 따른 입안 및 결정절차를 다음과 같이 변경한다.

   ⑴ 국토교통부장관 또는 도지사가 입안하는 경우에는 입안자가 기초조사 및 계획안 작성을 직접 수행할 수 있으며, 당해 시장·군수·구청장의 의견을 듣는다.

   ⑵ 국토교통부장관이 결정하는 경우에는 시·도 또는 시·군도시계획위원회 및 공동위원회의 심의 대신 중앙도시계획위원회 심의를 거치며, 국토교통부장관이 지구단위계획을 결정·고시한다.

4) 시·도 또는 시·군·구 도시계획위원회와 건축법 제4조의 규정에 의하여 시·도 또는 시·군·구에 두는 건축위원회가 공동으로 심의를 하는 경우에는 다음의 기준에 따라 심의한다.

   ⑴ 공동위원회의 위원은 건축위원회 및 도시계획위원회의 위원중에서 시·도지사 등이 선임 또는 위촉한다. 이 경우 시·도 도시계획위원회에 지구단위계획을 심의하기 위한 분과위원회가 설치되어 있는 때에는 당해 분과위원회 위원 전원을 공동위원회 위원으로 선임 또는 위촉하여야 한다.

   ⑵ 공동위원회 위원 수는 25인 이하로 하며, 공동위원회의 위원중 건축위원회의 위원이 1/3 이상이 되도록 한다.

   ⑶ 공동위원회의 위원장은 특별시·광역시의 경우에는 부시장, 도의 경우에는 부

지사가 되고, 기초자치시의 경우에는 부시장, 군의 경우에는 부군수가 된다.

5) 지구단위계획을 도시·군관리계획으로 결정함에 있어서 국토교통부장관 또는 시·도지사 등은 관계 행정기관의 장이 국방상 또는 국가안전 보장상 기밀을 요한다고 판단하여 요청하는 사항 또는 다음의 1에 해당하는 사항에 대하여는 주민의견청취, 관계행정기관의 장과의 협의, 국토교통부장관과의 협의를 거치지 아니할 수 있으며, 도시·군계획조례가 정하는 경우에는 건축위원회와 도시계획위원회의 공동심의도 생략할 수 있다.

(1) 지구단위계획으로 결정한 용도지역·용도지구 또는 도시·군계획시설에 대한 변경결정으로서 다음의 1에 해당하는 경우

① 단위 도시·군계획시설부지 면적의 20분의 1 미만인 시설부지의 변경인 경우[도로의 경우에는 시점 및 종점이 변경되지 아니하고 중심선이 종전에 결정된 도로의 범위를 벗어나지 아니하는 경우에 한하며, 공원 및 녹지의 경우에는 면적이 증가되는 경우 또는 최초 도시·군계획시설 결정후 변경되는 면적의 합계가 1만제곱미터 미만이고 최초 도시·군계획시설 결정 당시 부지면적의 5퍼센트 미만의 범위에서 면적이 감소되는 경우(다만, 완충녹지(도시지역외의 지역에서 설치하는 완충녹지 포함)인 경우 제외)에 한한다.)]

② 지형사정으로 인한 도시·군계획시설의 근소한 위치변경 또는 비탈면 등으로 인하여 불가피하게 된 시설부지의 변경인 경우

③ 이미 결정된 도시·군계획시설의 세부시설의 결정 또는 변경인 경우

④ 「국토계획법령」 제25조 제3항 제1호 및 동항 제2호의 규정에 의한 도시·군계획시설결정의 변경에 따른 용도지역·용도지구 및 용도구역의 변경

⑤ 「도시·군계획시설의 결정·구조 및 설치기준에 관한 규칙」 제14조에 적합한 범위안에서 도로모퉁이변을 조정하기 위한 도시·군계획시설의 변경

⑥ 도시·군관리계획결정의 내용중 면적산정착오 등을 정정하기 위한 변경

⑦ 「측량·수로조사 및 지적에 관한 법률」 제26조 제2항 및 「건축법」 제26조에 따라 허용되는 오차를 반영하기 위한 변경

⑧ 건축물의 건축 또는 공작물의 설치에 따른 변속차로, 차량출입구 또는 보행자출입구의 설치를 위한 도시·군계획시설의 변경

(2) 가구(특별계획구역을 포함한다)면적의 10% 이내의 변경인 경우
(3) 획지면적의 30% 이내의 변경인 경우
(4) 건축물높이의 20% 이내의 변경인 경우(층수변경이 수반되는 경우를 포함한다)
(5) 다음의 1에 해당하는 획지의 규모 및 조성계획의 변경인 경우
　① 도시지역내 지구단위계획에 2필지 이상의 토지에 하나의 건축물을 건축하도록 되어 있는 경우
　② 도시지역내 지구단위계획에 합벽건축을 하도록 되어 있는 경우
　③ 도시지역내 지구단위계획에 주차장·보행자통로 등을 공동으로 사용하도록 되어 있어 2필지 이상의 토지에 건축물을 동시에 건축할 필요가 있는 경우
(6) 건축선의 1m 이내의 변경인 경우
(7) 건축물의 배치·형태 또는 색채의 변경인 경우
(8) 지구단위계획에서 경미한 변경으로 결정된 사항의 변경인 경우(다만, 용도지역·용도지구·도시·군계획시설·가구면적·획지면적·건축물높이 또는 건축선의 변경에 해당하는 사항을 제외한다)
(9) 법 부칙 제17조제2항에 따라 지구단위계획으로 보는 개발계획에서 정한 건폐율 또는 용적률을 감소시키거나 10퍼센트 이내에서 증가시키는 경우(증가시키는 경우에는 영 제47조 제1항에 따른 건폐율·용적률의 한도를 초과한 경우를 제외)
(10) 교통처리계획중 주차장출입구·차량출입구·보행자출입구의 위치변경 및 보행자 출입구의 추가 설치
(11) 지하 또는 공중공간에 설치하는 시설물의 높이·깊이·배치 또는 규모
(12) 대문·담 또는 울타리의 형태 또는 색채
(13) 간판의 크기·형태·색채 또는 재질
(14) 장애인·노약자 등을 위한 편의시설계획
(15) 에너지 및 자원의 절약과 재활용에 관한 계획

⒃ 생물서식공간의 보호·조성·연결 및 물과 공기의 순환 등에 관한 계획

6) 시장·군수는 지구단위계획구역의 지정목적, 향후 예상되는 여건변화, 지구단위계획구역의 관리방안 등을 고려하여 경미한 사항을 지구단위계획에 반영하여 결정할 수 있다(용도지역·용도지구·도시·군계획시설·가구면적·획지면적·건축물 높이 또는 건축선의 변경에 해당하는 사항을 제외한다). 이 경우 관계행정기관의 장과의 협의, 국토교통부장관과의 협의를 거치지 아니할 수 있으며, 도시·군계획조례가 정하는 경우에는 건축위원회와 위원회의 공동심의도 생략할 수 있다.

7) 입안권자는 사업의 시급성 등을 감안하여 지구단위계획의 입안을 지구단위계획구역의 입안과 함께 추진할 수 있다.

3. 지구단위계획 수립기준(공통)

1. 일반원칙

1) 지구단위계획은 다음 각 호의 사항을 고려하여 수립한다.

⑴ 도시의 정비·관리·보전·개발 등 지구단위계획구역의 지정목적

⑵ 주거·산업유통·관광휴양·복합 등 지구단위계획구역의 중심기능

⑶ 해당 용도지역의 특성

⑷ 지역 공동체의 활성화

⑸ 안전하고 지속가능한 생활권의 조성

⑹ 해당 지역 및 인근 지역의 토지 이용을 고려한 토지이용계획과 건축계획의 조화

⑺ 아름답고 조화로운 경관창출

2) 지구단위계획에 포함하는 사항은 다음의 기준에 따른다.

⑴ 지구단위계획은 지구단위계획구역의 지정목적 및 유형에 따라 계획내용의 상세정도에 차등을 두되, 시장·군수는 당해 구역의 지정목적의 달성에 필수적인 항목 이외의 사항에 대해서도 필요시 포함하여야 한다.

제1종지구단위계획에 포함해야할 내용

구역지정 목적	계획에 포함하는 사항
기존시가지의 정비	- 기반시설
	- 교통처리
	- 건축물의 용도, 건폐율·용적률·높이 등 건축물의 규모
	- 공동개발 및 맞벽건축
	- 건축물의 배치와 건축선
기존시가지의 관리	- 용도지역·용도지구
	- 기반시설
	- 교통처리
	- 건축물의 용도, 건폐율·용적률·높이 등 건축물의 규모
	- 공동개발 및 맞벽건축
	- 건축물의 배치와 건축선
	- 경관
기존시가지의 보존	- 건축물의 용도, 건폐율·용적률·높이 등 건축물의 규모
	- 건축물의 배치와 건축선
	- 건축물의 형태와 색채
신시가지의 개발	- 용도지역·용도지구
	- 환경관리
	- 기반시설
	- 교통처리
	- 가구 및 획지
	- 건축물의 용도, 건폐율·용적률·높이 등 건축물의 규모
	- 건축물의 배치와 건축선
	- 건축물의 형태와 색채
	- 경관
복합구역	- 목적별로 해당되는 계획사항을 포함하되, 나머지 사항은 지역특성에 맞게 필요한 사항을 선택

* 비고 : 위 표는 예시사항으로 필요한 경우 지역실정에 따라 계획에 포함할 사항을 추가하거나 제외하는 등 선택적으로 따로 정할 수 있음

⑵ 종전의 준도시지역 취락지구중 기존 취락의 정비를 위하여 지정된 지역에서 지구단위계획을 수립하는 경우 및 산업유통형 지구단위계획을 수립하는 경우에는 ①마을의 정비 및 산업시설 유지에 필요한 최소한의 기반시설과 ②건축물의 용도, 건폐율 및 용적률 만을 필수적인 수립항목으로 한다.

⑶ 농공단지 및 준산업단지에서는 이 지침에 따른 수립기준을 적용하지 아니한다.

3) 지구단위계획의 내용은 당해 지구단위계획구역에 대한 도시·군관리계획의 내용, 현황조사 및 분석, 기본구상, 부문별계획, 집행계획 등을 고려하여 작성하되, 각 작성단계별로 환류과정을 거침으로써 계획내용이 조화를 이루도록 한다.

4) 지구단위계획을 입안하는 때에는 당해 구역 및 인근지역의 환경을 질적으로 향상시킬 수 있도록 다음의 사항을 고려한다.

⑴ 지형·지세와 기후·장소성·문화적 경관·건축재료 등의 자연적인 요소와의 조화

⑵ 지방색·시장 등의 사회적인 요소의 반영

⑶ 미적 가치 등 역사·문화적인 가치를 가지고 있어 후대를 위하여 보존하여야 하는 시설물이나 시·군의 특성을 살릴 수 있는 요소의 보전

⑷ 교통흐름을 원활히 할 수 있는 교통계획

⑸ 공공공지의 보전

5) 각 부문별계획중 다음 부분에 대하여는 스케치모델을 제시하여 당해 구역에 거주하는 주민과 방문객이 어떠한 생활환경과 기능을 제공받을 수 있는지를 명확히 하고 각 부문별계획의 집행에 가이드라인 역할을 하도록 한다.

⑴ 공원·녹지계획중 중요부분

⑵ 건축물계획중 중요부분

⑶ 인접건축물 및 공공시설물과의 입체적 연결을 위한 공개통로, 보행통로, 지하통로, 경사로 계획중 중요부분

⑷ 공동주택단지의 단지내 도로, 어린이놀이터, 상가의 배치 및 규모에 관한 계획중 중요부분

6) 지구단위계획구역이 재개발구역·도시개발구역·택지개발예정지구·대지조성사업지구·주거환경개선지구·산업단지·관광특구·시범도시·주택단지·농공단지·유통단지 등인 경우로서 당해 구역 또는 지구에 대한 개발계획이나 사업계획이 수립되어 있는 경우에는 당해 계획의 내용을 지구단위계획으로 수용하여 개발이나 사업이 끝난 후 도시·군관리계획 차원에서 사후관리가 되도록 할 수 있다.
7) 보도나 공동주택 단지내 도로 등 인공포장이 필요한 경우에는 투수가 될 수 있도록 유도하고, 공동주택단지 등의 지하주차장 지상부분은 식재가 가능하도록 하여 자연친화적 환경이 조성되도록 한다.
8) 도시지역외 지역에서 수립하는 지구단위계획으로는 용도지역을 변경하거나 세분하지 않으나, 원활한 토지이용계획을 수립하기 위하여 주거·상업·공업·녹지용지 및 공공시설용지 등으로 세분할 수 있다.
9) 지구단위계획 수립시 사용하는 용어는 법령, 지침 등에 규정한 용어를 사용하거나 지구단위계획으로 용어의 정의를 명확히 하여 사용함으로서 혼란이 없도록 한다.

4. 기타 수립기준

1. 복합형 지구단위계획 수립기준
   1) 복합형 지구단위계획은 개별 지구단위계획을 동시에 결정하는 효과만 가지므로 복합형 지구단위계획 기준을 별도로 정하지 아니하며, 구역지정기준 및 계획기준은 개별 지구단위계획기준에 따른다.
   2) 복합형 지구단위계획구역을 구성하는 각 지구단위계획구역의 경계를 명확히 하여야 한다.

2. 용도지구 대체형 지구단위계획 수립기준
   1) 기존의 용도지구를 폐지하고 그 용도지구에서의 건축물이나, 그 밖의 시설의

용도·종류 및 규모등의 제한을 지속적으로 관리 및 유지가 필요한 경우 지구단위계획으로 대체하여 수립할 수 있다.

2) 용도지구를 대체하기 위하여 수립하는 지구단위계획의 경우에는 법 제52조 제1항에 의한 지구단위계획에 둘 이상의 필수사항을 포함하지 아니할 수 있다.

3) 용도지구 대체하기 위한 지구단위계획에는 다음의 내용을 포함한다.

⑴ 용도지구를 대체하고자 하는 지구의 명칭
⑵ 지구의 범위 및 면적
⑶ 용도지구를 대체하고자 하는 지구의 목적과 그 필요성
⑷ 지구의 안에서의 행위제한 내용 및 절차
⑸ 향후 지구단위계획의 관리방안

5. 행정사항

1. 이 지침 시행 당시 도시개발구역 및 택지개발예정지구에서 종전의 도시계획법령에 따라 지구단위계획이 결정되고 관계 법령에 따라 토지공급이 승인된 경우 당해 구역 또는 지구안에서의 건축제한·건폐율 및 용적률 등에 관하여는 당해 지구단위계획이 정하는 바에 따른다.

2. 1.에 해당하는 지구단위계획은 당해 지구단위계획에 의한 건폐율·용적률 및 영 제46조 제4항의 규정에 따라 허용되는 용도·종류 및 규모 등의 범위안에서 변경할 수 있다.

3. 이 지침 시행 이전에 종전 국토이용관리법에 따라 준도시지역으로 입안하고자 하는 내용을 관보 또는 일간신문에 공고하는 절차를 거친 경우에는 종전 국토이용관리법에 따른 기준과 절차에 따르며, 준도시지역으로의 국토이용계획변경이 결정되는 경우에는 지구단위계획구역으로 결정된 것으로 본다.

4. 이 지침 시행 이전에 종전 국토이용관리법에 따라 준도시지역안의 취락지구, 산업촉진지구 및 시설용지지구의 개발계획을 입안하기 위하여 그 입안하고자 하는 내용을 공고하는 절차를 거친 경우에는 당해 계획의 수립에 관하여는 종전

의 국토이용관리법에 따르며, 개발계획이 결정되는 경우에는 지구단위계획으로 결정된 것으로 본다.

5. 이 지침 시행 이전에 종전 국토이용관리법에 따라 준도시지역으로 입안하고자 하는 내용과 취락지구, 산업촉진지구 및 시설용지지구의 개발계획의 입안내용을 동시에 공고하는 절차를 거친 경우에는 당해 국토이용계획의 변경과 개발계획의 수립에 관하여는 종전의 국토이용관리법에 의한다.

6. 3. 및 4.의 규정에 의하여 개발계획의 입안내용을 공고한 후 이를 변경하고자 하는 때에는 이 지침이 정하는 바에 따라 지구단위계획을 입안 및 결정하여야 한다. 다만, 다음의 1에 해당하는 변경인 경우에는 당해 계획의 수립에 관하여는 종전의 국토이용관리법에 따르며, 개발계획이 결정되는 경우에는 지구단위계획으로 결정된 것으로 본다.

　(1) 시설·건축물 등의 위치변경

　(2) 개발계획 범위안에서 개발용도로 정하여진 토지이용계획면적의 10% 이내(공장의 경우에는 20% 이내)의 변경

　(3) 건축연면적의 10% 이내(공장의 경우에는 20% 이내)의 변경

　(4) 사업시행자의 변경

　(5) 사업기간의 변경

7. 이 지침 시행이전에 종전 국토이용관리법에 따라 준도시지역안의 취락지구, 산업촉진지구 및 시설용지지구의 개발계획이 확정·고시된 경우에 그 개발계획을 변경하고자 하는 경우에는 변경하고자 하는 부분에 한하여 이 지침을 적용한다. 다만, 시·도 도시계획위원회가 이 지침을 적용하는 것이 불합리하다고 인정하는 경우에는 이를 적용하지 아니할 수 있다.

8. 관리지역이 세분되기 전까지는 관리지역은 이 지침을 적용함에 있어서는 계획관리지역으로 본다.

9. 8.의 규정에 불구하고 관리지역이 법 부칙 제9조에서 정하는 기한까지 세분되지 않은 경우에는 관리지역은 이 지침을 적용함에 있어 보전관리지역으로 본다.

10. 이 지침 시행후 종전의 국토이용관리법에 따라 도건설종합계획심의회의 의견을 들어야 할 사항에 대하여는 도도시계획위원회의 의견을 듣는 것으로 갈음할 수 있다.

6. 1종 지구단위 계획과 제2종 지구단위 계획의 차이점

〈제1종지구단위 계획과 제2종 지구단위 계획의 차이점〉		
구분	제1종 지구단위 계획	제2종지구단위 계획
계획목적	기존 시가지의 정비, 신시가지 관리	도시화가 예상되는 지역을 대상으로 체계적 개발, 관리
대상구역	제한없음	계획관리지역 / 개발진흥지구
계획내용	필수 계획사항 규정없음	도로 등 기반시설, 가구 및 확지.건축물 높이는 필수
용도제한	지역에 규정된 허용용도의 범위내에서만 용도부여	지역에 규정된 허용용도의 범위를 넘어 용도부여
인센티브	도로 등 공공시설을 제공한 만큼 건폐율·용적률 완화	용도지역 범위를 넘어 건폐율·용적률의 규정을 완화

7. 지구단위계획의 결정방법

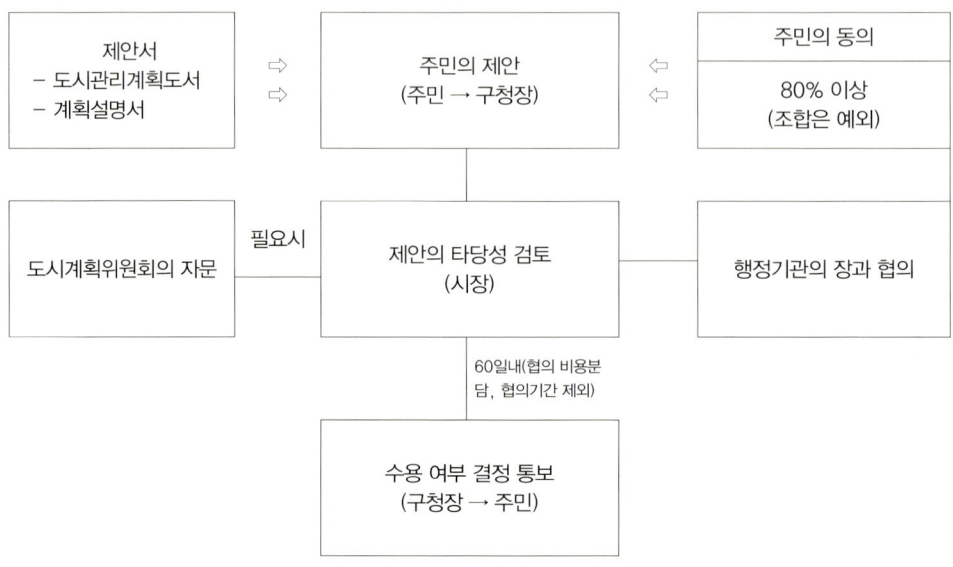

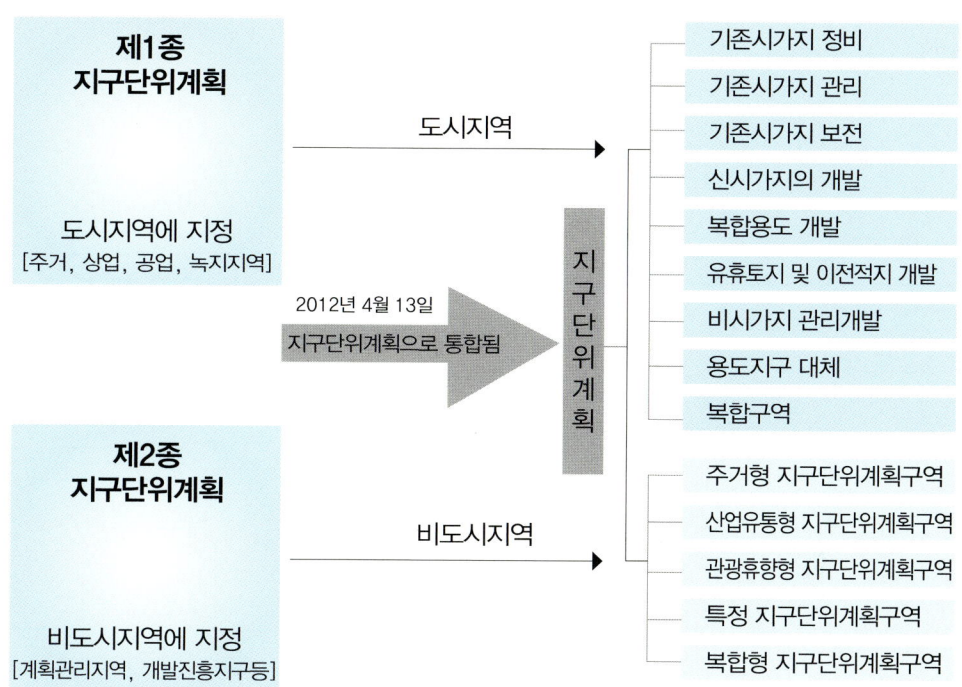

지구단위 계획의 분류

6 농지의 투자

농지란 무엇인가?

Ⅰ. 농지란 무엇인가?

지목이 전, 답, 과수원, 구거, 제방 등은 물론이고 그 지목여하와 관계없이 실제 농경물의 경작에 이용되는 모든 토지를 말하며 농지법에서 규정 하고 있다.

▷ 농지취득자격증명이란?

농지는 자기의 농업경영에 이용하거나 이용할 자가 아니면 소유하지 못한다.
따라서 농지를 임대목적으로는 취득하지 못하며 농지를 취득할 때는 농지를 취득할 수 있는 자격이 있는지 여부를 심사받게 된다. 법의 취지는 취득자격 여부이지만, 경매실전에서는 해당 농지가 농지취득자격증명 발급대상이 되는 농지인가 아닌가에 대해 입찰 전에 지자체 농지부서에 확인절차를 거쳐야 한다.
경매나 매매를 통해 농지를 취득하는 경우, 불법으로 전용된 농지가 항상 문제다. 낙찰 받은 농지가 농지취득자격증명이 발급되지 못하는 농지라면 입찰보증금을 몰수당하는 경우도 있을 수 있기 때문이다.
농지 경매에서 농지취득자격증명의 중요성이 바로 여기에 있다. 농지취득자격증명 발급대상 농지의 소유권 등기를 신청할 때에는 농지취득자격증명을 첨부하여야 한다.

▷ 농지취득자격증명의 신청

경매로 농지를 낙찰 받을 때 법원에서 발급해 준 '최고가매수인증명' 서류를 가지고 농지소재지 읍면동사무소에 가서 농업경영계획서를 작성해 농지취득자격증명을 신청을 하면 된다.
최고가 매수인이 된 후 매각허가 기일 전까지 농지취득자격증명을 발급받지 못할 경우 입찰보증금을 몰수당할 수 있기 때문에, 실전에서는 입찰 전에 미리 현장을 확인한 후 읍, 면, 동사무소 산업계(팀)에 농지취득자격증명 발급 가능여부를 상담하고 투자하는 것이 필수 요건이다.

〈우리나라 국토면적 비교〉 2013년 지적통계연보

국토면적 100,188㎢(2012년) -〉 99,901㎢(2003년)							단위 : ㎢	
농지 19.5%	19,485(2012)	임야 64.1%	64,216(2012)	도로 3.0%	29,76(2012)	대지 2.8%	2,826(2012)	
	22,099(1980)		66,128(1980)		1,399(1980)		1,721(1980)	
전 7.8%	7,796(2012)	답 11.7%	11,690(2012)	하천 2.8%	2,842(2012)	기타 7.8%	7,841(2012)	
	7,775(2004)		12,205(2004)		2,799(2004)		6,763(2004)	
민유지 -2.8	52,689(2012)	국유지 +3.4	24,518(2012)	공유지	도유지 +4.1	2,686(2012) 2,779(2008)		
	52,218(2008)		23,705(2008)		군유지 +4.4	5,051(2013) 4,838(2008)		
법인 +10.7	6,560(2012)	비법인 +1.7	8,339(2012)	기타 -5.2	342(2012)	*기타:외국인,외국공공기관,창씨 등 명의토지		
	5,926		8,197(2008)		361(2008)			

*기타: 과수원,목장용지, 제방, 철도용지, 학교용지, 공장용지, 광천지, 염전, 주유소 용지 등
*민유지:개인명의 토지 *국유지:국가명의 토지 *도유지:특별.광역시 또는 도 명의 토지 *군유지:시.군.구 토지

1) 농업인주택의 의미

농업인이 설치하는 주택의 일반적 정의가 아니고, 농업진흥구역 내에 설치할 수 있는 주택의 범위를 정하는 것이다.(「농지법시행령」 제29조 제4항)

다만, 동 규정은 「농지법시행령」 별표1 제1호(농업진흥지역 밖에 설치하는 농업인주택의 범위) 및 별표2 제16호(농지보전부담금 100% 감면)에 의하여 다음 사항을 결정하는 기준으로도 적용된다.

농지전용신고대상시설의 범위 · 규모등(제36조 관련) 별표1(개정 2013. 12. 30)

시설의 범위	설치자의 범위	규모
1. 농업진흥지역 밖에 설치하는 제29조 제4항에 해당하는 농업인 주택 또는 어업인 주택	제29조 제4항 제1호 각 목의 어느 하나에 해당하는 무주택인 세대의 세대주	세대당 660제곱미터 이하
2. 제29조 제5항 제1호에 해당하는 시설 및 같은 항 제4호에 해당하는 시설 중 농업용시설	제29조 제4항 제1호 각 목의 어느 하나에 해당하는 세대의 세대원인 농업인과 농업법인	· 농업인 : 세대당 1천500제곱미터 이하 · 농업법인 : 법인당 7천제곱미터(농업진흥지역 안의 경우에는 3천300제곱미터) 이하
3. 농업진흥지역 밖에 설치하는 제29조 제5항 제2호 · 제3호에 해당하는 시설 또는 같은 항 제4호에 해당하는 시설 중 축산업용시설	제29조제4항제1호 각 목의 어느 하나에 해당하는 세대의 세대원인 농업인과 농업법인	· 농업인 : 세대당 1천500제곱미터 이하 · 농업법인 : 법인당 7천제곱미터
4. 자기가 생산한 농수산물을 처리하기 위하여 농업진흥지역 밖에 설치하는 집하장 · 선과장 · 판매장 또는 가공공장등 농수산물 유통 · 가공시설(창고 · 관리사 등 필수적인 부대시설을 포함한다)	제29조제4항제1호 각 목의 어느 하나에 해당하는 세대의 세대원인 농업인과 이에 준하는 임 · 어업인세대의 세대원인 임 · 어업인	세대당 3천300제곱미터이하
5. 구성원(조합원)이 생산한 농수산물을 처리하기 위하여 농업진흥지역 밖에 설치하는 집하장 · 선과장 · 판매장 · 창고 또는 가공공장 등 농수산물 유통 · 가공시설	「농업 · 농촌 및 식품산업 기본법」에 따른 생산자단체, 「농어업경영체 육성 및 지원에 관한 법률」에 따른 영농조합법인 및 영농회사법인, 「수산업협동조합법」에 따른 어촌계 · 수산업협동조합 및 그 중앙회 또는 「농어업경영체 육성 및 지원에 관한 법률」 제16조에 따른 영어조합법인	단체당 7천제곱미터 이하
6. 농업진흥지역 밖에 설치하는 법 제32조 제1항 제2호에 해당하는 농업인의 공동생활에 필요한 편의시설 및 이용시설	제한없음	제한없음
7. 제29조제2항제2호에 해당하는 농수산업 관련 시험 · 연구시설	비영리법인	법인당 7천제곱미터(농업진흥지역 안의 경우에는 3천제곱미터) 이하
8. 농업진흥지역 밖에 설치하는 양어장 및 양식장	제29조 제4항 제1호 각 목의 어느 하나에 해당하는 세대의 세대원인 농업인 및 이에 준하는 어업인세대의 세대원인 어업인, 농업법인 및 「농어업경영체 육성 및 지원에 관한 법률」 제16조에 따른 영어조합법인	세대 또는 법인당 1만제곱미터 이하
9. 농업진흥지역 밖에 설치하는 제29조 제5항 제5호에 해당하는 어업용시설 중 양어장 및 양식장을 제외한 시설	제29조 제4항 제1호 각 목의 어느 하나에 해당하는 세대의 세대원인 농업인 및 이에 준하는 어업인세대의 세대원인 어업인, 농업법인 및 「농어업경영체 육성 및 지원에 관한 법률」 제16조에 따른 영어조합법인	세대 또는 법인당 1천500제곱미터 이하

비고 1. 제1호에 해당하는 시설은 해당 설치자가 생애 최초로 설치하는 시설로 한정한다.
    2. 제2호부터 제9호까지에 해당하는 시설에 대하여 규모를 적용할 때에는 해당 시설의 설치자가 농지전용신고일 이전 5년간 그 시설의 부지로 전용한 면적을 합산한다.

농지보전부담금 감면시설 및 감면비율(제52조 관련) (단위 : %) 별표 2 (개정 2013. 12. 30)

시 설 구 분	감 면 비 율	
	농업진흥 지역안	농업진흥 지역밖
1. 국가나 지방자치단체가 공용 목적이나 공공용 목적으로 농지를 전용하는 경우(농지법 제38조 제5항 제1호 관련)		
가. 국가 또는 지방자치단체가 설치하는 제방·사방 등 국토 보존 시설	100	100
나. 국가 또는 지방자치단체가 설치하는 하수종말처리시설·폐수종말처리시설·분뇨처리시설·폐기물처리시설·축산폐수처리시설, 그 밖에 이에 준하는 시설	50	50
다. 국가 또는 지방자치단체가 설치하는 공용·공공용 시설(주된 사업의 부지 안에 설치되는 공용·공공용 시설을 포함한다. 다만, 주된 사업의 농지보전부담금이 감면되는 시설은 제외한다)	50	50
2. 중요 산업 시설을 설치하기 위하여 농지를 전용하는 경우(농지법 제38조 제5항 제2호 관련)		
가. 국가 또는 지방자치단체가 농어촌정비법 제78조에 따라 조성하는 농공단지(수도권정비계획법 제2조제1호에 따른 수도권에 있는 농공단지로 한정한다)	0	100
나. 「산업입지 및 개발에 관한 법률」 제2조 제8호에 따른 산업단지. 다만, 다음의 어느 하나에 해당하는 경우는 제외한다. 1) 택지로 조성하는 경우 2) 「수도권정비계획법」 제2조 제1호에 따른 수도권에 있는 산업단지	0	100
다. 한국전력공사 (「전력산업구조개편 촉진에 관한 법률」에 따라 한국전력공사로부터 분할되어 설립된 신설회사를 포함한다)·한국가스공사·한국지역난방공사·한국석유공사가 시행하는 전원설비·가스공급시설·석유저장시설·송유관·집단에너지시설	50	50
라. 다음의 어느 하나에 해당하는 시설(택지로 조성하는 경우와 이 표의 다른 규정에 따라 감면되는 경우는 제외한다). 다만, 2012년 11월 16일부터 2014년 12월 31일까지 농지전용허가(변경허가의 경우와 다른 법률에 따라 농지전용허가 또는 그 변경허가가 의제되는 경우를 포함한다. 이하 이 표에서 같다)를 신청하거나 농지전용신고(변경신고의 경우와 다른 법률에 따라 농지전용신고 또는 그 변경신고가 의제되는 경우를 포함하며 이하 이 표에서 같다)를 하는 경우로 한정한다. 1) 「경제자유구역의 지정 및 운영에 관한 특별법」 제9조에 따라 실시계획의 승인을 받아 경제자유구역에 설치하는 시설 2) 「기업도시개발 특별법」 제12조에 따라 실시계획의 승인을 받아 기업도시개발구역에 설치하는 시설	0	50

3. 법 제35조 제1항 각 호에 따른 시설이나 그 밖의 시설을 설치하기 위하여 농지를 전용하는 경우
   (법 제38조 제5항 제3호 관련)

가. 법 제32조 제1항 제2호에 따른 농업인의 공동생활에 필요한 편의시설 및 이용시설(농업진흥구역 밖에 설치하는 경우를 포함하며, 나목에 해당하는 시설은 제외한다)	100 (1만㎡ 초과하는 경우 그 초과면적에 대해서는 50으로 한다)	100
나. 법 제35조 제1항 각 호의 시설 중 농지전용신고를 한 시설(다른 법률에 따라 농지전용신고가 의제되는 경우를 포함한다)	100	100
다. 「도로법」 제2조에 따른 도로 및 그 부속물(휴게시설과 대기실을 제외한다)	100	100
라. 「농어촌도로정비법」 제2조 및 제3조에 따른 농어촌도로 및 부속물	100	100
마. 「국토의 계획 및 이용에 관한 법률」 제2조 제6호에 따른 도로	100	100
바. 「산림자원의 조성 및 관리에 관한 법률」 제9조에 따른 임도	100	100

사. 「철도사업법」 제2조 제4호에 따른 사업용 철도 중 다음의 어느 하나에 해당하는 시설
  1) 철도산업발전기본법 제3조 제2호가목부터 라목까지의 규정에 해당하는 철도시설
  2) 철도산업발전기본법 제3조 제2호마목 또는 바목에 해당하는 철도시설
	100
	
	0
		100
		
		50

아. 다음의 어느 하나에 해당하는 도시철도시설
  1) 도시철도법 제3조 제3호 가목부터 다목까지의 규정에 해당하는 도시철도시설
  2) 도시철도법 제3조 제3호 라목 또는 마목에 해당하는 도시철도시설
	100
	
	0
		100
		
		50

자. 댐건설 및 주변지역지원 등에 관한 법률 제2조 제2호에 따른 다목적댐의 제당·수몰지 및 그 부대시설	100	100
차. 중소기업 창업 지원법 제39조의 4조에 따라 제조업을 영위하기 위한 중소기업을 창업(2017년 3월 8일까지 창업하는 경우에만 해당한다)하는 자가 설립하는 공장(농지보전부담금 감면기간은 그 사업을 개시한 날부터 3년 동안으로 한다.	100	100
카. 농어촌 정비법 제59조에 따른 생활환경 정비사업용지	100	100
타. 농어촌정비법 제94조에 따라 지정·고시된 한계농지등 정비지구에 설치하는 같은 법 제92조 각 호의 어느 하나에 따른 시설부지(수도권정비계획법 제2조제1호 또는 지방자치법 제2조 제1항 제1호에 따른 수도권 또는 광역시에 속하지 아니하는 읍·면 지역에 설치하는 시설로 한정한다)	0	100

파. 재난 및 안전관리기본법 제60조 제1항에 따른 특별재해 지역 안에서 재해를 입은 단독주택(건축법 시행령 별표 1제 1호 가목에 따른 단독주택을 말한다)의 경우 그 복구를 위하여 신축, 증축 또는 이축하는 단독주택(부지의 총 면적이 660㎡ 이하로서 시장ㆍ군수ㆍ구청장의 추천이 있는 경우에 한한다)	100	100
하. 초지조성용지	100	100
거. 공용ㆍ공공용시설(주된 사업의 부지 내에 설치하는 공용ㆍ공공용시설을 포함한다)로서 국가 또는 지방자치단체에 당해 시설을 무상으로 증여하고자 설치하는 시설의 용지(주된 사업의 농지보전부담금이 감면되는 시설을 제외한다)	100	100
너. 시행령 제29조 제4항 제1호 각 목의 어느 하나에 해당하는 세대(이에 해당하는 농업진흥구역 밖의 세대를 포함한다)의 세대원인 농업인과 이에 준하는 임ㆍ어업인, 농어업ㆍ농어촌 및 식품산업 기본법에 따른 생산자단체, 농어업경영체 육성 및 지원에 관한 법률에 따른 영농조합법인, 영어조합법인 및 영농회사법인, 어업회사법인, 수산업협동조합법에 따른 어촌계가 설치하는 제29조 제2항 제1호의 농수산물 가공ㆍ처리시설(농업진흥구밖에 설치하는 시설을 포함하며, 나목에 해당하는 시설은 제외한다)	100	100
더. 제29조 제2항 제2호의 농수산업 관련 육종연구를 위한 시험ㆍ연구시설 중 종자산업법 제2조 제1호에 따른 종자, 축산법 제2조제 1호에 따른 가축의 품종개량을 위하여 설치하는 시설(농업진흥구역밖에 설치하는 시설을 포함하며, 나목에 해당하는 시설은 제외한다)	50 (3,300㎡이하인 경우 해당한다)	100
러. 제29조 제4항에 따른 농업인주택과 그에 준하는 어업인주택 (농업진흥구역밖의 설치하는 주택을 포함한다)	100	100
머. 시행령 제29조 제5항에 따른 농업용 시설, 축산업용 시설, 어업용 시설 (농업진흥구역 밖에 설치하는 시설을 포함하며, 나목에 해당하는 시설을 제외한다)	100 (3만㎡를 초과하는 경우 그 초과면적에 대하여는 50으로 한다)	100
버. 시행령 제29조 제4항 제1호 각 목의 어느 하나에 해당하는 세대(이에 해당하는 농업진흥구역 밖의 세대를 포함한다)의 세대원인 농업인과 이에 준하는 임ㆍ어업인, 농어업ㆍ농어촌 및 식품산업 기본법에 따른 생산자단체, 농어업경영체 육성 및 지원에 관한 법률에 따른 영농조합법인 및 영농회사법인이 설치하는 제29조 제7항 제2호의 농수산산지유통시설(농업진흥구역 밖에 설치하는 시설을 포함하며, 나목에 해당하는 시설은 제외한다)	"	100
서. 농기계수리시설	0	50

어. 시행령 제29조 제4항 제1호 각 목의 어느 하나에 해당하는 세대(이에 해당하는 농업진흥구역 밖의 세대를 포함한다)의 세대원인 농업인과 이에 준하는 임·어업인, 농어업·농어촌 및 식품산업 기본법에 따른 생산자단체, 농어업경영체 육성 및 지원에 관한 법률에 따른 영농조합법인, 영어조합법인 및 영농회사법인, 어업회사법인, 수산업협동조합법에 따른 어촌계가 설치하는 제29조 제7항 제4호의 남은 음식물 또는 국내에서 생산된 농수산물의 부산물을 활용하기 위하여 설치하는 유기질 비료 또는 사료의 제조시설(농업진흥구역밖에 설치하는 시설을 포함하며, 나목에 해당하는 시설은 제외한다)	50 (3,300㎡ 이하인 경우에 한한다)	100
저. 산지의 효율적 이용을 촉진하기 위하여 농림축산식품부령으로 정하는 사업으로서 그 부지의 총면적 중 산지관리법 제4조제1항제2호에 따른 준보전산지의 면적이 100분의 50을 초과하는 사업시설	100	100
처. 농어촌정비법 제2조 제16호에 따른 농어촌관광휴양사업의 시설	50	100
커. 농업기계화촉진법 제2조 제1호에 따른 농업기계의 개량발전을 위하여 설치하는 농업기계 시험·연구시설	0	50
터. 국방·군사시설사업에 관한법률 제2조 제1호에 따른 국방·군사시설	50	100
퍼. 항공법 제2조 제8호에 따른 공항시설	50 (수도권 신공항건설사업 중 배후지원단지를 제외한 시설용지의 경우에는 100)	50 (수도권 신공항건설사업 중 배후지원단지를 제외한 시설용지의 경우에는 100)
허. 항만법 제2조 제5호에 따른 항만시설과 어촌 어항법 제2조 제5호에 따른 어항시설	50	50
고. 발전댐·상수도댐의 제당·수물지 및 그 부대시설	50	50
노. 유아교육법, 초·중등교육법 및 고등교육법에 따라 설치하는 국·공립학교 및 평생교육법에 따른 학력인정교육 시설과 농촌(농어업·농어촌및식품산업기본법 제3조 제5호 따른 농촌을 말한다.)에 설치하는 사립학교	100	100
도. 수목원 조성 및 진흥에 관한 법률 제2조 제1호에 따른 수목원	50	50
로. 비영리법인이 농촌에 설치·운영하는 의료법 또는 사회복지사업법에 따른 의료기관 또는 사회복지시설	0	100
모. 농촌에서 설치·운영하는 영유아보육법 제10조제5호 및 제6호에 따른 부무협동어린이집과 민간어린이집	50	50

보. 제주특별자치도 설치 및 국제자유도시 조성을 위한 특별법 제217조에 따른 제주투자 진흥지구 안에 설치하는 시설 및 같은 법 제222조 제1항에 따른 종합계획에 따라 농지보전부담금을 감면하기로 한 골프장건설사업용지	50	50
소. 수도권정비계획법 제2조 제1호 또는 지방자치법 제2조 제1항 제1호에 따른 수도권 또는 광역시에 속하지 않는 읍·면 지역에 설치하는 관광진흥법 제2조에 따른 관광지 및 관광단지. 다만, 2012년 11월 16일부터 2014년 12월 31일까지 농지전용허가를 신청하거나 농지전용신고를 하는 경우로 한정한다.	0	100
오. 수도권정비계획법 제2조 제1호 또는 지방자치법 제2조 제1항 제1호에 따른 수도권 또는 광역시에 속하지 않는 읍·면 지역에 설치하는 관광진흥법 제3조에 따른 관광사업의 시설용지, 체육시설의 설치·이용에 관한 법률 시행령 별표 1에 따른 체육시설. 다만, 2012년 11월 16일부터 2014년 12월 31일까지 농지전용허가를 신청하거나 농지전용신고를 하는 경우로 한정한다.	0	50
조. 신행정수도 후속대책을 위한 연기·공주지역 행정중심복합도시 건설을 위한 특별법 제21조에 따라 실시계획의 승인을 받아 행정중심복합도시예정지역 안에 설치하는 시설로서 별표 2의 다른 규정에 따라 감면되는 시설이 아닌 시설(택지로 조성하는 경우를 제외한다)	0	50
초. 공공기관의 운영에 관한 법률 부칙 제5조 제3항 제1호에 따른 공기업, 지방공기업법에 따른 지방직영기업·지방공사 및 지방공단 또는 사회기반시설에 대한 민간투자법 제2조 제7호에 따른 사업시행자가 설치하는 같은 조 제1호사목·아목·차목 또는 타목부터거목까지의 시설	50	50
코. 국가시책에 딸라 석탄생산을 촉진하는 석탄산업법 제2조에 따른 석탄광업자가 설치하는 석탄광산근로자사택 및 복지후생시설	0	50
토. 국가·지방자치단체 또는 산업재해보상보험법에 의한 근로복지공단이 설치하는 근로복지시설	0	50
포. 국가유공자 등 예우 및 지원에 관한 법률 제4조에 따른 국가유공자의 자활용사촌의 주택 및 복지공장용지	0	50
호. 산림자원의 조성 및 관리에 관한 법률 제2조 제1호에 따른 산림(농림축산식품부장관이 정하여 고시하는 기준에 적합한 경우에만 해당한다)	0	100
구. 임대주택법 제16조 제1항 제1호 또는 제2호에 따른 임대의무기간 이상인 건설임대주택의 사업용지. 다만, 2012년 11월 16일부터 2014년 12월 31일까지 농지전용허가를 신청하거나 농지전용신고를 하는 경우로 한정한다.		100 (수도권정비 계획법 제2조제 1호의 규정에 의한 수도권의 경우에는 50 으로 한다)

누. 공공기관 지방 이전에 따른 혁신도시 건설 및 지원에 관한 특별법 제12조에 따라 실시계획의 승인을 받아 혁신도시 개발예정지구안에 설치하는 시설로서 별표2의 다른 규정에 따라 감면되는 시설이 아닌 시설(택지로 조성하는 경우를 제외한다)		0	50
두. 기업이 소기업 및 소상공인지원을 위한 특별조치법 제4조 제2항에 따라 신·증축 또는 이전하려는 공장과 같은 법에 따라 조성하는 국가산업단지,일반산업단지,도시첨단산업단지 또는 농공단지(각 단지는 소기업을 100분의 50이상 유치하는 것이어야 한다)		100	100
루. 문화재보호법에 따른 문화재의 보존·정비 및 활용사업 시설. 다만, 2009년 11월 28일부터 2012년 12월 31일까지 농지전용허가를 신청하거나 농지전용신고를 하는 것으로 한정한다.		100	100
무. 식물원의 부대시설. 다만, 2009년 11월 28일부터 2012년 12월 31일까지 농지전용허가를 신청하거나 농지전용신고를 하는 경우로 한정한다.		50	50
부. 건축면적 33㎡ 이하의 주말·체험영농주택(농림축산식품부장관이 정하여 고시하는 기준에 적합한 경우에만 해당한다.) 다만, 2009년 11월 28일부터 2012년 12월 31일까지 농지전용허가를 신청하거나 농지전용신고를 하는 경우로 한정한다.		0	50
수. 학교용지 확보 등에 관한 특례법 제4조 제3항 제1호에 따라 공급하는 다음 각 목의 어느 하나의 경우에 해당하는 학교용지. 다만, 2009년 11월 28일부터 2012년 12월 31일까지 농지전용허가를 신청하거나 농지전용신고를 하는 경우로 한정한다. 　가. 무상으로 공급하는 경우 　나. 학교용지 조성원가의 100분의 50 또는 100분의 70으로 공급하는 경우		0 0	100 50
우. 전통사찰의 보전 및 지원에 관한 법률 제4조 제2항에 따라 지정된 전통사찰이 같은 법 제2조제4호에 따른 문화유산 중 유형문화유산을 보존 관리 활용하기 위하여 문화체육관광부장관의 추천을 받아 설치하는 시설과 진입로 등 부대시설. 다만 2014년 1월 1일부터 2015년 12월 31일까지 농지전용허가를 신청하거나 농지전용신고를 하는 경우로 한정한다.		0	100

비고　1. 제3호 너목·더목·머목·버목·어목에 해당하는 시설의 감면기준면적을 적용할 때에는 해당 시설의 설치자가 농지전용허가신청일·농지전용신고일(다른 법률에 따라 농지전용허가 또는 농지전용신고가 의제되는 인가·허가·승인 등의 경우 그 인가·허가·승인 등의 신청일을 말한다) 이전 5년간 그 시설의 부지로 전용한 면적을 합산한 것으로 한다.

　　　2. 같은 부지 안에 감면비율이 서로 다른 시설을 함께 설치하는 경우로서 그 시설별 농지전용면적이 구분되지 아니하는 때에는 다음 산식에 따라 산정된 면적을 각 시설의 농지전용면적으로 한다.

▷ 농지전용신고 대상에 해당 되는지의 여부(허가 처리와는 구별)
▷ 농어업인주택 부지로 전용 신청자가 갖추어야 할 조건
- 농어업인 1인 이상으로 구성되는 농업, 임업 또는 축산업을 영위하는 세대로서
  - 해당 세대의 농·임·축산업 또는 수산업에 의한 수입액이 연간 총수입액의 2분의 1을 초과하는 세대주이거나
  - 해당 세대원의 노동력의 2분의 1 이상으로 농·임·축산업 또는 수산업을 영위하는 세대의 세대주가 설치하는 것일 것
- 해당 세대의 농업.임업.축산업 또는 수산업의 경영의 근거가 되는 농지, 산림, 축사, 어장 등이 소재하는 시, 구, 읍, 면 또는 이에 연접한 시, 구, 읍, 면 지역에 설치할 것.

▷ 전용신고 할 수 있는 조건
- 무주택 세대주로 농업진흥지역 밖에 설치하고자 할 경우에 한함.
  - 현재 무주택 세대주라고 하더라도 당해 세대주 명의로 설치하는 최초의 시설일 것.
  - 무주택자가 농업진흥지역 안에 설치하고자 할 경우에는 농지전용허가를 받아야 하고.
  - 유주택자가 농업진흥지역안이나 밖에 설치하고자 할 경우에는 모두 농지전용허가를 받아야 함. [관련근거 : 농지법시행령 제29조 4항]

▷ 농업인주택의 시설 기준
장기간 독립된 주거생활을 영위할 수 있는 구조로 된 건축물 및 그 건축물에 부속한 창고, 축사 등 농·임·축산업을 영위하는데 필요한 시설(ex:축사시설부지)

▷ 농어업인주택의 부지 면적 기준
그 부지(농지 면적이 아님에 유의)의 총면적이 660㎡ 이하이고, 해당 세대주가 그 전용

허가(협의) 신청일 이전 5년간 농어업인 주택부지로 전용한 농지면적(부지면적이 아님)을 합산한 면적이 660㎡ 이하 일 것.

▷ 농지보전부담금 부과 여부
농어업인주택 부지로 전용할 경우 신고나 허가(협의) 모두 전액 감면

▷ 농업인 주택의 사후관리
- 농업인주택으로 사용된 지 5년 이내에 일반주택 등으로 사용하거나 비농업인 등에게 매도하고자 할 경우에는 「농지법 시행령」 제59조의 규정에 의거 용도변경 승인을 받아야함. 다만, 농업진흥지역 내에서는 행위제한 규정(기간이 경과하여도 일반주택으로 용도 변경 안 됨)에 저촉되지 않아야 함.
- 용도변경 승인이 가능할 경우에는 용도변경승인을 신청하는 자가 감면되었던 농지보전 부담금 납부

☞ Q & A

Q. 유주택자가 농업인 주택을 지을 수 있는지?

A. 유주택자라 하더라도 「농지법 시행령」 제29조 제4항에서 규정한 농업인세대의 세대주에 해당되는 경우에는 허가받고 농업인주택을 지을 수 있으며 농지조성비 및 전용 부담금은 전액 감면함.

단, 유주택자가 농업인주택을 전용허가 신청할 경우 설치하고자 하는 시설의 규모, 용도 및 지역여건을 참작할 때 전용하고자 하는 농지가 전용목적사업에 적합하게 이용될 수 있는지의 여부 등 「농지법 시행령」 제33조 제1항의 규정에 따른 심사기준에 의거 심사하여 적합할 경우에 한하여 허가.

Q. 진입도로의 처리방법은?

A. 진입도로가 농업인주택의 부대시설에 포함될 경우에는 동 진입도로 부지를 포

함한 농업인주택 부지면적의 합이 660㎡를 초과하지 않아야 하며, 농지보전부담금은 진입도로 부지에 대해서도 감면

Q. 시·구·읍·면이란?
A. 농업인주택은 농지·산림·축사 등이 소재하는 시·구·읍·면 또는 이와 연접한 시·구·읍·면에 설치하여야 하는바 "시" 라 함은 구를 두지 아니한 시를 말하며 도농복합형태의 시에 있어서는 동(洞) 지역에 한하며 "구" 라 함은 자치구의 구를 말하며 도농복합형태의 시의 구에 있어서는 동(洞) 지역에 한함

Q. 귀농인이 농업인 주택을 지을 수 있는가?
A. 귀농인의 경우 농지(가축 등)구입 및 재배작물 식부형태(가축사육규모 등)등을 감안하여 현재 농업인의 정의에 부합하고 (「농지법 시행령」 제3조). 향후 1년이내 농업등에 의한 소득 또는 농업등에 투입하는 노동력이 「농지법 시행령」 제29조 제4항의 규정에 명백히 적합하다고 판단될 경우에는 농업인주택을 신청할 수 있음

Q. 농업인주택을 용도변경승인 없이 비농업인에게 매매하였을 경우 처리방법은?
A. 농업인 주택을 비농업인에게 매매하여 일반주택으로 사용코자 할 우에는 사전에 용도변경승인을 받아야 하고 용도변경승인을 신청해야 하는 자가 감면된 농지보전부담금을 정산·납부하여야 하며, 용도변경승인을 하지 않은 때에는 매수자가 비농업인이라는 사실을 매도인이 인지했을 경우 매도인에게 원상복구 및 고발조치등을 당할 수 있음
농업인주택 부지로 농지전용신고, 허가 등을 할 때에 당해 주택은 농업인주택 용도로 사용하여야 하며 농업인주택으로 사용코자 할 경우에는 용도변경승인을 받아야 함을 허가조건으로 명시하여(농업진흥구역내에서는 일반주택으로의 용도 변경 불가) 불법적으로 비농업인에게 매매되지 않도록 고지하여 매매에 임하여야 할 것임

농지의 세부 종류

1. 전, 답, 과수원

농지의 종류는 지목상으로 전, 답, 과수원으로 나뉜다. 용도지역상으로는 농업진흥지역 (진흥구역과 보호구역) 내 농지와 농업진흥지역 밖 농지로 분류된다. 전, 답, 과수원 등의 농지지목 간에는 자유롭게 지목변경을 할 수 있다.

2. 사실상 농지

지목이 반드시 전, 답, 과수원이 아니더라도 실제로 농작물을 경작하거나 다년생 식물을 재배하는 토지를 '현황농지' 혹은 '사실상 농지'라 하여 농지법의 적용을 받는다.

3. 한계농지

농업진흥지역 밖의 농지로서 영농조건이 불리하여 생산성이 낮은 농지를 이른다. 최상 단부에서 최하단부까지 평균 경사율이 15% 이상이거나 집단화된 농지의 규모가 2만㎡ (6천50평) 미만인 농지와 광업법에 따른 광업권의 존석기간이 끝났거나 광업권이 취소된 광구의 인근지역 농지로 토양오염 등으로 인하여 농업목적으로 사용하기에 부적당한 농지를 말한다.

4. 주말농장

주말농장도 농지인데 정확히 '주말체험영농목적의 농지' 라고 한다. 흔히 도시 외곽에서 17~33㎡(5~10평)씩 1년간 텃밭용으로 임대분양해 주는 것을 말한다. 임야나 목장용지는 주말농장이 될 수 없다.

1. 농지법상 농지

제2조(농지의 범위) ① 「농지법」(이하 "법"이라 한다) 제2조 제1호가목 본문에 따른 다년생식물 재배지는 다음 각 호의 어느 하나에 해당하는 식물의 재배지로 한다. 〈개

정 2009.11.26〉
1. 목초·종묘·인삼·약초·잔디 및 조림용 묘목
2. 과수·뽕나무·유실수 그 밖의 생육기간이 2년 이상인 식물
3. 조경 또는 관상용 수목과 그 묘목(조경목적으로 식재한 것을 제외한다)

② 법 제2조 제1호 가목 단서에서 "「초지법」에 따라 조성된 토지 등 대통령령으로 정하는 토지"란 다음 각 호의 토지를 말한다. 〈개정 2009.12.14〉

1. 「측량·수로조사 및 지적에 관한 법률」에 따른 지목이 전·답, 과수원이 아닌 토지로서 농작물 경작지 또는 제1항 각 호에 따른 다년생식물 재배지로 계속하여 이용되는 기간이 3년 미만인 토지
2. 「측량·수로조사 및 지적에 관한 법률」에 따른 지목이 임야인 토지(제1호에 해당하는 토지를 제외한다)로서 그 형질을 변경하지 아니하고 제1항 제2호 또는 제3호에 따른 다년생식물의 재배에 이용되는 토지
3. 「초지법」에 따라 조성된 초지

③ 법 제2조 제1호 나목에서 "대통령령으로 정하는 시설"이란 다음 각 호의 구분에 따른 시설을 말한다. 〈개정 2008.2.29, 2009.11.26, 2012.7.10〉

1. 법 제2조 제1호 가목의 토지의 개량시설로서 다음 각 목의 어느 하나에 해당하는 시설
   가. 유지(溜池), 양·배수시설, 수로, 농로, 제방
   나. 그 밖에 농지의 보전이나 이용에 필요한 시설로서 농림수산식품부령으로 정하는 시설
2. 법 제2조 제1호 가목의 토지에 설치하는 농축산물 생산시설로서 농작물 경작지 또는 제1항 각 호의 다년생식물의 재배지에 설치한 다음 각 목의 어느 하나에 해당하는 시설
   가. 고정식온실·버섯재배사 및 비닐하우스와 그 부속시설
   나. 축사·곤충사육사와 농림수산식품부령으로 정하는 그 부속시설
   다. 농막·간이저온저장고·간이퇴비장 또는 간이액비저장조

제3조(농업인의 범위) 법 제2조 제2호에서 "대통령령으로 정하는 자"란 다음 각 호의 어느 하나에 해당하는 자를 말한다. 〈개정 2008.2.29, 2009.11.26, 2013.3.23〉

1. 1천제곱미터 이상의 농지에서 농작물 또는 다년생식물을 경작 또는 재배하거나 1년 중 90일 이상 농업에 종사하는 자
2. 농지에 330제곱미터 이상의 고정식온실·버섯재배사·비닐하우스, 그 밖의 농림수산식품부령으로 정하는 농업생산에 필요한 시설을 설치하여 농작물 또는 다년생식 물을 경작 또는 재배하는 자
3. 대가축 2두, 중가축 10두, 소가축 100두, 가금 1천수 또는 꿀벌 10군 이상을 사육하거나 1년 중 120일 이상 축산업에 종사하는 자
4. 농업경영을 통한 농산물의 연간 판매액이 120만원 이상인 자

2. 농어업.농어촌 및 식품산업 기본법상의 농업인이란?

1. 1천 제곱미터 이상의 농지 (「농어촌정비법」 제98조에 따라 비농업인이 분양받거나 임대받은 농어촌 주택 등에 부속된 농지는 제외한다)를 경영하거나 경작하는 사람
2. 농업경영을 통한 농산물의 연간 판매액이 120만원 이상인 사람
3. 1년 중 90일 이상 농업에 종사하는 사람
4. 「농어업경영체 육성 및 지원에 관한 법률」 제16조 제1항에 따라 설립된 영농조합법인의 농산물 출하·유통·가공·수출활동에 1년 이상 계속하여 고용된 사람
5. 「농어업경영체 육성 및 지원에 관한 법률」 제19조 제1항에 따라 설립된 농업회사법인의 농산물 유통·가공·판매활동에 1년 이상 계속하여 고용된 사람

3. 농어업경영체 육성 및 지원에 관한 법률상에서의 농업인이란

"농업인"이란 「농어업·농어촌 및 식품산업 기본법」 제3조 제2호 가목에 따른 농업인을 말한다.

※즉 위에 있는 2조항과 동일 하다.

4. 농업인확인서발급규정 제4조(농업인확인방법)에서의 농업인은?

1. 법 시행령 제3조 제1항 제1호의 농업인 기준은 다음 각 목의 어느 하나를 충족한 경우

가. 「농지법」 제50조에 따라 1천제곱미터 이상의 농지(별표 1을 충족하여야 한다. 이하 같다.)에 대한 농지원부등본을 교부받아 제출한 사람

나. 「농지법」 제20조에 따라 1천제곱미터 이상의 농지에 대한 대리경작자지정통지서를 제출한 사람

다. 「농지법」 제23조 및 제24조에 따라 1천제곱미터 이상의 농지에 대한 임대차계약 또는 사용대차계약을 체결하고 서면 계약서를 제출한 사람

라. 가목과 나목, 가목과 다목, 가목·나목·다목 및 나목과 다목에 따른 각 농지의 합계가 1천제곱미터 이상인 사람

마. 기타 다음의 요건을 충족한 사람

(1) 신청인의 주소지(주민등록표상 주소를 말한다) 또는 농지의 소재지를 관할하는 읍·면.동장이 법 시행령 제3조 제1항 제1호의 농업인임을 별지 제2호 서식으로 확인한 경우

2. 법 시행령 제3조 제1항 제2호의 농업인 기준은 다음 각 목의 어느 하나를 충족한 경우

가. 다음의 자와 연간 120만원 이상의 농산물(법 시행령 제5조의 농산물을 말한다. 이하 같다) 판매계약을 체결하고 서면 계약서를 제출한 사람

(1) 「농수산물유통 및 가격안정에 관한 법률」 제2조에 규정된 도매시장법인·시장도매인·중도매인·매매참가인·산지유통인 및 농수산물종합유통센터

(2) 「축산물가공처리법」 제22조·제24조 및 제26조에 따라 영 업을 허가받거나 신고·승계한 자

(3) 「축산법」 제34조에 따라 개설된 가축시장을 통하여 가축을 구매하는 자

(4) 「농업·농촌 및 식품산업 기본법(이하 "법"이라 한다)」 제3조 제4호의 생산자단체

(이고시에서 생산자단체는 이를 말한다)

⑸ 「유통산업발전법」 제8조 및 같은 법 시행규칙 제5조에 따라 등록하여 영업을 개시한 대규모점포 개설 법인

나. 「산지관리법」 제4조 제1항 제1호의 보전산지에서 육림업(자연휴양림·자연수목원의 조성·관리·운영업을 포함한다), 임산물 생산·채취업 및 임업용 종자·묘목 재배업을 다음의 기준 중 어느 하나에 따라 경영하는 사람

⑴ 대추나무·호두나무 : 1천제곱미터이상

⑵ 밤나무 : 5천제곱미터이상

⑶ 잣나무 : 1만제곱미터이상

⑷ 연간 표고자목(표고資木) : 20세제곱미터이상

⑸ 산림용 종자 묘목생산업자 : 「산림자원의 조성 및 관리에 관한 법률」 제16조 제1항 및 같은 법 시행령 제12조 제1항 제1호에 따라 등록된 자

⑹ 조경수 또는 분재소재를 생산하거나 산나물, 야생버섯 등 산림부산물을 재배하는자 : 3백제곱미터 이상의 포지(圃地)를 확보

⑺ ⑴에서 ⑹까지 이외 목본 및 초본식물 : 30,000제곱미터 이상

다. 기타 다음의 요건 중 어느 하나를 충족한 사람

⑴ 330제곱미터 이상의 농지에 고정식온실·버섯재배사·비닐하우스의 시설을 설치하여 식량, 채소, 과실, 화훼, 특용·약용작물, 버섯, 양잠 및 종자·묘목(임업용은 제외한다)을 재배하는 사람

⑵ 660제곱미터 이상의 농지에 채소, 과실, 화훼작물(임업용은 제외한다)을 재배하는 사람

⑶ 330제곱미터 이상의 농지에 「농지법 시행규칙」 제3조에 규정된 축사 관련 부속시설을 설치하여 별표 2 기준 이상의 가축규모나 별표 3 기준 이상의 가축사육시설면적에 별표 2 기준 이상의 가축을 사육하는 사람

⑷ 기타 신청인의 주소지(주민등록표상 주소를 말한다) 또는 토지의 소재지를 관할하는 읍·면 동장장이 법 시행령 제3조 제1항 제2호의 농업인임을 별지 제2호 서식으로 확인한 경우

3. 법 시행령 제3조 제1항 제3호의 농업인 기준은 다음 각 목의 어느하나를 충족한 경우

가. 가족원인 농업종사자로서 다음의 요건을 모두 충족한 사람

　(1) 제1호에서 제2호까지의 농업인 충족기준 중 어느 하나에 해당되는 농업인(이하 "농업경영주"라 한다)의 가족원으로서 주민등록표에 함께 등록된 사람

　(2) (1)의 농업경영주의 주소가 법 제3조 제5호의 농촌이나 법 제62조의 준농촌에 위치하고 농업경영주와 가족원인 농업종사자가 실제 함께 거주하는 사람

　(3) 「국민연금법」 제9조의 지역가입자이거나 제10조의 임의가입자 (「국민연금법」 제13조 제1항의 임의계속가입자 중 지역임의계속가입자를 포함한다) 또는 「국민건강보험법」 제6조 제3항의 지역가입자

나. 가족원이 아닌 농업종사자의 경우에는 농업경영주와 1년 중 90일 이상 농업경영이나 농지경작활동의 고용인으로 종사한다는 고용계약을 체결하고 서면 계약서를 제출한 사람

다. 기타 다음의 요건을 충족한 사람

　(1) 신청인의 주소지(주민등록표상 주소를 말한다) 또는 토지의 소재지를 관할하는 읍·면 동장이 법 시행령 제3조 제1항 제3호의 농업인임을 별지 제2호서식으로 확인한 경우

4. 법 시행령 제3조 제1항 제4호 및 제5호의 농업인 기준은 다음 각목의 어느 하나를 충족한 경우

가. 법 제28조 제1항에 따라 설립된 영농조합법인의 농업 생산 및 농산물 출하·가공·수출 활동에 고용된 사람이 1년 이상(계속 종사를 말한다)의 고용계약을 체결하고 서면 계약서를 제출한 사람

나. 법 제29조 제1항에 따라 농업회사법인의 농업 생산 및 농산물의 유통·가공·판매활동에 고용된 사람이 1년 이상(계속 종사를 말한다)의 고용계약을 체결하고 서면 계약서를 제출한 사람

5. 조세특례제한법에서의 재촌자경에 대하여는(농업인으로 보는 것)

1. 재촌이란

   가. 농지가 소재하는 시·군·구(자치구인 구를 말한다. 이하 이 항에서 같다) 안의 지역

   나. 제1호의 지역과 연접한 시·군·구 안의 지역

   다. 해당 농지로부터 직선거리 20킬로미터 이내의 지역

2. 직접 경작"이라 함은

   거주자가 그 소유농지에서 농작물의 경작 또는 다년성 식물의 재배에 상시 종사하거나 농작업의 2분의 1 이상을 자기의 노동력에 의하여 경작 또는 재배하는 것을 말한다

6. 조세특례제한법에서의 재촌자경에 대하여는(농업인으로 보는 것)

1. 농지취득자격증명

1) 농지취득자격증명의 발급자

   농지취득자격증명의 발급자는 농지의 소재지를 관할하는 "시·구·읍·면의 장"이다.

2) 농지취득 자격증명 발급대상자

   가. 농업인 또는 농업인이 되고자 하는 자

   나. 농업법인

   다. 「초·중등교육법」 및 「고등교육법」에 의한 학교 및 「농지법시행규칙」 별표2에 규정된 공공단체 등(특·광역시장, 도지사로부터 농지취득인정서를 발급 받은 경우)

   라. 주말·체험영농을 하고자 하는 농업인이 아닌 개인

   마. 농지전용허가를 받거나 농지전용신고를 한 자(당해 농지를 취득하는 경우에 한함)

   바. 「한국농어촌공사 및 농지관리기금법」 제24조 제2항의 규정에 의한 농지의 개발사업지구안에서 한국농촌공사가 개발하여 매도하는 다음 각목의 1에 해당하는 농지를 취득하는 자

   ※ 도·농간의 교류촉진을 위한 1천500제곱미터 미만의 농원부지

※ 농어촌관광휴양지에 포함된 1천500제곱미터미만의 농지

사. 한계농지등의 정비사업시행자로부터 1천500제곱미터 미만의 농지를 분양받는 자

※ 주말·체험영농 : 농업인이 아닌 개인이 주말 등을 이용하여 취미 또는 여가활동으로 농작물을 경작하거나 다년성식물을 재배하는 것으로 지목(전,답,과수원)이나 재배 작물(채소,벼,과수 등)에 관계없음

3) 신청

농지취득자격 증명을 발급 받고자 하는 자는 신청서와 농업경영계획서를 작성하여 당해 농지의 소재지를 관할하는 시·구·읍·면장에게 발급 신청 (주말·체험영농 목적은 농업경영계획서를 작성하지 않음)

※ 토지거래허가구역에서 매매, 판결, 공매(농·취 또는 허가)인 경우 토지거래허가 대상(농지취득자격증명을 발급 받지 않음)

처리기간 : 접수일로부터 4일(주말체험영농, 농지전용, 시험 연구 목적 : 2일)

신청시 첨부 서류(수수료 : 수입증지 1,000원)

  ① 농지취득자격증명 신청서,

  ② 농업경영계획서(☞ 농지를 농업경영목적으로 취득하는 경우에 한 함)

  ③ 농지취득인정서(농지법 제6조 제2항 제2호의 규정에 해당하는 경우)

※ 초·중등교육법에 의한 학교, 농지법시행규칙 별표2의 공공단체, 농업연구기관, 농업생산자단체 또는 종묘 기타 농업기자재를 생산하는 자가 그 목적사업을 수행하기 위하여 필요로 하는 실험.연구.실습지 또는 종묘생산용지로 농지법시행 규칙이 정하는 바에 의하여 농지를 취득하여 소유하는 경우

  ④ 농지임대차(사용대)계약서(농업경영을 하지 아니하는 자가 취득하고자 하는 농지의 면적이 영 제7조제2항제5호 각 목의 어느 하나에 해당하지 아니하는 경우에 한정한다)

  ⑤ 농지전용허가(다른 법률에 따라 농지전용허가가 의제되는 인가 또는 승인 등을 포함한다)를 받거나 농지전용신고를 한 사실을 입증하는 서류(농지를 전용목적으로 취득하는 경우에 한정한다)

4) 확인사항

⑴ 취득대상 농지의 면적

① 신규로 농업경영을 하고자 할 경우시설(고정식온실, 버섯재배사, 비닐하우스)이 설치되어 있거나 설치하고자 하는 농지 → 330㎡ 이상 시설을 설치하지 않는 일반농지(벼농사, 밭농사 등) : 1,000㎡ 이상

※취득면적이 1,000㎡ 미만일 경우 기 보유 면적이나 임차면적을 포함하여 농업경영에 이용하는 농지 면적이 1,000㎡ 이상이면 취득 가능

② 기존에 농지원부가 있는 농가는 최소면적 제한 없음.

③ 농업인이 아닌 개인이 주말·체험영농 목적으로 이용하고자 농지를 취득하고자 하는 경우에는 신청 당시 소유하고 있는 농지의 면적에 취득하고자 하는 농지의 면적을 합한 면적이 1,000㎡미만일 것.

(이 경우 면적의 계산은 그 세대원 전부가 소유하는 총면적으로 한다)

⑵ 취득대상 농지를 농업경영에 이용하기 위한 노동력 및 농업기계·장비 등의 확보여부 또는 확보방안

⑶ 소유농지의 이용실태(농지를 소유하고 있는 자의 경우에 한한다)

→ 소유농지의 전부를 타인에게 임대 또는 사용대하거나 농작업의 전부를 위탁하여 경영하고 있는지 여부(농지원부로 확인).

⑷ 경작 또는 재배하고자 하는 농작물 또는 다년생식물의 종류

⑸ 농작물의 경작 또는 다년성식물의 재배지 등으로 이용되고 있지 아니하는 농지의 경우에는 농지의 복구가능성 등 취득대상 토지의 상태

→ 지목상 농지이나 현재 타용도로 사용되고 있어 복구 계획이 필요한 경우 농업경영계획서 특기사항 란에 복구계획서를 포함한 영농계획서를 구체적으로 작성 제출

⑹ 신청자의 연령·신체적인 조건·직업 또는 거주지 등 영농여건

⑺ 신청자의 영농의지

5) 등기 시 유효기간

토지거래허가증은 별도의 유효기간이 정해져 있지 않으나 등기관이 일반원칙에 의하여 너무 오래(3월이상) 되었다고 판단(의심)할 경우 재발급 신청하라 할 수 있음.
관련근거 : 「농지법」 제8조. 농지취득자격증명발급심사요령(농림수산식품부예규2호)

구 분		개 념	토지규제
농업진흥지역	농업진흥구역	농업진흥을 도모하는 지역으로서 농지가 집단화되어 농업목적으로 이용하는 것이 필요한 지역	공익적 규정을 제외하고 토지를 1차적 목적으로만 이용가능(농업인 주택 신축 가능)
	농림보호구역	농업진흥구역의 용수원 확보, 수질 보전 등 농업환경을 보호하기 위해 필요한 지역	토지를 1차적 목적이 원칙이지만 제한적 개발을 허용(일반주택 신축 가능)
농업진흥지역 외 농지		농업진흥지역 이외의 농지	농지법에서 예외적으로 정하는 사항을 제외하고 용도지역에 따라 토지를 2·3차 목적으로 개발 가능

농지가치=인근 대지가격 − (전용비용 + 인허가 리스트 비용)

⇒ 농지투자 가치 산정
인근 대지가격 = 농지가격 + 전용비용 + 인허가 리스크 비용 농지가격 = 인근농지가격 − 전용비용 − 인허가 리스크 프리미엄 농지대입가격 = 인근대지가격 − (농지전용부담금 + 토목공사비) − 인허가 리스크 비용

⇒ 농지를 대지로 전용할 때 고려할 점	
인허가 위험	허가대상이므로 적법요건을 갖추어도 허가 나지 않을 위험성도 있다. 농지의 분류별 위험율은 농업진흥구역농지 〉 농업보호구역 농지 〉 농업진흥지역 외 농지
농지전용부담금	공시지가 × 30%(최고한도 50,000/㎡)
토목공사비	대지조성 토목공사비 등 제비용(절토, 성토, 옹벽축조, 도로개설 등)
【수도권 인근 농지 경매 입찰가 산정 방식 참조】	

⇒ 수도권인근 농지의 효율비율 산출

구분		효율비용	비고
농업진흥지역	농업진흥구역	30%	본 비율은 대상지의 지역요인(입지)이나 개별요인(면적 등)에 따라 가감될 수 있으며 개인산출 자료이니 참조자료로만 활용
	농업보호구역	40%	
농업진흥지역 외 지역		60%	

사례 1) 경매물건 농지가 농업진흥지역의 농업진흥구역 농지이며 감정가는 평당 30만원, 금차 법사가 평당 22만 원이며 인근지역 유사거래 사례가 없고 유사한 인근지역 전원주택의 대지가격이 평당 80만 원이다.

　투자농지 입찰 매입가를 산정해 보면
　투자가치 = 인근지역 대지가격(평) × 효용비율
　　　　　　80만원(평)　　　× 30%
　　　　　= 24만원(평)

☞ 위험율 감한 투자 상한가격은 평당 24만 원 법사가는 22만 원이라면 입찰시점

사례2) 경매물건 농지가 농업진흥지역의 농업보호구역 농지이며 1,000평 감정가는 평당 60만원이고 인근지역 공장부지들이 평당 100만원 거래되고 금차 법사가는 평당 55만원 이다.
　　투자가치 = 인근지역 대지가격 100(평당) × 효용비용 40%
　　　　　　= 40만원 평당

☞ 위험율 감한 투자 상한가격은 평당 40만 원 법사가는 55만 원이라면 유찰시점

농지전용이란?

농지를 농작물의 경작 · 다년생 식물의 재배 · 가축사육 등 농업생산 또는 농지개량 외의 목적으로 사용하는 것을 말함

1. 농지전용 허가 처리 과정

   농지전용허가 신청서 작성 → 농지전용 허가 심사 → 허가통보

2. 농지전용협의

   타법(「건축법」·「국토의계획 및 이용에 관한 법」)에 따라 의제 처리되므로 건축허가나 개발행위허가(토지형질변경허가)를 신청하면 시·군·구에서 협의 처리하여 별도 허가가 필요 없음

3. 농지전용하기 위하여 확인해야 할 사항(건축허가 기준)

   ☞ 토지이용계획확인서 확인

▶ 「농지법」 상 확인 사항

• 「농지법」 상 농지구분(농업진흥지역, 농업진흥지역 밖)

※ 농업진흥지역은 농업의 진흥을 도모하기 위하여 일정 규모로 농지가 집단화되어 농업목적으로 이용 되는 것이 필요한 지역이므로 농지전용 할 수 있는 행위가 정해져 있음

• 「국토의 계획 및 이용에 관한 법률」에 의한 도시지역·계획관리지역 및 개발진흥지구안의 농지를 제외한 지역으로서 농지

▶ 전용 허가제한 시설인지 여부

※ 관리지역은 계획관리지역이 아니므로 세분화되기 전까지는 허가제한 대상시설 여부를 심사하여야 하고 건폐율40%, 용적율80% 적용.)

• 농업의 진흥이나 농지의 보전을 저해할 우려가 있는 시설로서 대통령령이 정하는 시설(「농지법 시행령」 제44조 제3항)

- 전용하고자 하는 농지가 전용 목적사업에 적합하게 이용될 수 있는지 여부
- 전용하고자 하는 농지의 면적이 전용목적사업의 실현을 위하여 적정한 면적인지 여부
- 전용하고자 하는 농지가 농업생산기반이 정비되어 있거나 집단화되어 있어 농지로서 보전가치가 있는지 여부
- 전용으로 인하여 인근 농지에 피해가 예상되는지 여부(배수·통풍·일조 등)
- 전용으로 인근농지의 잠식우려가 있는지 여부
- 전용으로 인하여 농수산업 또는 농어촌 생활환경에 미치는 영향이 있는지 여부
- 사업계획 및 자금조달계획이 적정한지 여부
- 관련법 : 「농지법」 제34조, 「농지법」 제35조, 「농지법」 제37조, 동법시행령 29조, 시행령 제32조, 시행령 제33조, 시행령 제44조

▶ 「건축법」 확인

- 건축허가 및 신고 (「건축법」 제11조, 제14조)
- 진입 도로 확인

  ※ "도로"라 함은 보행 및 자동차 통행이 가능한 너비 4m 이상의 도로

  ※ 지형적 조건으로 차량통행을 위한 도로의 설치가 곤란하다고 인정하여 시장·군수·구청장이 그 위치를 지정·공고하는 구간안의 너비 3m 이상(길이가 10m 미만인 막다른 도로인 경우에는 너비 2m 이상)인 도로, 10m이상 35m미만일 경우 도로의 너비는 3m, 35m 이상일경우 6m 이상(도시계획 구역이 아닌 읍, 면, 지역에는 4m)

  ※ 국토의계획및이용에관한법률·도로법·사도법 기타 관계 법령에 따라 신설 또는 변경에 관한 고시가 된 도로

  ※ 건축허가 또는 신고시 특별시장·광역시장·도지사 또는 시장·군수·구청장(자치구)이 그 위치를 지정·고한도로

- 건폐율 : 대지 면적에 대한 건축면적의 비율(자연녹지지역인 경우 건폐율이 20%로 농지가 100㎡일 때 20㎡까지 지을 수 있음)
- 용적율 : 대지 면적에 대한 건축물의 연면적

구분	1종주거지역	일반상업지역	일반공업지역	녹지지역	관리지역
건폐율	60% 이하	70%이하	60%이하	20%이하	40%이하
용적율	150%이하	800%이하	250%이하	50~100%이하	80%이하

※ 위 지역 내에서 세분되어(주거지역일 경우 일반주거지역, 전용주거지역 등) 건폐율과 용적율이 다르며 그 범위 내에서 도시계획조례로 정함

▶ 국토의 계획 및 이용에 관한 법 확인

- 개발행위허가

☞ 연접 대상 면적 확인 : 주택과 1종 근린생활은 연접 면적을 적용하지 않음.

▶ 사전환경성검토 협의 이행

농지전용 면적이 농업진흥지역에서는 7,500㎡ 이상, 보전관리지역 5,000㎡ 이상, 생산 관리지역 7,500㎡ 이상, 계획관리지역 10,000㎡ 이상, 자연환경보전지역 및 개발제한구역에서는 5,000㎡ 이상일 경우 농지 전용허가전에 지방환경관의 장과 사전환경성 검토협의

☞ 시·군 조례에 의한 협의대상 면적을 축소하는 시·군도 있음(강원도 평창군 등)

▶ 기타 타법 관련사항

- 경사도(시·군 조례로 정함). 오·폐수 등.
- 폐수 등 환경피해여부(「대기환경보전법」, 「수질및수생태계보전에관한법」, 「소음진동규제법」)
- 오수처리시설 관련사항
- 문화재보호구역에서는 현상변경심의 가능여부

▶ 기타 하수 관련시설 및 환경 관련법 확인

4. 농지취득자격증명을 발급받지 아니하고 농지를 취득할 수 있는 경우

아래의 경우를 제외하고 농지를 매매, 증여, 교환, 경매 등으로 취득하는 경우에는 농지취득자격증명을 발급받아 소유권이전등기를 하여야 한다. 또한 주거지역, 상업지역, 공업지역 안의 농지는 그 취득 시 농지취득자격증명의 발급을 요하지 않는다.

⟨농지취득자격증명을 발급받지 아니하고 농지를 취득할 수 있는 경우⟩
1. 국가 또는 지방자치단체가 농지를 취득하는 경우
2. 상속(상속인에게 한 유증 포함)에 의하여 농지를 취득하는 경우
3. 농지저당권자인 금융기관이 농지법 제13조의 규정에 의하여 그 담보농지를 취득하는 경우
4. 농지법 제34조 제2항의 규정에 의하여 농지의 전용에 관한 협의를 거쳐
   주거, 상업, 공업지역 및 도시계획시설로 지정, 결정된 농지, 개발제한구역, 녹지지역 및 도시개발 예정구역 안의 농지 중 도시계획법 제4조의 규정에 의하여 토지형질변경 허가 를 받은 농지,
   계획관 리 지역에서 제2종 지구단위계획구역으로 지정된 농지를 취하는 경우
5. 다음의 법률에 의하여 농지를 취득하는 경우
   - 「공유수면매립법」에 의하여 매립농지를 취득하는 경우
   - 토지수용 또는 농림수산식품부장관과 협의를 마치고 공익사업을 위한 「토지 등의 취득 및 보상에 관한 법률」에 의하여 농지를 취득하는 경우 등
6. 다음의 원인으로 농지를 취득하는 경우
   - 시효의 완성으로 농지를 취득하는 경우
   - 징발재산정리에 관한 특별조치법 제20조, 공익사업을 위한 토지 등의 취득 및 보상에 관한 법률 제91조의 규정에 의한 환매권자가 환매권에 의하여 농지를 취득하는 경우 등

5. 농지의 행위제한 특례
1) 1필지의 농지가 농업진흥구역과 농업보호구역에 걸치는 경우

1필지의 농지가 농업진흥구역과 농업보호구역에 걸치는 경우로서 농업진흥구역에 속하는 부분이 330㎡ 이하인 때에는, 그 부분의 행위제한에 있어서 농업보호구역에 관한 규정을 적용한다.

2) 1필지의 농지 중 일부가 농업진흥지역 내외에 걸치는 경우

1필지의 농지 중 일부가 농업진흥지역 내외에 걸치는 경우로서 농업진흥지역에 속하는 농지의 면적이 330㎡ 이하인 때에는, 해당 농지의 부분에 대하여는 농업진흥지역 밖의 농지로 취급하여 행위제한을 받지 않는다.

6. 농지보전부담금(구 : 농지조성비) ⇒ 착공 전 부과

전용면적(㎡) × 전용 농지의 개별공시지가 × 30%

㎡당 50,000원을 초과하는 경우 상한액을 50,000원으로 하므로 공시지가가 166,670원 이상인 경우 50,000원

※ 1981. 7.29일 이전에 주거지역. 상업지역. 공업지역으로 지정된 지역 안의 농지를 전용하는 경우 농지 보전부담금 부과 대상이 아님.

농지보전부담금 부과기준일 : 농지전용, 건축, 개발행위 허가일

납입기간 : 납입통지서 발급일로부터 30일(자진납부는 15일)

▶ 예치금 및 공채 ⇒ 착공 전 부과
 - 공사이행 예치금
 - 도시철도공채

▶ 지목변경에 따른 취득세 ⇒ 준공 후 부과

지목 변경전의 시가 표준액과 지목 변경후의 시가 표준액의 차액 × 2%

[(변경 후 공시지가 - 변경 전 공시지가) × 2%]

※ 건축물에 대하여는 취득세. 등록세 등 별도 납부

농어촌특별세 : 취득세액의 10%

▶ 개발부담금 ⇒ 준공 후 부과
• 부과 대상 면적
 - 특별시, 광역시의 지역 중 도시계획구역인 지역에서 시행하는 사업 : 660㎡ 이상
 - 특별시, 광역시 이외의 도시계획구역인 지역에서 시행하는 사업 : 990㎡ 이상
 - 도시계획구역 중 개발제한구역 안에서 당해 구역의 지정당시부터 토지를 소유한 자가 당해 토지에 대하여 시행하는 사업 : 1,650㎡ 이상
 - 도시계획구역외의 지역에서 시행하는 사업의 경우 1,650㎡ 이상
• 산출방식 : 부과종료시점 지가-(부과개시시점 지가+개발비용+정상지가 상승분) × 25%

☞ 개발비용이란 토지개발에 직접 투입된 비용(토목공사비)으로서 사업시행자가 당해 개발사업시행과 관련하여 지출한 경비의 합한 금액으로 산출내역서와 증빙서류(영수증)을 갖추어 제출(단, 건축비는 제외)

- 개발비용 : 순공사비 + 조사비 + 일반관리비 + 기타경비
- 순공사비 : 당해 개발사업을 위하여 지출한 재료비, 노무비, 경비, 제세공과금의 합계
- 조사비 : 직접 당해 개발사업을 위한 측량비 기타 조사에 소요되는 비용으로서 순공사비에 해당하지 아니하는 비용의 합계(단, 건축공사를 위한 조사비용은 제외)
- 설계비 : 당해 개발사업의 설계를 위하여 지출한 비용
- 일반관리비 : 당해 개발사업과 관련하여 예산회계법시행령 제78조의 규정에 의한 예정가격 결정을 위한 기준과 요율을 적용하여 산정한 금액
- 기타경비 : 토지가액에 포함되지 아니한 개발사업구역 안의 건물, 입목, 영업권등에 대한 보상비와 다른 법령의 규정이나 개발사업에 대한 인가의 조건등에 의하여 국가.지방자치단체에 납부한 부담금의 합계.지목변경에 따른 취득세

• 개발비용 산정내역서 제출기간 : 당해 사업 준공일로부터 40일 이내
• 제출서류 : 토목설계도면 2부, 개발비용 산출증빙서류(개발비용공사원가 계산서)1부
• 농지 : 25%

농지경매 낙찰시 주의사항

1. 농업목적으로 농지를 산 경우

반드시 본인이 직접 농사를 지어야 한다. 취득 시 스스로 작성하여 제출한 신청서대로 계속 본인이 직접 농사를 지어야 한다. 만일, 정당한 사유없이 본인이 직접 농사짓지않고 농지를 놀리거나, 남에게 빌려 주거나 농작업의 전부를 위탁한 경우에는 구에서 당해 농지를 처분하도록 통지하게 된다.

취득한 후 불가피하게 발생하는 "군 입대, 질병에 의한 입원, 공직취임"등 정당한 사유로 인하여 본인이 직접 농사짓지 않은 경우는 예외일 수 있다.

농지를 농업이외 다른 용도로 사용하고자 하는 경우에는 먼저 전용허가를 받거나 전용신고를 득하여야 한다.

직접 농사를 짓지않아 처분통지를 받은후 처분하지 않으면 이행강제금부과 등 불이익을 받게 된다.

　① 처분사유 발생 후 1년 이내 처분 할 것을 통지(처분통지)하고

　② 그 기간내에 처분하지 않을 경우 6개월 이내 처분 할 것을 명령(처분명령)하고,

　③ 처분명령기간 내에도 처분하지 않으면 공시지가의 20%에 해당하는 이행강제금을 처분 할 때까지 매년 부과한다.

처분통지후 3년 자경할 경우 유예되나 처분명령을 받은 농지는 다시 농사를 짓더라도 반드시 처분해야 한다.

농지를 거짓이나 부정한 방법으로 취득한 것이 적발되면, 고발되어 3년이하의 징역 또는 벌금에 처하게 된다.(「농지법」제59조)

※농지 낙찰은 목적과 계획을 가지고 투자하여야 불이익을 받지 않을 수 있다.

> ☞ **농막의 정의 [2010년 3월 농지편람 - 개정전]**
> • 농막은 다음의 요건에 해당하는 경우이어야 한다
> 1) 농업생산에 직접 필요한 시설로서 농업인이 자기의 농업경영에 이용하는 토지에 설치하는 시설일 것
> 2) 주거목적이 아닌 시설로서 농기구·농약·비료 등 농업용 기자재 또는 종자의 보관, 농작업중 휴식 및 간이취사 등의 용도로 사용하는 시설일 것.
> 3) 전기, 가스, 수도 등 새로운 간선공급시설의 설치를 요하지 않을 것
> 4) 연면적 합계가 20㎡이내일 것
>
> [유의사항]
> ※ 농막은 자체가 농지이므로 타법(「건축법」, 「국토의 계획 및 이용에 관한 법률」 등)에 의한 인·허가 (가설건축물축조신고. 건축물기재사항 신청, 건축신고, 개발행위허가 등 해당되는 경우에 한함) 절차는 이행하여야 함
>
> **[2012년 11월 1일 농지편람 - 개정후]** ▷ 전기,가스,수도 등 관련기준 삭제
> 1) 농업생산에 직접 필요한 시설일 것
> 2) 주거목적이 아닌 시설로서 농기구·농약·비료 등 농업용 기자재 또는 종자의 보관, 농작업중 휴식 및 간이취사 등의 용도로 사용되는 시설일 것
> 3) 연면적 합계가 20㎡이내일 것
>
> [유의사항]
> ※ 농지전용절차를 거치지 아니하고 농지에 설치할 수 있는 시설에 해당하더라도 「국토의 계획 및 이용에 관한 법률」 등 관계법령에 따른 인·허가의 적용대상일 경우에는 그 법령에서 정한 바에 따라야 함

2. 농지관련세금

▷ 양도 소득세

- 8년 이상 재촌, 자경 농지는 5년간 양도소득세 3억원 감면(1년 2억)
- 감면 제외대상

주거지역, 상업지역, 공업지역 안에 있는 농지로 이들 지역에 편입된 날로부터 3년이 지난 농지

환지 처분 이전에 농지의 토지로 환지 예정지를 지정하는 경우에는 그 환지예정

지 지정일로부터 3년이 지난 농지 [「조세특례제한법」 제69조. 같은 법 시행령 제66조]

▷ 농어촌주택 관련 조세특례제한법
• 주요골자
이미 1주택을 소유하고 있는 자가 수도권 및 광역시를 제외한(연천군.옹진군 등 포함)읍. 면지역에 소재하는 농어촌주택을 2014년 12월 31일까지 취득하여 3년 이상 보유하고 기존주택을 양도하는 경우 양도소득세를 비과세
• 주요내용
거주자 및 그 배우자가 그들과 동일한 주소 또는 거소에서 생계를 같이 하는 가족과 함께 구성하는 1세대가 2003년 8월 1일(고향주택은 2009년 1월 1일)부터 2014년 12월 31일까지의 기간중에 농어촌주택 취득 요건에 적합한 1채의 농어촌주택 등을 취득(자기가 건설하여 취득한 경우를 포함한다)하여 3년 이상 보유하고 해당 농어촌주택 등 취득 전에 보유하던 다른 주택(일반주택)을 양도하는 경우에는 해당 농어촌주택 등을 해당 1세대의 소유주택이 아닌 것으로 보아 1세대 1주택 비과세 적용한다.

가. 취득 당시 다음 각목의 1에 해당하는 지역을 제외한 지역으로서 읍 또는 면지역에 소재할 것
· 광역시에 소속된 군에 소재하는 지역 및 수도권지역. 다만, 접경지역(광역시에 소속된 군에 소재하는 지역 및 수도권지역 중 지역특성 등이 접경지역과 유사한 지역을 포함) 부동산 가격동향등을 감안하여 대통령령이 정하는 지역을 제외한다.
· 도시지역 및 토지거래허가구역
· 「소득세법」 제104조 제2항 제1호에 의한 투기지역
· 관광단지
나. 대지면적이 660㎡이내이고, 주택의 면적이 150(공동주택은 전용면적116)㎡이내 일 것.

다. 주택 및 이에 부수되는 토지의 가액(기준시가)의 합계액이 해당 주택의 취득 당시 2억 원을 초과하지 아니할 것
라. 1세대가 농어촌주택 등의 3년 이상 보유요건을 충족하기 전에 일반주택을 양도하는 경우에도 비과세 대상
마. 1세대가 취득한 농어촌주택등과 보유하고 있던 일반주택이 행정구역상 같은 읍·면·시 또는 연접한 읍·면·시에 소재하는 경우에는 비과세혜택에서 제외한다. [「조세 특례제한법」 제99조의 4. 같은 법시행령 제99조의 4]

3. 상속세 및 증여세

가. 상속세 : 2년 이상 농업에 종사한 농민이 상속받는 농지의 경우 5억원 (상속 재산 가액) 까지 상속세 기초 공제 인정
나. 증여세 : 3년 이상 자경 농민이 영농자녀에게 농지·초지·산림지를 2014년 12월 31일까지 증여하는 경우 세액에서 5년간 1억 원의 범위 내에서 감면
다. 세율
　○ 1억 이하 : 과세표준의 10%
　○ 1억초과 ~ 5억 이하 : 1천만 원 + (1억 원을 초과하는 금액의 20%)
　○ 5억초과 ~ 10억 이하 : 9천만 원 + (5억 원을 초과하는 금액의 30%)
　○ 10억초과 ~ 30억 이하 : 2억4천만 원 + (10억 원을 초과하는 금액의 40%)
　○ 30억 초과 : 10억4천만 원 + (30억 원을 초과하는 금액의 50%)
　※ 「상속세 및 증여세법」 제18조. 동법시행령 제16조. 「조세특례제한법」 제71조

4. 취득세

▷ 감면 대상
- 2년이상 영농한 주업인 농민, 농업경영인이 자경목적 농지 취득시 취득세 50% 경감. 지역 농민간의 농지 교환, 분합시 취득세 면제
- 위의 감면 대상자가 직접 경작할 목적으로 취득하는 농지(전.답.과수원.목장용지)

및 농지를 조성하기 위하여 취득하는 임야에 대하여는 취득세의 100분의 50을 경감한다. 다만, 2년이상 경작하지 아니하고 매각하거나 다른 용도로 사용하는 경우 또는 농지의 취득일로 부터 2년내에 직접 경작하지 아니하거나 임야의 취득일로부터 2년내에 농지의 조성을 개시하지 아니하는 경우 그 해당부분에 대하여 경감된 취득세를 추징한다.

- 자경농민이 농업용으로 사용하기 위하여 취득하는 양잠 또는 버섯 재배사용 건축물.축사. 고정식온실. 축산폐수및분뇨처리시설. 창고(저온.상온. 농기계보관용창고) 및 농산물 선별 처리시설에 대하여는 취득세의 100분의 50을 경감한다. 다만, 그 취득일로 부터 1년내에 정당한 사유없이 농업용으로 직접 사용하지 아니하는 경우 또는 그 사용일로부터 2년이상 농업용으로 직접 사용하지 아니하는 경우 또는 그 사용일로부터 2년이상 농업용으로 직접 사용하지 아니하고 다른 용도로 사용하는 경우에는 그 해당부분에 대하여 경감된 취득세를 추징한다.

- 토지 수용 등으로 인하여 대체취득하는 경우 보상금을 마지막으로 받은 날로부터 1년 이내에 이에 대체할 부동산을 취득하는 때에는 새로 취득한 부동산의 가액의 합계액이 종전의 부동산 등의 가액의 합계액을 초과하지 않는 범위까지 취득세를 비과세하고 초과액에 대해서는 부과

- 농업법인(영농조합법인+농업회사법인)이 영농에 사용하기 위하여 법인설립등기일부터 2년 이내에 취득하는 부동산에 대하여는 취득세를, 농업법인의 설립등기에 대하여는 등록면허세를 각각 2015년 12월 31일까지 면제한다.

- 농어촌 지역으로 이주하는 귀농인(이주한 해당 농어촌 외의 지역에서 귀농일 전까지 계속하여 1년 이상 실제 거주하면서 농업에 종사하지 아니한 자)이 직접 경작할 목적으로 귀농일(귀농인이 새로 이주한 해당 농어촌으로 전입신고하고 거주를 시작한 날)로 부터 3년 이내에 취득하는 농지 및 관계 법령에 따라 농지를 조성하기 위하여 취득하는 임야에 대하여 50% 감면

- 농업법인이 영농 · 유통 · 가공에 직접 사용하기 위하여 취득하는 부동산에 대하여는 취득세의 100분의 50을, 과세기준일 현재 해당 용도에 직접 사용하는 부

동산에 대하여는 재산세의 100분의 50을 각각 2015년 12월 31일까지 경감한다.

5. 세율
- 취득세 : 농지 3.4%, 임야 4.4%

※ 별장 : 주거용 건축물로서 상시 주거용으로 사용하지 아니하고 휴양.피서.위락 등의 용도로 사용하는 건축물과 그 부속토지(농어촌 주택과 부속 토지를 제외한다)로 · 취득세율이 100분의 500

☞ 농어촌주택과 그 부속토지

가. 대지면적이 660제곱미터 이내이고 건물의 연면적이 150제곱미터 이내일 것.

나. 건물의 시가표준액이 6,500만원 이내일 것.

다. 광역시에 소속된 군지역 또는 「수도권정비계획법」 제2조 제1호에 따른 수도권지역. 다만, 「접경지역지원법」 제2조 제1호에 따른 접경지역과 수도권정비계획법에 따른 자연 보전권역 중 안전행정부령으로 정하는 지역은 제외한다.

라. 「국토의 계획 및 이용에 관한 법률」 제6조 및 제117조의 규정에 의한 도시지역 및 허가 구역

마. 「소득세법」 제104조의 2 제1항에 따라 기획재정부장관이 지정하는 지역

바. 「조세특례제한법」 제99조의 4 제1항 제1호 가목 4) 에 따라 정하는 지역

6. 재산세(농지. 임야)
- 과세기준일 : 6월 1일 현재 사실상 소유자
- 납기 : 9.16 ~ 9.30일(건축물,선박,항공기: 7.16~7.30. 주택 : 50% 2회)
- 과세표준 : 시가표준액(개별공시지가) × 적용비율(분리과세 . 0.07%)
- 물납 및 분할 납부 가능(1천만원이상일 경우)
- [「조세특례제한법」 제99조의 4. 같은 법시행령 제99조의 4]

농지전용 허가 면적 및 종류

용도별 건축물 종류		용도지역	농업진흥지역 행위제한 (법제32조)		농지전용 허용면적 (시행령 제44조)
			진흥구역(영제29조)	보호구역(영30조)	
1.단독 주택	가. 단독주택		제한(660㎡이하의 농업인주택)	1천㎡ 미만	1,000㎡ 이하 (농업인주택660㎡이하)
	나. 다중주택		제한	제한	
	다. 다가구주택				
	라. 공관				
2.공동 주택	가. 아파트		제한	제한	제한
	나. 연립주택				15,000㎡ 이하
	다. 다세대주택				
	라. 기숙사				10,000㎡이하
3.제1종 근린 생활 시설	가. 슈퍼마켓등(1,000㎡↓)		제한	1,000㎡미만	1,000㎡ 이하
	나. 휴게음식점 등(300㎡↓)		제한	제한	제한
	다. 이·미용원,목욕장, 세탁소 등		* 농업인공동으로 운영하고 사용하는 목욕탕 등 *국가, 지자체 또는 농업생산자단체가 농업인으로 하여금 사용하게 할 목적으로 설치하는 목욕탕 등		1,000㎡ 이하
	라. 의원,치과의원,한의원,접골원		제한	1,000㎡미만	
	마. 탁구장,체육도장 등(500㎡↓)		제한		
	바. 파출소·보건소 등(1,000㎡↓)		보건진료소 허용		
	사. 마을회관·마을공동구판장등		구판장		마을공동시설 무제한
	아. 변전소,정수장,양수장 등		마을공동취수장만	3,000㎡미만	농업진흥구역 등에 설치시설 3,000만㎡이하

4.제2종 근린 생활 시설	가.공연장(500㎡미만)	제한	1,000㎡미만		1,000㎡이하
	나.종교집회장(500㎡미만)		1,000㎡미만		
	다.자동차영업소 500㎡↓		제한		
	라.서점(1종근린생활시설아닌것		제한		
	마.총포판매소		1,000㎡미만		
	바.사진관,표구점				
	사.청소년게임제공업소등500㎡↓				
	아.휴게음식점,제과점 300㎡↑		제한		
	자.일반음식점				
	차.장의사,동물병원등				
	카.학원,교습소 등 500㎡↓		1,000㎡미만		
	타.독서실.기원				
	파.테니스장,당구장 등 500㎡↓		골프연습장 제외		
	하.금융업소,출판사 등 500㎡↓		제한		
	거.다중생활시설 500㎡↓				
	너.제조업소,수리점 등 500㎡↓				
	더.단란주점 150㎡↓				
	러.문화및집회시설				
농어촌 정비법	주말농원	제한	3천㎡↓	*관광농원	3만㎡ 이하
	관광농원		2만㎡↓	7.판매(도·소매시장)	
농수산물 농업관련 소득증대 시설 농어촌 발전 (외지역)	가공·제조시설 (미곡처리장)	10,000㎡↓ (3만㎡↓)	좌측의 진흥구역 허용행위전부가능	17.공장	1,000 ㎡
	시험연구시설	3,000㎡↓		18.창고	
	양어장·양식장	1만㎡↓		6.종교시설	
	농산물 집하·저장·산지유통	3만㎡↓		11.노유자시설	
	농업기계수리시설	3,000㎡↓		12.수련시설	
	유기질비료·사료제조 (지자체·농업생산자)	3,000㎡↓ (10,000㎡↓)		13.운동시설	
	생산자단체의 판매	3,000㎡↓		19.위험물처리시설	

농업인 공동생활에 필요한 편의시설·이용시설	1. 창고·작업장·농기계수리시설·퇴비장 2. 노유자(경로당.어린이집,유치원)시설,진료소 3. 목욕탕,구판장,운동시설,마을공동주차장,마을공동취수장 및 마을공동농산어촌체험시설 4. 국가지방자치단체,농업생산자단체가 농업인이 사용할 목욕탕·운동시설 및 구판장	진흥구역 허용 (면적제한없음)	20. 자동차 관련	가. 주차장	1,000 m^2
				사. 운전·정비학원	
				아. 차고·주기장	
			26. 묘지관련		
사도법의 사도(私道)설치(진흥) 농업생산,농지개량과 직접관련(진흥):축사, 버섯재배사등 농업인 공동생활에 필요한 편의시설(진흥) 농업인 소득 증대에 필요한 시설(보호): 태양광발전설비 농업인 생활여건개선 필요한 시설(보호) (국계법) 관리지역,농림지역안의(농지법) 농업진흥지역은 농지법 행위제한을 받는다(국계법제76조)		위 시설부지외는 1만m^2 이하 다만, 농업진흥구역에 설치할 수 있는 시설, 도시계획시설, 「농어촌정비법」에 따른 마을정비구역에 설치하는시설, 고속국도의 도로부속물 시설, 「자연공원법」에 따른 공원시설 및 「체육시설의 설치·이용에 관한 법률」에 따른 골프장은 제외 타법규제가 없다면 면적초과 전용가능)			

농지전용 허가제한대상시설 및 기준

개요	다음 각 호의 어느 하나에 해당하는 시설의 부지로 사용하려는 농지는 전용을 허가할 수 없다. 다만, 도시지역, 계획관리지역, 개발진흥지구는 허가할 수 있다.		
농지 전용 허가 제한 대상 시설	1. 대기오염배출		대기환경 1-4종(미곡처리장3~4종가능), 5종중 특정대기유해물질배출시설
	2. 폐수배출시설		수질보전 1-4종, 5종중 특정수질유해물질 배출시설, 폐수배출시설
	3. 농업 진흥· 농지 보전 해칠 우려 있는 시설	1) 금지시설	아파트, 일반음식점, 휴게음식점·제과점, 제조업(농수산물가공, 사료제조, 유기질비료등제외), 수리점(농업기계수리시설제외), 세탁소, 단란주점, 문화및집회시설, 운수시설, 직업훈련소, 학원, 도서관, 업무시설, 숙박시설(1천m^2이하제주휴양펜션제외), 위락시설, 자동차관련시설(주차장, 학원, 차고주기장제외),관광휴게시설 ☞15,000m^2↓ 허용된 아파트는 2006.1.20 금지시설 ☞500m^2↓ 허용된 휴게.일반음식점은 2006.1.20 금지 ☞500m^2↓ 허용된 일반숙박시설은 2006.5.8 금지시설
		2) 부지면적 1,000m^2 초과시설	단독주택, 제1.2종근생(단란주점, 제조업소, 수리점, 세탁소금지), 종교시설, 노유자시설, 수련시설, 운동시설, 위험물저장및처리시설, 주차장, 운전학원, 차고및주기장, 묘지관련시설
		3) 부지면적 15,000m^2↑	연립주택, 다세대주택
		4) 부지면적 30,000m^2↑	판매시설중 도매시장.소매시장, 공장, 창고, 관광농원 ☞ 20,000m^2·허용된 도매. 소매시장, 공장, 창고가 1999.4.19 30,000m^2 이하로 확장됨

		5) 위 1-4호 이외 시설로서	10,000㎡ 초과시설 금지 (단, 농업진흥구역에서 설치가능한 시설, 도시계획시설, 마을정비구역내 설치시설, 고속도로부속물시설, 공원시설, 골프장은 가능)
		6) 시·군 조례로 정하는 농업진흥, 농지보전을 저해하는 시설	
		7) 같은 부지에 위 시설을 함께 설치하는 경우 가장 넓은 면적 적용	
		8) 같은 종류 시설부지로 연접하여 농지전용면적은 5년동안 합산	
농지전용허가·협의시 제한기준	1) 우량농지보전의 필요 (농업생산기반시설정비 또는 예정) 2) 일조·통풍·통작 등 또는 농지개량시설 폐지를 수반하여 인근농지 큰 지장, 3) 토사유출로 인근농지 또는 농지개량시설 훼손 우려가 있는 경우 4) 사업계획·자금계획 불확실 5) 전용목적에 필요한 면적보다 과다 신청		

〈비고〉1. 농지전용후 5년이내에 용도변경은 시장, 군수, 자치구청장의 승인사항(제40조)
    2. 도시지역(녹지지역제외) 농지취득 이전등기 '농지취득자격증명' 필요없음(국계법 제83조)
      *농지전용허가의 결정(농지법 제51조, 농지법시행령 제71조)
    3. 농지전용 위임면적

제51조	시·도지사	시장, 군수, 구처장(자치구)
진흥지역 안(진흥농지)	3천~3만㎡미만 자연녹지, 계획관리지역 완전위임	3천㎡미만
진흥지역 밖(일반농지)	3만~20만㎡ 미만	3천㎡미만
전용허가권한 위임지역	10만㎡ 이상	10만㎡ 미만

7 산지(임야)의 투자

I 산지의 정의

산지라 함은 입목(立木)·죽(竹)이 집단적으로 생육(生育)하고 있는 토지를 말하며, 산지는 용도지역과 「산지관리법」에 의해서 기본적인 행위제한을 받는다.
산지의 투자는 산지관리법상 산지의 종류와 개발 가능성 유무를 복합적으로 판단하여 투자가치를 판단하여야 한다.

1. 산지관리법상 산지의 종류

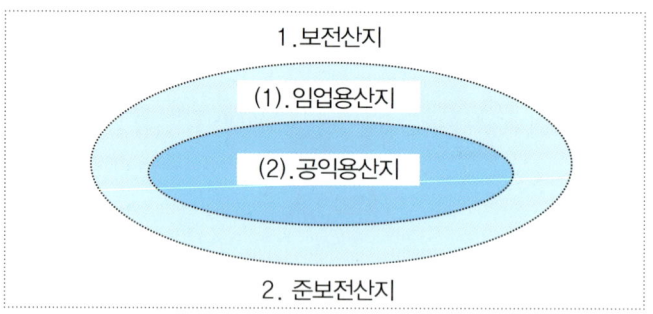

구분	세분	개념	토지규제
보전산지	공익용산지	임업생산과 함께 재해방지·수원보호·자연생태계보전·자연경관보전·국민보건휴양증진 등의 공익기능을 위하여 필요한 산지	법에서 규정한 예외적인 사항을 제외하고 토지를 1차적 목적으로만 이용 가능(규제강함)
	임업용산지	산림자원의 조성과 임업경영 기반의 구축 등 임업생산 기능의 증진을 위하여 필요한 산지	법에서 규정한 예외적인 사항을 제외하고 토지를 1차적 목적으로만 이용 가능(규제△양호)
준보전산지		보전산지 이외의 산지	보전하는 것이 원칙이지만 제한적 개발을 허용

※산지에서 제외되는 토지
- 농지(초지 포함) · 주택지 · 도로
- 과수원 · 차밭 · 삽수 또는 접수의 채취원
- 입목 또는 죽이 생육하고 있는 건물 담장안의 토지
- 임목 · 죽이 생육하고 있는 논두렁, 밭두렁, 하천, 제방, 구거, 유지

2. 산지관련 지역 · 지구

지역지구	법적 근거	지정 목적	관리 수단
보전산지 (임업용 · 공익용)	산지관리법 제4조	산지의 합리적인 보전과 이용	
산지전용 · 일시사용 제한지역	산지관리법 제9조	무분별한 산지전용 방지	
토석채취제한지역	산지관리법 제25조의 3	공공이익의 증진	토석채취 허가제한
채종림	산림자원의 조성 및 관리에 관한 법률 제19조	산림자원 조성에 필요한 종자 공급	행위제한
산림보호구역	산지보호법 제7조	산림보호구역을 관리하고 산림병해충 을 예찰 · 방제하며 산불을 예방 · 진화하는 등 산림을 건강하고 체계적으로 보호함으로써 국토를 보전하고 국민의 삶의 질 향상	행위제한
시험림	산림자원의 조성 및 관리에 관한 법률 제47조	병해충 저항성이 큰 임목이 있는 산림 이나 임업시험용으로 적합한 산림보호	행위제한
자연휴양림	산림문화 · 휴양에 관한 법률 제13조	산림문화 및 산림휴양 진흥	행위제한
임업진흥권역	임업 및 산촌 진흥촉진에 관한 법률 제19조	임업 생산기반 조성 및 산촌 진흥	대체 지정제도 운영
국립수목원 완충지역	수목원 조성 및 진흥에 관한 법률 제19조	수목유전자원 보호	개발행위 사전 승인
백두대간보호지역 (핵심 · 완충구역)	백두대간보호에관한 법률 제6조	백두대간의 체계적인 보호, 쾌적한 자연환경 조성	행위제한, 주민지원
사방지	사방사업법 제4조	국토의 황폐화 방지	행위제한, 시설관리

3. 산지구분 현황 (2013년 기준)

구분	합계	보전산지			준보전산지
	면적(㎡)	총면적(㎡)	임업용산지면적(㎡)	공익용산지면적(㎡)	면적(㎡)
계	64,132,765,068	49,397,343,487	32,946,267,961	16,451,075,526	14,735,421,581

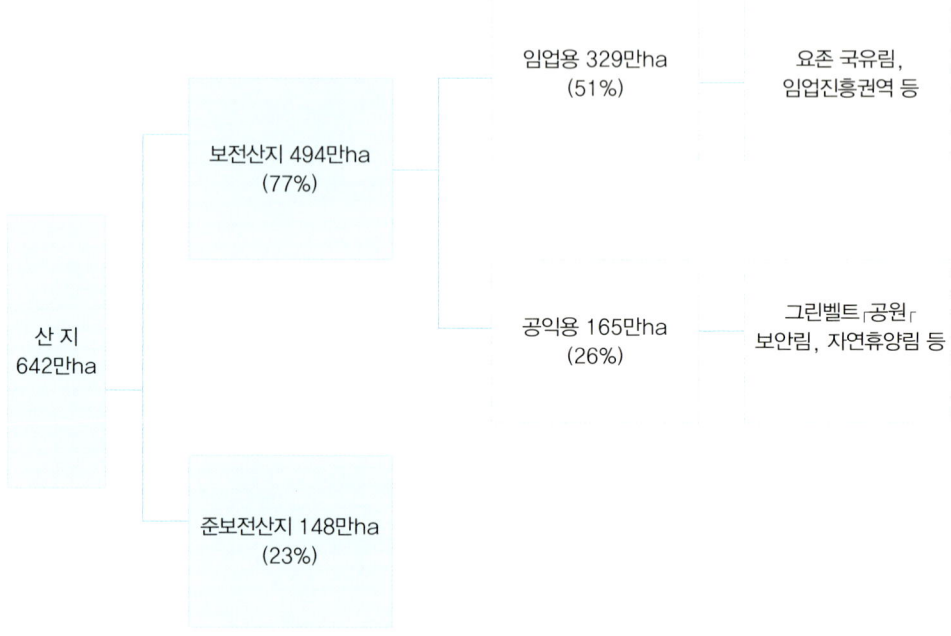

주) 지목이 임야인 것(2012년 말 기준)

자료 : 산림청 산림이용국

산지전용의 흐름도

산지의 구분	ㅇ 전국의 산지를 보전산지(임업용산지와 공익용산지)와 준보전산지로 구분하여 관리
▼	
산지전용허가 신청서 작성	ㅇ 산지전용을 하고자 하는 자가 용도를 정하여 산지전용허가신청서 작성
▼	
산지전용허가 신청서 접수	ㅇ 산지관리법시행령 제15조 및 동법시행규칙 제10조에 의한 산지전용허가 신청서에 구비서류 등이 있는 지의 여부 확인
▼	
허가 신청지 현지조사 확인	ㅇ 현지조사를 실시하여 보전산지전용제한, 산지전용허가기준 등 제한사항이 있는 지 여부 확인
▼	
대체산림자원조성비와 복구비 산정	ㅇ 「산지관리법시행령」 제15조제2항에 의한 대체산림자원조성비 및 복구비 산정
▼	
대체산림자원조성비 납부고지, 복구비 예치 통지	ㅇ 대체산림자원조성비 납부고지 및 복구비 예치 통지
▼	
대체산림자원조성비 납부, 복구비 예치	ㅇ 산지전용신청한 자가 대체산림자원조성비 납부 및 복구비 예치를 확인
▼	
산지전용허가증 작성, 교부	ㅇ 「산지관리법시행규칙」 제11조에 의한 산지전용허가증을 작성하여 교부
▼	
산지전용 목적사업의 수행	ㅇ 산지전용 목적사업의 수행
▼	
복구 준공검사, 지목변경	ㅇ 복구 준공검사 및 조건충족 시 지목변경

III. 산지분류별 분석과 경사도 조사방법

1. 산지분류별 분석

구 분			분석내용
산지분류	보전산지	공익용산지	시장가치 평가 떨어지고 투자가치가 미비하여 공시지가를 기준
		임업용산지	특수목적(임업경영,버섯재배,한약재 등)이 있는 소수의 수요자에게 투자가치가 존재. 단순 자본차익 투자성은 낮음
	준보전산지		개발 가능 유무에 따라 가치 평가
개발가능 유무	개발 불가능 (경사도21°이상 또는 입목본수 51%이상)		특수목적(임업경영, 버섯재배, 한약재 등)이 있는 소수의 수요자에게 투자가치가 존재. 단순 자본차익 투자성은 낮음
	개발 가능 (경사도21°미만이며 입목본수 51%미만)		유사 인근지 대지가격을 기준으로 평가한다. 가치=인근대지가격 - (산지전용부담금+토목공사비) - 개발이익

2. 산지 경사도 조사방법

1. 경사도 조사방법

경사도의 측정은 다음 기준에 의하되, 전체 토지의 경사도중 경사가 급한 곳을 대표 경사도로 산정 한다.

1) 대상토지의 굴곡 및 지형여건을 고려하여 측정하되 경사도 측정을 위한 단면은 등고 선에 직각되게 설정한다.
2) 경사도 측정기준점(최저점, 최고점 등)은 대상토지 내에 설정하는 것을 원칙으로 한다. 다만, 인접토지와의 연결부가 급경사이거나, 대상토지 내의 기준점 설정이 합리적이지 않을경우 개발후 예상 토지 형상을 감안하여 인근도로의 높이 등을 고려하여 대상토지 밖에 측정기준점을 설정할 수 있다.

2. 경사도 측정 방법(예시)

가. 일반적인 경우

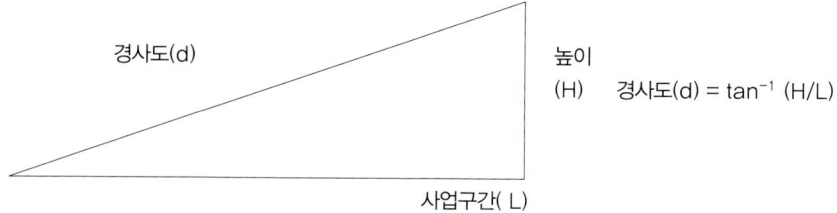

나. 지형이 구간에 따라 변화하는 경우

대상토지를 지형의 굴곡에 따라 적정구간으로 나누어 각 구간의 경사도를 지형의 굴곡에 따라 적정구간으로 나누어 각 구간의 경사도를 측정한후 각 구간별 평면거리에 대한 가중평균으로 산정한다.

(산정예시)

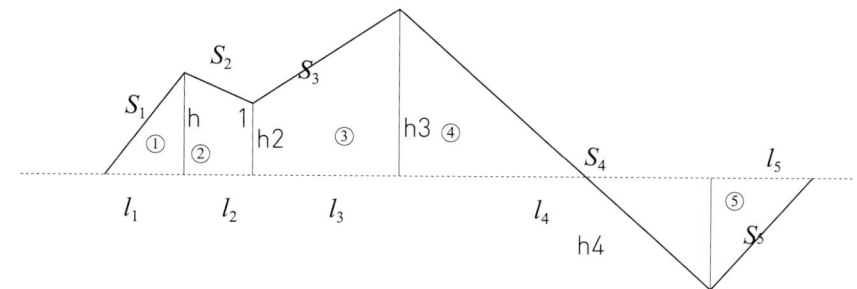

구간	평면거리	고 저 차	사면거리	구간별경사도	경사도가중치
①	l_1	h_1	S_1	$d_1 = \tan^{-1}(h_1/l_1)$	$d_1 l_1$
②	l_2	$h_1 - h_2$	S_2	$d_2 = \tan^{-1}(h_1 - h_2)/l_2$	$d_2 l_2$
③	l_3	$h_3 - h_2$	S_3	$d_2 = \tan^{-1}(h_3 - h_2)/l_3$	$d_3 l_3$
④	l_4	$h_3 + h_4$	S_4	$d_4 = \tan^{-1}(h_3 + h_4)/l_4$	$d_4 l_4$
⑤	l_5	h_4	S_5	$d_5 = \tan^{-1}(h_4/l_5)$	$d_5 l_5$

○ 전체평균 경사도 (d) = $\dfrac{d_1 l_1 + d_2 l_2 + d_3 l_3 + d_4 l_4 + d_5 l_5}{l_1 + l_2 + l_3 + l_4 + l_5}$

= $\dfrac{\Sigma d_i l_i}{\Sigma l_i}$

【 d_1 = i구간 경사도, l_1 = i구간 평면거리 】

다. 지형이 평면적으로 변화되는 경우

평면적으로 경사가 일정하지 않은 토지는 지형에 따라 수개의 적정단면을 설정하며 위 나목의 방법에 의하여 각 단면의 경사도를 산정한다. 이 때 산정된 각각의 경사도중 최대 경사도를 전체토지의 경사도로 한다.

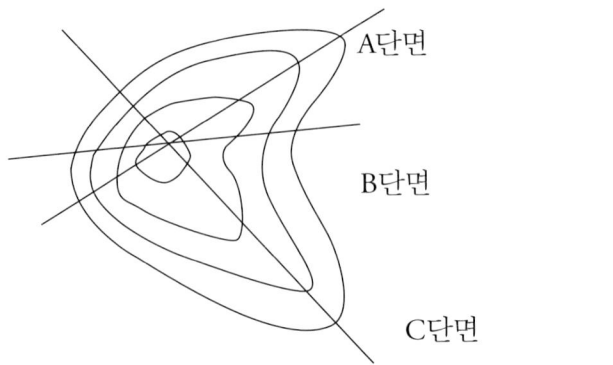

B단면 경사도

$d_A = \dfrac{\Sigma d_{Ai} \ell_{Ai}}{\Sigma \ell_{Ai}}$

B단면 경사도

$d_B = \dfrac{\Sigma d_{Bi} \ell_{Bi}}{\Sigma \ell_{Bi}}$

d_{Ai} : A단면의 i 구간 경사도 d_{Bi} : B단면의 i 구간 경사도
l_{Ai} : A단면의 i 구간 평면거리 l_{Bi} : B단면의 i 구간 평면거리

전체 경사도 d = Max(d_A, d_B, d_C, ······)

산지경사도에 따른 투자 분석

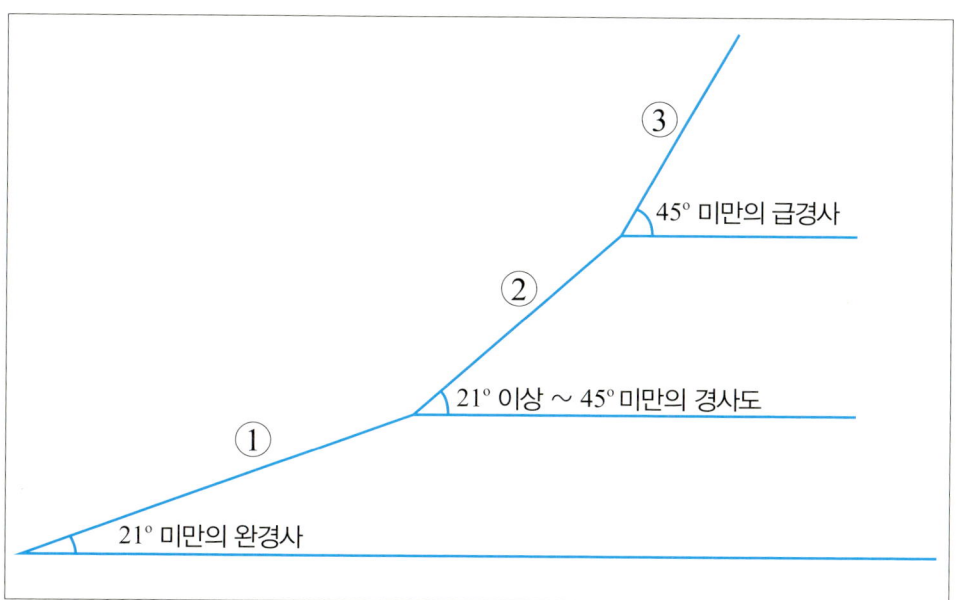

① 21° 미만의 완경사
- 개발이 가능함. 단, 입목본수와 지자체 규정준함
- 일반인 투자 가능
- 향후 지역 성장 계획이 있다면 가치상승 가능성이 크다.

② 21° 이상~45° 미만의 경사도
- 개발 가능성 희박
- 특수목적(임업경영 등) 수요자에 한해 투자 가능
- 향후 지역 성장 계획이 있더라도 가치상승 가능성이 낮다.

③ 45° 이상의 급경사
- 개발 불가능적
- 투자가치 없음(특수목적시 투자 접근) ex, 묘지, 수용, 터널개설 등
- 향후 지역 성장 계획이 있더라도 가치상승 가능성이 희박

☞ 경사도 조건도 지자체별로 차이가 있기에 해당 시,군,구청에 확인을 해야한다.

산지에서 할 수 있는 행위

1. 산지전용·일시사용제한지역에서 할 수 있는 행위

산지전용·일시사용제한지역에서는 다음 각 호의 어느 하나에 해당하는 행위를 하기 위하여 산지전용 또는 산지일시사용을 하는 경우를 제외하고는 산지전용 또는 산지일시사용을 할 수 없다.

1. 국방·군사시설의 설치
2. 사방시설, 하천, 제방, 저수지, 그 밖에 이에 준하는 국토보전시설의 설치
3. 도로, 철도, 석유 및 가스의 공급시설, 그 밖에 대통령령으로 정하는 공용·공공용 시설의 설치
4. 산림보호, 산림자원의 보전 및 증식을 위한 시설로서 대통령령으로 정하는 시설의 설치
5. 임업시험연구를 위한 시설로서 대통령령으로 정하는 시설의 설치
6. 매장문화재의 발굴(지표조사를 포함한다), 문화재와 전통사찰의 복원·보수·이전 및 그 보존관리를 위한 시설의 설치, 문화재·전통사찰과 관련된 비석, 기념탑, 그 밖에 이와 유사한 시설의 설치
7. 다음 각 목의 어느 하나에 해당하는 시설 중 대통령령으로 정하는 시설의 설치
   가. 발전·송전시설 등 전력시설
   나. 「신에너지 및 재생에너지 개발·이용·보급 촉진법」에 따른 신·재생에너지의 이용·보급을 위한 시설
8. 「광업법」에 따른 광물의 탐사·시추시설의 설치 및 대통령령으로 정하는 갱내채굴
9. 「광산피해의 방지 및 복구에 관한 법률」에 따른 광해방지시설의 설치
9의2. 공공의 안전을 방해하는 위험시설이나 물건의 제거

9의 3. 「6·25 전사자유해의 발굴 등에 관한 법률」에 따른 전사자의 유해 등 대통령령으로 정하는 유해의 조사·발굴
10. 제1호부터 제9호까지, 제9호의 2 및 제9호의 3에 따른 행위를 하기 위하여 대통령령으로 정하는 기간 동안 임시로 설치하는 다음 각 목의 어느 하나에 해당하는 부대시설의 설치
    가. 진입로
    나. 현장사무소
    다. 지질·토양의 조사·탐사시설
    라. 그 밖에 주차장 등 농림축산식품부령으로 정하는 부대시설
11. 제1호부터 제9호까지, 제9호의 2 및 제9호의 3에 따라 설치되는 시설 중 「건축법」에 따른 건축물과 도로(「건축법」 제2조 제1항 제11호의 도로를 말한다)를 연결하기 위한 대통령령으로 정하는 규모 이하의 진입로의 설치 [전문개정 2010.5.31.]

2. 임업용 산지에서 할 수 있는 행위

임업용 산지에서는 다음 각 호의 어느 하나에 해당하는 행위를 하기 위하여 산지전용 또는 산지일시사용을 하는 경우를 제외하고는 산지전용 또는 산지일시사용을 할 수 없다.
[법 제12조 제1항]
1. 제10조 제1호부터 제9호까지, 제9호의 2 및 제9호의 3에 따른 시설의 설치 등
2. 임도·산림경영관리사(山林經營管理舍) 등 산림경영과 관련된 시설 및 산촌산업개발시설 등 산촌개발사업과 관련된 시설로서 대통령령으로 정하는 시설의 설치
3. 수목원, 산림생태원, 자연휴양림, 수목장림(樹木葬林) 그 밖에 대통령령으로 정하는 산림공익시설의 설치
4. 농림어업인의 주택 및 그 부대시설로서 대통령령으로 정하는 주택 및 시설의 설치
5. 농림어업용 생산·이용·가공시설 및 농어촌휴양시설로서 대통령령으로 정하는 시설의 설치

6. 광물, 지하수, 그 밖에 대통령령으로 정하는 지하자원 또는 석재의 탐사ㆍ시추 및 개발과 이를 위한 시설의 설치

7. 산사태 예방을 위한 지질ㆍ토양의 조사와 이에 따른 시설의 설치

8. 석유비축 및 저장시설ㆍ방송통신설비, 그 밖에 대통령령으로 정하는 공용ㆍ공공용 시설의 설치

9. 「장사 등에 관한 법률」에 따라 허가를 받거나 신고를 한 묘지ㆍ화장시설ㆍ봉안시설ㆍ자연장지 시설의 설치

10. 대통령령으로 정하는 종교시설의 설치

11. 병원, 사회복지시설, 청소년수련시설, 근로자복지시설, 공공직업훈련시설 등 공익시설로서 대통령령으로 정하는 시설의 설치

12. 교육ㆍ연구 및 기술개발과 관련된 시설로서 대통령령으로 정하는 시설의 설치

13. 제1호부터 제12호까지의 시설을 제외한 시설로서 대통령령으로 정하는 지역사회개발 및 산업발전에 필요한 시설의 설치

14. 제1호부터 제13호까지의 규정에 따른 시설을 설치하기 위하여 대통령령으로 정하는 기간 동안 임시로 설치하는 다음 각 목의 어느 하나에 해당하는 부대시설의 설치

    가. 진입로

    나. 현장사무소

    다. 지질ㆍ토양의 조사ㆍ탐사시설

    라. 그 밖에 주차장 등 농림축산식품부령으로 정하는 부대시설

15. 제1호부터 제13호까지의 시설 중 「건축법」에 따른 건축물과 도로(「건축법」 제2조 제1항 제11호의 도로를 말한다)를 연결하기 위한 대통령령으로 정하는 규모 이하의 진입로의 설치

16. 그 밖에 가축의 방목, 산나물ㆍ야생화ㆍ관상수의 재배, 물건의 적치(積置), 농도(農道)의 설치 등 임업용산지의 목적 달성에 지장을 주지 아니하는 범위에서 대통령령으로 정하는 행위

① 법 제12조 제1항 제2호에서 "대통령령으로 정하는 시설"이란 다음 각 호의 어느 하나에 해당하는 시설을 말한다.
1. 임도·작업로 및 임산물 운반로
2. 「임업 및 산촌 진흥촉진에 관한 법률 시행령」 제2조 제1호의 임업인(「산림자원의 조성 및 관리에 관한 법률」에 따라 산림경영계획의 인가를 받아 산림을 경영하고 있는 자를 말한다), 같은 조 제2호 및 제3호의 임업인이 설치하는 다음 각 목의 어느 하나에 해당하는 시설
   가. 부지면적 1만제곱미터 미만의 임산물 생산시설 또는 집하시설
   나. 부지면적 3천제곱미터 미만의 임산물 가공·건조·보관시설
   다. 부지면적 1천제곱미터 미만의 임업용기자재 보관시설(비료·농약·기계 등을 보관하기 위한 시설을 말한다) 및 임산물 전시·판매시설
   라. 부지면적 200제곱미터 미만의 산림경영관리사(산림작업의 관리를 위한 시설로서 작업대기 및 휴식 등을 위한 공간이 바닥면적의 100분의 25 이하인 시설을 말한다) 및 대피소
3. 삭제 〈2007.7.27.〉
4. 「궤도운송법」에 따른 궤도
5. 「임업 및 산촌 진흥촉진에 관한 법률」 제25조에 따른 산촌개발사업으로 설치하는 부지면적 1만제곱미터 미만의 시설

② 법 제12조 제1항 제3호에서 "대통령령으로 정하는 산림공익시설"이란 다음 각 호의 어느 하나에 해당하는 시설을 말한다.
1. 산림욕장, 치유의 숲, 산책로·탐방로·등산로 등 숲길, 전망대
2. 자연관찰원·산림전시관·목공예실·숲속교실·숲속수련장·유아숲체험원·산림박물관·산악박물관·산림교육센터 등 산림교육시설
3. 목재이용의 홍보·전시·교육 등을 위한 목조건축시설

③ 법 제12조 제1항 제4호에서 "대통령령으로 정하는 주택 및 시설"이라 함은 농

림축산식품부령으로 정하는 농림어업인(이하 "농림어업인"이라 한다)이 자기소유의 산지에서 직접 농림어업을 경영하면서 실제로 거주하기 위하여 부지면적 660제곱미터 미만으로 건축하는 주택 및 그 부대시설을 말한다.

④ 제3항의 규정에 의한 부지면적을 적용함에 있어서 산지를 전용하여 농림어업인의 주택 및 그 부대시설을 설치하고자 하는 경우에는 그 전용하고자 하는 면적에 당해 농림어업인이 당해 시·군·구(자치구에 한한다)에서 그 전용허가신청일 이전 5년간 농림어업인 주택 및 그 부대시설의 설치를 위하여 전용한 임업용산지의 면적을 합산한 면적(공공사업으로 인하여 철거된 농림어업인 주택 및 그 부대시설의 설치를 위하여 전용하였거나 전용하고자 하는 산지면적을 제외한다)을 당해 농림어업인 주택 및 그 부대시설의 부지면적으로 본다.

⑤ 법 제12조 제1항 제5호에서 "대통령령으로 정하는 시설"이란 다음 각 호의 어느 하나에 해당하는 시설을 말한다.

1. 농림어업인,「농어업·농어촌 및 식품산업 기본법」제3조 제4호에 따른 생산자단체,「농어업경영체 육성 및 지원에 관한 법률」제16조에 따른 영농조합법인과 영어조합법인 또는 같은 법 제19조에 따른 농업회사법인(이하 "농림어업인등"이라 한다)이 설치하는 다음 각 목의 어느 하나에 해당하는 시설

가. 부지면적 3만제곱미터 미만의 축산시설

나. 부지면적 1만제곱미터 미만의 다음의 시설

　(1) 야생조수의 인공사육시설

　(2) 양어장·양식장·낚시터시설

　(3) 폐목재·짚·음식물쓰레기 등을 이용한 유기질비료 제조시설(「폐기물관리법 시행령」별표 3 제1호 라목에 따른 퇴비화 시설에 한한다)

　(4) 가축분뇨를 이용한 유기질비료 제조시설

　(5) 버섯재배시설, 농림업용 온실

다. 부지면적 3천제곱미터 미만의 다음의 시설

    (1) 누에사육시설 · 농기계수리시설 · 농기계창고

    (2) 농축수산물의 창고 · 집하장 또는 그 가공시설

라. 부지면적 200제곱미터 미만의 다음의 시설(작업대기 및 휴식 등을 위한 공간이 바닥면적의 100분의 25 이하인 시설을 말한다)

    (1) 농막

    (2) 농업용 · 축산업용 관리사(주거용이 아닌 경우에 한한다)

2. 「농어촌정비법」 제82조 및 같은 법 제83조에 따라 개발되는 3만 제곱미터 미만의 농어촌 관광휴양단지 및 관광농원

⑥ 법 제12조 제1항 제8호에서 "대통령령으로 정하는 공용 · 공공용 시설"이란 다음 각 호의 어느 하나에 해당하는 시설을 말한다.

1. 삭제 〈2012.8.22.〉
2. 삭제 〈2010.12.7.〉
3. 삭제 〈2010.12.7.〉
4. 액화석유가스를 저장하기 위한 시설로서 농림축산식품부령이 정하는 시설
5. 「대기환경보전법」 제2조 제16호에 따른 저공해자동차에 연료를 공급하기 위한 시설

⑦ 제12조 제1항 제10호에서 "대통령령으로 정하는 종교시설"이란 문화체육관광장관이 「민법」 제32조의 규정에 따라 종교법인으로 허가한 종교단체 또는 그 소속단체에서 설치하는 부지면적 1만5천제곱미터 미만의 사찰 · 교회 · 성당 등 종교의식에 직접적으로 사용되는 시설과 농림축산식품부령으로 정하는 부대시설을 말한다.

⑧ 법 제12조 제1항 제11호에서 "대통령령으로 정하는 시설"이란 다음 각 호의 어

느 하나에 해당하는 시설을 말한다.

1. 「의료법」 제3조 제2항에 따른 의료기관중 종합병원·병원·치과병원·한방병원·요양병원
2. 「사회복지사업법」 제2조 제4호에 따른 사회복지시설
3. 「청소년활동진흥법」 제10조 제1호의 규정에 의한 청소년수련시설
4. 근로자의 복지증진을 위한 시설로서 다음 각 목의 어느 하나에 해당하는 것
    가. 근로자 기숙사 (「건축법 시행령」 별표 1 제2호 라목의 규정에 의한 기숙사에 한한다)
    나. 「영유아보육법」 제10조 제3호의 규정에 의한 직장어린이집
    다. 「수도권정비계획법」 제2조 제1호의 규정에 의한 수도권 또는 광역시 지역의 주택난해소를 위하여 공급되는 「근로자복지 기본법」 제13조 제2항의 규정에 의한 근로자주택
    라. 비영리법인이 건립하는 근로자의 여가·체육 및 문화활동을 위한 복지회관
5. 「근로자직업능력 개발법」 제2조 제3호의 규정에 따라 국가·지방자치단체 및 공공단체가 설치·운영하는 직업능력개발훈련시설

⑨ 법 제12조 제1항 제12호에서 "대통령령으로 정하는 시설"이란 다음 각 호의 어느 하나에 해당하는 시설을 말한다.

1. 「기초연구진흥 및 기술개발지원에 관한 법률」 제14조 제1항 제2호에 따른 기업부설연구소로서 미래창조과학부장관의 추천이 있는 시설
2. 「특정연구기관 육성법」 제2조의 규정에 의한 특정연구기관이 교육 또는 연구목적으로 설치하는 시설
3. 「과학기술기본법」 제9조 제1항의 규정에 의한 국가과학기술심의회에서 심의한 연구개발사업중 우주항공기술개발과 관련된 시설
4. 「초·중등교육법」 및 「고등교육법」에 따른 학교 시설

⑩ 법 제12조 제1항 제13호에서 "대통령령으로 정하는 지역사회개발 및 산업발전

에 필요한 시설"이란 관계 행정기관의 장이 다른 법률의 규정에 따라 산림청장 등과 협의하여 산지전용허가·산지일시사용허가 또는 산지전용신고·산지일시사용신고가 의제되는 허가·인가 등의 처분을 받아 설치되는 시설을 말한다. 다만, 다음 각 호의 어느 하나에 해당하는 시설은 제외한다.

1. 「대기환경보전법」 제2조 제9호의 규정에 의한 특정대기유해물질을 배출하는 시설
2. 「대기환경보전법」 제2조 제11호에 따른 대기오염물질배출시설 중 같은 법 시행령 별표 1의 1종사업장부터 4종사업장까지의 사업장에 설치되는 시설. 다만, 「산업입지 및 개발에 관한 법률」 제2조 제8호에 따른 산업단지에 설치되는 대기오염물질배출시설(「대기환경보전법」 제26조에 따른 대기오염방지시설과 주변 산림 훼손 방지를 위한 시설이 설치되는 경우로 한정한다)은 제외한다.
3. 「수질 및 수생태계 보전에 관한 법률」 제2조 제8호에 따른 특정수질유해물질을 배출하는 시설. 다만, 같은 법 제34조에 따라 폐수무방류배출시설의 설치허가를 받아 운영하는 경우를 제외한다.
4. 「수질 및 수생태계 보전에 관한 법률」 제2조 제10호에 따른 폐수배출시설 중 같은 법 시행령 별표 13에 따른 제1종사업장부터 제4종사업장까지의 사업장에 설치되는 시설. 다만, 「산업입지 및 개발에 관한 법률」 제2조 제8호에 따른 산업단지에 설치되는 폐수배출시설(「수질 및 수생태계 보전에 관한 법률」 제35조에 따른 수질오염방지시설과 주변 산림 훼손 방지를 위한 시설이 설치되는 경우로 한정한다)은 제외한다.
5. 「폐기물관리법」 제2조 제4호의 규정에 의한 지정폐기물을 배출하는 시설. 다만, 당해 사업장에 지정폐기물을 처리하기 위한 폐기물처리시설을 설치하거나 지정폐기물을 위탁하여 처리하는 경우에는 그러하지 아니하다.
6. 다음 각 목의 어느 하나에 해당하는 처분을 받아 설치하는 시설. 다만, 「국토의 계획 및 이용에 관한 법률」 제51조에 따른 지구단위계획구역을 지정하기 위한 산지전용허가·산지일시사용허가 또는 산지전용신고·산지일시사용신고의 의제에 관한 협의 내용에 다음 각 목의 어느 하나에 해당하는 처분이 포함되어 이에 따라 설치하는 시설은 제외한다.

가. 「주택법」 제16조에 따른 사업계획의 승인

나. 「건축법」 제11조에 따른 건축허가 및 같은 법 제14조에 따른 건축신고

다. 「국토의 계획 및 이용에 관한 법률」 제56조에 따른 개발행위허가

⑪ 법 제12조 제1항 제14호에서 "대통령령으로 정하는 기간"이란 1년 이내의 기간을 말한다. 다만, 목적사업의 수행을 위한 산지전용기간·산지일시사용기간이 1년을 초과하는 경우에는 그 산지전용기간·산지일시사용기간을 말한다.

⑫ 법 제12조 제1항 제15호에서 "대통령령으로 정하는 규모 이하의 진입로"란 절·성토사면을 제외한 유효너비가 3미터 이하이고, 그 길이가 50미터 이하인 진입로를 말한다.

⑬ 법 제12조 제1항 제16호에서 "대통령령으로 정하는 행위"란 다음 각 호의 어느 하나에 해당하는 행위를 말한다.

1. 「농어촌 도로정비법」 제4조 제2항 제3호에 따른 농도, 「농어촌정비법」 제2조 제6호에 따른 양수장·배수장·용수로 및 배수로를 설치하는 행위
2. 부지면적 100제곱미터 미만의 제각(祭閣)을 설치하는 행위
3. 「사도법」 제2조의 규정에 의한 사도(私道)를 설치하는 행위
4. 「자연환경보전법」 제2조 제9호의 규정에 의한 생태통로 및 조수의 보호·번식을 위한 시설을 설치하는 행위
5. 농림어업인이 3만제곱미터 미만의 산지에 「임업 및 산촌 진흥촉진에 관한 법률 시행령」 제8조 제1항에 따른 임산물 소득원의 지원 대상 품목을 재배하는 행위
6. 농림어업인이 3만제곱미터 미만의 산지에서 「축산법」 제2조 제1호의 규정에 의한 가축을 방목하는 경우로서 다음 각목의 요건을 갖춘 행위

　가. 조림지의 경우에는 조림후 15년이 지난 산지일 것

　나. 대상지의 경계에 울타리를 설치할 것

다. 입목·죽의 생육에 지장이 없도록 보호시설을 설치할 것
7. 농림어업인 또는 관상수 생산자가 3만제곱미터 미만의 산지에서 관상수를 재배하는 행위
8. 「측량·수로조사 및 지적에 관한 법률」 제8조에 따른 측량기준점표지를 설치하는 행위
9. 「폐기물관리법」 제2조 제1호의 규정에 의한 폐기물이 아닌 물건을 1년 이내의 기간동안 산지에 적치하는 행위로서 다음 각목의 요건을 모두 갖춘 행위
　　가. 입목의 벌채·굴취를 수반하지 아니할 것
　　나. 당해 물건의 적치로 인하여 주변환경의 오염, 자연경관 등의 훼손 우려가 없을 것
10. 법 제26조의 규정에 의한 채석경제성평가를 위하여 시추하는 행위
11. 「영화 및 비디오물의 진흥에 관한 법률」, 「방송법」 또는 「문화산업진흥 기본법」에 따른 영화제작업자·방송사업자 또는 방송영상독립제작사가 영화 또는 방송프로그램의 제작을 위하여 야외촬영시설을 설치하는 행위
12. 부지면적 200제곱미터 미만의 간이농림어업용시설(농업용수개발시설을 포함한다) 및 농림수산물 간이처리시설을 설치하는 행위

⑭ 산림청장은 지역여건상 제1항 제2호·제5호, 제3항, 제5항 및 제7항에 따른 부지면적의 제한이 불합리하다고 인정되는 경우에는 중앙산지관리위원회의 심의를 거쳐 100분의 200의 범위안에서 그 부지면적의 제한을 완화하여 적용할 수 있다.

3. 공익용 산지에서 할 수 있는 행위

[법 제12조 제2항]
공익용산지(산지전용·일시사용제한지역은 제외한다)에서는 다음 각 호의 어느 하나에 해당하는 행위를 하기 위하여 산지전용 또는 산지일시사용을 하는 경우를 제외하고

는 산지전용 또는 산지일시사용을 할 수 없다.
1. 제10조 제1호부터 제9호까지, 제9호의2 및 제9호의 3 에 따른 시설의 설치 등
2. 제1항 제2호, 제3호, 제6호 및 제7호의 시설의 설치
3. 제1항 제12호의 시설 중 대통령령으로 정하는 시설의 설치
4. 대통령령으로 정하는 규모 미만으로서 다음 각 목의 어느 하나에 해당하는 행위
    가. 농림어업인 주택의 신축, 증축 또는 개축. 다만, 신축의 경우에는 대통령령으로 정하는 주택 및 시설에 한정한다.
    나. 종교시설의 증축 또는 개축
    다. 제4조 제1항 제1호 나목 2)에 해당하는 사유로 공익용산지로 지정된 사찰림의 산지에서의 사찰 신축
5. 제1호부터 제4호까지의 시설을 제외한 시설로서 대통령령으로 정하는 공용·공공용 사업을 위하여 필요한 시설의 설치
6. 제1호부터 제5호까지에 따른 시설을 설치하기 위하여 대통령령으로 정하는 기간 동안 임시로 설치하는 다음 각 목의 어느 하나에 해당하는 부대시설의 설치
    가. 진입로
    나. 현장사무소
    다. 지질·토양의 조사·탐사시설
    라. 그 밖에 주차장 등 농림축산식품부령으로 정하는 부대시설
7. 제1호부터 제5호까지의 시설 중 「건축법」에 따른 건축물과 도로(「건축법」 제2조 제1항 제11호의 도로를 말한다)를 연결하기 위한 대통령령으로 정하는 규모 이하의 진입로의 설치
8. 그 밖에 산나물·야생화·관상수의 재배, 농도의 설치 등 공익용산지의 목적 달성에 지장을 주지 아니하는 범위에서 대통령령으로 정하는 행위

① 법 제12조 제2항 제3호에서 "대통령령이 정하는 시설"이라 함은 제12조 제9항 제3호의 규정에 의한 시설을 말한다.

② 법 제12조제 2항 제4호에서 "대통령령이 정하는 규모 이하"란 다음 각호의 구분에 따른 규모 이하를 말한다.
1. 농림어업인의 주택 또는 종교시설을 증축하는 경우: 종전 주택·시설 연면적의 100분의 130 이하
2. 농림어업인의 주택 또는 종교시설을 개축하는 경우: 종전 주택·시설 연면적의 100분의 100 이하
3. 농림어업인의 주택 또는 사찰림의 산지 안에서의 사찰을 신축하는 경우: 다음 각 목의 구분에 따른 규모 이하
   가. 법 제12조 제2항 제4호가목 단서에 따라 농림어업인이 자기 소유의 산지에서 직접 농림어업을 경영하면서 실제로 거주하기 위하여 신축하는 주택 및 그 부대시설: 부지면적 660제곱미터 이하
   나. 법 제12조 제2항 제4호다목에 따라 신축하는 사찰 및 그 부대시설: 부지면적 1만5천제곱미터 이하

③ 법 제12조 제2항 제5호에서 "대통령령으로 정하는 공용·공공용 사업을 위하여 필요한 시설"이란 다음 각 호의 어느 하나에 해당하는 시설을 말한다.
1. 국가·지방자치단체, 「공공기관의 운영에 관한 법률」 제5조에 따른 공기업·준정부기관(이하 "공기업·준정부기관"이라 한다), 「지방공기업법」 제49조에 따른 지방공사(이하 "지방공사"라 한다) 및 같은 법 제76조에 따른 지방공단(이하 "지방공단"이라 한다)이 관계 법령에 따라 시행하는 사업으로 설치하는 시설로서 농림축산식품부령으로 정하는 시설
2. 「폐기물관리법」 제2조 제8호에 따른 폐기물처리시설 중 국가 또는 지방자치단체가 설치하는 폐기물처리시설
3. 삭제 〈2007. 7. 27.〉
4. 「광산보안법」 제2조 제5호의 규정에 의한 광해를 방지하기 위한 시설

④ 법 제12조 제2항 제6호에서 "대통령령으로 정하는 기간"이란 1년 이내의 기간을 말한다. 다만, 목적사업의 수행을 위한 산지전용기간·산지일시사용기간이 1년을 초과하는 경우에는 그 산지전용기간·산지일시사용기간을 말한다.

⑤ 법 제12조 제2항 제7호에서 "대통령령으로 정하는 규모 이하의 진입로"란 절·성토사면을 제외한 유효너비가 3미터 이하이고, 그 길이가 50미터 이하인 진입로를 말한다.

⑥ 법 제12조 제2항 제8호에서 "대통령령으로 정하는 행위"란 다음 각 호의 어느 하나에 해당하는 행위를 말한다.
1. 제12조 제13항 제1호부터 제5호까지, 제8호 및 제10호에 해당하는 행위
2. 농림어업인이 1만제곱미터 미만의 산지에서 관상수를 재배하는 행위
3. 「국토의 계획 및 이용에 관한 법률」 제40조의 규정에 의한 수산자원보호구역안에서 농림어업인이 3천제곱미터 미만의 산지에 양어장 및 양식장을 설치하는 행위

⑦ 법 제12조 제3항 제2호에서 "대통령령으로 정하는 산지"란 다음 각 호의 어느 하나에 해당하는 산지를 말한다.
1. 「국토의 계획 및 이용에 관한 법률」 제38조의 2 제1항에 따른 도시자연공원구역으로 지정된 산지
2. 「국토의 계획 및 이용에 관한 법률」 제40조에 따른 수산자원보호구역으로 지정된 산지

1. 임업진흥권역이란?
임업의 진흥을 촉진하기 위하여 조림·육림 및 임도시설 등 임업생산기반의 조성과 임산물 유통·가공시설이 필요한 지역에 대하여는 관계행정기관의 장과 협의하여 권역별로 임업진흥권역을 지정한다.

- 산림경영 집단화로 임업경쟁력 강화기반 조성
- 임업진흥권역을 국내 목재생산 및 공급기지로 육성
- 임산물 소득원 개발·육성으로 임업경영 활성화
- 산림청장: 국유림, 50만 제곱미터 이상의 공유림 및 사유림
- 시·도지사: 50만 제곱미터 미만의 공유림 및 사유림

2. 임업진흥권역의 지정기준

임업진흥권역은 임산물소득원을 개발·육성하여 임업경영을 활성화할 수 있는 지역으로서 「산지관리법」 제4조 제1항 제1호가목과 제5조에 따른 임업용산지에 한정하여 지정하되, 다음 각 호의 기준에 맞아야 한다.

1) 시(「제주특별자치도 설치 및 국제자유도시 조성을 위한 특별법」에 따른 행정시를 포함한다. 이하 같다)·군 또는 자치구(이하 "시·군·구"라 한다)의 행정구역면적에 대한 산림면적의 비율이 70퍼센트 이상인 지역

2) 시·군·구의 행정구역면적에 대한 산림면적의 비율이 70퍼센트 미만인 지역 중 다음 각 목의 어느 하나에 해당하는 지역

 가. 일단의 산림이 집단적으로 분포하여 임업진흥권역 설정이 가능한 지역

 나. 제5조 제1항에 따른 협업경영을 실시하는 구역으로서 계속하여 집약적인 임업경영이 필요하다고 인정되는 지역

 다. 연접된 시·군·구의 임업진흥권역과 연결되어 임업경영이 필요하다고 인정되는 지역

3. 임업진흥권역의 혜택 및 지정기준

1) 산림청장은 산림사업에 대한 자금지원을 할 때에 임업진흥권역의 산림사업에 대하여는 다른 산림보다 우선하여 지원할 수 있다.

4. 임업진흥권역을 해제

1) 임업진흥권역 해제는 지정목적을 달성하였을 때
2) 천재지변, 그 밖의 부득이한 사유로 지정목적을 달성할 수 없다고 인정되는 때
3) 「산지관리법」 제12조 제1항 제1호부터 제12호까지의 시설을 설치할 필요가 있는 때 4) 지역사회 개발 및 산업발전을 위하여 시·도지사의 요청에 따라 임업진흥권역의 지정을 변경하거 해제할 필요가 있을 때 해제된다.

5. 유휴토지의 정의

토지의 소유자 등이 장기간 방치하거나 적극적인 사용을 하지 않는 토지를 말한다.

1) 「농어촌정비법」 제2조 제9호에 따른 한계농지(경사도 15%이상인 지역으로 토지 적성등급이 전·답 4~5등급, 과수 3~5등급인 지역)
2) 2년이상 해당 토지 본래의 용도에 사용하고 있지 아니하는 토지
3) 「지적법」 제2조에 따른 지목이 전·답·과수원·목장용지 또는 잡종지로서 토지소유자가 산림으로 전환하려는 토지를 말한다.
4) 기타(마을에서 공동으로 관리할 수 있는 공한지)
   (1) 마을공회당 주변 공한지
   (2) 전통 마을 숲이 있었으나 관리되지 않고 훼손된 지역
   (3) 하천변·도로변 등 마을 주민들이 모일 수 있는 공한지 등

6. 유휴토지 조림사업 시 지원금

1) 유휴토지 조림사업을 실행 시 조림비용으로 1ha당 최고 282만원(국고 70%, 지방비 20%, 자부담 10%)을 지원한다.
2) 산림경영계획의 작성변경에 소요되는 비용, 조림 및 숲 가꾸기 비용 그 밖의 산림 경영 및 소득 증대를 위한 보조 또는 융자 받을수 있다.
3) 사업비 정산시 모든 지출경비는 카드전표 첨부하여 정산한다.
4) 조림 후 5년간 타용도 전용 및 조림목 이동·판매·고사 금지하고 위반 시키는

행위를 하였을 때는 보조금 반환조치 한다.

5) 휴경상태, 생육조건 등을 고려하여 지원(관리를 위하여 관내 거주주민 우선)한다.

추 진 절 차

| 조림신청(산주 → 산림녹지과) ※ 사업신청서, 등기부등본(사용수익권 확인) |

▼

| 현지 확인(조림신청지) ※ 유휴토지 여부 및 조림후 사후관리 등 판단 |

▼

| 대상지 선정 및 통보(산림녹지과 → 산주) ※ 대상자 및 사업면적 확정 |

▼

| 보조금 교부신청 및 사업계획서 제출 ※ (산주 → 산림녹지과) |

▼

| 보조금 교부결정(산림녹지과) ※ 유휴토지 조림계획에 의거 실시 |

▼

| 조림실행(산주) ※ 사업계획서에 의거 조림실행 |

▼

| 사업완료 및 보조금 청구(산주 → 산림녹지과) ※ 정산서 등 증빙서류(전·중·후 식재 사진포함) |

▼

| 사업완료 확인(산림녹지과) ※ 사업계획 이행여부(본수, 면적) |

▼

| 보조금 집행(산림녹지과 → 산주) |

Ⅵ 산지전용허가

세분화되지 않은 관리지역, 보전 및 생산관리지역, 농림지역, 자연환경보전지역에 있는 산지의 전용허가기준에 관한 구체적 적용범위와 사업별·규모별 세부기준은 기준은 다음과 같다(「산지관리법 시행령」 제20조 제4항 참조).

1. 산지의 면적에 관한 허가기준(제20조 제6항 관련)

1. 법 제18조 제5항에 따라 산지전용허가는 다음 각 호의 어느 하나에 해당하는 경우를 제외하고는 허가면적을 3만제곱미터 이상으로 할 수 없다.
    - 가. 국가·지방자치단체 및 「국토의 계획 및 이용에 관한 법률 시행령」 제120조 제1항 제1호부터 제13호까지의 규정에 따른 기관 또는 단체가 공용 또는 공공용 시설을 설치하는 경우
    - 나. 국가 또는 지방자치단체에 무상귀속되는 공용 또는 공공용 시설을 설치하는 경우
    - 다. 「국토의 계획 및 이용에 관한 법률」 제2조 제4호에 따른 도시관리계획에 따라 도시계획시설 등을 설치하는 경우
    - 라. 「농어촌정비법」 제2조 제4호의 농어촌정비사업에 따라 농업생산기반을 조성·확충하기 위한 농업생산기반 정비사업 또는 생활환경을 개선하기 위한 생활환경 정비사업을 하는 경우
    - 마. 「광업법」에 따라 광물을 채굴하거나 「초지법」 제5조에 따라 초지를 조성하려는 경우
    - 바. 「국토의 계획 및 이용에 관한 법률」 제36조 제1항 제1호 및 제2호에 따른 주거지역·상업지역·공업지역·녹지지역 및 계획관리지역에서 산지전용을 하는 경우

사. 공장의 증·개축, 「건축법 시행령」 별표 1 제1호에 따른 660제곱미터 미만의 본인 거주 목적의 단독주택(본인 소유의 산지에 건축하는 경우만 해당한다) 및 같은 표 제3호에 따른 제1종근린생활시설을 설치하는 경우

아. 법 제10조 제10호, 제12조 제1항 제14호 및 같은 조 제2항 제6호에 따라 임시로 시설을 설치하는 경우

자. 제12조 제13항 제9호에 따라 1년 이내의 기간 동안 물건을 적치하는 경우

2. 산지전용허가를 신청한 지역(이하 "허가신청지"라 한다)의 경계로부터 직선거리 250미터 이내에 이미 산지전용허가를 받은 지역(이하 "기존허가지"라 한다)이 있는 경우 허가신청지와 기존허가지의 면적(제1호 각 목의 어느 하나에 해당하는 지역의 면적은 제외한다)을 합산한 면적이 3만제곱미터 미만인 경우에만 산지전용허가를 할 수 있다.

3. 제2호에서 기존허가지의 면적은 산지전용허가의 신청을 받은 허가권자가 허가를 한 면적(관계 행정기관의 장이 허가권자와 협의하여 다른 법령에 따라 산지전용허가가 의제되는 행정처분을 한 면적을 포함한다)을 기준으로 한다.

4. 제2호에도 불구하고 다음 각 목의 어느 하나에 해당하는 시설로 인하여 허가신청지와 기존허가지가 분리되어 있으면 분리되어 있는 기존허가지의 면적을 합산하지 아니한다.

가. 「철도건설법」 제2조 제1호 및 제2호에 따른 철도 및 고속철도

나. 「도로법」 제2조 제1호에 따른 도로

다. 「하천법」 제7조 제2항 및 제3항에 따른 하천 및 「하천 및 소하천정비법」 제3조 제1항에 따른 소하천

라. 「자연공원법」 제2조 제1호에 따른 자연공원

마. 「도시공원 및 녹지 등에 관한 법률」 제2조 제3호에 따른 도시공원(도시지역 외의 지역에 같은 법을 준용하여 설치하는 공원을 포함한다)

바. 「국토의 계획 및 이용에 관한 법률」 제43조에 따라 특별시장·광역시장·시장 또는 군수가 시설한 주간선도로(이하 "주간선도로"라 한다) 또는 보조간선도로

사. 「농어촌도로 정비법」 제4조 제2항 제1호 및 제5조 제1항에 따라 군수가 시

설한 면도

아. 「도시계획시설의 결정·구조 및 설치기준에 관한 규칙」 제9조 제3호 가목에 따른 주간선도로 또는 「도로법」 제8조에 따른 도로에 직접 연결된 2차선 이상의 도로

※ 비고

산림청장은 위 기준을 적용하는 것이 현저히 불합리하다고 인정되는 경우에는 중앙산지관리위원회의 심의를 거쳐 그 기준을 완화하여 적용할 수 있다.

2. 산지전용 시 부담금

1. 산지전용 시 부담금 2014년 대체산림자원 조성비(산림청에서 매년 단가 고시)

   보전산지 : 3,350원/㎡

   준보전산지 : 4,350원/㎡

   산지전용제한지역 : 6,700원/㎡

2. 대체산림자원조성비 감면대상 및 감면비율 [별표 5] 〈개정 2014. 3. 11.〉

1) 국가나 지방자치단체가 공용 또는 공공용의 목적으로 산지전용 또는 산지일시사용을 하는 경우(법 제19조 제5항 제1호 관련)

대상시설	감면비율(퍼센트)	
	보전산지	준보전산지
가. 「도로법」에 따른 도로(휴게시설과 대기실은 제외한다)	100	100
나. 「댐건설 및 주변지역지원 등에 관한 법률」 제2조 제1호에 따른 댐	100	100
다. 「수도권신공항건설 촉진법」 제2조 제2호에 따른 신공항건설사업	100	100
라. 「철도건설법」 제2조 제1호 및 제2호에 따른 철도 및 고속철도	100	100
마. 공용청사, 재해방지시설, 공설묘지, 생태통로 등 야생 동·식물보호시설, 공원시설 및 폐기물처리시설	100	100

대상시설	보전산지	준보전산지
바. 「국방·군사시설 사업에 관한 법률」 제2조 제1호에 따른 국방·군사시설	100	100
사. 저수지·소류지·수로 등 농지개량시설	100	100
아. 「문화재보호법」에 따른 문화재의 보존·정비 및 활용시설	100	100
자. 「도시철도법」 제3조 제1호에 따른 도시철도	100	100
차. 「수도법」 제3조 제5호에 따른 수도시설	100	100
카. 「농어촌도로 정비법」 제2조에 따른 농어촌도로(휴게시설과 대기실은 제외한다)	100	100
타. 「국토의 계획 및 이용에 관한 법률」 제2조 제7호에 따라 도시관리계획으로 결정된 시설 중 도로	100	100
파. 「2018 평창 동계올림픽대회 및 장애인동계올림픽대회 지원 등에 관한 특별법」 제2조 제2호에 따른 대회직접관련시설	100	100
하. 국가 또는 지방자치단체가 설치하는 공용·공공용시설 중 가목부터 파목까지에 해당하지 아니하는 공용·공공용 시설	50	50

2) 중요 산업시설을 설치하기 위하여 산지전용 또는 산지일시사용을 하는 경우(법 제19조 제5항 제2호 관련)

대상시설	감면비율(퍼센트)	
	보전산지	준보전산지
가. 「농어촌정비법」 제2조 제4호에 따른 농어촌정비사업을 위한 시설(「농어촌정비법」 제94조에 따른 한계농지등 정비지구에 같은 법 제92조 각 호의 어느 하나에 따른 시설을 설치하는 경우에는 「수도권정비계획법」 제2조 제1호 또는 「지방자치법」 제2조 제1항 제1호에 따른 수도권 또는 광역시에 속하지 아니하는 읍·면지역에 설치하는 경우만 해당한다)	100	100
나. 「특정연구기관육성법」 제2조에 따른 특정연구기관이 교육 또는 연구목적으로 설치하는 시설	100	100
다. 「벤처기업육성에 관한 특별조치법」 제18조에 따라 지정받는 벤처기업집적시설	100	100

라. 「신에너지 및 재생에너지 개발·이용·보급 촉진법」 제2조 제2호에 따른 신·재생에너지설비	100	100
마. 관계 법령 또는 인·허가 등의 조건에 따라 국가 또는 지방자치단체에 기부채납(법령에 따라 국가 또는 지방자치단체에 무상귀속되는 경우를 포함한다)되는 산업시설(다른 감면 대상 시설과 중복되는 경우를 포함한다)	100	100
바. 「중소기업기본법」 제2조에 따른 중소기업이 그 창업일부터 3년 이내에 「중소기업창업 지원법」 제33조에 따라 사업계획의 승인을 받아 설립하는 공장	100	100
사. 「소기업 및 소상공인지원을 위한 특별조치법」에 따라 「산업집적활성화 및 공장설립에 관한 법률」 제2조 제1호에 따른 공장의 건축면적 또는 이에 준하는 사업장의 면적이 1천제곱미터 미만인 소기업이 「수도권정비계획법」 제2조에 따른 수도권 외의 지역에서 신축·증축 또는 이전하려는 공장과 소기업을 100분의 50 이상 유치하기 위하여 조성하는 국가산업단지, 일반산업단지, 도시첨단산업단지 또는 농공단지	100	100
아. 「과학기술기본법」 제9조 제1항에 따른 국가과학기술위원회에서 의결한 연구개발사업에 따라 인공위성 발사 등을 위하여 설치하는 우주센터시설	100	100
자. 「산업입지 및 개발에 관한 법률」 제2조 제8호에 따른 산업단지(「수도권정비계획법」 제2조 제1호에 따른 수도권에 소재하는 산업단지 및 「체육시설의 설치·이용에 관한 법률」 제10조 제1항 제1호에 따른 골프장은 제외한다)	0	100
차. 「관광진흥법」 제2조 제7호에 따른 관광단지(「수도권정비계획법」 제2조 제1호에 따른 수도권에 소재하는 산업단지 및 「체육시설의 설치·이용에 관한 법률」 제10조 제1항 제1호에 따른 골프장은 제외한다)	0	100
카. 「물류시설의 개발 및 운영에 관한 법률」 제2조 제3호 및 제6호에 따른 물류터미널사업(창업으로서「부가가치세법」 제8조에 따라 등록한 사업은 제외한다) 및 물류단지		
1) 국가·지방자치단체, 공기업·준정부기관, 지방공사 또는 지방공단이 시행하는 경우	0	100

대상시설		
2) 그 밖의 사업자가 시행하는 경우	0	50
타. 공기업·준정부기관·지방공사·지방공단 또는 「사회기반시설에 대한 민간투자법」 제2조제7호에 따른 사업시행자가 설치하는 같은 조 제1호 마목, 사목부터 하목까지, 처목부터 터목까지 또는 도목의 시설	50	50
파. 「경제자유구역의 지정 및 운영에 관한 특별법」 제9조에 따른 실시계획의 승인을 받아 경제자유구역에 설치하는 시설. 다만, 「택지개발촉진법」 제2조 제1호에 따른 택지와 「체육시설의 설치·이용에 관한 법률」 제10조제1항 제1호에 따른 골프장업은 제외한다.	50	50
하. 「제주특별자치도 설치 및 국제자유도시 조성을 위한 특별법」 제217조에 따라 지정된 제주투자진흥지구에 설치하는 시설 및 같은 법 제229조에 따라 시행승인을 얻은 개발사업 중 「체육시설의 설치·이용에 관한 법률」제10조 제1항 제1호에 따른 골프장업의 시설	50	50
거. 「기업도시개발 특별법」 제12조에 따라 실시계획의 승인을 받아 기업도시개발구역에 설치하는 시설. 다만, 「택지개발촉진법」 제2조 제1호에 따른 택지와 「체육시설의 설치·이용에 관한 법률」 제10조 제1항 제1호에 따른 골프장은 제외한다.	0	50
너. 「폐광지역 개발 지원에 관한 특별법 시행령」제11조 제1항 제2호 및 제3호에 따른 사업을 위한 시설	0	50
더. 「2018 평창 동계올림픽대회 및 장애인동계올림픽대회 지원 등에 관한 특별법」 제49조에 따른 실시계획의 승인을 받아 동계올림픽 특별구역에 설치하는 시설. 다만, 「택지개발촉진법」 제2조 제1호에 따른 택지와 「체육시설의 설치·이용에 관한 법률」 제10조 제1항 제1호에 따른 골프장은 제외한다.	50	100

3. 광물의 채굴 또는 그 밖에 산지전용 또는 산지일시사용을 하는 경우(법 제19조 제5항 제3호 관련)

대상시설	감면비율(퍼센트)	
	보전산지	준보전산지
가. 농림어업인이 설치하는 주택 및 그 부대시설, 「농어촌도로 정비법」 제4조 제2항 제3호에 따른 농도 및 「임업 및 산촌진흥촉진에 관한 법률 시행령」 제8조 제1항에 따른 임산물 소득원의 지원 대상 품목의 재배시설	100	100

나. 「유아교육법」 제2조 및 「고등교육법」 제2조에 따른 각급 학교의 시설용지	100	100
다. 「박물관 및 미술관 진흥법」 제18조에 따라 설립계획의 승인을 얻은 사립박물관 또는 사립미술관(비영리법인이 설치하는 미술관만 해당한다)과 「도서관법」 제2조 제4호에 따른 사립 공공도서관	100	100
라. 「광산피해의 방지 및 복구에 관한 법률」 제11조에 따른 광해방지사업을 위한 시설	100	100
마. 농림어업인등 또는 「산림조합법」 제2조에 따른 산림조합 및 산림조합중앙회가 설치하는 다음의 시설 　1) 야생조수의 인공사육시설 　2) 양어장·양식장·낚시터시설 　3) 농림어업용 온실·버섯재배시설 　4) 축산시설	100	100
바. 「전통사찰의 보존 및 지원에 관한 법률」 제4조에 따라 지정하여 등록된 전통사찰이 불사를 위하여 설치하는 시설과 진입로·현장사무소 등 부대시설	100	100
사. 관계 법령 또는 인·허가 등의 조건에 따라 국가 또는 지방자치단체에 기부채납(법령에 따라 국가 또는 지방자치단체에 무상귀속되는 경우를 포함한다)되는 공용·공공용시설 및 재해방지시설(다른 감면 대상 시설과 중복되는 경우를 포함한다)	100	100
아. 「농지법」에 따라 조성된 농지(제2호 가목에 따라 농지로 조성하는 경우는 제외한다) 또는 「초지법」에 따라 조성된 초지	50	100
자. 광물의 채굴	0	100
차. 비영리법인이 「농어촌정비법」 제2조 제1호에 따른 농어촌에서 「의료법」 제33조에 따라 개설하는 의료기관	0	100
카. 비영리법인이 「사회복지사업법」 제34조에 따라 설치하는 사회복지시설 및 그 복지시설에 입소 중 사망하는 자를 위하여 설치하는 봉안시설(「장사 등에 관한 법률」 제15조에 따른 사설봉안시설을 말한다)	0	100
타. 「임대주택법」 제16조 제1항 제1호 및 제2호에 따른 임대주택	0	100
파. 「국가균형발전 특별법」 제2조 제9호에 따른 공공기관이 동법 제18조에 따라 지방으로 이전하는 공공기관의 사옥	0	100

하. 「청소년활동진흥법」 제10조 제1호에 따른 청소년수련시설	50	50
거. 「방사성폐기물 관리법」 제2조 제3호에 따른 방사성폐기물 관리시설	50	50
너. 「신행정수도 후속대책을 위한 연기·공주지역 행정중심복합도시 건설을 위한 특별법」 제21조에 따라 행정중심복합도시예정지역에 설치하는 시설. 다만, 「택지개발촉진법」 제2조 제1호에 따른 택지로 조성하는 경우는 제외한다.	0	50
더. 「공공기관 지방이전에 따른 혁신도시 건설 및 지원에 관한 특별법」 제12조에 따라 실시계획의 승인을 받아 혁신도시개발구역에 설치하는 시설. 다만, 「택지개발촉진법」 제2조 제1호에 따른 택지로 조성하는 경우는 제외한다.	0	50

▶ 비고 ◀

1. 제1호 하목의 공용·공공용시설 중 제2호·제3호 각 목의 어느 하나에 해당하는 시설을 설치하는 경우에 그 시설에 부과하는 대체산림자원조성비 감면비율은 다음의 감면비율 중 가장 높은 감면비율을 적용한다.
   가. 제1호하목의 공용·공공용 시설에 적용하는 감면비율
   나. 제2호·제3호 각 목의 해당시설에 적용하는 감면비율
2. 제2호 파목·하목·거목, 제3호너목·더목의 지역·지구·구역에 제2호·제3호 각 목의 어느 하나에 해당하는 시설을 설치하는 경우에 그 시설에 부과하는 대체산림자원조성비 감면비율은 다음의 감면비율 중 가장 높은 감면비율을 적용한다.
   가. 해당 시설을 설치하는 지역·지구·구역에 적용하는 감면비율
   나. 제2호·제3호 각 목의 해당시설에 적용하는 감면비율
3. 제3호 나목에서 "농림어업인이 설치하는 주택 및 그 부대시설"이란 농림어업인이 농림어업을 직접 경영하면서 실제 거주하기 위하여 자기 소유의 산지에 660제곱미터 미만으로 설치하는 시설을 말한다.
4. 제3호 마목에서 "농림어업인등"이란 농림어업인, 「농어업·농어촌 및 식품산업 기본법」 제3조 제4호에 따른 생산자단체, 「농어업경영체 육성 및 지원에 관한 법률」 제16조에 따른 영농조합법인과 영어조합법인 또는 같은 법 제19조에 따른 농업회사법인을 말한다.
5. 제4호에서 "농림어업인"이란 「농지법」 제2조 제2호에 따른 농업인, 「임업 및 산촌 진흥촉진에 관한 법률 시행령」 제2조 제1호의 임업인(「산림자원의 조성 및 관리에 관한 법률」에 따라 산림경영계획의 인가를 받아 산림을 경영하고 있는 자를 말한다), 같은 조 제2호·제3호의 임업인 및 「수산업법」 제2조 제11호에 따른 어업인을 말한다.
6. 법률 제10331호 산지관리법 일부개정법률 부칙 제2조 불법전용산지에 관한 임시특례 규정에 따라 산지전용허가 등 지목변경에 필요한 처분을 한 경우에는 그 산지에 대한 대체산림자원조성비를 면제한다.
7. 「매장문화재 보호 및 조사에 관한 법률」에 따른 매장문화재의 발굴 및 조사를 한 후 목적사업을 위하여 산지전용허가 및 산지일시사용허가를 받은 경우에는 그 매장문화재의 발굴 및 조사를 위하여 이미 납부한 대체산림자원조성비를 감면한다.

▶ 대체산림조성비 납부기간(납부할 금액 기준)	
1천만 원 미만	20일 이상 30일 이내
1천만 원 이상 5천만 원 미만	30일 이상 60일 이내
5천만 원 이상일 때	60일 이상 90일 이내

▶ 수수료	
1. 법 제14조 및 제15조의 2 제1항에 따른 산지전용허가 및 산지일시사용허가	가. 허가를 신청하는 산지면적이 1만㎡ 이하인 경우: 2만원 나. 허가를 신청하는 산지면적이 1만㎡를 초과하는 경우: 2만원에 그 초과면적 1만㎡마다 2만원을 가산한 금액
2. 법 제15조 및 제15조의 2 제2항에 따른 산지전용신고 및 산지일시사용신고	가. 신고하는 산지면적이 1만㎡ 이하인 경우: 5천원 나. 신고하는 산지면적이 1만㎡를 초과하는 경우: 5천원에 그 초과면적 1만㎡마다 5천원을 가산한 금액
3. 법 제21조에 따른 용도변경승인	5천원
4. 법 제25조 제1항에 따른 토석채취허가	가. 허가를 신청하는 산지면적이 1만㎡ 이하인 경우: 2만원 나. 허가를 신청하는 산지면적이 1만㎡를 초과하는 경우: 2만원에 그 초과면적 1만㎡마다 2만원을 가산한 금액
5. 법 제25조 제2항에 따른 토사채취신고	5천원
6. 법 제29조에 2항에 따른 채석단지의 지정(신청에 의한 지정에 한정한다)	가. 지정을 신청하는 산지면적이 1만㎡ 이하인 경우: 2만원 나. 지정을 신청하는 산지면적이 1만㎡를 초과하는 경우: 2만원에 그 초과면적 1만㎡마다 2만원을 가산한 금액
7. 법 제40조에 따른 복구설계서의 승인	가. 승인을 신청하는 산지면적이 1만㎡ 이하인 경우: 2만원 나. 승인을 신청하는 산지면적이 1만㎡를 초과하는 경우: 2만원에 그 초과면적 1만㎡마다 2만원을 가산한 금액
8. 법 제42조에 따른 복구준공검사	5천원

▶ 복구비 1만㎡당 산지복구비 산정 기준액(2014년)			
1. 산지전용허가(신고)지			
경사도 10° 미만	41,441천 원	경사도 10° 이상 20° 미만	119,403천 원
경사도 20° 이상 30도° 미만	158,909천 원	경사도 30° 이상	207,100천 원
경사도 30° 이상	166,675천 원		
2. 토석채취(매각)지 및 광물 채굴지			
경사도 10° 미만	131,546천 원	경사도 10° 이상 20° 미만	234,987천 원
경사도 20° 이상 30° 미만	307,570천 원	경사도 30° 이상	371,208천 원

3. 입목본수도

1) 입목본수도 정의

현재 자라고 있는 입목의 본수나 재적을 그 임지의 적절한 본수나 재적에 대한 비율(백분율)로 나타낸 것임.

2) 입목본수도 조사방법

[별표 1] 입 목 본 수 도 조 사 방 법

 가. 입목본수도 측정 공무원은 조사 대상지를 현지 답사하여 구획 및 경계를 확인후 조사하고, 신청인은 개발행위허가 신청일까지 구획 경계 표시를 하여야 한다.

 나. 조사구역의 입목을 전수 조사한다.

⑴ 조사야장 양식

흉고 직경 (cm)	총 계	수종 ○○○		수종 ○○○		비 고
		측정본수	계	측정본수	계	
총 계						

⑵ 조 편성

기장자 1명에 측정자 1~2명으로 편성함을 원칙으로 한다.

⑶ 기재요령

 ㈎ 흉고직경은 입목본수도 기준표의 기준에 따라 기재한다.

 ㈏ 수종이 2개 수종 이상일 때에는 예시와 같이 수종별로 구분한다.

 ㈐ 측정본수는 정(正)자로 표시한 후 합계를 계산한다.

⑷ 흉고직경 측정

 ㈎ 흉고직경의 측정은 경사지에서는 윗쪽에서 평지에서는 임의의 방향에서 지상 1.2m의 높이를 측정한다. 측정은 교목, 관목을 구분하지 않는다.

 ㈏ 지상 1.2m의 위치가 측정자의 신체 어느 부분인가를 미리 조사해 두어야 한다.

 ㈐ 흉고점의 하부에서 수간이 분지되어 있으면 각각 2본으로 간주하여 따로

측정하고 흉고점보다 상부에서 분지되어 있으면 1본으로 간주한다.

(라) 흉고점에 혹 또는 옹이 등이 있을 때에는 이 점 상하의 흉고직경을 측정하여 평균치를 사용한다.

(마) 수목이 많아 측정대상 수목에 대해 혼동의 우려가 있을 경우에는 오차가 발생하지 않도록 측정한 수목을 분필, 노끈 등을 이용하여 표시해야 한다.

(5) 산출방법

(가) 측정이 끝나면 각 수종의 직경별 본수에 평균직경을 곱하여 직경 소계를 구하고 직경 소계를 합산하여 직경 총계를 구한다.

(나) 직경 총계를 대상지의 전체 본수로 나누어 평균 흉고직경을 구한다.

(다) 입목본수기준표에 의거 대상지 수목의 평균 흉고직경에 해당되는 헥타아르당 정상 입목본수를 평방미터당 입목본수로 환산한다.

(라) 대상지 정상입목본수(본) = 대상지면적(㎡) × 본/㎡당

(마) 입목본수도(%) = $\dfrac{\text{대상지 현재 생육본수}}{\text{대상지 정상 입목본수}} \times 100$

3) 입목본수기준표

흉고직경 (평균흉고직경)(cm)	ha당 정상 입목본수(본)	흉고직경 (평균흉고직경)(cm)	ha당 정상 입목본수(본)	흉고직경 (평균흉고직경)(cm)	ha당 정상 입목본수(본)
3 미만(2)	3,000	15이상17미만(16)	820	29이상31미만(30)	390
3이상 5미만(4)	2,350	17이상19미만(18)	730	31이상33미만(32)	360
5이상 7미만(6)	2,040	19이상21미만(20)	630	33이상35미만(34)	330
7이상 9미만(8)	1,740	21이상23미만(22)	570	35이상37미만(36)	300
9이상 11미만(10)	1,400	23이상25미만(24)	510	37이상39미만(38)	280
11이상13미만(12)	1,150	25이상27미만(26)	470	39이상41미만(40)	260
13이상15미만(14)	980	27이상29미만(28)	430	41이상(42)	240

[예 시]

가. 매목조서 야장

조사일 :

조사자 직　　　성명　　　(인)

　　　　직　　　성명　　　(인)

흉고직경 (단위 : cm)	총 계	잣 나 무		단 풍 나 무		비 고
		본 수	계	본 수	계	
7이상 9미만	25	正正正正正	25			
9이상 11미만	21	正正正正一	21			
11이상 13미만	15	正正	10	正	5	
13이상 15미만	6	一	1	正	5	
15이상 17미만	1			一	1	
17이상 19미만	1			一	1	
계	69		57		12	

나. 입목본수도 산출

종		총계	8cm	10cm	12cm	14cm	16cm	18cm
잣 나 무	본 수	57	25	21	10	1		
	직경소계	544	200	210	120	14		
단풍나무	본 수	12			5	5	1	1
	직경소계	164			60	70	16	18
총 계	본 수	69	25	21	15	6	1	1
	직경소계	708	200	210	180	84	16	18

다. 계산방식(예시)

　　○ 대상지 면적 : 1,000㎡

　　○ 평균흉고직경 : 708㎝ ÷ 69본 = 10.3㎝ ≒ 10㎝

　　○ 평균흉고직경 10㎝ 일때 1ha당 정상 입목본수 : 1,400본 (㎡당 0.14본)

　　○ 대상지 정상 입목본수 : 1,000㎡ × 0.14본/㎡ = 140본

　　○ 입목본수도 산정 : 69본 ÷ 140본 × 100 = 49.3%

산지전용 허용시설 및 면적

산지관리법 영(요약)

건축물용도 및 종류 \ 산지종류		보전산지(전용부지면적)	
		공익용 산지	임업용산지
공용.공공용 시설	군사,하천,도로,철도 등	제한○	
	방송통신시설		액화석유 · 저공해자동차연료공급시설
1. 단독주택	농림어업인 주택		660㎡↓(5년):자기소유,농림어업경영,실거주 [200%]
2. 공동주택	근로자 기숙사	X	공장종업원용 공동취사
1호 & 2호	근로자 주택		수정법+근로자복지기본법
(주거용x)	산림경영관리사(임업인)	○	200㎡↓(휴식25%)〈2005〉[200%]
	농업,축산용관리,농막	X	200㎡↓(주거용 아닌 것)
6.종교시설	제각(祭閣)	○	100㎡↓
	사찰림내 사찰신축	1만5천㎡↓	
	종교집회장 및 부대시설	증축 130%	1만5천㎡↓(사찰 · 교회 · 성당)200%
9.의료시설	종합병원,각종(병원)	X	의료법〈2007〉(치과 · 한방 · 요양)병원
10.교육연구시설	우주항공기술개발시설등	○	과학기술기본법,기초연구지원법
	(공공)직업훈련시설	X	근로자직업능력개발법〈2007〉
	기업부설연구소등		기술개발지원법.특정연구기관육성법
	학교		초 · 중등교육법 · 고등교육법
11.노유자시설(아동, 노인, 장애인 등)	직장보육시설	X	영육아보육법〈2007〉
	사회복지시설(각종)		사회복지사업법〈2007〉
	복지회관(근로여가.체육)		비영리법인건립〈2007〉(체육 · 문화)
12. 수련시설	각종(유스호텔포함)	X	청소년활동진흥법(2007)

구분		세부시설	국가/지자체	기타
21. 동물식물관련시설 (농림어업인·생산자단체·영농조합법인)		양어장·양식장	3천㎡↓ (수산보호구역)	1만㎡↓ (낚시터시설)
		창고·집하장·농기계수리	X	3천㎡↓ (농축수산물, 누에사육시설)
		버섯재배시설·농림온실		1만㎡↓ (야생조수, 양어, 유기질비료)
		축산시설		3만㎡↓ [200%]
		농막·농축산업용 관리시설		200㎡↓ (바주거용), 간이 농림용시설
22. 자원순환시설		폐기물처분시설	국가.지자체	폐기물(법)이 아닌 물건 1년 적치
24. 방송통신시설		야외촬영시설	X	영화진흥업·방송법·문화산업진흥법
26. 묘지관련시설		화장시설, 납골, 봉안시설	X	장사등에 관한법률(묘지·자연장지)
*지역사회개발 및 산업발전에 필요한 시설			△국가	타법률+산림청장협의(오염배출시설제외)
*건축법에 따른 건축물의 진입로설치				허용시설 : 유효너비3m이하, 길이50m 이하
농어촌유양시설(단지)		관광농원, 농어촌관광단지	X	3만㎡↓ [200%] 농어촌정비법
임업 및 산촌산업 진흥촉진에관한법률 (임업인)		임산물생산·집하시설	○	1만㎡↓ [200%]	공용이용 1만㎡↓
		임산물가공·건조·보관	X 임산물재배○	3천㎡↓ [200%]	
		자재보관·전시·판매시설		1천㎡↓ [200%]	
		(임산법)산촌개발사업		1만㎡↓ [200%]	
수목원·자연휴양림·수목장림등·산림공익시설			○	산림욕장·목공예실등 각종산림교육시설
사도(私道)설치·농도(農道)·농업용(배)수로			○	사도법.농어촌 도로정비법
산채·약채·특용작물·야생화등 재배			○	5만㎡↓ 임산물소득원지원대상품목재배
농림어업인의 관상수 재배			1만㎡↓	5만㎡↓ (관상수 생산자포함)

〈비고〉
1. [200%]는 산림청장이 중앙산지관리위원회의 심의를 거쳐 2배 범위 완화가능
2. 농림어업인의 범위(규칙 제7조)
   ①농지법의 농업인
   ②임업및산촌진흥촉진에관한법률의 임업인(연중90일이상 임업에 종사하거나 임업경영을 통한 임산물의 연간 판매액 120만원 이상인 자에 한한다)
   ③수산업법의 어업인을 말한다.
3. 연접규제(영별표4의2):허가예정지역 경계와 종전 허가지역 경계 직선거리 250M이내 합산 면적3만㎡이하.
   -미적용: 공용(공공용)시설, 도시계획기설, 농어촌생환경정비사업, 자연휴양림, 수목원, 주거·상업·계획 관리, 공장 증·개축, 660㎡ 미만 단독주택(본인소유), 제1종근생시설
   -미합산: 철도·도로법의 도로·(주)간선도로·면도,(소)하천 / 자연공원·도시공원은 20m이상 / 2차선도로를 주 간선 도로 또는 도로법의 도로에 직접연결   *조례 별도특례 *지방산지관리위원회 심의로 완화.

[별표4] 산지전용 허가기준의 적용범위와 사업별 · 규모별 세부기준

1. 산지전용시 공통으로 적용되는 허가기준

허가기준	세부기준
가. 인근산림에 큰 지장	산지전용으로 인하여 임도가 단절되지 아니할 것
나. 산림 기능유지 장애	야생 동·식물이 집단적 서식하는 산지 또는 수형목(秀型木) 보후수 생육
다. 재해발생	산지의 경사도, 모암(母巖)산림상태 등 산사태 발생 가능성이 낮을 것
라. 산림의 수원함양 및 수질 보전기능에 지장 없을 것	상수원보호구역 또는 취수장(미고시 지역)으로부터 상류방향 유하거리 10㎞ 밖으로서 하천 양안 경계로부터 500m 밖에 위치 다만, 다음예외 1) 「하수도법」의 공공하수처리시설 · 분뇨처리시설 · 개인하수처리시설 2) 「가축분뇨의 관리 및 이용에 관한 법률」제2조에 따른 처리시설

마. 사업계획 및 산지전용 면적이 적정하고 자연경관 및 산림훼손 최소화하고 산지전용 후의 복구에 지장 없을 것	1) 산지전용행위와 관련된 사업계획의 내용이 구체적이고 타당
	2) 산지의 면적이 과다하지 않고 공장 및 건축물은 다음 기준 고려할 것
	  가) 공장: 「산업집적활성화 및 공장설립에 관한법률」에 따른 공장입지의 기준
	  나) 건축물: 「국토의계획및 이용에 관한법률」에 따른 건축물의 건폐율
	3) 가능한 기존의 지형이 유지되도록 시설물이 설치될 것
	4) 비탈면은 토질에 따른 적정 경사도와 높이로 붕괴의 위험이 없을 것
	5) 산림생태계가 고립되지 아니할 것. 다만, 생태통로 등을 설치는 예외
	6) 산지의 표고(標高)가 높거나 설치 시설물이 자연경관을 해지지 않을 것
	7) 전용하려는 산지 규모가 별표4의2의 기준에 적합할 것
	8) 화장장 · 납골시설 · 공설묘지 · 장례식장 · 폐기물처리시설은 차폐림 조성
	9) 원형 존치, 조성되는 사림 또는 녹지에 대하여 적정한 관리계획 수립
	10) 기존도로(준공 또는 가용개시)를 이용, 또는 다음의 산지전용일 것
	  가) 공장설립허가는 계획상 도로의 허가를 받은 자가 동의한 경우
	  나) 준공검사 전 실제로 통행이 가능한 도로로서 동의를 얻은 경우
	11) 단독주택은 자기 소유의 산제에 한정할 것
	12) 사방사업법의 사업계획부지안에 편입되지 아니할 것.
	13) 분묘 중심점의 5m밖의 산지 다만, 연고자의 동의(무연고는 예외)
	14) 해안 경관 및 해안산림생태계의 보전에 지장을 초래하지 아니할 것
	15) 농림어업인이 자기 소유의 산지에서 직접 농림어업을 경영과 실거주를 위한 주택 및 부대시설은 자기 소유의 기존 임도를 활용시 시설가능

2. 산지전용면적에 따라 적용되는 허가기준

허가기준	전용면적	세부기준
가. 우량한 산림 포함	30만㎡ 이상	조림성공지 또는 우량한 천연림의 편입을 최소화할 것
나. 토사유출·붕괴 등	2만㎡ 이상	홍수시 하류지역의 유량상승에 영향을 미치지 않을 것
다. 산지형태 및 임목구성 등의 특성으로 인하여 보호 가치 지장없을 것	660만㎡ 이상 다만, 비고 제1호 시설예외	1) 전용 산지 평균경사도 25도(스키장업 35도) 이하 2) 관할 시·군·자치구의 헥타드랑 입목축적 150% 이하 3) 50년생 이상인 활엽수림의 비율이 50% 이하일 것
라. 사업계획 및 산지전용면적 적정, 전용방법 자연경관 및 훼손 최소화, 산지전용 후 복구 지장이 없을 것	30만㎡ 이상의 산지전용에 적용	1) 보전산지위 면적이 과다하지 아니할 것. 2) 시설물이 설치되는 부분에 적정면적의 산림을 존치 3) 토사의 이동량은 필요 최소한의 양일 것. 4) 경관훼손 저감대책을 수립할 것. 5) 시뮬레이션으로 경관훼손저감대책 수립(면적 50㎡ 이상)

3. 산지전용대상 사업에 따라 적용되는 허가기준

허가기준	대상사업	세부기준
가. 사업계획 및 존용목적이 적정, 자연경관 및 산림 훼손을 최소화, 산지전용 후 복구에 지장 없을것	공장	공장부지 면적이 1만㎡ 이상 다만, 다음 예외 1) 관리지역 안에서 농동단지에 입주가 허용되는 업종의 공장 설치 2) 「산업집적활성화및공장설립에관한법률」의 공장설립 가능 지역 3) 주거, 상업, 공업지역, 계획관리지역, 생산녹지지역, 자연녹지지역에 공장 설치
	도로	1) 산지전용제한백두대간보호, 보안림, 산림유전자원보호림, 자연휴양림, 수목원, 채종림등은 터널.또는 교량으로 도로시설 할 것. 2) 능선방향 단면의 절취고가 해당 도로의 표준터널 단면 유효높이의 3배 이상일경우 지형여건에 따라 터널 또는 개착터널을 설치 3) 해안도로의 개설시 해안의 유실 또는 해안 형태의 변화를 초래하지 아니할 것

8 개발행위 허가

개발행위 허가

1. 건축물의 건축 또는 공작물의 설치

1) 토지의 형질변경(경작을 위한 토지의 형질변경을 제외한다)

   ○ 절토 · 성토 · 정지 · 포장 등의 방법으로 토지의 형상을 변경하는 행위와 공유 수면의 매립.토석의 채취

   ○ 흙 · 모래 · 자갈 · 바위 등의 토석을 채취하는 행위(토지의 형질변경을 목적으로 하는 것을 제외)

2) 토지분할(「건축법」 제57조에 따른 건축물이 있는 대지를 제외한다)

   ○ 녹지지역 · 관리지역 · 농림지역 및 자연환경보전지역 안에서 관계법령에 따른 허가 · 인가등을 받지 아니하고 행하는 토지의 분할

   ○ 「건축법」 제57조 제1항에 따른 분할제한 면적 미만으로의 토지의 분할

   ○ 관계 법령에 따른 허가 · 인가 등을 받지 아니하고 행하는 너비 5m이하로의 토지 분할

3) 물건을 쌓아 놓는 행위

   ○ 녹지지역 · 관리지역 또는 자연환경보전지역 안에서 건축물의 울타리 안(적법한 절차에 의하여 조성된 대지에 한한다)에 위치하지 아니한 토지에 물건을 1월이상 쌓아 놓는 행위

2. 개발행위 허가 규모

지역		면적	비고
도시지역	주거지역, 상업지역, 자연녹지지역, 생산녹지지역	10,000㎡ 미만	관리지역, 농림지역에 대해서는 30,000㎡ 범위 내에서 시·군 도시계획조례로 따로 정할 수 있다.
	공업지역	30,000㎡ 미만	
	보전녹지지역	5,000㎡ 미만	
관리지역, 농림지역		30,000㎡ 미만	관리지역, 농림지역에 대해서는 30,000㎡ 범위 내에서 시·군 도시계획조례로 따로 정할 수 있다.
자연환경보전지역		5,000㎡ 미만	

※ 허가 규모 이상인 경우나 조례에서 예외 규정이 없는 경우 도시계획위원회 심의

참고 〈건축물이 있는 대지의 분할 최소면적=과소 토지〉

※ 대지와 도로와의 곤계, 건폐율, 영적률, 대지 안의 공지, 건축물의 높이제한, 일조권 확보를 위한 건축물의 높이 제한 등에 규정에 반하는 대지의 분할을 제한하고 있다.
〈건축법 제57조 제1항〉

1. 건축물이 있는 대지의 분할제한 면적

용도지역	건축법	서울시 건축조례
주거지역	60㎡	90㎡
상업지역	150㎡	150㎡
공업지역	150㎡	200㎡
녹지지역	200㎡	200㎡
기타지역	60㎡	90㎡

3. 개발행위허가의 절차

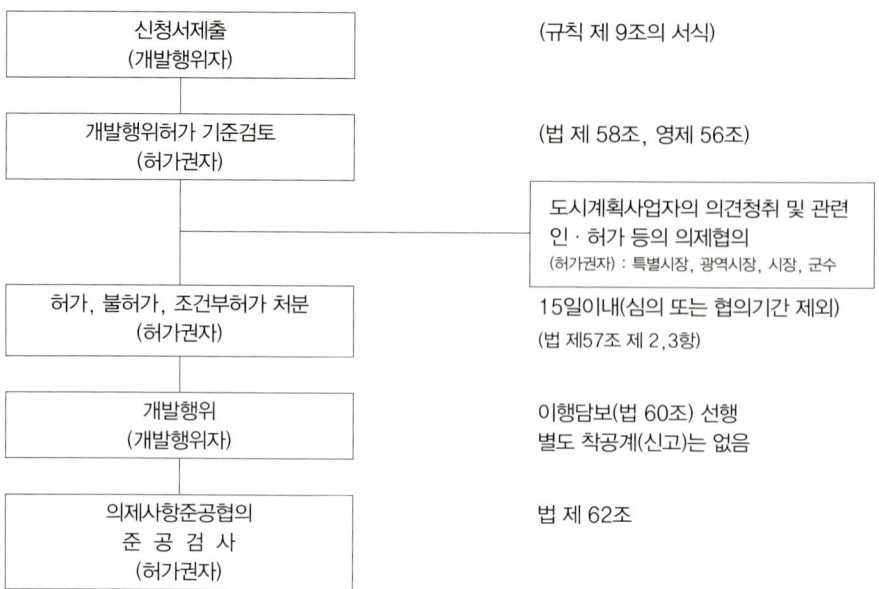

4. 개발행위허가의 심사기준

개발행위허가기준 (국토계획법 시행령 제56조관련)〈개정2009.8.5〉	
1. 특별자치시와 특별자치시장에 관한 개정규정[별표1의2]〈개정2012.4.10〉	
검토분야	허가기준
가. 공통 분야	(1) 조수류·수목 등의 집단서식지가 아니고, 우량농지 등에 해당하지 아니하여 보전의 필요가 없을 것 (2) 역사적·문화적·향토적 가치, 국방상 목적 등에 따른 원형보전의 필요가 없을 것 (3) 토지의 형질변경 또는 토석채취의 경우에는 표고·경사도·임상 및 인근 도로의 높이, 배수 등을 참작하여 도시계획조례(특별시·광역시·특별자치시장·특별자치도사·시 또는 군의 도시·군계획조례)가 정하는 기준에 적합할 것

나. 도시 관리 계획	(1) 용도지역별 토지형질변경행위인 개발행위의 면적 규모 및 건축제한 기준(용도지역·용도지구·구역별 건축용도제한, 건폐율, 용적률 등)에 적합할 것
	  ¤ 주거지역, 상업지역, 자연녹지지역, 생산녹지지역 – 1만㎡ 이상
	  ¤ 공업지역 – 3만㎡ 이상
	  ¤ 보전녹지지역 – 5천㎡ 이상
	  ¤ 관리지역, 농림지역 – 3만㎡ 이상(단, 도시·군계획조례로 면적을 별도로 정할 수 있다)
	  ¤ 자연환경보전지역 – 5천㎡ 이상
	(2) 개발행위허가제한지역(토지이용계획확인서를 통하여 이를 확인함)에 해당하지 아니할 것

다. 도시 계획사업	(1) 도시계획사업부지에 해당하지 아니할 것(단, 시행령 제61조의 규정에 의하여 허용되는 개발행위를 제외한다) (2) 개발시기와 가설시설의 설치 등이 도시계획사업에 지장을 초래하지 아니할 것	
라. 주변 지역과의 관계	(1) 개발행위로 건축 또는 설치하는 건축물 또는 공작물이 주변의 자연경관 및 미관을 훼손하지 아니하고, 그 높이·형태 및 색채가 주변건축물과 조화를 이루어야 하며, 도시계획으로 경관계획이 수립되어 있는 경우에는 그에 적합할 것 (2) 개발행위로 인하여 당해 지역 및 그 주변지역에 대기오염·수질오염·토질오염·소음·진동·분진 등에 의한 환경오염·생태계파괴·위해발생 등이 발생할 우려가 없을 것. 다만, 환경오염·생태계파괴·위해발생 등의 방지가 가능하여 환경오염의 방지, 위해의 방지, 조경, 녹지의조성, 완충지대의 설치 등을 허가의 조건으로 붙이는 경우에는 그러하지 아니하다. (3) 개발행위로 인하여 녹지축이 절단되지 아니하고, 개발행위로 배수가 변경되어 하천·호소·습지로의 유수를 막지 아니할 것	
마. 기반 시설	(1) 주변의 교통소통에 지장을 초래하지 아니할 것 (2) 대지와 도로(4m 이상 너비)의 관계는 「건축법」에 적합할 것 (3) 도시·군계획조례로 정하는 건축물의 용도·규모(대지의 규모를 포함한다)·층수 또는 주택 호수 등에 따른 로로의 너비 또는 교통소통에 관한 기준에 적합할 것	
바. 그 밖의 사항	(1) 공유수면매립의 경우 매립목적이 도시계획에 적합할 것 (2) 토지의 분할 및 물건을 쌓아놓는 행위는 입목의 벌채가 수반되지 아니할 것	

2. 개발행위별 검토사항	
검토분야	허가기준
가. 건축물의 건축 또는 공작물의 설치	(1) 「건축법」의 적용을 받는 건축물의 건축 또는 공작물의 설치에 해당하는 경우 그 건축 또는 설치의 기준에 관하여는 「건축법」의 규정과 법 및 이 영이 정하는 바에 의하고, 그 건축 또는 설치의 절차에 관하여는 「건축법」의 규정에 의할 것. 이 경우 건축물의 건축 또는 공작물의 설치를 목적으로 하는 토지의 형질변경, 토지분할 또는 토석의 채취에 관한 개발 행위허가는 「건축법」에 의한 건축 또는 설치의 절차와 동시에 할수있다. (2) 도로·수도 및 하수도가 설치되지 아니한 지역에 대하여는 건축물의 건축(건축을 목적으로 하는 토지의 형질변경을 포함한다)을 허가하지 아니할 것. 다만, 무질서한 개발을 초래하지 아니하는 범위 안에서 도시·군계획조례가 정하는 경우에는 그러하지 아니하다

나. 토지의 형질 변경	(1) 토지의 지반이 연약한 때에는 그 두께 · 넓이 · 지하수위 등의 조사와 지반의 지지력 · 내려앉음 · 솟아오름에 관한 시험을 실시하여 흙바꾸기 · 다지기 · 배수 등의 방법으로 이를 개량할 것 (2) 토지의 형질변경에 수반되는 성토 및 절토에 의한 비탈면 또는 절개면에 대하여는 옹벽 또는 석축의 설치 등 도시 · 군계획조례가 정하는 안전조치를 할 것	
다. 토석 채취	지하자원의 개발을 위한 토석의 채취허가는 시가화대상이 아닌 지역으로서 인근에 피해가 없는 경우에 한하도록 하되, 구체적인 사항은 도시 · 군계획조례가 정하는 기준에 적합할 것. 다만, 국민경제상 중요한 광물자원의 개발을 위한 경우로서 인근의 토지이용에 대한 피해가 최소한에 그치도록 하는 때에는 그러하지 아니하다.	
라. 토지 분할	(1) 녹지지역, 관리지역, 농림지역 및 자연환경보전지역 안에서 관계법령에 따른 허가 · 인가 등을 받지 아니하고 토지를 분할하는 경우에는 다음의 요건을 모두 갖출 것 (가) 「건축법」 제57조 제1항에 따른 분할제한면적(이하 이 칸에서 "분할제한면적"이라 한다) 이상으로서 도시 · 군계획조례가 정하는 면적 이상으로 분할할 것 (나) 「소득세법 시행령」 제168조의 3제1항 각 호의 어느 하나에 해당하는 지역 중 토지에 대한 투기가 성행하거나 성행할 우려가 있다고 판단되는 지역으로서 국토해양부장관이 지정 · 고시하는 지역안에서의 토지분할이 아닐 것. 다만, 다음의 어느 하나에 해당되는 토지는 예외로 한다. ┌─────────────────────────────────┐ │ (토지분할제한지역에서 토지분할이 가능한 경우) │ │ 1. 다른 토지와의 합병을 위하여 분할하는 토지 │ │ 2. 2006년 3월 8일 전에 토지소유권이 공유로 된 토지를 공유지분에 따라 분할하는 토지 │ │ 3. 그 밖에 토지의 분할이 불가피한 경우로서 다음 토지 │ └─────────────────────────────────┘ (다) 토지분할의 목적이 건축물의 건축 또는 공작물의 설치, 토지의 형질변경인 경우 그 개발행위가 관계법령에 따라 제한되지 아니할 것 (라) 이 법 또는 다른 법령에 따른 인가 · 허가 등을 받지 않거나 기반 시설이 갖추어지지 않아 토지의 개발이 불가능한 토지의 분할에 관한 사항은 해당 특별시 · 광영시 · 특별자치시 · 특별자치도 · 시 또는 군의 도시 · 군계획조례로 정한 기준에 적합할 것 ┌─────────────────────────────────┐ │ ※ 종전에는 녹지지역에서만 토지분할의 허가를 받도록 되어 있으나, 이를 확대하여 비도시지역(관리 · 농림 · 자연환경보전지역)에도 토지분할의 허가를 받아야 한다. 따라서 이러한 장소에서는 토지분할에 있어서 허가를 받아야 하는 관계상 현재의 투자실무에 임하여 여러 투자자들이 공동으로 투자금액을 부담하여 상당히 큰 토지를 공유로 일단 취득하고 투자금액에 비례하여 등기부에는 공유지분으로 기재하는 형식을 취하고 있다. 이어 그 후 공유지분을 분할하는 방식으로 진행하고 있는 실정이다. │ └─────────────────────────────────┘	

	(2) 분할제한면적 미만으로 분할하는 경우에는 다음 중 어느 하나에 해당할 것 (가) 녹지지역·관리지역·농림지역 및 자연환경보전지역 안에서의 기존 묘지의 분할 (나) 사설도로를 개설하기 위한 분할(단,「사도법」에 의한 사도개설허가를 받아 분할하는 경우를 제외한다) (다) 사설도로로 사용되고 있는 토지 중 도로로서의 용도가 폐지되는 부분을 인접토지와 합병하기 위하여 하는 분할 (라) 삭제 (마) 토지이용상 불합리한 토지경계선을 시정하여 당해 토지의 효용을 증신시키기 위하여 분할 후 인접토지와 합필하고자 하는 경우에는 다음의 1에 해당할 것. 이 경우 허가신청인은 분할 후 합필되는 토지의 소유권 또는 공유지분을 보유하고 있거나 그 토지를 매수하기 위한 매매계약을 체결하여야 한다.	
	1) 분할 후 남는 토지의 면적 및 분할된 토지와 인접 토지가 합필된 후의 면적이 분할제한면적에 미달되지 아니할 것 2) 분할 전 후의 토지면적에 증감이 없을 것 3) 분할하고자 하는 기존 토지의 면적이 분할제한면적에 미달되고, 분할된 토지와 인접 토지를 합필한 후의 면적이 분할제한면적에 미달되지 아니할 것	
	(3) 너비 5m 이하로 분할하는 경우로서 토지의 합리적인 이용에 지장이 없을 것	
마. 물건을 쌓아 놓는 행위	당해 행위로 인하여 위해발생, 주변 환경오염 및 경관훼손 등의 우려가 없고, 당해 물건을 쉽게 옮길 수 있는 경우로서 도시·군계획조례가 정하는 기준에 적합할 것	

3. 용도지역별 검토사항	
검토 분야	허가 기준
가. 시가화 용도	1) 토지의 이용 및 건축물의 용도·건폐율·용적률·높이 등에 대한 용도지역의 제한에 따라 개발행위허가의 기준을 적용하는 주거지역·상업지역 및 공업지역일 것 2) 개발을 유도하는 지역으로서 기반시설의 적정성, 개발이 환경이 미치는 영향, 경관 보호·조성 및 미관훼손의 최소화를 고려할 것
나. 유보 용도	1) 법 제59조에 다른 도시계획위원회의 심의를 통하여 개발행위허가의 기준을 강화 또는 완화하여 적용할 수 있는 계획관리지역·생산관리지역 및 녹지지역 중 자연녹지지역일 것 2) 지역 특성에 따라 개발 수요에 탄력적으로 적용할 적용할 지역으로서 입지타당성, 기반시설의 적정성, 개발이 환경이 미치는 영향, 경관 보호·조성 및 미관훼손의 최소화를 고려할 것
다. 보존 용도	1) 법 제59조에 다른 도시계획위원회의 심의를 통하여 개발행위허가의 기준을 강화하여 적용할 수 있는 보전관리지역·농림지역·자연환경보전지역 및 녹지지역 중 생산녹지지역 및 보전녹지지역일 것 2) 개발보다 보전이 필요한 지역으로서 입지타당성, 기반시설의 적정성, 개발이 환경이 미치는 영향, 경관 보호·조성 및 미관훼손의 최소화를 고려할 것

9
개발제한
구역

개발제한구역이란?

도시의 무질서한 확산을 방지하고 도시 주변의 자연환경을 보전하여 도시민의 건전한 생활환경을 확보하기 위하여 도시의 개발을 제한할 필요가 있거나 국방부장관의 요청으로 보안상 도시의 개발을 제한할 필요가 있다고 인정되어 「개발제한구역의 지정 및 관리에 관한특별조치법」에 따라 도시관리계획으로 결정·고시된 구역을 말한다.

개발제한구역은 「국토의 계획 및 이용에 관한 법률」에 의한 용도구역 중 하나이며, 도시의확산방지, 도시주변의 자연환경 보전 등을 목적으로 1971년에 「도시계획법」 개정시 도입된 제도이다.

1. 행위제한 및 근거법

▶ 행위제한의 근거법	개발제한구역(그린벨트) 안에서의 구체적인 행위의 제한에 대해서는 국토의 계획 및 이용에 관한 법률의 특별법으로서 「개발제한구역의 지정 및 관리에 관한 특별조치법령」에 의한다.
▶ 행위제한의 형식	금지, 허가와 신고에 의하여 행위제한을 받는다.
▶ 행위제한의 위반	3년, 3천(3년 이하의 징역 또는 3천만원 이하의 벌금에 처한다.)
▶ 행위제한의 완화	(집단)취락지구 안에서는 그 밖의 지역에 비하여 용도변경이나 주택과 근린생활시설의 건축에 있어서 다소 완화를 시키고 있다.

개발제한구역은 다음 어느 하나에 해당하는 지역을 대상으로 지정한다.

① 도시가 무질서하게 확산되는 것 또는 서로 인접한 도시가 시가지로 연결되는 것을 방지하기 위하여 개발을 제한할 필요가 있는 지역

② 도시주변의 자연환경 및 생태계를 보전하고 도시민의 건전한 생활환경을 확보하기 위하여 개발을 제한할 필요가 있는 지역
③ 국가보안상 개발을 제한할 필요가 있는 지역
④ 도시의 정체성 확보 및 적정한 성장 관리를 위하여 개발을 제한할 필요가 있는 지역

개발제한구역에서는 건축물의 건축 및 용도변경, 토지의 형질변경 등은 제한적인 범위 내에서 특별자치도지사·시장·군수 또는 구청장의 허가를 받아 시행할 수 있다.

※ 다만, 주택 및 근린생활시설은 기존면적을 포함한 연면적의 합계가 100㎡ 이하인 증축·개축(改築) 및 대수선은 시장·군수·구청장에게 신고하고 할 수 있다.

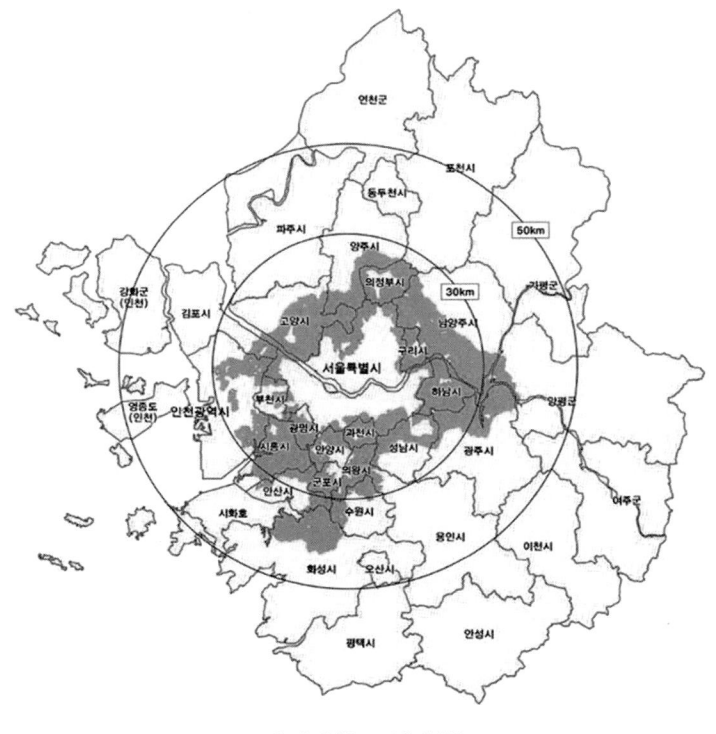

개발제한 구역 현황도

그린벨트는 언젠가 완화될 수 밖에 없다. 그린벨트가 제정된 것도 벌써 40여 년이 되었다. 그 동안 그린벨트는 일정 정도 순기능적인 역할을 담당했다. 그 속성상 무한정 계속될 수밖에 없는 도시의 팽창을 막고 도시 인근에 절대 자연녹지를 지켜내는 일은 그린벨트가 없었다면 불가능한 일이었지만 그린벨트 지역 안에 거주하는 주민들은 재산권 행사를 할 수 없었고 거주하는 집을 단순히 증,개축할 때에도 많은 규제조항과 허가를 받아야 했다. 무엇보다 재산권 행사를 정부에서 정한 법률로 막은 것은 헌법의 정신에 위배되는 것이었기에 그 동안 끊임없는 민원과 법정 공방이 이어지기도 했다.

그린벨트 투자는 어떻게 해야 하나? 다른 부동산 투자와 달리 그린벨트 투자를 할 때에는 시세차익을 기대하지 말아야 한다. 그린벨트가 해제될 시기, 그리고 그 후의 개발기간을 생각하여 길게 내다봐야 한다. 다시 말해서 그린벨트 주변지역과의 연계발전 가능성을 고려하면서 어떤 모습으로 개발될 것인지에 주목해야 한다. 그린벨트 해제와 함께 각 지방자치단체는 해제지역의 개발방향을 결정할 것이다. 개발방향을 결정할 때 가장 큰 참고요소는 현재 주변지역의 개발내용과 생활기반시설건설 편의성 등이 될 것이다. 그린벨트 주변의 모습이 바로 해제된 그린벨트의 개발모습이 될 것이라고 보는 것이 타당할 것이다.

이처럼 그린벨트 투자는 현재 주변지역의 요건을 고려하면서 장기적인 안목에서 투자해야 한다. 그래야만 실패를 면할 수 있다. 장기적인 투자이기 때문에 투자금액을 마련하는 것도 방법이 달라야 한다. 해제와 개발기간을 고려하여 여유자금으로 투자하는 것이 좋다.

투자금액이 많지 않다면 그린벨트 내의 대지나 주택 중에서 경매나 공매로 낙찰을 받아 거주나 임대가 무난한 물건으로 접근해 보는것도 좋은 방법일 것이다.

개발제한구역에서 건축 행위

1. 주택의 신축

개발제한구역에서 주택의 신축은 원칙적으로 할 수 없으나 개발제한구역 지정 당시부터 지목이 대(垈)인 토지 및 개발제한구역 지정 당시부터 주택이 있는 토지와 농업인이 소유하는 기존 주택을 철거하고 신축하는 경우, 기존 주택이 공익사업의 시행으로 철거된 경우, 재해로 거주할 수 없게 된 경우, 개발제한구역 지정 이전부터 다른 사람 소유의 토지에 건축되어 있는 주택으로서 토지소유자의 동의를 받지 못하여 증축 또는 개축할 수 없는 주택 소유자는 허가를 받아 주택을 신축 할 수 있다.

(주택 개념 :「건축법 시행령」별표1 제호 가목에 의한 단독주택, 다중. 다가구. 공관 제외)

1. 단독주택 가. 단독주택 나. 다중주택 다. 다가구주택 라. 공관(公館)
1) 개발제한구역 지정 당시부터 대지에 주택의 신축 및 개발제한구역 지정 당시부터 기존의 주택(건축물관대장에 등재된 주택)이 있는 토지에 주택의 신축 주택을 건폐율 60% 이하로 건축하는 경우에는 높이 3층 이하, 용적률 300% 이하로서 기존 면적을 포함하여 연면적 200㎡ 이하 (5년 이상 거주자는 232㎡ 이하, 지정당시 거주자는 300㎡ 이하 가능하며, 232㎡, 300㎡까지 건축은 1회로 한) 또는 건폐율 20% 이하로 건축하는 경우에는 높이 3층 이하, 용적률 100%이하로 건축이 가능하다.
2) 농업인이 소유하는 기존 주택을 철거한 대지에 주택의 신축
   (1) 농업·농촌 및 식품산업기본법 제3조에 의한 농업인으로서 개발제한구역에 기존 주택을 소유하고 거주하는 자는 영농의 편의를 위하여 자기 소유의 기존 주택을 철거하고 자기 소유의 농장 또는 과수원에 주택을 신축할 수 있다. 이 경우 생산에 직접 이용되는 토지의 면적이 1만㎡ 이상으로서 진입로를 설치

하기 위한 토지의 형질 변경이 수반되지 아니하는 지역에만 주택을 신축할 수 있으며, 건축 후 농림수산업을 위한 시설 외로는 용도변경을 할 수 없다.(시행령 별표1, 3항 나호)

(2) 주택의 건폐율, 층고, 용적률을 개발제한구역 지정 당시부터 대지에 주택의 신축하는 경우와 동일하다.

3) 이축권을 이용한 주택의 신축

이축권리가 발생하는 경우는 공익사업으로 철거한 주택의 소유자, 재해로 거주할 수 없는 주택의 소유자, 개발제한구역 지정 이전부터 타인 소유의토지에 건축한 주택으로 토지소유자의 동의를 받지 못하여 증축. 개축할 수 없는 주택의 소유자 이축은 개발제한구역 내 취락지구로 이축할 수 있는 권리가 주어진다.

(1) 개발제한구역내의 적법한 주택의 이축은 취락지구로 이축하여야 하나 취락지구가 지정될 때까지 취락지구의 지정기준에 해당하는 취락이나 그 취락에 접한 토지로의 이축을 허가할 수 있다.

(2) 공익사업으로 철거한 주택의 이축은 공익사업으로 철거일 또는 재해로 인한 이축은 재해를 입게 된 날 당시의 자기 소유 토지로서 다음의 입지기준에 적합해야 이축할 수 있다. (시행령 별표1, 규칙 제6조)

① 기존의 주택이 있는 시·군·구의 지역이거나 기존의 주택이 없는 시·군·구의 지역 중 기존의 주택으로부터 2㎞ 이내의 지역일 것

② 임야, 우량농지(경지정리·수리시설 등 농업생산기반 정비된 농지)가 아닐 것

③ 하천법 제7조에 따른 국가하천과 지방하천의 경계로부터 500m 이상 떨어져 있을것. 단, 하수도법 제2조 따른 하수처리구역으로서 하수종말처리시설을 설치·운영 중인 지역과 동법 제11조에 따라 공공하수도의 설치인가를 받은 하수처리예정지역은 제외.

④ 새로운 진입로를 설치할 필요가 없을 것.

⑤ 전기·수도·가스 등 새로운 간선공급설비를 설치할 필요가 없을 것.(시행령

별표1, 별표2,1항 바호, 규칙 제6조)

(3) 주택의 건폐율, 층고, 용적률을 개발제한구역 지정 당시부터 대지에주택의 신축하는 경우와 동일하다.

(4) 공익사업에 편입된 대지 면적만큼 대지로 형질변경 가능하나, 330㎡ 이하인 경우에는 330㎡까지 형질변경 가능하다.

(5) 이주대책이 수립된 경우 및 멸실되어 현존하지 아니하는 건축물을 근거로 이축 허가는 아니된다. (당해 공익사업 또는 재해로 멸실된 것은 제외)

2. 건축물 또는 공작물의 종류, 건축 또는 설치의 범위〈개정2014.4.28〉

건축물 또는 공작물의 종류, 건축 또는 설치의 범위(제13조제1항 관련)	
시설의 종류	건축 또는 설치의 범위
1. 개발제한구역의 보전 및 관리에 도움이 될 수 있는 시설	
가. 공공공지 및 녹지	
나. 하천 및 운하	하천부지에 설치하는 환경개선을 위한 자연생태시설, 수질개선시설, 홍보시설을 포함한다.
다. 등산로, 산책로, 어린이놀이터, 간이휴게소 및 철봉, 평행봉, 그 밖에 이와 비슷한 체력단련시설	가) 국가·지방자치단체 또는 서울올림픽기념국민체육진흥공단이 설치하는 경우만 해당한다. 나) 간이휴게소는 33제곱미터 이하로 설치하여야 한다.
라. 실외체육시설	가) 「체육시설의 설치·이용에 관한 법률」 제6조에 따른 생활체육시설 중 배구장, 테니스장, 배드민턴장, 게이트볼장, 롤러스케이트장, 잔디(인조잔디를 포함한다. 이하 같다)축구장, 잔디야구장, 농구장, 야외수영장, 궁도장, 사격장, 승마장, 씨름장, 양궁장 및 그 밖에 이와 유사한 체육시설로서 건축물의 건축을 수반하지 아니하는 운동시설(골프연습장은 제외한다) 및 그 부대시설을 말한다. 나) 부대시설은 탈의실, 세면장, 화장실, 운동기구 보관창고와 간이휴게소를 말하며, 그 건축 연면적은 200제곱미터 이하로 하되, 시설 부지면적이 2천제곱미터 이상인 경우에는 그 초과하는 면적의 1천분의 10에 해당하는 면적만큼 추가로 부대시설을 설치할 수 있다. 다) 승마장의 경우 실내마장, 마사 등의 시설을 2,000제곱미터 이하의 규모로 설치할 수 있다.

마. 시장·군수·구청장이 설치하는 소규모 실내 생활체육시설	가) 게이트볼장, 배드민턴장과 그 부대시설(관리실, 탈의실, 세면장, 화장실, 운동기구 보관창고와 간이휴게소를 말한다)을 설치할 수 있다. 나) 건축연면적은 부대시설을 포함하여 각각 6백제곱미터 이하의 규모로 설치하여야 한다. 다) 임야인 토지에는 설치할 수 없다.
바. 실내체육관	가) 개발제한구역 면적이 전체 행정구역의 50퍼센트 이상인 시·군·구에만 설치하되, 설치할 수 있는 부지는 복구사업지역과 제2조의2 제4항에 따라 개발제한구역 관리계획에 반영된 개수 이내에서만 설치할 수 있다. 나) 시설의 규모는 2층 이하(높이 22미터 미만), 건축 연면적 5,000제곱미터 이하로 한다.
사. 골프장	가) 「체육시설의 설치·이용에 관한 법률 시행령」 별표 1의 골프장과 그 골프장에 설치하는 골프연습장을 포함한다. 나) 숙박시설은 설치할 수 없다. 다) 훼손된 지역이나 보전가치가 낮은 토지를 활용하는 등 자연환경을 보전할 수 있도록 국토해양부령으로 정하는 입지기준에 적합하게 설치하여야 한다.
아. 휴양림, 산림욕장, 치유의 숲 및 수목원	가) 「산림문화·휴양에 관한 법률」에 따른 자연휴양림, 산림욕장 및 치유의 숲과 그 안에 설치하는 시설(산림욕장의 경우 체육시설은 제외한다)을 말한다. 나) 「수목원 조성 및 진흥에 관한 법률」에 따른 수목원과 그 안에 설치하는 시설을 말한다.
자. 청소년수련시설	가) 국가 또는 지방자치단체가 설치하는 것으로서 「청소년활동진흥법」 제2조 제2호에 따른 청소년활동시설 중 청소년수련관, 청소년수련원 및 청소년야영장만 해당한다. 나) 설치할 수 있는 지역 및 그 개수는 마목가)를 준용한다.
차. 자연공원	「자연공원법」 제2조 제1호에 따른 자연공원과 같은 법 제2조 제10호에 따른 공원시설(이 영에서 설치가 허용되는 시설에 한정한다)
카. 도시공원	「도시공원 및 녹지 등에 관한 법률」 제2조 제3호에 따른 도시공원과 그 안에 설치하는 같은 조 제4호에 따른 공원시설(스키장 및 골프연습장은 제외한다)을 말한다.
타. 잔디광장, 피크닉장 및 야영장	국가 또는 지방자치단체가 설치하는 경우로서 그 부대시설·보조시설(간이시설만 해당한다)을 설치할 수 있다.
파. 탑 또는 기념비	가) 국가 또는 지방자치단체가 녹지조성과 병행하여 설치하는 것으로서 전적비와 총화탑 등을 포함한다. 나) 설치할 수 있는 높이는 5미터 이하로 한다.
하. 개발제한구역 관리·전시·홍보관련시설	개발제한구역을 합리적으로 보전·관리하고 관련 자료의 전시·홍보를 위한 시설을 말하며, 설치할 수 있는 지역은 「국토의 계획 및 이용에 관한 법률」 제10조에 따라 지정된 광역계획권별로 1개 시설(수도권은 2개)을 초과할 수 없다.

	거. 수목장림	「장사 등에 관한 법률」에 따른 수목장림을 말하며, 다음의 요건을 모두 갖춘 경우에만 설치할 수 있다. 가) 「장사 등에 관한 법률 시행령」 제21조 제2항, 별표 5 제1호부터 제4호까지의 규정에 따른 수목장림에 한정할 것 나) 해당 시장·군수·구청장이 설치하려는 지역 주민의 의견을 청취하여 수립하는 배치계획에 따를 것 다) 수목장림 구역에는 보행로와 안내표지판을 설치할 수 있도록 하되, 수목장림 관리·운용에 필요한 사무실, 유족편의시설, 공동분향단, 주차장 등 필수시설은 최소한의 규모로 설치할 것
	너. 방재시설	방풍설비, 방수설비, 방화설비, 사방(砂防)설비 및 방조설비를 말한다.
	더. 저수지 및 유수지	
	러. 서바이벌게임 관련 시설	주민의 여가선용과 심신단련을 위하여 모의총기 등의 장비를 갖추고 모의전투를 체험하게 하는 모의전투체험장을 관리·운영하는 데 필요한 시설을 말하며, 관리사무실, 장비보관실, 탈의실, 세면장 및 화장실 등을 합하여 건축 연면적 300제곱미터 이하로 설치할 수 있고, 이용자의 안전을 위하여 감시탑 및 그물망 등의 공작물을 설치할 수 있다.
	머. 자전거이용시설	「자전거이용 활성화에 관한 법률」 제2조 제2호에 따른 자전거이용시설 중 자전거도로(같은 법 제3조 제1호에 따른 자전거전용도로는 제외한다) 및 자전거주차장과 같은 법 시행령 제2조 제4호에 따른 자전거이용자의 편익을 위한 시설 중 야영장, 벤치, 휴식소(가설건축물로 한정한다)를 설치할 수 있다.
2. 개발제한구역을 통과하는 선형시설과 필수시설		가) 각 시설의 용도에 직접적으로 이용되는 시설과 이에 필수적으로 수반되어야만 기능이 발휘되는 시설로 한정한다. 나) 기반시설의 경우에는 다음 각 목에서 별도 로 정하는 경우를 제외하고는 도시·군계획시설로만 설치할 수 있다.
	가. 철도	
	나. 궤도	차목 및 제4호의 국방·군사시설로 설치·운영하기 위한 경우로 한정한다.
	다. 도로 및 광장	고속국도에 설치하는 휴게소를 포함하며, 광장에는 교통광장, 경관광장만 해당한다.
	라. 삭제〈2012.11.12〉	
	마. 관개 및 발전용수로	도시·군계획시설로 설치하지 아니할 수 있다.
	바. 삭제〈2012.11.12〉	
	사. 수도 및 하수도	
	아. 공동구	

	자. 전기공급설비	가)「국토의 계획 및 이용에 관한 법률」제2조 제6호다목에 따른 전기공급설비(「신에너지 및 재생에너지 개발·이용·보급 촉진법」제2조에 따른 신·재생에너지 설비 중 태양에너지 설비와 연료전지 설비를 포함한다)를 말한다. 나) 전기공급설비 중 변전시설을 옥내에 설치하는 경우에는 도시·군계획시설로 설치하지 아니할 수 있다. 다) 태양에너지 설비를 건축물이나 도시·군계획시설부지에 설치하는 경우에는 도시·군계획시설로 설치하지 아니할 수 있다. 라) 연료전지 설비는 도시·군계획시설부지에 설치하는 경우로 한정한다. 이 경우에는 도시·군계획시설로 설치하지 아니할 수 있다.
	차. 전기통신시설·방송시설 및 중계탑 시설	도시·군계획시설만 해당한다. 다만, 중계탑 시설 및 바닥면적이 50제곱미터 이하인 이동통신용 중계탑은 설치되는 시설의 수, 주변의 경관 등을 고려하여 시장·군수·구청장이 개발제한구역이 훼손되지 아니한다고 인정하는 경우에는 도시·군계획시설로 설치하지 아니할 수 있다.
	카. 송유관	「송유관 안전관리법」에 따른 송유관을 말한다.
	타. 집단에너지공급시설	「집단에너지사업법」에 따른 공급시설 중 열수송관(열원시설 및 같은 법 제2조제7호의 사용시설 안의 배관은 제외한다)을 말한다.
	파. 버스 차고지 및 그 부대시설	가)「여객자동차 운수사업법 시행령」제3조제1호에 따른 노선 여객자동차 운송사업용 버스차고지 및 그 부대시설(자동차 천연가스 공급시설을 포함한다)에만 한정하며, 시외버스 운송사업용 버스 차고지 및 그 부대시설은 개발제한구역 밖의 기존 버스터미널이나 인근 지역에 버스차고지 등을 확보할 수 없는 경우에 만 설치할 수 있다. 나) 노선 여객자동차운송사업용 버스차고지는 지방자치단체가 설치하여 임대하거나「여객자동차 운수사업법」제53조에 따른 조합 또는 같은 법 제59조에 따른 연합회가 도시·군계획시설로 설치하거나 그 밖의 자가 도시·군계획시설로 설치하여 지방자치단체에 기부채납하는 경우만 해당한다. 다) 부대시설은 사무실 및 영업소, 정류소 및 기종점지, 차고설비, 차고부대시설, 휴게실 및 대기실만 해당하며, 기종점지에는 화장실, 휴게실 및 대기실 등 별도의 편의시설을 66제곱미터 이하의 가설건축물로 설치할 수 있다. 라) 시설을 폐지하는 경우에는 지체 없이 철거하고 원상복구하여야 한다.
	하. 가스공급시설	「도시가스사업법」에 따른 가스공급시설로서 가스배관시설만 설치할 수 있다.
3. 개발제한구역에 입지하여야만 기능과 목적이 달성되는 시설		해당 시·군·구 관할 구역 내 개발제한구역 밖에 입지할 수 있는 토지가 없는 경우로서 이미 훼손된 지역에 우선 설치하여야 한다.
	가. 공항	도시·군계획시설에만 한정하며, 항공표지시설을 포함한다.
	나. 항만	도시·군계획시설에만 한정하며, 항로표지시설을 포함한다.

다. 환승센터		「국가통합교통체계효율화법」 제2조 제13호의 시설로서 「대도시권 광역교통 관리에 관한 특별법」에 따른 대도시권 광역교통 시행계획에 반영된 사업에만 해당되며, 이 영에서 허용되는 시설을 부대시설로 설치할 수 있다.
라. 주차장		

마. 학교		가) 신축할 수 있는 경우는 다음과 같다. 다만, 개발제한구역 밖의 학교를 개발제한구역으로 이전하기 위하여 신축하는 경우는 제외한다.
		① 「유아교육법」 제2조제2호에 따른 유치원: 개발제한구역의 주민(제2조 제3항 제2호에 따라 개발제한구역이 해제된 취락주민을 포함한다)을 위한 경우로서 그 시설의 수는 시장·군수 또는 구청장이 개발제한구역 및 해제된 취락의 아동 수를 고려하여 수립하는 배치계획에 따른다.
		② 「초·중등교육법」 제2조에 따른 초등학교(분교를 포함한다)·중학교·고등학교·특수학교
		  (가) 개발제한구역에 거주하는 세대의 학생을 수용하는 경우와 같은 시·군·구(2킬로미터 이내의 다른 시·군·구를 포함한다)에 거주하는 세대의 학생을 주로 수용하는 경우로 한정한다.
		  (나) 사립학교는 국립·공립학교의 설립계획이 없는 경우에만 설치할 수 있다.
		  (다) 임야인 토지에 설치할 수 없다.
		  (라) 특수학교의 경우는 (가) 및 (나)를 적용하지 아니한다.
		  (마) 복구사업지역과 제2조의 2 제4항에 따라 개발제한구역 관리계획에 제2조의 3 제1항 제8호의 관리방안이 반영된 지역에 설치하는 경우에는 4층 이하로 설치하고, 옥상녹화 등 친환경적 대책을 마련하여야 한다.
		나) 개발제한구역 또는 2000년 7월 1일 이전에 개발제한구역의 인접지에 이미 설치된 학교로서 개발제한구역의 인접지에 증축의 여지가 없는 경우에만 증축할 수 있다.
		다) 농업계열 학교의 교육에 직접 필요한 실습농장 및 그 부대시설을 설치할 수 있다.

바. 지역공공시설		가) 국가 또는 지방자치단체가 설치하는 보건소(「노인복지법」 제34조제1항 제1호에 따른 노인요양시설을 병설하는 경우 이를 포함한다), 보건진료소 나) 노인요양시설 [「노인복지법」 제34조 제1항 제1호 및 제2호의 시설을 말하며, 설치할 수 있는 지역 및 그 개수는 제1호바목가)를 준용한다] 다) 경찰파출소, 119안전신고센터, 초소 라) 「영유아보육법」 제2조 제3호에 따른 어린이집로서 개발제한구역의 주민(제2조 제3항 제2호에 해당하여 개발제한구역에서 해제된 지역을 포함한다)을 위한 경우만 해당하며, 그 시설의 수는 시장·군수 또는 구청장이 개발제한구역의 아동수를 고려하여 수립하는 배치계획에 따른다. 마) 도서관: 건축 연면적 1,000제곱미터 이하의 규모로 한정한다.

사. 국가의 안전·보안업무의 수행을 위한 시설	
아. 폐기물처리시설	가) 「폐기물관리법」 제2조 제8호에 따른 시설을 말하며, 도시·군계획시설로 설치하는 경우에 한정한다. 나) 「건설폐기물의 재활용촉진에 관한 법률」에 따른 폐기물 중간처리시설은 다음의 기준에 따라 설치하여야 한다. ① 토사, 콘크리트덩이와 아스팔트콘크리트 등의 건설폐기물을 선별·파쇄·소각처리 및 일시 보관하는 시설일 것 ② 시장·군수·구청장이 설치·운영하여야 한다. 다만, 「건설폐기물의 재활용촉진에 관한 법률」 제21조에 따른 건설폐기물 중간처리업 허가를 받은 자 또는 허가를 받으려는 자가 대지화되어 있는 토지 또는 폐천부지에 설치하는 경우에는 시·군·구당 3개소 이내로 해당 토지를 소유하고 도시·군계획시설로 설치하여야 한다. ③ 시설부지의 면적은 1만제곱미터 이상, 관리실 및 부대시설은 건축 연면적 66제곱미터 이하일 것. 다만, 경비실은 조립식 공작물로 필요 최소한 규모로 별도로 설치할 수 있다. ④ 시설을 폐지하는 경우에는 지체 없이 이를 철거하고 원상복구할 것
자. 자동차 천연가스 공급시설	가) 「대기환경보전법」에 따른 자동차 천연가스 공급시설로서 그 부지면적은 3천300제곱미터 이하로 하며, 부대시설로 세차시설을 설치할 수 있다. 나) 「국토의 계획 및 이용에 관한 법률」에 따른 계획관리지역과 공업지역이 없는 시·군·구에만 설치할 수 있으며, 시설을 폐지하는 경우에는 지체 없이 이를 철거하고 원상복구하여야 한다.
차. 유류저장 설비	「국토의 계획 및 이용에 관한 법률」에 따른 계획관리지역과 공업지역이 없는 시·군·구에만 설치할 수 있으며, 시설을 폐지하는 경우에는 지체 없이 이를 철거하고 원상복구하여야 한다.
카. 기상시설	「기상법」 제2조 제13호에 따른 기상시설을 말한다.
타. 장사 관련 시설	가) 공동묘지 및 화장시설을 신설하는 경우는 국가, 지방자치단체에 한정하며, 그 안에 봉안시설 및 장례식장을 포함하여 설치할 수 있다. 나) 가)에도 불구하고 봉안시설 또는 수목장림은 다음 중 어느 하나에 해당하는 경우, 국가 또는 지방자치단체가 신설하는 공동묘지 및 화장시설이 아닌 곳에 설치할 수 있다. ① 기존의 공동묘지 안에 있는 기존의 분묘만을 봉안시설로 전환·설치하는 경우 ② 봉안시설을 사찰의 경내에 설치하는 경우 ③ 가족·종중 또는 문중의 분묘를 정비(개발제한구역밖에 있던 분묘를 포함한다)하는 부지 안에서 봉안시설 또는 수목장림으로 전환·설치하는 경우 ④ 수목장림을 사찰의 경내지에 설치하는 경우 다) 나)에 따라 봉안시설이나 수목장림으로 전환·설치하는 경우 정비된 분묘가 있던 기존의 잔여부지는 임야·녹지 등 자연친화적으로 원상복구하여야 한다.

	파. 환경오염방지시설	
	하. 공사용 임시 가설건축물 및 임시시설	가) 공사용 임시 가설건축물은 법 제12조 제1항 각 호 또는 법 제13조에 따라 허용되는 건축물 또는 공작물을 설치하기 위한 경우로서 2층 이하의 목조, 시멘트블록, 그 밖에 이와 비슷한 구조로 설치하여야 한다. 나) 임시시설은 공사를 위하여 임시로 도로를 설치하는 경우와 해당 공사의 사업시행자가 그 공사에 직접 소요되는 물량을 충당하기 위한 목적으로 해당 시·군·구에 설치하는 것으로 한정하며, 블록·시멘트벽돌·쇄석(해당 공사에서 발생하는 토석의 처리를 위한 경우를 포함한다), 레미콘 및 아스콘 등을 생산할 경우에 설치할 수 있다. 다) 공사용 임시 가설건축물 및 임시시설은 사용기간을 명시하여야 하고, 해당 공사가 완료된 경우에는 다른 공사를 목적으로 연장허가를 할 수 없으며, 사용 후에는 지체 없이 철거하고 원상복구하여야 한다.
	거. 동물보호시설	가) 「동물보호법」 제10조에 따른 시설을 말하며, 기존 동식물시설을 용도 변경하거나 기존 동식물시설을 철거한 후 신축할 수 있다. 나) 가)에 따라 신축할 경우에는 철거한 기존 시설의 부지 전체면적을 초과할 수 없다.
	너. 문화재의 복원과 문화재 관리용 건축물	「문화재보호법」 제2조 제1항 제1호, 제3호 및 제4호에 따른 문화재에 한정한다.
	더. 경찰훈련시설	경찰기동대·전투경찰대 및 경찰특공대의 훈련시설로서 사격장, 헬기장 및 탐지견 등의 훈련시설과 부대시설에 한정한다.
	러. 택배화물 분류 관련 시설	가) 택배화물의 분류를 위한 것으로서 고가도로의 노면 밑의 부지를 활용(토지 형질변경을 포함한다)하는 경우만 해당한다. 나) 경계 울타리, 컨베이어벨트 및 비가림시설의 공작물과 100제곱미터 이하의 관리용 가설건축물을 설치할 수 있다.
	머. 택시공영차고지 및 그 부대시설	가) 「택시운송사업의 발전에 관한 법률」 제2조 제5호에 따른 택시공영차고지만 해당한다. 나) 부대시설은 사무실 및 영업소, 차고설비, 차고부대시설, 충전소, 휴게실 및 대기실만 해당한다. 다) 해당 시설의 용도가 폐지되는 경우에는 지체 없이 철거하고 원상복구를 하여야 한다.
4. 국방·군사시설 및 교정시설		가) 대통령 경호훈련장의 이전·신축을 포함한다. 나) 해당 시설의 용도가 폐지된 경우에는 지체 없이 이를 철거하고 원상복구하여야 한다. 다만, 국토교통부장관과 협의한 경우에는 그러하지 아니하다.

5. 개발제한구역 주민의 주거·생활편익 및 생업을 위한 시설	가) 가목 및 나목의 경우에는 개발제한구역에서 농림업 또는 수산업에 종사하는 자가 설치하는 경우만 해당한다. 나) 이 영에서 정하는 사항 외에 축사, 콩나물 재배사, 버섯 재배사의 구조와 입지기준에 대하여는 시·군·구의 조례로 정할 수 있다. 다) 축사, 사육장, 콩나물 재배사, 버섯 재배사는 1가구[개발제한구역(제2조 제3항 제2호에 따라 개발제한구역에서 해제된 집단취락지역을 포함한다)에서 주택을 소유하면서 거주하는 1세대를 말한다. 이하 같다]당 1개 시설만 건축할 수 있다. 다만, 개발제한구역에서 2년 이상 계속 농업에 종사하고 있는 자가 이미 허가를 받아 설치한 축사, 사육장, 콩나물 재배사, 버섯 재배사를 허가받은 용도대로 사용하고 있는 경우에는 시·군·구의 조례로 정하는 바에 따라 영농계획에 부합하는 추가적인 건축을 허가할 수 있다.
가. 동식물 관련 시설	
1) 축사	가) 축사(소·돼지·말·닭·젖소·오리·양·사슴·개 의 사육을 위한 건축물을 말한다)는 1가구당 기존 면적을 포함하여 1천제곱미터 이하로 설치하여야 한다. 이 경우 축사에는 33제곱미터 이하의 관리실을 설치할 수 있고, 축사를 다른 시설로 용도변경하는 경우에는 관리실을 철거하여야 한다. 다만, 수도권과 부산권의 개발제한구역에 설치하는 축사의 규모는 상수원, 환경 등의 보호를 위하여 1천제곱미터 이하의 범위에서 국토교통부장관이 농림축산식품부장관 및 환경부장관과 협의하여 국토교통부령으로 정하는 바에 따른다. 나) 과수원 및 초지의 축사는 1가구당 100제곱미터 이하로 설치하여야 한다. 다) 초지와 사료작물재배지에 설치하는 우마사(牛.馬舍)는 초지 조성면적 또는 사료작물 재배면적의 1천분의 5 이하로 설치하여야 한다. 라) 다음 어느 하나의 경우에 해당하는 지역에서는 축사의 설치를 허가 할 수 없다. ① 「가축분뇨의 관리 및 이용에 관한 법률」에 따라 가축의 사육이 제한된 지역 ② 복구사업지역과 제2조의 2 제4항에 따라 개발제한구역 관리계획에 제2조의 3 제1항 제8호의 관리방안이 반영된 지역 ③ 법 제30조 제2항에 따라 국토교통부장관으로부터 시정명령에 관한 업무의 집행 명령을 받은 시·군·구
2) 잠실(蠶室)	뽕나무밭 조성면적 2천제곱미터당 또는 뽕나무 1천800주당 50제곱미터 이하로 설치하여야 한다.
3) 저장창고	소·말 등의 사육과 낙농을 위하여 설치하는 경우만 해당한다.
4) 양어장	유지(溜池)·하천·저습지 등 농업생산성이 극히 낮은 토지에 설치하여야 한다.
5) 사육장	꿩, 우렁이, 달팽이, 지렁이, 그 밖에 이와 비슷한 새·곤충 등의 사육을 위하여 임야 외의 토지에 설치하는 경우로서 1가구당 기존 면적을 포함하여 300제곱미터 이하로 설치하여야 한다.

6) 콩나물 재배사	가) 1가구당 기존면적으로 포함하여 300제곱미터 이하로 설치하여야 한다. 나) 콩나물재배사에는 10제곱미터 이하의 관리실을 설치할 수 있으며, 콩나물 재배사를 다른 시설로 용도변경하는 경우에는 관리실을 철거하여야 한다. 다) 1)라)② 및 ③의 지역에서는 설치할 수 없다.
7) 버섯 재배사	가) 1가구당 기존 면적을 포함하여 500제곱미터 이하로 설치하여야 한다. 나) 1)라)② 및 ③의 지역에서는 설치할 수 없다.
8) 퇴비사 및 발효퇴비장	기존 면적을 포함하여 300제곱미터(퇴비사 및 발효퇴비장의 합산면적을 말한다) 이하로 설치하되, 발효퇴비장은 유기농업을 위한 경우에만 설치할 수 있다.
9) 육묘 및 종묘배양장	
10) 온실	수경재배·시설원예 등 작물재배를 위한 경우로서 재료는 유리, 플라스틱, 그 밖에 이와 비슷한 것을 사용하여야 하며, 그 안에 온실의 가동에 직접 필요한 기계실 및 관리실을 66제곱미터 이하로 설치할 수 있다.
나. 농수산물 보관 및 관리 관련 시설	
1) 창고	가) 개발제한구역의 토지를 소유하면서 영농에 종사하는 자가 개발제한구역의 토지 또는 그 토지와 일체가 되는 토지에서 생산되는 생산물 또는 수산물을 저장하기 위한 경우에는 기존 면적을 포함하여 150제곱미터 이하로 설치하여야 한다. 이 경우 해당 토지면적이 1만제곱미터를 초과하는 경우에는 그 초과하는 면적의 1천분의 10에 해당하는 면적만큼 창고를 추가로 설치할 수 있다. 나) 「농어업경영체 육성 및 지원에 관한 법률」 제16조에 따른 영농조합법인 및 같은 법 제19조에 따른 농업회사법인이 개발제한구역의 농작업의 대행을 위하여 사용하는 농기계를 보관하기 위한 경우에는 기존 면적을 포함하여 200제곱미터 이하로 설치하여야 한다.
2) 담배 건조실	잎담배 재배면적의 1천분의 5 이하로 설치하여야 한다.
3) 임시 가설건축물	농림수산업용 기자재의 보관이나 농림수산물의 건조 또는 단순가공을 위한 경우로서 1가구당 기존 면적을 포함하여 100제곱미터 이하로 설치하여야 한다. 다만, 해태건조처리장 용도의 경우에는 200제곱미터 이하로 설치하여야 한다.
4) 지역특산물가공작업장	「수질 및 수생태계 보전에 관한 법률」, 「대기환경보전법」 및 「소음·진동관리법」에 따라 배출시설의 설치허가를 받거나 신고를 하여야 하는 것이 아닌 경우로서 지역특산물(해당 지역에서 지속적으로 생산되는 농산물·수산물·축산물·임산물로서 시장·군수가 인정하여 공고한 것을 말한다)을 가공하기 위하여 1가구당 기존 면적을 포함하여 100제곱미터 이하로 설치하여야 한다. 이 경우 지역특산물가공작업장을 설치할 수 있는 자는 다음과 같다. 가) 지정 당시 거주자 나) 5년 이상 거주자로서 해당 지역에서 5년 이상 지역 특산물을 생산하는 자

	5) 관리용 건축물	가) 관리용 건축물을 설치할 수 있는 경우와 그 규모는 다음과 같다. 다만, ①·②·④에 따라 관리용 건축물을 설치하는 경우에는 생산에 직접 이용되는 토지 또는 양어장의 면적이 2천제곱미터 이상이어야 한다. ① 과수원, 초지, 유실수·원예·분재 재배지역에 설치하는 경우에는 생산에 직접 이용되는 토지면적의 1천분의 10 이하로서 기존 면적을 포함하여 66제곱미터 이하로 설치하여야 한다. ② 양어장에 설치하는 경우에는 양어장 부지면적의 1천분의 10 이하로서 기존 면적을 포함하여 66제곱미터 이하로 설치하여야 한다. ③ 「농어촌정비법」 제2조제16호다목에 따른 주말농원에 설치하는 경우에는 임대농지면적의 1천분의 10 이하로서 기존 면적을 포함하여 66제곱미터 이하로 설치하여야 한다. ④ 「농어업경영체 육성 및 지원에 관한 법률」 제16조에 따른 영농조합법인 및 같은 법 제19조에 따른 농업회사법인이 개발제한구역의 농작업의 대행을 위하여 설치하는 경우에는 기존 면적을 포함하여 66제곱미터 이하로 설치하여야 한다. ⑤ 어업을 위한 경우에는 정치망어업면허 또는 기선선인망어업허가를 받은 1가구당 기존 면적을 포함하여 66제곱미터 이하로 설치하여야 한다. 나) 농기구와 비료 등의 보관과 관리인의 숙식 등의 용도로 쓰기 위하여 조립식 가설건축물로 설치하여야 하며, 주된 용도가 주거용이 아니어야 한다. 다) 관리용 건축물의 건축허가 신청 대상 토지가 신청인이 소유하거나 거주하는 주택을 이용하여 관리가 가능한 곳인 경우에는 건축허가를 하지 아니하여야 한다. 다만, 가)③·④의 경우에는 그러하지 아니하다. 라) 관리의 대상이 되는 시설이 폐지된 경우에는 1개월 이내에 관리용 건축물을 철거하고 원상복구하여야 한다. 마) 관리용 건축물의 부지는 당초의 지목을 변경할 수 없다.
	다. 주택(「건축법 시행령」 별표 1 제1호가목에 따른 단독주택을 말한다. 이하 이 호에서 같다)	신축할 수 있는 경우는 다음과 같다. 가) 개발제한구역 지정 당시부터 지목이 대인 토지(이축된 건축물이 있었던 토지의 경우에는 개발제한구역 지정 당시부터 그 토지의 소유자와 건축물의 소유자가 다른 경우만 해당한다)와 개발제한구역 지정 당시부터 있던 기존의 주택[제24조에 따른 개발제한구역 건축물관리대장에 등재된 주택을 말한다. 이하 나) 및 다)에서 같다]이 있는 토지에만 주택을 신축할 수 있다. 나) 가)에도 불구하고 「농업·농어촌 및 식품산업 기본법」 제3조제2호가목에 따른 농업인에 해당하는 자로서 개발제한구역에 기존 주택을 소유하고 거주하는 자는 영농의 편의를 위하여 자기 소유의 기존 주택을 철거하고 자기 소유의 농장 또는 과수원에 주택을 신축할 수 있다. 이 경우 생산에 직접 이용되는 토지의 면적이 1만제곱미터 이상으로서 진입로를 설치하기 위한 토지의 형질변경이 수반되지 아니하는 지역에만 주택을 신축할 수 있으며, 건축 후 농림수산업을 위한 시설 외로는 용도변경을 할 수 없다. 다) 가)에도 불구하고 다음의 어느 하나에 해당하는 경우에는 국토교통부령으로 정하는 입지기준에 적합한 곳에 주택을 신축할 수 있다. ① 기존 주택이 「공익사업을 위한 토지 등의 취득 및 보상에 관한 법률」에 따라 공익사업의 시행으로 인하여 더 이상 거주할 수 없게 된 경우로서 그 기존 주택의 소유자(같은 법에 따라 보상금을 모두 지급받은 자를 말한다)가 자기 소유의 토지(철거일 당시 소유권을 확보한 토지를 말한다)에 신축하는 경우

	② 기존 주택이 재해로 인하여 더 이상 거주할 수 없게 된 경우로서 그 기존 주택의 소유자가 자기 소유의 토지(재해를 입은 날부터 6개월 이내에 소유권을 확보한 토지를 말한다)에 신축하는 경우 ③ 개발제한구역 지정 이전부터 건축되어 있는 주택 또는 개발제한구역 지정 이전부터 다른 사람 소유의 토지에 건축되어 있는 주택으로서 토지소유자의 동의를 받지 못하여 증축 또는 개축할 수 없는 주택을 법 제12조 제1항제2호에 따른 취락지구에 신축하는 경우
라. 근린생활시설	증축 및 신축할 수 있는 시설은 다음과 같다. 가) 주택을 용도변경한 근린생활시설 또는 1999년 6월 24일 이후에 신축된 근린생활시설만 증축할 수 있다. 나) 개발제한구역 지정 당시부터 지목이 대인 토지(이축된 건축물이 있었던 토지의 경우에는 개발제한구역 지정 당시부터 그 토지의 소유자와 건축물의 소유자가 다른 경우만 해당한다)와 개발제한구역 지정 당시부터 있던 기존의 주택(제24조에 따른 개발제한구역건축물관리대장에 등재된 주택을 말한다)이 있는 토지에만 근린생활시설을 신축할 수 있다. 다만, 「수도법」 제3조 제2호에 따른 상수원의 상류 하천(「하천법」에 따른 국가하천 및 지방하천을 말한다)의 양안 중 그 하천의 경계로부터 직선거리 1킬로미터 이내의 지역(「하수도법」 제2조 제15호에 따른 하수처리구역은 제외한다)에서는 「한강수계 상수원수질개선 및 주민지원 등에 관한 법률」 제5조에 따라 설치할 수 없는 시설을 신축할 수 없다.
1) 슈퍼마켓 및 일용품소매점	
2) 휴게음식점·제과점 및 일반음식점	휴게음식점·제과점 또는 일반음식점을 건축할 수 있는 자는 5년 이상 거주자 또는 지정 당시 거주자이어야 한다. 이 경우 건축물의 연면적은 300제곱미터 이하이어야 하며, 인접한 토지를 이용하여 300제곱미터 이하의 주차장을 설치할 수 있되, 휴게음식점 또는 일반음식점을 다른 용도로 변경하는 경우에는 주차장 부지를 원래의 지목으로 환원하여야 한다.
3) 이용원·미용원 및 세탁소	세탁소는 공장이 부설된 것은 제외한다.
4) 의원·치과의원·한의원·침술원·접골원 및 조산소 5) 탁구장 및 체육도장 6) 기원 7) 당구장 8) 금융업소·사무소 및 부동산중개업소	

9) 수리점		자동차부분정비업소, 자동차경정비업소(자동차부품의 판매 또는 간이수리를 위한 시설로서 「자동차관리법 시행령」 제12조 제1항에 따른 자동차정비업시설의 종류에 해당되지 아니하는 시설을 말한다)를 포함한다.
10) 사진관·표구점·학원·장의사 및 동물병원 11) 목공소·방앗간 및 독서실		

마. 주민 공동이용시설

1) 마을 진입로, 농로, 제방	개발제한구역(제2조 제3항 제2호에 따라 집단취락으로 해제된 지역을 포함한다)의 주민이 마을 공동으로 축조(築造)하는 경우만 해당한다.
2) 마을 공동주차장, 마을 공동작업장, 경로당, 노인복지관, 마을 공동회관 및 읍·면·동 복지회관	가) 지방자치단체가 설치하거나 마을 공동으로 설치하는 경우만 해당한다. 나) 읍·면·동 복지회관은 예식장 등 집회장, 독서실, 상담실, 그 밖에 읍·면·동 또는 마을단위 회의장 등으로 사용하는 다용도시설을 말한다.
3) 공동구판장, 하치장, 창고, 농기계보관창고, 농기계수리소, 농기계용유류판매소, 선착장 및 물양장	가) 지방자치단체 또는 「농업협동조합법」에 따른 조합, 「산림조합법」에 따른 조합, 「수산업협동조합법」에 따른 수산업협동조합(어촌계를 포함한다)이 설치하거나 마을 공동으로 설치하는 경우만 해당한다. 나) 농기계수리소는 가설건축물 구조로서 수리용 작업장 외의 관리실·대기실과 화장실은 건축 연면적 30제곱미터 이하로 설치할 수 있다. 다) 공동구판장은 지역생산물의 저장·처리·단순가공·포장과 직접 판매를 위한 경우로서 건축 연면적 1천 제곱미터 이하로 설치하여야 한다.
4) 공판장 및 화훼전시판매시설	가) 공판장은 해당 지역에서 생산되는 농산물의 판매를 위하여 「농업협동조합법」에 따른 지역조합(수도권과 광역시의 행정구역이 아닌 지역의 경우만 해당한다)이 설치하는 경우에만 해당한다. 나) 화훼전시판매시설은 시장·군수·구청장이 화훼의 저장·전시·판매를 위하여 설치하는 것을 말한다.
5) 상여보관소, 간이휴게소, 간이쓰레기소각장, 어린이 놀이터 및 유아원	
6) 간이 급수용 양수장	

7) 낚시터시설 및 그 관리용 건축물	가) 기존의 저수지 또는 유지를 이용하여 지방자치단체 또는 마을 공동으로 설치·운영하거나 기존의 양어장을 이용하여 5년 이상 거주자가 설치하는 경우만 해당한다. 나) 이 경우 낚시용 좌대, 비가림막 및 차양막을 설치할 수 있고, 50제곱미터 이하의 관리실을 임시가설건축물로 설치할 수 있다.	
8) 미곡종합처리장	「농업협동조합법」에 따른 지역농업협동조합이 개발제한구역에 1천헥타르 이상의 미작 생산에 제공되는 농지가 있는 시·군·구에 설치(시·군·구당 1개소로 한정한다)하는 경우로서 건축 연면적은 부대시설 면적을 포함하여 2천제곱미터 이하로 설치하여야 한다.	
9) 목욕장	마을 공동으로 설치·이용하는 경우에만 해당한다.	
10) 휴게소(고속국도에 설치하는 휴게소는 제외한다), 주유소 및 자동차용 액화석유가스 충전소	가) 시장·군수·구청장이 수립하는 배치계획에 따라 시장·군수·구청장 또는 지정 당시 거주자가 국도·지방도 등 간선도로변에 설치하는 경우만 해당한다. 다만, 도심의 자동차용 액화석유가스 충전소(자동차용 액화석유가스 충전소 외의 액화석유가스 충전소를 겸업하는 경우를 포함한다. 이하 같다)를 이전하여 설치하는 경우에는 해당 사업자만 설치할 수 있다. 나) 지정 당시 거주자가 설치하는 경우에는 각각의 시설에 대하여 1회만 설치할 수 있다. 다만, 공공사업에 따라 철거되거나 기존 시설을 철거한 경우에는 그러하지 아니하다. 라) 휴게소 및 자동차용 액화석유가스 충전소의 부지면적은 3천300제곱미터 이하로, 주유소의 부지면적은 1천500제곱미터 이하로 한다. 이 경우 시장·군수·구청장 또는 지정 당시 거주자만이 주유소 및 자동차용 액화석유가스 충전소에는 세차시설을 설치할 수 있다. 마) 휴게소는 개발제한구역의 해당 도로노선 연장이 10킬로미터 이내인 경우에는 설치되지 아니하도록 하여야 하며, 주유소 및 자동차용 액화석유가스 충전소의 시설 간 간격 등 배치계획의 수립기준은 국토교통부령으로 정한다.	
11) 버스 간이승강장	도로변에 설치하는 경우만 해당한다.	
12) 효열비, 유래비, 사당, 동상, 그 밖에 이와 비슷한 시설	마을 공동으로 설치하는 경우에 한한다.	
바. 공중화장실		

10 군사기지 및 군사시설 보호구역

군사기지 및 군사시설 보호구역

1. 군사기지 및 군사시설 보호구역의 정의

"군사기지 및 군사시설 보호구역"이란 군사기지 및 군사시설을 보호하고 군사작전을 원활히 수행하기 위하여 국방부장관이 제4조 및 제5조에 따라 지정하는 구역으로서 다음 각 목의 것을 말한다.

① 통제보호구역

통제보호구역이란 군사기지 및 군사시설 보호구역(이하 "보호구역"이라 한다) 중·고도의 군사활동 보장이 요구되는 군사분계선의 인접지역과 중요한 군사기지 및 군사시설의 기능보전이 요구되는 구역을 말한다.

② 제한보호구역

제한보호구역이란 보호구역 중 군사작전의 원활한 수행을 위하여 필요한 지역과 군사기지 및 군사시설의 보호 또는 지역주민의 안전이 요구되는 구역을 말한다.

2. 민간인통제선의 정의

"민간인통제선"이란 고도의 군사활동 보장이 요구되는 군사분계선의 인접 지역에서 군사작전상 민간인의 출입을 통제하기 위하여 국방부장관이 지정하는 선을 말한다(「군사기지 및 군사시설 보호법」 제2조제7호 참조).

3. 비행안전구역의 종류 및 지정범위

"비행안전구역"이란 군용항공기의 이착륙에 있어서의 안전비행을 위하여 국방부장관이 지정하는 구역을 말한다(「군사기지 및 군사시설 보호법」제2조 제8호 참조). 이러한 비행안전구역은 항공작전기지의 종류별로 구분하되, 그 지정범위는 아래와 같다. 이러한 비행안전구역은 전술항공작전기지, 지원항공작전기지, 헬기전용작전기지, 예비항공작전기지로 세분하여 지정하고 있다.

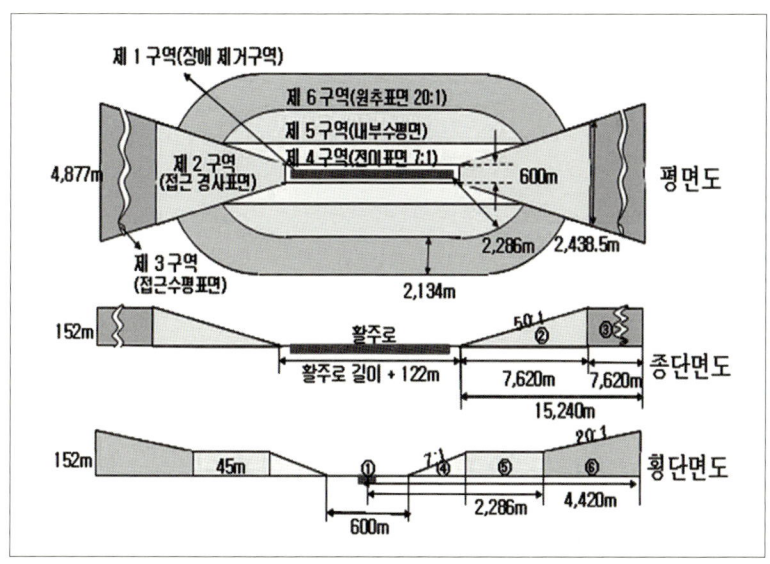

4. 대공방어협조구역

"대공방어협조구역"이란 대공(對空)방어작전을 보장하기 위하여 국방부장관이 제4조 및 제7조에 따라 지정하는 구역을 말한다.

5. 보호구역 및 민간인통제선 등의 지정범위

1) 보호구역의 지정범위는 다음과 같다.

(1) 통제보호구역

  ㉠ 통제보호구역은 민간인통제선 이북(以北)지역을 말한다. 다만, 통일정책의 추진에 필요한 지역, 취락지역 또는 안보관광지역 등으로서 대통령령으로 정하는 기준에 해당하는지역은 제한보호구역으로 지정할 수 있다.

  ㉡ '㉠' 외의 지역에 위치한 중요한 군사기지 및 군사시설은 그 최외곽 경계선 으로부터 300m 범위 이내의 지역을 통제보호구역으로 지정한다. 다만, 방공기지의 경우에는 최외곽 경계선으로부터 500m 범위 이내의 지역을 통제보호구역으로 지정한다. 〈도해 참조〉

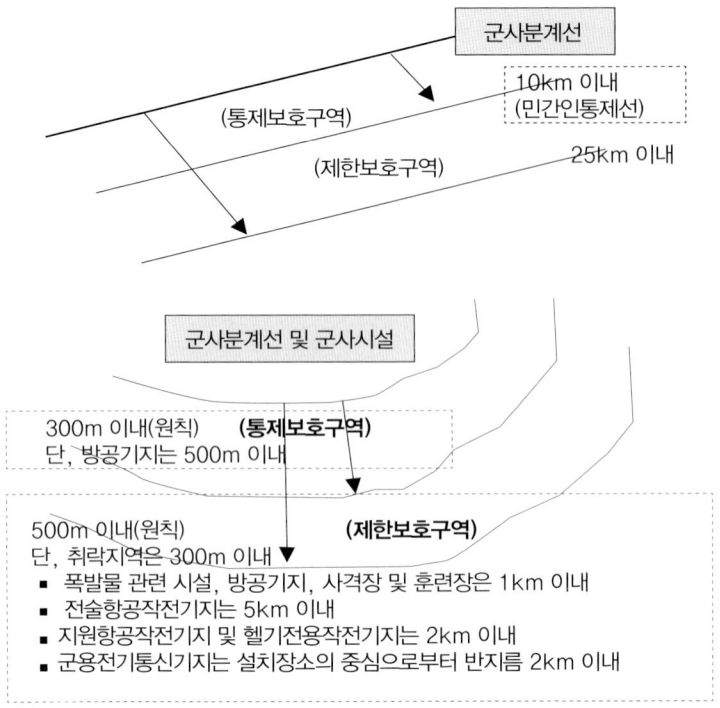

(2) 제한보호구역

㉠ 제한보호구역은 군사분계선의 이남(以南) 25km 범위 이내의 지역 중 민간인 통제선 이남지역을 말한다. 다만, 중요한 군사기지 및 군사시설이 없거나 군사작전상 장애가 되지아니하는 지역으로서 대통령령으로 정하는 기준에 해당하는 지역은 제한보호구역의 지정에서 제외하여야 한다.

㉡ 위 ㉠ 외의 지역에 위치한 군사기지 및 군사시설은 그 최외곽 경계선으로부터 500m범위 이내의 지역을 제한보호구역의 지정으로 한다. 다만, 취락지역에 위치한 군사기지 및 군사시설의 경우에는 당해 군사기지 및 군사시설의 최외곽 경계선으로부터 300m 범위 이내의 지역을 제한보호구역으로 한다.

㉢ 폭발물 관련 시설, 방공기지, 사격장 및 훈련장은 당해 군사기지 및 군사시설의 최외곽 경계선으로부터 1km 범위 이내의 지역을 제한보호구역의 지정으로 한다.

㉣ 전술항공작전기지는 당해 군사기지 최외곽 경계선으로부터 5km 범위 이내

의 지역, 지원항공작전기지 및 헬기전용작전기지는 당해 군사기지 최외곽경계선으로부터 2km 범위이내의 지역을 제한보호구역으로 한다.

ⓜ 군용전기통신기지는 군용전기통신설비 설치장소의 중심으로부터 반지름 2km 범위 이내의 지역을 제한보호구역으로 한다.

2) 민간인통제선의 지정범위

민간인통제선은 군사분계선의 이남 10km 범위 이내에서 지정할 수 있다.

3) 대공방어협조구역의 지정범위

대공방어협조구역은 특별시·광역시·특별자치시·특별자치도·시·군 관할 구역을 기준으로 하여 지정한다. 〈개정 2014.5.9.〉

6. 비행안전구역에서의 금지 또는 제한

1) 누구든지 비행안전구역(예비항공작전기지 중 민간비행장의 비행안전구역을 제외한다) 안에서는 다음 각 호의 어느 하나에 해당하는 행위를 하여서는 아니 된다. 다만, 제3호의 경우 미리 관할부대장등의 허가를 받은 자에 대하여는 그러하지 아니하다.

⑴ 제1구역에서 군사시설(민간항공기의 항행을 지원하기 위한 항행안전시설을 포함한다)을 제외한 건축물의 건축, 공작물·식물이나 그 밖의 장애물의 설치·재배 또는 방치행위

⑵ 제2구역부터 제6구역까지에서 그 구역의 표면높이(이들의 투영면이 일치되는 부분에 관하여는 이들 중 가장 낮은 표면으로 한다) 이상인 건축물의 건축, 공작물·식물이나 그밖의 장애물의 설치·재배 또는 방치행위

⑶ 군용항공기를 제외한 항공기의 비행안전구역 상공의 비행행위

⑷ 항공등화의 명료한 인지를 방해하거나 항공등화로 오인할 우려가 있는 유사등화의 설치행위

⑸ 비행장애를 일으킬 우려가 있는 연막·증기의 발산 또는 색채유리나 그 밖의 반사물체의 진열하는 행위

2) 제1항 제2호에도 불구하고 비행안전구역 중 전술항공작전기지의 제3구역, 제

5구역 또는 제6구역과 지원항공작전기지의 제4구역 또는 제5구역 안에서는 각 구역별로 최고장애물 지표면 중 가장 높은 지표면의 높이를 초과하지 아니하는 범위 안에서 일정 구역의 지표면으로부터 45미터 높이 이내에서 그 구역의 표면 높이 이상인 건축물의 건축, 공작물·식물이나 그 밖의 장애물을 설치 또는 재배할 수 있다. 다만, 지원항공작전기지의 제4구역·제5구역의 경계부분이 연속적으로 상승하거나 하강하는 능선형태로 되어 있어서 그 경계부분의 높이가 최고장애물의 지표면 높이의 기준이 됨으로써 본문에 따른 높이까지 건축물의 건축 또는 공작물의 설치를 할 수 없게 되는 경우에는 최고장애물의 지표면 높이가 높은 구역의 최고장애물을 기준으로 하여 적용한다.

3) 제2항을 적용함에 있어서 각 구역 간의 경계부분에서의 표면높이는 다음 각 호의 구분에 따른다.

⑴ 전술항공작전기지 비행안전구역 제2구역과 제3구역이 접하는 부분에서는 제3구역의 바깥쪽 상방향으로 50분의 1의 경사면을 초과하지 아니하는 범위로 한다.

⑵ 전술항공작전기지 비행안전구역의 제4구역이 제5구역과 접하는 부분 및 지원항공작전기지 비행안전구역의 제3구역이 제4구역과 접하는 부분에서는 각각의 경계부분으로부터 상방향으로 7분의 1의 경사면을 초과하지 아니하는 범위로 한다.

⑶ 전술항공작전기지 비행안전구역의 제2구역이 제6구역과 접하는 부분 및 지원항공작전기지 비행안전구역의 제2구역이 제5구역과 접하는 부분에서는 제2구역의 긴 변으로부터 상방향으로 7분의 1의 경사면을 초과하지 아니하는 범위로 한다.

4) 관할부대장등은 제1항 제1호에도 불구하고 비행안전에 지장을 초래하지 아니하는 범위 안에서 비상활주로의 비행안전구역에 식물 재배 및 이와 관련되는 임시시설물의 설치를 허용할 수 있다.

5) 관할부대장등은 제1항제2호에도 불구하고 비행안전에 지장을 초래하지 아니하

는 범위 안에서 각 기지별 지역의 특수성을 고려하여 항공작전기지의 비행안전구역에 있어서 그 구역의 표면높이 이상인 건축물의 건축, 공작물·식물이나 그 밖의 장애물의 설치 또는 재배를 허용할 수 있다.

7. 행정기관의 처분에 관한 사전 협의대상
1) 관계 행정기관장의 "허가 등" 처분 하려는 때에는 대통령으로 정하는 바에 따라 국방부장관 또는 관할부대장과의 협의하여야 한다. 국가기관 또는 지방자치단체가 다음 각 호에 해당하는 행위를 하려는 경우에도 이와 같다. 다만, 보호구역의 보호·관리 및 군사작전에지장이 없는 범위 안에서 대통령령으로 정하는 사항은 그러하지 아니하다.
　⑴ 주택의 신축·증축 또는 공작물의 설치
　⑵ 도로·철도·교량·운하·터널·수로·매설물 등과 그 부속 공작물의 설치 또는 변경
　⑶ 하천 또는 해면의 매립·준설(浚渫)과 항만의 축조 또는 변경
　⑷ 광물·토석(土石) 또는 토사(土砂)의 채취
　⑸ 해안의 굴착
　⑹ 조림 또는 임목(林木)의 벌채
　⑺ 토지의 개간 또는 지형의 변경
　⑻ 해저시설물의 부설 또는 변경
　⑼ 통신시설의 설치와 그 사용
　⑽ 총포의 발사 또는 폭발물의 폭발
　⑾ 해운의 영위
　⑿ 어업권의 설정, 수산동식물의 포획 또는 채취
　⒀ 부표(浮標)·입표(立標), 그 밖의 표지의 설치 또는 변경
2) 관계 행정기관의 장이 다음 각 호의 어느 하나에 해당하는 사항에 관한 허가등을 하려는 때에도 제1항을 적용한다.

⑴ 비행안전구역 안에서 제10조 제1항 제2호·제4호 및 제2항에 저촉될 우려가 있는 건축물의 건축, 공작물·등화의 설치·변경 또는 식물의 재배

⑵ 대공방어협조구역 안에서 대통령령으로 정하는 일정 높이 이상의 건축물의 건축 및 공작물의 설치

3) 국방부장관 또는 관할부대장등은 제1항 또는 제2항에 따른 협의요청을 받은 경우 제15조에 따른 소관 군사기지 및 군사시설 보호 심의위원회의 심의를 거쳐 30일 이내에 그 의견을 관계 행정기관의 장에게 통보하여야 한다. 이 경우 그 의견에 대한 구체적인 사유를 명시하여야 한다.

4) 국방부장관 또는 관할부대장등은 제3항에 따른 통보기한을 1회에 한하여 10일의 범위 안에서 연장할 수 있다. 이 경우 미리 그 연장 사유, 처리현황, 연장 기한을 명시하여 알려주어야 한다.

8. 보호구역 등에서의 협의업무의 위탁

1) 국방부장관 또는 관할부대장등은 도시 지역 안의 보호구역, 농공 단지 등 작전에 미치는 영향이 경미하면서 지역사회발전 및 주민 편익을 도모할 수 있는 지역으로 대통령령으로 정하는 일정한 보호구역, 비행안전구역 또는 대공방어협조구역에 있어서의 제13조에 따른 협의업무를 제15조에 따른 소관 군사기지 및 군사시설 보호 심의위원회의 심의를 거쳐 관계 행정기관의 장에게 위탁할 수 있다. 다만, 관할부대장등이 협의업무를 위탁하려는 때에는 제15조 제3항에 따른 관할부대 또는 관리부대 군사기지 및 군사시설 보호 심의위원회의 심의를 거친 후 합참의장의 승인을 받아야 한다.

2) 제1항에 따라 위탁할 협의업무의 범위와 위탁절차 등에 관하여 필요한 사항은 대통령령으로 정한다.

11 법정 지상권

법정지상권이란?

법정지상권을 이해하기에 앞서 지상권에 대한 이해부터 먼저 하여야 한다.

지상권이라 함은 타인 부동산을 이용할 목적으로 토지소유자와 지상권이라는 물권을 부동산등기부상에 설정하는 것으로서, 이를 약정지상권이라 한다. 즉, 지상권 설정기간, 지료, 지상권의 성립범위 등을 쌍방간 합의하여 이를 등기부상에 등기하기에 약정지상권이라고도 한다.

등기부상 지상권등기가 되어 있는 경우 두가지 측면에서 이해하면 된다. 즉, 순수하게 타인 토지를 이용할 목적으로 설정하는 것과 근저당권자가 담보권인 근저당권을 보다 확실하게 하여 자기 채권을 보전할 목적(토지를 사용할 목적이 아님)으로 설정하는 것이 있다. 우리 법제는 토지와 건물이 각각 별개의 부동산으로 다루어지고 있지만, 건물은 그 성질상 토지에 대한 이용관계를 수반하지 않고서는 존립할 수 없다. 때문에 건물을 독립한 부동산으로 인정하기 위해서는 그 전제로 토지이용권과 불가분의 관계를 인정할 필요가 있는데, 건물과 토지가 동일인에게 귀속하고 있는 경우에는 이러한 관계를 현실화할 필요가 없지만, 양자의 소유가 분리되는 경우 특히 토지이용관계를 현실화할 기회가 주어지지 않은 채로 분리되는 때에는 건물소유자를 위해서 地上權(지상권)이 설정된 것으로 하지 않으면 건물소유자는 아무런 권리없이(권리 없이) 타인의 토지를 사용하는 결과가 된다는 점에서, 이러한 경우 잠재적인 토지이용권을 법적인 권리화하여 건물을 독립한 부동산으로 하는 우리 법제의 결함을 시정하려는 데 법정지상권제도의 의의가 있다.

1. 법정지상권과 관습상의 법정지상권의 정의

법정지상권은 「민법」 제366조에서 정한 법정지상권("법으로 정해진 남의 땅 사용권리") 관습상의 법정지상권("관습으로 인정된 남의 땅 이용권한")이 있다. 두 경우 다, 같은 사람의 소유의 토지와 건물이 매매 등으로 각각 다른 사람의 소유로 되었을 때 건물의 존재를 보호 받기 위해 인정되는 것이나, 틀린 점은 저당권을 설정 여부이다. 저당권이 설정되어 있으면 법정지상권을 따지고 안되어 있으면 관습상의 법정지상권을 따진다. 하지만 같은 건에서 두 가지를 한꺼번에 검토해야 할 때도 많으므로 일률적인 적용은 곤란하다. 법정지상권이나 관습상의 법정지상권은 토지의 소유권 이전 상황도 알아야 하지만 특히나 건물의 과거 이력을 잘 알아야 그 성립여부를 판단할 수 있다. 토지는 토지대장이나 토지등기부등본만 있으면 파악할 수 있으나 건축물은 미등기 건물도 있고, 건축물대장에도 등재가 안되어 있는 경우가 많아 소유권이 어떻게 변동되었는지 알기가 쉽지 않다. 법정, 관습상 지상권에 관한 대법원 판례를 사례별로 열거만 해도 책 한권은 족히 나올 정도로 관련 분쟁이 많다. 이는 곧 법정, 관습상 지상권이 성립되느냐 안되느냐 판단은 법적인 문구상으로만 해석한다면 쉬울 것 같지만 다양한 수가 존재하기 때문에 어렵다는 뜻이다.

법정지상권 성립요건

1. 저당권 설정 당시에 건물이 존재해야 한다. 판례에 의하면 저당권 설정 당시에 건축 중이어도 무관하고, 이 경우 낙찰자가 매각대금을 납부 할 때까지 독립된 건물로 볼만한 외형을 갖추어야 한다.
2. 저당권 설정 당시에 토지와 건물의 소유자가 동일해야 한다.
3. 토지, 건물의 어느 한쪽이나 양쪽에 저당권이 설정되어야 한다
4. 저당권의 목적으로 되어있는 토지와 건물이 경매 또는 공매로 인하여 소유자가 달라져야 한다.

1) 토지와 그 지상건물이 동일한 소유자에게 속하는 경우에 어느 한쪽에만 저당권이 설정된 후 저당권의 실행으로 토지와 건물의 소유자가 다르게 된 때(「민법」 366조)

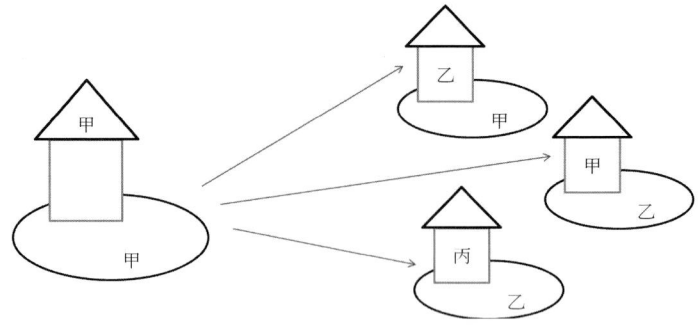

① 최초 저당권 설정 당시에 건물이 존재해야 한다(대법판례:지붕, 기둥, 벽 구비)
② 최초 저당권 설정 당시에 토지와 건물의 소유자가 동일해야 한다.
　◇ 그 후 소유권이 이전되어도 통설에 의하면 성립
　◇ 토지와 건물이 동일인에게 낙찰된 후에 건물에 대한 매각허가 결정이 취소된 경우에도 법정지상권은 성립한다.
　◇ 소유권 이전 청구권 보전 가등기 ⇒ 이후 본등기라도성립. 가등기 자체로는 소유권에 영향을 미치지 못하기 때문
③ 토지와 건물의 소유자가 달라져야 한다.
④ 임의 경매: 임의 경매가 아니라 강제경매 또는 국세체납에 의한 공매인 경우엔 성립하지 않는다(대법판례) 다만, 관습법상 법정지상권이 성립(대법판례)하므로 성립한다고 봐야한다.
⑤ 토지설정-건축 후 설정 - 건물 경매 ⇒ 성립안됨(다만 일괄경매는인정 365조)
⑥ 철거약정이 없어야 하는 것은 요건이 아님(관습법상 법정지상권은 특약이 없는 한 성립)
⑦ 당사자간 특약으로 성립배제 약정을 하더라도 그 특약은 무효(대법판례)

(「민법」365조) 일괄경매신청권:나대지 상태에 비해 담보가치가 하락 하기 때문에 담보가치를 보호해 주기 위한 조항. 단 건물 매각가에 대해서 배당 받을 수 없음

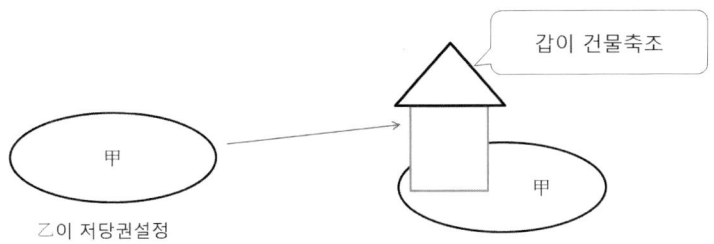

2) 대지와 그 지상건물이 동일한 소유자에게 속하는 경우에 건물에 대하여만 전세권을 설정한 후 대지소유자가 변동된 때(「민법」305조 1항)

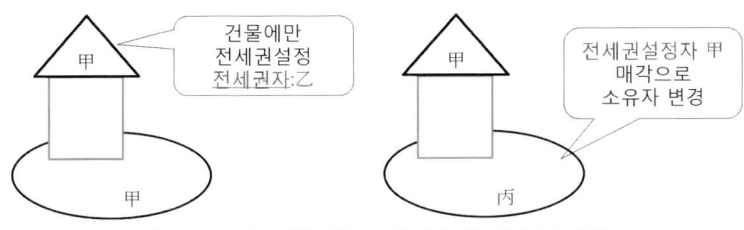

대지의 승계인 丙은 전세권설정자 甲에 대하여 지상권을 설정한 것으로 본다

① 대지와 건물이 동일한 소유자에 속한 경우 건물에 전세권을 설정한 때에는 그 대지 소유권의 특별승계인은 전세권설정자에 대하여 지상권을 설정한 것으로 본다. 그러나 지료는 당사자의 청구에 의하여 법원이 이를 결정한다.
② 전항의 경우 대지소유자는 타인에게 그 대지를 임대하거나 이를 목적으로 한 지상권 또는 전세권을 설정하지 못한다고 규정하고 있음.
③ 건물에 전세권을 설정할 당시 토지, 건물의 소유자가 동일하였는데 이후 토지의 소유권이 변경된 경우에 변경된 토지소유자가 전세권이 설정될 당시의 건물소유자에게 지상권을 설정해 준 것으로 본다는 뜻.

3) 토지와 그 지상건물이 동일한 소유자에게 속하는 경우에 그 토지 또는 건물에만 가등기담보권·양도담보권 또는 매도담보권이 설정된 후 이들 담보권의 실행(귀속청산)으로

토지와 건물의 소유자가 다르게 된 때(가등기담보등에관한법률 10조)

◇ 토지와 그 지상건물이 동일인의 소유에 속하는 동안에 가등기 담보권, 양도, 매도, 담보(환매나 재매매예약방식)설정 후 매각 등의 사유로 토지의 소유자가 변경된 경우

참고 1. 보전가등기: 부동산등기법적용(2중계약서 발생방지목적)
　　　2. 담보가등기:「가등기담보 등에 관한 법률」 적용(경매에서 저당권으로 본다)

4) 토지와 입목이 동일인에게 속하는 경우에 경매 기타의 사유로 토지와 입목이 소유자를 달리하게 된 때(「입목법」 6조)

◇ 입목의 경매 기타의 사유로 인하여 그 입목이 각각 다른 소유자에 속하게 되는 경우
◇ 토지소유자는 입목소유자에 대해 지상권을 설정한 것으로 본다.
◇ 입목이란 법률적으로 등기된 것. 경제적 가치가 있을 경우
◇ 경작의 대상물이 되는 식물은 대상이 안됨
◇ 입목이 아닌 수목의 집단(미등기수목)은 토지의 구성 부분으로 간주
　[명인방법에 대한 수목은 성립]

☞ 입목법 보충
◇ 채무자 소유의 미등기 수목은 토지의 구성부분으로서 토지의 일부로 간주한다, 그리고 농작물(벼, 보리, 인삼등)은 수확기까지 경작자의 소유물로 간주
＊ 사과나무, 배나무 같은 과실수는 농작물 아님
◇ 등기된 수목, 토지의 사용대차권에 기해 제3자가 식재한 수목, 기타 명인방법에 의해 공시된 수목을 제외한 일체의 수목의 집단은 낙찰자 소유임

관습상의 법정지상권이 인정되려면

1) 매매 등의 사유가 있을 당시 토지와 건물이 동일인의 소유여야 한다.(무허가나 미등기 건물이든 불문한다[대법 판례])

2) 토지와 건물의 소유권이 법률상 규정된 것이 아닌 적법한원인으로 각각 소유주가 달라져야 한다(적법한원인:매매,증여,경매,귀속재산의 귀속,공유물의 분할,공매 등)

3) 토지와 건물의 소유권이 다른 사람에게 귀속될 때 당사자 사이에 건물을 철거한다는 특약이 없어야 하는 것이다. 관습상의 법정지상권 자체에 관해서는 등기를 요하지 않지만 그 관습상법정지상권을 양도하기 위해서는 등기를 해야 하는 것이다.

보충 - 강제경매의 법정지상권

강제경매로 인하여 관습상의 법정지상권이 성립되기 위하여는 경락 당시에 토지와 그 지상건물이 소유자를 같이하고 있으면 족하고 강제경매를 위한 압류가 있은 때로부터 경락에 이르는 기간 중 계속하여 그 소유자를 같이하고 있음을 요하는 것은 아니다.

지분권에 따른 법정지상권 사례

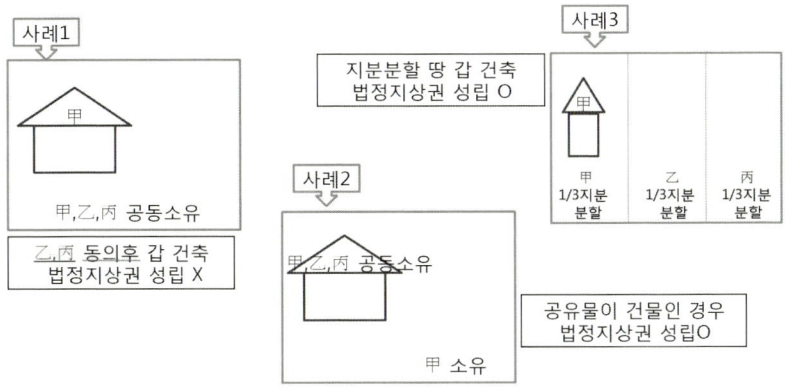

2. 법정지상권의 성립 시기와 존속기간

법정지상권의 성립시기는 낙찰자가 낙찰대금을 완납한 때이고, 이 때로부터 최장 30년간 법정지상권이 유지된다. 그리고 법정지상권은 법률의 규정(=「민법」제366조)에 의한 물권 취득으로서 등기를 필요로 하지 않는다.

> ☞ 존속기간
> ◇ 석회,연와조 & 이와 유사한 견고한 건물이나 수목의 소유권 : 30년
> ◇ 기타 건물의 소유목적 : 15년(ex-초가집등 허름한 건물)
> ◇ 건물이외의 공작물의 소유목적 :5년
> ◇ 최단기한만 제한함(설정에 의해 약정한 경우 위기간까지로 연장가능)
> ◇ 지상물의 구조와 종류를 정하지 않은 경우 15년

3. 타인의 토지를 사용할 수 있는 법적 근거

▷ 지상권 : 타인의 토지에 건물 기타 공작물(工作物)이나 수목(樹木)을 소유하기 위하여 그 토지를 사용하는 물권(物權)을 말한다
▷ 전세권 : 전세금을 지급하고 타인의 부동산을 일정기간 그 용도에 따라사용 · 수익한 후, 그 부동산을 반환하고 전세금의 반환을 받는 권리
▷ 임차권(채권) : 임대차 계약하여 임차인이 취득(사용하고 수익할 수 있는)하는 권리를 말한다. 임차권은 채권이므로 사용, 수익할 수 있는 권리만 있을 뿐 제3자에게 대항력이 없다
▷ 법정지상권 : 법으로 정해진 남의 땅 사용권리, 관습으로 인정된 남의 땅 이용권한
▷ 차지권(차지권이란 임차료 또는 지대를 지급하고 타인이 소유하는 토지를 사용 · 수익할 수 있는 권리이다. 차지권 또는 지상권에 대한 상각년수는 법으로 규정되어 있지 않으므로 계약에 의한 사용기간에 걸쳐 정액법 균등상각하여야 한다.)

4. 지상권의 소멸과 효과

1) 소멸

▷ 2년 이상 지료를 체납한 경우 설정자의 소멸청구에 의해 소멸
▷ 지상권의 포기
▷ 일반적 소멸원인 : 멸실, 만료, 소멸시효, 수용, 경매 등

2) 효과
▷ 토지의 반환
▷ 지상물 제거권 : 지상권자가 원상회복 해야함
▷ 지상물매수청구권 : 설정자가 청구, 정당한 이유 없이 거절 못함
▷ 유익비상환청구권 : 토지소유자의 선택에 따라 지출금액 또는 현존증가액

5. 법정지상권의 내용
▷ 미등기 건물이라도 등기되지 않았을 뿐, 건축물관리대장이 있는 건물일 수도 있다.
▷ 판례는 건물이 무허가 건물인 경우에도 법정지상권이 인정된다.
▷ 건축물허가이전 건축물(신고제)은 표현은 무허가이지만 허가나 동일하다.
▷ 81년 12월 31일 현재 무허가건축물관리대장에 등재 된 건축물 항공사진확인
　 <u>81년 12월 31일 이후 건물은 무허가 건물로 간주 가능</u>
　 <u>89년 1월 21일을 기준 적용하는 지역도 있음</u>

1) 법정지상권의 범위
　법정지상권의 범위는 반드시 그 건물의 대지에 국한 되는 것은 아니고 건물로서 이용 되는데 필요한 한도에서 대지이외의 부분에도 미치게 된다. (일반적인지상권의 범위와 같다)

2) 지료의 결정
　법정지상권의 지료는 당사자 간의 합의로 정한다. 당사자 간의 협의가 불가능 하게 되면 당사자의 청구에 의하여 법원이 결정 하게 되며, 이때 법원이 결정 하게 되는 지료는 지상권 성립한 때부터 소급하여 그 효력이 발생 한다.

6. 법정지상권이 성립하는 경우의 소송절차

1) '지료청구소의소' 제기(등기된 건물이라면 지료를 원인으로 부동산가압류를 동시에 진행)
2) 승소 후 건물을 경매신청 집행권원에 의한 강제경매
3) 경매진행 중에 토지소유권 취득 후 2년이 경과하면 지료납입이 없음을 이유로 법정 지상권 소멸통보(내용증명 발송. 법정지상권 소멸은 형성권이다)
4) '건물철거등의소' 제기(①의 청구취지에 가집행이 포함되어 있기 때문이다)
5) 매각물건명세서에 '철거소송 진행 중'이라는 공지 삽입(집행법원에 자료를 첨부하여 공지요청서 발송)
6) 집행채권자 낙찰(수익이 실현되면 건물 낙찰을 못 받더라도 관계없다)

7. 법정지상권 관련 『민법』

제186조(부동산물권변동의 효력)
부동산에 관한 법률행위로 인한 물권의 득실변경은 등기하여야 그 효력이 생긴다.

제187조(등기를 요하지 아니하는 부동산물권취득)
상속, 공용징수, 판결, 경매, 기타 법률의 규정에 의한 부동산에 관한 물권의 취득은 등기를 요하지 않는다. 그러나 등기를 하지 아니하면 이를 처분하지 못한다.

제280조(존속기간을 약정한 지상권)
① 계약으로 지상권의 존속기간을 정하는 경우 그 기간은 다음 연한보다 단축하지 못한다.
　1. 석조, 석회조, 연와조 또는 이와 유사한 견고한 건물이나 수목의 소유를 목적으로 하는 때에는 30년
　2. 전호 이외의 건물의 소유를 목적으로 하는 때에는 15년
　3. 건물 이외의 공작물의 소유를 목적으로 하는 때에는 15년
② 전항의 기간보다 단축한 기간을 정한 때에는 전항의 기간까지 연장한다.

제622조(건물등기 있는 차지권의 대항력)

① 건물의 소유를 목적으로 한 토지임대차는 이를 등기하지 아니한 경우에도 임차인이 그 지상건물을 등기한 때에는 제3자에 대하여 임대차의 효력이 생긴다.

보충) 차지권 관련

법정지상권의 성립 여부 및 차지권의 성립 여부도 판단하여야 한다.

① 아버지 소유의 땅에 아들이 건물보존등기를 하였다면 차지권이 성립한다고 보아야 한다.

② 임차인으로부터 건물의 소유권과 함께 건물의 소유를 목적으로 한 토지의 임차권을 취득한 사람이, 토지의 임대인에 대한 관계에서 임차권의 양도에 관한 그의 동의가 없어도 임차권의 취득을 대항할 수 있다는 것까지 규정한 것은 아니다.

③ 건물의 소유를 목적으로 한 토지의 임차인이, 그 토지 위에 제3자가 물권취득의 등기를 한 후에, 그 지상건물의 등기를 한 경우에는 그 제3자에 대하여 임대차의 효력이 생기지 아니한다.

Ⅱ 법정지상권 판례사례

1. 신축공사 중인 건물에 대한 대법원 판례

건물의 개념을 "최소한 기둥과 지붕 그리고 주벽으로 이루어지면 된다"(대판 2000다 51872)로 본다.

1) 신축공사 중인 건물에 관한 법정지상권은 "외형상 건물의 종류와 규모 등을 예측할 수 있는 만큼 건축이 진전된 경우"로 본다. 그러나 그 후 경매절차에서 매수인이 매각 대금을 다 지불한 때까지 최소한의 기둥과 지붕 그리고 주벽이 이루어지는 등 독립된 부동산으로서 건물의 요건을 갖추어야 한다.

2) 신축공사 중인 집합건물에 관한 법정지상권은 "그 집합건물 전체 동을 대상으로 판단하는 것이 아니라 지하층 부분만으로도 구분소유권의 대상이 될 수 있는 구조라는 점에서 신축건물은 경락 당시 미완성 상태이기는 하나 독립된 건물로 본다"고 판단하였다.

2. 신축건물에 대한 대법원 판례

1) 대상 토지에 근저당을 설정할 당시 구건물이 있었고(건물이 있음에도 불구하고 토지에만 근저당을 설정한 경우), 이후 경매진행 시에는 신축건물이 있는 경우, 구건물의 건축면적을 기준으로 법정지상권이 성립한다.

2) 동일인 소유에 속하는 토지 및 지상건물에 관하여 공동저당권이 설정된 후 그 지상건물이 철거되고 새로 건물이 신축된 경우에는, 신축건물의 소유자가 토지의 소유자와 동일하고, 토지의 저당권자에게 신축건물에 관하여 토지의 저당권과 동일한 순위의 공동저당권을 설정해주는 등 특별한 사정이 없는 한, 저당물의 경매로 인하여 토지와 그 신축건물이 다른 소유자에 속하게 되더라고 그 신

축건물을 위한 법정지상권은 성립하지 않는다.

3. 법정지상권과 유치권

법정지상권이 성립하지 않아 철거될 수 밖에 없는 건물의 유치권자는 토지소유자에게 대하여 유치권으로 대항하지 못한다. 건물의 존재 자체가 토지소유자에게 불법이 되고 있으므로, 불법건물의 유치권에 의한 점유 또한 토지소유자에 대하여는 불법점유가 된다.

4. 비닐하우스와 법정지상권

비닐하우스는 건물의 구성요소인 지붕 및 기둥 또는 벽을 갖추었다고 볼 수 없어 법정지상권의 성립대상이 아니다. 그러나 비닐하우스라도 그 고정성과 견고성 및 시설에 고가의 투자가 수반되었을 때에는 법정지상권을 인정한 사례가 있다.

◆ 대판 90도2095
쇠파이프를 반원 모양으로 구부려 양끝을 땅에 박고 이를 지지대로 하여 비닐을 둘러 씌운 뒤 다시 그 위에 차양막을 덮어놓은 지렁이 양식용 비닐하우스는 토지에 정착하는 구조물이라 보기 어렵고, 구조 면에서도 지붕 및 기둥 또는 벽을 구비하고 있다고 보기도 어려워 『건축법』이 규제대상으로 삼고 있는 건축물에 해당하지 아니한다.

5. 컨테이너와 법정지상권

컨테이너는 판례에 의하여 건축물에 해당한다. 그러므로 컨테이너의 설치는 허가대상이다. 관할관청에 문의하여 컨테이너가 정식으로 설치허가를 받았는지 여부를 확인한다. 허가받았다면 허가기간까지는 법정지상권이 성립한다. 만일 허가를 받지 않았다면 법정 지상권이 성립하지 않고 철거대상이 된다.

◈ 대판 91도945

'토지에 정착하는 공작물'이란 반드시 토지에 고정되어 이동이 불가능한 공작물만을 가리키는 것은 아니고, 물리적으로는 이동이 가능하게 토지에 붙어 있어도 그 붙어 있는 상태가 보통의 방법으로는 토지와 분리하여 이를 이동하는 것이 용이하지 아니하고, 그 본래의 용도가 일정한 장소에 상당기간 정착되어 있어야 하고 또 그렇게 보여지는 상태로 붙어 있는 경우를 포함한다.

6. 구분소유적 공유관계에 있어서의 법정지상권

1) 구분소유적 공유관계에 있는 토지의 공유자들이 그 토지 위에 각자 독자적으로 별개의 건물을 소유하면서 그 토지 전체에 대하여 저당권을 설정하였다가 그 저당권의 실행으로 토지와 건물의 소유자가 달라지게 된 경우 법정지상권은 성립한다. 이런 경우 해당 지분의 경매에서도 법정지상권이 성립한다.
2) 구분소유적 공유관계에 있는 자가 자신의 특정 소유가 아닌 부분에 건물을 신축한 경우 관습법상 법정지상권이 성립하지 않는다. 그러나 자기 소유의 특정 부분에 건물을 신축하였다면 법정지상권이 성립한다.

7. 법정지상권 성립 판례

1) 토지에 저당권이 설정될 당시 토지소유자가 그 지상에 건물을 건축 중이었던 경우 그것이 사회관념상 독립된 건물로 볼 수 없다 하더라도 외형상 건물의 규모와 종류를 예상할 수 있는 정도까지 건축이 진전되어 있었고, 그후 경매절차에서 매수인이 매각 대금을 다 낼 때까지 최소한의 기둥과 지붕 그리고 주벽이 이루어지는 등 독립된 부동산으로서 건물의 요건을 갖추면 법정지상권이 성립하

며, 그 건물이 미등기라 하더라도 법정지상권이 성립하는 데는 아무런 지장이 없는 것이다.
2) 토지와 건물이 동일인 소유에 속하는 동안에 설정된 저당권이 존재하면 이들의 소유가 다르게 된 때에 설정된 저당권에 의하여 경매된 경우에도 법정지상권은 성립한다.
3) 토지에 대해 저당권이 설정되기 전에 토지와 건물이 단 한 번이라도 동일인의 소유였던 적이 있으면 관습법상 법정지상권은 승계되어 성립된다.
4) 대지에 대하여 저당권을 설정할 당시 저당권자를 위하여 동시에 지상권을 설정해주었다 하더라도, 저당권을 설정할 당시 이미 그 대지상에 건물을 소유하고 있고 그 건물에 관하여 이를 철거하기로 하는 등 특별한 사유가 없으며, 저당권의 실행으로 그 지상권도 소멸한 경우에는 건물을 위한 법정지상권이 발생하지 않는다고 할 수 없다 (대판 91다23462).
5) 관습법상 법정지상권이 성립하기 위해서는 토지와 건물 중 어느 하나가 처분될 당시에 토지와 그 지상건물이 동일인의 소유에 속하였으면 족하고 원시적으로 동일인의 소유였을 필요는 없다.
6) 토지소유자가 건축허가를 받아 공사를 진행하던 중 건축주 명의변경을 하였다면 법정지상권은 성립한다. 그러나 건축허가만 받고 공사를 하지 않은 상태에서 그 토지에 저당권을 설정하고 그 이후에 건축공사를 하였다면 법정지상권은 성립하지 않는다.

8. 법정지상권 불성립 판례
대법원 전원합의체 판결이라 함은 기존의 대법원 판례를 변경한 것을 의미한다.
1) 대법원 2002.6.20. 선고 2002다9660 전원합의체 판결
    미등기 건물을 대지와 함께 매도하였으나 대지에 관하여만 매수인 앞으로 소유권이 전등기가 경료된 경우, 관습상의 법정지상권이 성립하는지 여부: 매수인

과 매도인 전부가 법정지상권을 인정받을 수 없다. 기존의 판례는 매도인에게 법정지상권이 성립한다고 보았기 때문이다.

2) 대법원 2003.12.18. 선고 98다43601 전원합의체 판결

　동일인의 소유에 속하는 토지 및 그 지상건물에 관하여 공동저당권이 설정된 후 그 지상건물이 철거되고 새로 건물이 신축된 경우에는, 그 신축건물의 소유자가 토지의 소유자와 동일하고, 토지의 저당권자에게 신축건물에 관하여 토지의 저당권과 동일한 순위의 공동저당권을 설정해주는 등 특별한 사정이 없는 한, 저당물의 경매로 인하여 토지와 그 신축건물이 다른 소유자에게 속하게 되더라도 그 신축건물을 위한 법정지상권은 성립하지 않는다. 기존의 판례는 구건물의 면적기준으로 법정지상권이 성립한다고 보았기 때문이다.

3) 토지공유자의 한 사람이 다른 공유자의 지분 과반수의 동의를 얻어 건물을 건축 한 후 토지와 건물의 소유자가 달라진 경우에는 법정지상권이 성립하지 않는다(대판 92다55756).

4) 법정지상권을 취득한 건물소유자가 토지소유자와 임대차계약을 체결한 경우, 법정지상권은 소멸하고 임차권이 발생한다.

5) 건물의 등기부상 소유명의를 타인에게 신탁한 경우에 신탁자는 제3자에게 그 건물이 자기의 소유임을 주장할 수 없고, 따라서 그 건물과 부지인 토지가 동일인의 소유임을 전제로 한 법정지상권을 취득할 수 없다.

6) '갑'의 소유인 대지와 그 지상에 신축된 미등기건물을 '을'이 함께 양수한 후 건물에 대하여는 미등기 상태로 두고 있다가 이 중 대지에 대하여 강제경매가 실시된 결과 '병'이 이를 경락받아 그 소유권을 취득한 경우에는, '을'은 미등기건물을 처분할 수 있는 권리는 있을지언정 소유권은 가지고 있지 않으므로 대지와 건물이 동일인의 소유에 속한 것이라고 볼 수 없어 법정지상권이 발생할 여지가 없다.

7) 미등기·무허가건물의 양수인이라 할지라도 그 소유권이전등기를 경료받지 않는한 건물에 대한 소유권을 취득할 수 없고, 그러한 건물의 취득자에게 소유권

에 준하는 관습상의 물권이 있다고 볼 수 없다.
8) 미등기건물을 대지와 함께 매수하였으나 대지에 관하여만 소유권이전등기를 넘겨받고, 대지에 대하여 저당권을 설정한 후 이 저당권에 의하여 경매가 실행된 경우에는 법정지상권이 성립하지 않는다.

9. 법정지상권 기타 판례

1) 토지의 양수인이 지상권자의 지료지급이 2년 이상 연체되었음을 이유로 지상권소멸 청구를 함에 있어서, 지상권자의 지료지급 연체가 토지소유권의 양도 전후에 걸쳐 이루어진 경우 토지양수인에 대한 연체기간이 2년이 되지 않는다면 양수인은 지상권소멸청구를 할 수 없다.
2) 관습법상 법정지상권이 성립하는 토지에 대하여는 법정지상권자가 건물의 유지 및 사용에 필요한 범위를 벗어나지 않는 한 그 토지를 자유로이 사용할 수 있는 것이므로, 지상건물이 법정지상권이 성립한 이후에 증축되었다 하더라도 관습법상 법정지상권이 성립하여 법정지상권자에게 점유·사용할 권한이 있는 토지 위에 그 건물이 있는 이상 이를 철거할 의무는 없다.
3) 법정지상권에 관한 지료가 결정된 바 없다면 법정지상권자가 지료를 지급하지 아니 하였다고 하더라도 지료지급을 지체한 것으로는 볼 수 없으므로 법정지상권자가 2년 이상 지료를 지급하지 아니하였음을 이유로 하는 토지소유자의 지상권소멸청구는 그 이유가 없다.
4) 갑이 을로부터 건물을 매수하면서 인접한 을 소유 대지 지하에 매설된 위 건물의 일부인 정화조를 철거하기로 한 특약이 없었다면 그 대지에 위 건물의 소유를 위한 관습법상의 법정지상권을 취득하였다 할 것이고, 그후 병이 위 건물을 경락 취득함으로써 특별한 사정이 없는 한 건물과 함께 종된 권리인 법정지상권도 양도되었다고 봄이 상당하므로, 갑을 대위하여 을에게 지상권설정등기를 청구할 수 있는 병에게 위 정화조의 철거를 구함은 신의칙상 허용될 수 없다.

5) 법정지상권의 존속기간은 성립 후 그 지상목적물의 종류에 따라 따로 규정하고 있는 『민법』 소정의 각 기간으로 봄이 상당하고 분묘기지권과 같이 그 지상에 건립된 건물이 존속하는 한 법정지상권도 존속하는 것이라고는 할 수 없다.
6) 법정지상권이 미치는 범위는 반드시 그 건물의 기지만에 한하는 것이 아니며 지상 건물이 창고인 경우에는 본래의 용도인 창고로서 사용하는데 일반적으로 필요한 그 둘레의 기지에 미친다.
7) 지료는 아무런 제한 없이 그 토지를 사용함으로써 얻는 이익에 상당하는 대가가 되어야 하고 건물이 건립된 것을 전제로 한 임료상당 금액이 되어서는 안 된다.

☞ 실전에 있어서 법정지상권 성립 여부에 대한 판단

근저당 설정 당시에 건물의 존재 여부를 확인하기 위해서는 건축물대장상 건축허가일자와 착공일자를 확인하여야 한다. 그리고 위 신축공사 중인 건물에 대한 대법원 판례를 대입시켜 판단하여야 한다. 그러나 법정지상권의 성립 여부는 서류상으로만 판단하는 것이 아니라 사실관계에 기초하는 것임을 명심하여야 한다.

12 분묘기지권

I. 분묘기지권이란?

대한민국 민법의 한 개념으로 물권법에 관한 내용이며 타인의 토지에 분묘를 설치한 자가 그 분묘를 소유하기 위하여 그 묘지부분의 타인소유 토지를 사용하는 것을 내용으로 하는 지상권에 유사한 일종의 물권이며 분묘기지권은 당사자의 설정 합의에 의하는 것이 아니라 관습법상 인정되는 법정용익물권으로서 등기를 요건으로 하지 않는다.

1. 분묘기지권 성립 요건

1) 토지 소유자의 승낙을 얻어 그 토지에 분묘를 설치
2) 자기소유 토지에 분묘를 설치한자가 그 분묘를 이장한다는 특약 없이 그 토지를 매매 등에 의해 처분
3) 타인 소유 토지에 소유자의 승낙없이 분묘를 설치한 경우 20년간 평온, 공연하게 그 분묘의 기지를 점유

> ※ 연고자란? 시체 또는 유골과 다음의 관계에 있는 자로 연고자의 권리·의무는 다음의 순으로 행사하되, 동순위의 자녀 또는 직계존비속이 2인 이상인 때에는 최근친의 연장자를 선순위로 한다.
> ① 배우자
> ② 자녀
> ③ 부모
> ④ 자녀를 제외한 직계비속
> ⑤ 부모를 제외한 직계존속
> ⑥ 형제자매
> ⑦ ①~⑥에 해당되지 아니하는 자로서 시체 또는 유골을 사실상 관리하는 자

2. 분묘기지권 개요

1) 누구든 외부에서 분묘의 존재를 인식할 수 있는 형를 갖추고 있는 봉분이 있어야 하며 분묘에 시신이 안장되어 있어야 한다.(가묘는 해당 안됨)
2) 평장되어 있거나 암장되어 있어 객관적으로 인식할 수 있는 외형을 갖추고 있지 않은 경우는 인정되지 않는다.(평장은 유골이 있더라도 분묘기지권 인정 안됨)
3) 분묘의 수호와 봉제사를 계속하는 한 그리고 분묘가 존속하는 동안 분묘기지권은 존속하게 된다.(존속기한은 민법상 지상권에 관한 규정이 적용되지 않음)
4) 지료는 약정이 있으면 그에 의하고 분묘기지권을 시효취득하는 경우엔 지료를 지급할 필요없다.
5) 분묘기지권은 분묘의 부속시설인 비석등 제구를 설치할 때 그 시설물의 규모나 범위가 분묘기지권의 허용범위를 넘지 않는한, 토지 소유권자는 토지소유권에 기하여 그 철거를 요구할 수 없다. 따라서 토지소유자라 할지라도 분묘기지권이 미치는 범위 내에선 공작물을 설치할 수 없다.(분묘부분이 침해를 당하는 경우 배제를 청구할 수 있음)
6) 분묘기지권에는 원래의 분묘를 다른 곳으로 이장할 권능은 포함되지 않는다. 즉 한사람의 소유권이 갖는 같은 땅 내에서 마음대로 이장을 못한다. 단 분묘기지권을 집단으로 취득한 경우에는 그 일단의 토지전체에 분묘기지권이 미치므로 그 범위내에서는 이장을 하더라도 분묘기지권은 계속 존속한다.

☞ 분묘기지권 보충설명

▷ 분묘기지권의 범위 : 분묘의 수호 및 제사에 필요한 범위내에서 분묘의 기지 주위의 공지를 포함한 지역에까지 미친다.

▷ 분묘기지권의 귀속 주체 : 분묘기지권이 시효취득된 경우 종손이 분묘를 관리할 수 있는 때에는 그 권리는 종손에게 전속하게 된다. 단, 종중이 수호·관리하여 왔다면 분묘기지권은 중중에 귀속한다.

▷ 분묘기지권의 소멸 : 분묘가 멸실된 경우라고 하더라도 유골이 존재하여 분묘의 원상회원이 가능하여 일시적인 멸실에 불과하다면 분묘기지권은 소멸하지 않고 존속한다.

▷ 분묘기지권의 포기 : 분묘기지권의 권리자가 땅주인에게 분묘기지권을 포기하는 의사표시를 하면 그 권리는 소멸한다. 추가로 의사표시외에 따로 점유까지도 포기하여야만 그 권리가 소멸하는 것은 아니다

장사등에 관한 법률

「매장 및 묘지 등에 관한 법률」을 전부 개정하여 「장사등에 관한 법률」이 2001년 1월 12일 공포되었고 2001년 1월 13일부터 시행되고 있다.

판례에 의해 인정되어온 분묘기지권과 상충되는 내용(분묘의 설치기한의 제한, 시효취득 불인정 등)을 담고 있다.

「장사등에 관한 법률」 시행후 설치되는 분묘에 대해서는 「장사등에 관한 법률」 과 상충되지 않는 범위 내에서만 판례에 의한 분묘기지권이 유효하다.

즉, 법개정 전 이미 설치된 분묘기지권의 권리는 그대로 인정하되 법 시행후 설치되는 분묘에 대해서는 「장사등에 관한 법률」에 따라야 한다.

▷ 주요 개정 내용은 매장위주의 장묘문화에서 화장위주의 장묘문화로 개정된 것이다.

1. 주요 개정사항은 아래와 같다.

1) 매장 60년 후엔 납골 또는 화장 의무화 - 기본 설치기간 15年, 3회에 한해 연장가능(최장 60年). 설치기간이 종료된 분묘는 유골을 화장 또는 납골해야함.
2) 땅주인이 타인묘 이장요구 가능 - 허락없이 남의 땅에 묘지를 쓴 경우 토지 소유자가 연고자에게 이장을 요구할 수 있음
3) 묘지면적 상한선 3분의 1로 축소
4) 시효취득에 의한 분묘기지권 제한 - 토지 소유자 승낙없이 설치한 분묘에 대해 분묘기득권 배재

2. 「장사등에 관한 법률」에 상세 내용 (매장 및 묘지 등에 관한 법률 2003.1.13)

사설묘지의 설치
① 개인묘지를 설치한 자는 묘지를 설치한 후 30일 이내에 시·군·구청장에게 신고하여야 한다.
② 가족묘지, 종중·문중묘지 또는 법인묘지를 설치·관리하려는 자는 해당 묘지를 관할하는 시장 등의 허가를 받아야 한다.

3. 묘지의 기준면적

구 분	개인묘지	가족묘지	종중·문중묘지	법인묘지
면적기준	30㎡ 이하	100㎡ 이하	1,000㎡ 이하	10만㎡ 이상
분묘1기당 점유면적	-	분묘 1기 및 그 분묘의 상석·비석 등 시설물을 설치하는 구역의 면적은 10㎡(합장의 경우에는 15㎡)를 초과하여서는 아니 된다.		
비 고	가족묘지는 가족당 1개소, 종중·문중묘지는 종중 또는 문중별로 각각 1개소에 한한다.			

개정법률전에는 분묘의 규모가 개인묘지(선산, 문중묘 등)는 80㎡ 이내, 집단묘지는 20㎡이내였으나 개정법률에서는 분묘의 규모가 개인묘지는 30㎡ 이하, 집단묘지는 10㎡ 이하로 크게 줄었다.

※ 분묘란 시체나 유골을 매장하는 시설을 말하며, 묘지란 분묘를 설치하는 구역

4. 분묘의 설치기간

분묘의 설치기간은 15년으로 한다. 단 설치기간의 연장을 신청하는 경우에는 한 번에 15년씩 3회에 한정하여 그 설치기간을 연장할 수 있다. 최장 60년
즉, 시한부 매장제에 따라 개인, 집단묘지를 불문하고 60년이 지나면 묘지 기득권을 주장할 수 없게 된다
분묘의 연고자는 설치기간이 끝난 날부터 1년 이내에 해당 분묘에 설치된 시설물을 철거하고 매장된 유골을 화장하거나 봉안하여야 한다. 개정법은 기존 묘지에는 적용되지 않고 개정법 시행일 이후 매장 분묘에만 적용된다. 이에 따라 문중 묘지

를 계속 이어가기는 불가능해졌으며 화장과 문중납골묘가 늘어날 것으로 보인다.

5. 타인의 토지 등에 설치된 분묘의 처리

토지소유자의 승낙없이 남의 땅에 설치한 분묘의 경우 관할 시장 등의 허가를 받아 분묘를 개장할 수 있다.

(※개장이란 매장한 시체나 유골을 다른 분묘 또는 봉안시설로 옮기거나 화장 하는 것을 말한다)

☞ 개장절차는

1) 장사법 시행일인 2001. 1. 13. 이후에 설치된 분묘 중 분묘기지권이 성립하지 않는 장사법 제27조 제1항 소정의 분묘에 대해서는 동법 제27조에서 정하는 시장 등의 허가를 받아 개장할 수 있다.

   매장·화장·개장을 한 자는 30일 이내에 시장 등에게 신고해야 한다.

2) 토지소유자, 묘지설치자, 연고자는 개장을 하고자 하는 때에는 미리 3월 이상의 기간을 정하여 그 뜻을 당해 분묘의 설치자 또는 연고자에게 통보하여야 한다.

3) 무연고 시체, 무연분묘는 공고 후 시·도지사 또는 시장·군수·구청장은 화장하여 일정기간 납골할 수 있다. (개장비용은 기당 통상 200~300만원)

4) 타인의 토지 등에 승낙을 받지 않고 분묘를 설치한 경우, 분묘의 연고자는 분묘의 보존을 위한 권리를 주장하지 못한다.

6. 토지 낙찰시 분묘의 존재, 위치에 대해 유의해야

1) 취득한 토지상에 분묘가 존재할 경우에는 자칫 분묘가 존속할 때까지 장기간 일정 면적에 대해서는 정상적인 토지사용에 제한을 받게되는 만큼, 해당 토지상에 분묘가 존재하는지에 대해 정확하게 확인할 필요가 있다. 특히, 해당 토지상 어디에 분묘가 위치하는지에 따라서도 토지이용에 미치는 영향이 크게 차이가 있는만큼, 분묘의 정확한 위치확인이 중요하다.

2) 분묘들이 대체로 육안으로 측량이 어려운 임야 등에 위치한 경우가 많아, 분묘의 존재와 정확한 위치를 확인하기 위해서 반드시 측량전문가의 도움을 받을 필

요도 있다.

3) 낙찰받은 토지상에 분묘가 존재할 경우로 확인된다면, 분묘의 성격, 설치된 시기, 근거 등에 대한 자세한 조사와 확인이 필요하고, 그 처리에 대해 분묘권자와 정확하게 협의할 필요가 있다.

4) 경.공매로 토지를 취득할 경우에는 분묘의 존재에 대해 매도인의 협조를 받지 못하게 되고, 오로지 감정평가서에 의존할 수 밖에 없는데, 감정평가과정에서도 분묘의 정확한 위치나 내역 등에 대해서는 밝히지 않고, '분묘 수기 존재함'이라고 기재하는 것이 일반적이기 때문이다.

5) 가족묘지 등의 허가를 받지 않고 설치한 경우, 상수도보호구역 등 묘지의 설치 금지구역 안에 묘지 등을 설치한 경우에는 2년 이하의 징역, 1천만원 이하의 벌금에 처한다.

6) 가족묘지 등의 상석·비석 등 시설물 설치구역 면적을 초과한 자, 사설묘지 설치기간의 종료로 시설물 철거, 화장 또는 납골을 하지 아니한 자 등은 1년 이하의 징역, 500만원 이하의 벌금에 처한다.

7) 30일 이내에 시장 등에게 매장신고를 하지 않으면 300만원 이하의 과태료를 부과하며 묘지이전·개수명령 불이행시 이행강제금을 1년에 2회, 500만원을 부과한다.

8) 묘지는 20호 이상의 민가가 밀집한 지역이나 학교, 공중이 수시로 집합하는 시설과 장소에서 500m 이내에는 묘지를 설치하지 못하며 도로, 철도, 하천에서 300m 이내에는 설치하지 못한다.

9) 분묘설치를 통해 토지를 장기간 점유하여 시효취득하는 권리에 대해, 판례는 '타인토지의 토지위에 그의 승낙 없이 분묘를 설치한 자가 시효취득하는 권리는, 그가 "소유"의 의사로 점유를 계속하여 왔다고 볼 만한 특별한 사유가 없는 한 소유권이 아니라 그 분묘기지권일 뿐이다'라고 판단하고 있다. 결국, 일반적으로 점유자는 「민법」 제 197조 제1항에 의하여 소유의 의사로 점유하는 것으로 추정되지만, 분묘기지권의 시효취득에 있어서는 自主점유가 아니라

他主 점유로 추정될 뿐이다.

7. 무연고 묘지의 개장절차

1) 개장허가신청서 접수(해당읍·면사무소)

  지적도 1부, 등기부등본 1부, 토지대장 1부, 묘지 사진 1부, 개장 후 처리방법 설명서

2) 무연고 묘지 현장답사(해당공무원)

3) 개장허가증 교부

4) 1차 신문공고(2개 일간지)

  개장예정일로부터 3개월전에 분묘의 위치 및 장소, 개장사유, 개장후 안치장소 및 기간, 공설묘지 도는 사설묘지 설치자의 성명, 주소 및 연락방법을 신문에 공고 한다.

5) 1차 신문공고

  1차 신문공고일로부터 1개월 후에 재차 공고한다.

6) 개장허가 신고필증 교부

  무연고 분묘사진 1부, 1.2차 신문공고문

7) 개장

  분묘 개장 전과 후의 사진을 찍는다.

8) 화장 및 납골당 안치

13 토지경매의 투자

토지경매의 투자

현재 경매토지시장은 두 갈래로 나뉘어져 있다. 개발 호재가 있는 지역엔 다시 투자자들의 발길이 이어지고 있는 반면 토지거래허가구역과 지방 중소도시 등 개발 여력이 없는 규제지역은 찬바람이 불고 있다. 성공적인 토지경매는 확실한 개발이 이루어질 물건에 투자를 하여야 한다. 장기적으로 돈 되는 땅을 고를 때 고려해야 할 체크포인트를 알아보자.

1. 개발지역의 정보를 선점하라.

1급 개발 정보를 얻는 건 어렵지만 이미 계획되고 발표 난 정보를 얻는건 초보자도 그리 어렵지 않다. 지자체 홈페이지 입법·고시·공고란을 꾸준히 열람하거나 정부의 수도권 광역도시계획 정보를 얻어 개발방향과 발전계획을 터득하면 충분히 확인할 수 있다. 그런 다음 최종적으로 담당공무원으로부터 재확인 절차를 밟아야 한다. 다만, 담당공무원은 자신에게 묻지 않으면 지역개발 정보를 알려주지 않으므로 투자자가 직접 개발지 조사를 마친 연후에 최종적으로 담당공무원을 만나 확인해야 한다. 개발 정보 중에는 부동산중개업자가 임의대로 그린 인쇄물도 많고 예산 등의 변수에 따라 취소되는 사례도 있어 주의해야 한다.

2. 개발사업의 시행주체를 미리 파악하라.

개발지역의 경매토지에 돈을 투자할 때 시행주체에 따라 사업성의 중요성이그 옥석이 가려질 수 있음은 중요한 체크포인트이다. 자칫 자금력이 없는 민간회사의 민자개발 방식으로 개발하는 경우 개발계획이 수포로 돌아가거나 개발사업이 장기간 지연돼 투자의 위험을 고스란히 안는 경우가 생길 수 있기 때문이다. 그러나 국토해양부나 한국토지주택공사라면 일단 믿을 수 있다. 지방자치단체의 시행사업은 예산 등의 문제로 사업이 무기한 연기되는 사례도 빈발한다. 되도록 철저한 개발계획 아래 인구유발 효과를 기대할 수 있는 국가개발 사업이나 택지개발 사업 지역 일대의 투자가 위험성을 줄일 수 있는 최선책이다.

3. 저평가된 경매토지를 찾아라.

개발계획 예정지 안의 경매토지는 미리 정보를 선점한 투자자들이 한번 휩쓸고 간 경우가 대부분이어서 가격의 급등 현상이 나타난다. 개발계획의 초기 투자가 아니라면 개발지역 안의 토지를 비싼 값에 투자하면 초기의 투자비가 높고 가격이 비싸 투자의 메리트를 상실한다. 따라서 저평가된 인근 지역의 토지를 노리는 것이 실속 있다. 신도시나 개발지역과 개별적인 연계개발이나 인프라 개발이 가능한 인근 지역의 토지를 고르면 개발지에 못지않은 투자의 파급효과를 얻어 수익을 극대화할 수 있다.

4. 현장은 본인이 직접 확인하라.

개발지역의 답사에 나설 때 전문가나 공인중개사와 함께 큰 밑그림을 먼저 그린 다음에는 본인이 재차 현장의 확인을 해야 한다. 직접 답사할 지역과 범위를 정해 본인이 몇 차례 다녀보는 과정을 거치는 것이 좋다. 개발지의 토지이용계획이나 도시계획의 정보를 수집해보고 규제사항을 꼼꼼히 짚어봐야 한다. 인구유발의 효과와 지역발전의 가능성도 따져야 한다. 그런 연후에 경매토지가격도 직접 알아봐야 시세를 알 수 있다. 본인이 직접 현지의 원주민이나 이장등 현지의 부동산중개업소 몇 군데를 들러 매매조건을 맞춰 보면 거래가격과 시세파악도 쉬워진다.

5. 장·단기 투자 포트폴리오를 구축하라.

경매토지의 투자에는 인내심이 필수다. 지역개발이 확정사업지구라 해도 사업진행이 늦춰지거나 변경, 취소되는 경우도 허다하다. 단기 투자를 목적으로 은행융자 등 자기 자본이 없이 투자했다가 빌린 돈을 갚지 못하거나 세금을 못내 다시 경매나 공매에 나오는 물건이 종종있다. 자기자금에 맞는 금액에 맞는 물건에 최소 3~5년 이후를 바라보고 장기적으로 투자해야 한다. 실제 거주해 농사를 짓거나 주말체험용 농지로 매입하거나 농가주택을 지어 개발목적으로 접근하면 세금 중과와 규제를 피할 수 있고 향후 거래가 활성화되면 높은 수익을 얻을 수 있다.

6. 투자할 경매토지를 찾아 분석하라.

개발지역으로 입소문을 타는 지역이나 개발 예정지로 예고된 곳의 경매토지투자 대상물건을 분석해 보면, 매물정보와 함께 지역정보도 비교적 정확히 알아낼 수 있다. 물건을 찾아내 토지이용계획과 도시기본계획 등 관련서류를 발급받으면 개략적인 개발정보를 얻을 수 있다.

7. 경매토지의 규제사항을 체크하라.

경매토지에 대한 세금중과와 거래제한이 대폭 해제됐지만 여전히 토지 거래과정에는 규제가 만만치 않다. 수도권의 개발지역은 규제가 더 심한 편이다. 미리 사업진행의 상태에 따라 토지거래허가제도에 따른 허가 여부를 살펴보고 구입 자격, 경매토지의 용도변경과 건축물 허가여부, 개발예정지의 경계선 행위제한의 여부 등을 면밀히 확인해야 한다. 특히 개발예정지 안쪽 땅은 행위제한구역으로 묶여 일정기간 재산권의 행사가 불가능하다. 따라서 개발지역의 땅도 "적금에 가입했다"는 마음으로 투자하면 실패를 줄일 수 있고 추후 개발에 따른 시세차익도 충분히 챙길 수 있다.

8. 정보의 입수는 돈의 입수

인터넷 정보를 통한 정보와 경험을 교류, 발품을 팔아 그 지역의 전문가가 되어야 하고, 매수 시점과 매도 시점도 기준을 세워 적합한 시점을 파악해야 된다.

9. 과거보다는 미래를 보라.

최저점에서 매수할 기회는 없다. 앞으로 더 오를 가능성이 높다고 생각이 들면 비록 많이 올랐다 하더라도 과감히 매수하여야 한다. 더 오를거라는 기대심리를 가지다 보면 시기를 놓쳐 매매도 힘들어지기에 적정가를 산정해놓고 빠른 결단력이 필요하다.

10. 지적도와 현장의 일치함을 확인해라.

돈 되는 경매물건을 찾으려면 우선 지적도와 현장이 일치한 지 확인해야 한다. 토지는 개별성이 강해 토지마다 개성이 있다. 따라서 경매토지를 어떤 용도로 활용할 지 입찰 전 세심한 조사가 필요하다. 임장에서 지적도와 현장의 일치함을 꼭 확인해야 한다.

11. 돈 되는 토지를 경매로 잡으려면 지역편견을 버리는 게 좋다.

'토지 투자' 하면 누구나 수도권 인기지역인 양평, 용인, 가평, 파주 등을 꼽는다. 하지만 지역편견 버리고 교통과 입지여건이 더 좋은 곳을 찾다보면 실제가치보다 저렴한 값으로 토지를 장만할 수 있다.

12. 맹지는 나에겐 황금성이 될 수 있다.

토지는 현장과 지적 공부 상의 차이가 많다. 지적도 상에는 도로가 있는데 실제로는 도로가 없거나, 지적부상에는 맹지(도로가 없는 토지)이지만 실제로 도로가 있는 경우도 있다. 맹지는 입지요건이 좋다면 서류상으로만 확인하지 말고 반드시 현장답사가 필수다.

13. 경매 투자 전 해당 토지에 대한 분석은 필수이다.

토지를 전원주택으로 지어 출·퇴근하려면 직장과의 거리를 체크하고 집중 호우 시 침수피해는 없는지, 상수도보호구역이 아닌지 등을 검토해야 한다. 농장을 만들려면 토질을 우선적으로 검토해야 하는 식이다.

14. 과다한 경락잔금 대출을 받아 입찰하는 건 자제해야 한다.

토지는 제1금융권에서 담보대출을 자제하는 상황이고 수도권 외곽의 경우 개발호재가 없다면 대출 자체가 어렵다. 토지는 환금성이 떨어지는 부동산이므로 나중에 이자나 원금 상환시를 생각해서 여유자금으로만 투자하는 것이 좋다.

14 토지보상

토지보상

1. 토지수용제도
사업시행자가 공익사업용지를 취득하고자 할 경우에 사업시행자와 토지소유자간의 협의에 의하여 취득하는 것이 바람직하나 소유자가 보상금 저렴 등의 사유로 보상협의에 불응함로써 협의가 성립하자 않거나 소유자 불명 등으로 협의를 할 수 없을 경우에 공익사업을 신속하고 효율적으로 수행할 수 있도록 토지취즉 절차를 규정한 것.

2. 토지수용의 의미
특정한 공익사업의 효율적 수행을 통한 공공복리 증진을 위하여 타인의 등이 필요한 경우 토지소유자의 의사에 불구하고 보상을 전제로 하여 사업시행자가 법적절차를 거쳐 강제로 이를 취득하는 것을 말함.

3. 수용의 법적 근거
1) 「헌법」 제23조제3항에서는 공공필요에 의한 재산권의 수용·사용 또는 제한 및 그에 대한 보상은 법률로 정하되 정당한 보상을 지급하도록 규정.
2) 「공익사업을 위한 토지등의 취득 및 보상에 관한 법률」에서는 공익사업을 위한 토지의협의취득·수용 및 보상에 관한 일반법으로서 협의취득 및 수용할 수 있는 대상수업, 수용절차 및 그 효과등에 대하여 규정.

4. 토지수용제도
이 법은 사업시행자가 다음 각호에 해당하는 토지·물건 및 권리를 취득 또는 사용 하는 경우에 이를 적용한다.

1) 토지 및 이에 관한 소유권과 그외의 권리
2) 토지와 함께 공익사업을 위하여 필요로 하는 입목, 건물 기타 토지에 정착한 물건 및 이에 관한 소유권외의 권리
3) 「광업권」·「어업권」 또는 물의 사용에 관한 권리
4) 토지에 속한 흙·돌·모래 또는 자갈에 관한 권리
5) 「공익사업법」 제4조 규정에 의한 권리

5. 토지수용의 의미 (「공익사업법」 제4조 의거)

1) 국방·군사에 관한 사업
2) 관계법률에 의하여 허가·인가·승인·지정 등을 받아 공익을 목적으로 시행하는 철도·도로·공항·항만·주차장·공영차고지·화물터미널·삭도·궤도·하천·제방·댐·운하·수도·하수도·하수종말처리·폐수처리·사방·방풍·방화·방조(防潮)·방수·저수지·용배수로·석유비축 및 송유·폐기물처리·전기·전기통신·방송·가스 및 기상관측에 관한 사업
3) 국가 또는 지방자치단체가 설치하는 청사·공장·연구소·시험소·보건 또는 문화시설·수목원·광장·운동장·시장·묘지·화장장·도축장 그 밖의 공공용 시설에 관한 사업
4) 국가·지방자치단체·정부투자기관·지방공기업 또는 국가나 지방자치단체가 지정한 가 임대나 양도의 목적으로 시행하는 주택의 건설 또는 택지의 조성에 관한 사업

6. 개별법률에 정해져 있는 공익사업 (개략 47개 개별법률)

1) 도시계획시설사업(「국토의계획및이용에관한법률」 제95조)
2) 택지개발사업(「택지개발촉진법」 제12조)
3) 도시개발사업(「도시개발법」 제21조), 관광지조성사업(「관광진흥법」 제61조)
4) 산업단지개발사업(「산업입지및개발에관한법률」 제22조) 등

7. 수용보상금의 결정

수용보상금은 2개의 감정평가기관이 토지소유자가 제출한 의견서를 참고하여 평가한 평가액 (협의매수시 평가한 평가자는 제외)을 산술평균하여 결정한다. 다만 수용평가금액이 협의매수시에 사업시행자가 협의가격으로 제시한 금액보다 낮을 때에는 당초 협의하였던 가격으로 수용보상금을 결정하게 된다.

8. 보상금지급

1) 토지

공사지가(매년 1월 1일을 기준으로 전국의 토지중에서 표준지를 선정하여 가격을 결정공시함)를 기준으로 감정평가사가 수용대상 토지의 개별적인 특성 등을 비교하여 평가한 가격으로 결정하게 된다. 다만 이때에 당해 공익사업으로 인하여 상승된 지가(개발이익이나 투기가격)는 보상금에서 제외

※ 채권보상 사업시행자가 국가나 공공단체인 경우에는 다음의 기준에 따라 채권으로 보상 할 수 있다.

> [대상]
> ○ 본인이 희망하는 경우
> ○ 부재지주의 토지로서 토지에 대한 보상금이 3천만원을 초과하는 때에 그 초과금액 에 대하여 보상하는 경우
>   - 상환기간 : 5년 이내
>   - 채권이율 : 1년만기 정기예금 금리이상

2) 건물 및 기타 지장물

이전비(해체 + 운반 + 복원)를 보상하는 것이 원칙이며 만약 이전비가 취득가격을 초과하거나 이전이 불가능할 때에는 취득 가격으로 보상

3) 영업보상 : 공익사업의 시행으로 영업장소를 이전하거나 폐업하게 되어 영업상의 손실이 발생하는 경우에는 영업의 종류에 따라 보상

(1) 휴업보상 : 3개월의 범위내에서 휴업기간 중의 영업이익을 보상
(2) 폐업보상 : 2년간의 영업이익을 보상하게 되나 폐업보상에 해당하되는지의 여부는 소유자의 폐업의사에 따라 결정 되는 것이 아니고 다음의 요건에 해당
   가. 다른 장소에 이전하여서는 당해 영업을 할 수 없는 경우
   나. 다른 장소에서는 당해 영업의 허가를 받을 수 없는 경우
   다. 주민에게 혐오감을 주는 영업시설로서 다른 장소로 이전 하는 것이 현저히 곤란하다고 시·군·구의 장이 인정하는 경우

4) 권리 및 기타보상
(1) 광업권, 어업권에 대하여는 권리소멸에 따른 보상금을 광업법과 수산업법에서 정하는 기준에 따라 토지보상금과는 별도로 지불함
(2) 국유지나 공유지를 적법하게 개간하였을때에는 개간비를 지불하고, 수확하기 전에수용한 땅에 심은 농작물이 있을 경우 그 작물에 대하여도 보상금을 지불함

5) 사업구역 밖의 보상
(1) 공익사업용지로 포함되지는 아니하였으나 사업지구 인근의 농경지(계획적으로 조성한 유실수 단지나 죽림단지 포함)가 사업시행으로 인하여 하천이나 호수등에 둘러싸여 출입할 수 없는 경우에 소유자가 청구하면 공익사업시행지구안에 편입된 것으로 보아 보상을 해줄 수 있음
(2) 공익사업시행지구 인근에 있는 어업에 피해가 발생한 경우 실제피해액을 확인할 수 있는 때에 그 피해에 대하여 보상함

6) 영농손실보상
(1) 사업지구내에 편입된 농지에 대하여 도별 연간 농가평균농작물조수입의 2년분을 영농손실액으로 보상, 다만 허가 등을 받지 않고 개간한 토지 및 농지가 아닌 토지를 불법으로 형질을 변경하여 경작한 토지는 보상 대상이 되지 아니함.

⑵ 농지의 소유자와 실제의 경작자가 다른 경우로서 농지의 소유자가 당해 지역에 거주하는 농민인 경우에는 서로 협의하는 바에 따라 지급하고(협의불성립시 각 50% 지급), 농지의 소유자가 당해 지역에 거주하는 농민이 아닌 경우에는 실제의 경작자에게 지급함.

※ 실제의 경작자는 사업인정고시일, 보상계획공고일 당시의 적법한 경작자를 의미

7) 이주정착금 등
공익사업의 시행에 따라 "주거용 건축물"을 제공하여 생활의 기반을 상실한 자에게 종전의 생활상태를 원상으로 회복시키면서 동시에 인간다운 생활을 보장하여 주기 위해 마련한 제도로 이주대책대상자를 일정기준에 따라 이주자택지 공급, 주택특별 공급, 이주정착금 지급 등 3가지 방법으로 구분하여 시행함.

8) 묘지
「장사 등에 관한 법률」 제2조 제16호에 따른 연고자가 있는 분묘에 대한 보상액은 분묘 이전비, 석물이전비, 잡비, 이전보조비 등을 합계액으로 산정

토지수용절차

```
┌─────────────────────┐    ┌─────────────────────────────────┐
│   공익사업계획 결정    │    │ 공익사업이 확정된 이후 지적도 임야도에 │
│ (시장 군수 등 사업시행자)│    │ 대상건물을 표시한 용지도를 기본으로 작성│
└──────────┬──────────┘    └─────────────────────────────────┘
           ↓
┌─────────────────────┐    ┌─────────────────────────────────┐
│   토지·물건조서 작성   │    │ 공익사업이 확정된 이후 지적도 임야도에 │
│      (사업시행자)     │    │ 대상건물을 표시한 용지도를 기본으로 작성│
└──────────┬──────────┘    └─────────────────────────────────┘
           ↓
┌─────────────────────┐    ┌─────────────────────────────────┐
│   보상계획 공고·열람   │    │ 의무적 보상협의회 개최            │
│      (사업시행자)     │    │ (10만㎡, 토지소유자등 50인 이상)   │
└──────────┬──────────┘    └─────────────────────────────────┘
           ↓
┌─────────────────────┐
│      보상액 산정      │
│      (사업시행자)     │
└──────────┬──────────┘
           ↓
┌─────────────────────┐
│       협 의          │
│      (사업시행자)     │
└──────────┬──────────┘
        (협의불성립)
           ↓
┌─────────────────────┐    ┌─────────────────────────────────┐
│       사업인정        │    │ 각 개별법에서 정한 절차에 의거     │
│ (사업인정권자-사업시행자)│    │ 사업인정 취득                    │
└──────────┬──────────┘    └─────────────────────────────────┘
           ↓
┌─────────────────────┐    ┌─────────────────────────────────┐
│      사업인정고시     │    │ 토지 등의 세목을 관보(공보)에 고시  │
│      (사업시행자)     │    │                                 │
└──────────┬──────────┘    └─────────────────────────────────┘
  (지토위, 경토위 재결신청)
           ↓
┌─────────────────────┐    ┌─────────────────────────────────┐
│   재결신청서 공고·열람 │    │ 소유자등의 의견서 제출 및 검토     │
│ (토지수용위원회→시장 군수)│   │                                 │
└──────────┬──────────┘    └─────────────────────────────────┘
           ↓
┌─────────────────────┐
│      보상액 산정      │
│    (토지수용위원회)    │
└──────────┬──────────┘
           ↓
┌─────────────────────┐
│      심리 및 재결     │
│    (토지수용위원회)    │
└──────────┬──────────┘
           ↓
┌─────────────────────┐    ┌─────────────────────────────────┐
│   보상금 지급 또는 공탁 │    │ 소유자, 관계인에게 보상금 통지안내  │
│      (사업시행자)     │    │                                 │
└──────────┬──────────┘    └─────────────────────────────────┘
           ↓
┌─────────────────────┐
│      사업의 시행      │
│      (사업시행자)     │
└──────────┬──────────┘
           ↓
┌─────────────────────┐    ┌─────────────────────────────────┐
│  이의신청 또는 행정소송 │    │ 재결서정보 받은날로부터 30일이내    │
│ (중토위 또는 행정법원)  │    │ (이의신청) 또는 60일이내 행정소송   │
└─────────────────────┘    └─────────────────────────────────┘
```

(연고자가 없는 분묘에 대한 보상액은 산정한 금액의 50퍼센트 이하의 범위 안에서 산정)

토지보상평가지침 기대이율적용기준율표〈제49조제4항 관련〉

토지용도		실제이용상황		
		최유효이용	임시적이용	나 지
상업용지	업무·판매시설 등	7~10%	3~6%	3~4%
	근린생활시설(주택·상가겸용포함)	5~8%	2~5%	2~3%
주거용지	아파트·연립주택·다세대주택	4~7%	2~4%	1~2%
	다중주택·다가구주택	3~6%	2~3%	1~2%
	일반단독주택	3~5%	1~3%	1~2%
공업용지	아파트형 공장	4~7%	2~4%	1~2%
	기타 공장	3~5%	1~3%	1~2%
농지	경작여건이 좋고 수익성이 있는 순수농경지	3~4%	–	–
	도시근교 및 기타 농경지	2%이내	–	–
임지	조림지·유실수단지·죽림지	1.5%이내	–	–
	자연림지	1%이내	–	–

주) 1. 이 표는 토지용도 및 실제이용상황에 따른 일반적인 기대이율의 범위를 정한 것이므로 실제 적용시에는 지역여건이나 당해토지의 상황 등을 고려하여 그 율을 증·감 조정할 수 있다.
2. 토지용도는 당해토지의 최유효이용을 기준으로 분류된 것이므로, 당해토지가 최유효이용 외의 다른 용도로 이용되고 있는 경우로서 가격시점 당시의 이용상황이 임시적인 것이 아닌 경우에는 가격시점 당시의 현실적인 이용상황을 기준으로 토지용도를 분류하되, 최유효이용률을 적용한다.
3. 실제이용상황에서 "임시적 이용"은 최유효이용과 유사한 용도로 이용되고 있으나 현재의 이용방법이 임시적인 것을 말한다.

구분지역별	건축면적배율			최고적용면적		
	단독주택 및 근린생활시설	축사 및 미곡 종합처리장	기타	단독주택 및 근린생활시설	축사 및 미곡 종합 처리장	기타
개발제한 구역	2배	3배	2배	660㎡	–	–
녹지지역 (자연취락지구)	5배 (2.5배)	5배 (2.5배)	5배 (2.5배)	660㎡	–	–

도시계획구역밖	5배	3배	3배	660㎡	-	-
비 고	\multicolumn{6}{l}{1. 부속건축물의 건축면적을 포함한다. 2. 가설건축물과 1989. 1. 24 개정 종전의 공공용지의취득및손실보상에관한특례법(이하 "공특법"이라 한다) 시행규칙(건설부령 제444호) 시행일(개발제한구역안의 경우에는 개발제한구역의 지정일)이후에 건축된 무허가건축물 등은 제외한다.}

구분 이용상황별		일정비율	
		도시지역안	도시지역밖
농경지(전, 답 등)		인근토지에 대한 적정가격의 2분의 1이내	인근토지에 대한 적정가격의 10분의 7이내
제방	제외지측과 접한부분이 농경지인 경우	인근토지에 대한 적정가격의 2분의 1이내	인근토지에 대한 적정가격의 10분의 7이내
	제외지측과 접한부분이 농경지가 아닌 경우	인근토지에 대한 적정가격의 4분의 1이내	인근토지에 대한 적정가격의 3분의 1이내
고수부지		인근토지에 대한 적정가격의 4분의 1이내	인근토지에 대한 적정가격의 3분의 1이내
모래밭 · 개펄		인근토지에 대한 적정가격의 7분의 1이내	인근토지에 대한 적정가격의 5분의 1이내
물이 계속 흐르는 토지		인근토지에 대한 적정가격의 10분의 1이내	인근토지에 대한 적정가격의 7분의 1이내

구분 이용상황별	일정비율	
	도시지역안	도시지역밖
1. 현재 이용상황이 농경지이고 매립 · 조성전에도 농경지로 이용된 경우	매립 · 조성된 상태의 인근토지에 대한 적정가격의 2분의 1이내	매립 · 조성된 상태의 인근토지에 대한 적정가격의 10분의 7이내
2. 제1호 외의 경우	매립 · 조성된 상태의 인근토지에 대한 적정가격의 4분의 1이내	매립 · 조성된 상태의 인근토지에 대한 적정가격의 3분의 1이내

부록

토지 분석 보고서

현장조사보고서

사건번호			작성자			작성일자		
소재지								
물건종별		감정가			배당요구종기 년 월 일 [기일입찰] 입찰 일전			
토지면적		최저가			구분	입찰기일	최저매각가격	결과
건물면적		지상권			1차			
제시외		소유자			2차			
사건접수		채무자			3차			
사건명		채권자			4차			

통합등기부

NO.	접수일	권리종류	권리자	채권금액	비고	소멸여부

지 도

토지활용도 분석 보고서

소재지						
용도지역		건폐율		용적률		
용도지구		높이제한		층수제한		
용도구역		허용용도				
기타용도지역·구역사항		기타용도지역·구역사항				

건축물제한분석

구분	용도		용도지역		지구	구역	기타	기타	최유효	비고
			시행령	조례						
01	단독	단독주택								
		다중주택								
		다가구주택								
02	공동	아파트								
		연립주택								
		다세대주택								
03	제1종근린생활시설									
04	제2종근린생활시설									
05	문화·집회시설									
06	판매·영업시설									
07	의료시설									
08	교육연구·복지시설									
09	운동시설									
10	업무시설									
11	숙박시설									
12	위락시설									
13	공장									
14	창고시설									
15	위험물저장·처리시설									
16	자동차관련시설									
17	동물·식물관련시설									
18	분묘·쓰레기처리시설									
19	공공용시설									
20	묘지관련시설									
21	관광휴게시설									

※첨부된 도시계획조례 참조, (○:허용) (△:제한적허용) (×:불허)
  기타 :

〈①보고서〉 토지 개발 적합성 및 가치 평가								
부동산소재지	도(시)	군(시)	면(읍)	리(동)	번지외	필지(②별지)		

위 토지의 개발적합성과 내재가치 평가에 대한 컨설팅보고서를 아래와 같이 작성합니다.
작성일 : 20 . . .   작성자 :   (인)

1. 공부확인	등기부	③소유권자	취득원인	④취득일		근저당	가압류등		발급일
	토지대장	⑤면적(지적불부합)	지목	발급일	지적도		축척	도로너비	발급일
		㎡ (3.3㎡)					1/	m	
	토지이용계획확인서	⑥용도지역	⑦ 용도지구	취락지구등	⑧농지법		산지관리법	초지법	⑨ GB법
					진흥·보호		공익·임업		개발제한
		⑩ 수도법	문화재법	해양생태계보전법	자연공원법		보전·생산관리	⑪농지법	산림자원법
		상수원보호구역	보호구역	해양보호구역	공원구역				
2. 임장⑫	확인차이	소유권	점유권	면적차	경계차	진입로	사실현황(확인설명)		
						m	불법매립·무허가·불법건축·지상권		
	주민의견					이장(원로)			
3. 개발행위⑬	허가기준	보전가치	도시계획조례	개발규모	연접	경사도	입목	건축제한	주변관계	기반시설	기타
		우량·문화							위해·조화	건축법	개발법인
	산지전용	인근산림	우량산림	상수원상류		경사도	입목축척	활엽수림	진입로	분묘	공장
		큰지장	집단천연림	10km밖양안5백m		25°↓	150%↓	50%↓	실제도로	5m	1만㎡↑
	농지전용	대기배출	폐수배출	우량농지	조례	5년합산	인근피해	도시·계획관리·개발진흥예외		연결금지	교차로
		특정유해	수질보전	기반시설							영향권

4. 건축허가	⑭ 도로 연결		도로너비	도로접	접도구역	법정도로	법정외	관습상	통과	막다른	포장	비포장
			m	m								
	하천	(소)하천명	구거	농로확장	교량신설	문화재	유적도	현상변경	지표조사	군사시설	제한	통제	항공
									3만㎡↑				

5. 환경정책⑮	사전환경성검토	환경영향평가	교통영향평가	상수원관리구역	보호구역	특별대책	수변구역	환경구역
	㎡(상한)	2~100만㎡↑	1300~6만㎡↑			Ⅰ, Ⅱ	오염총량제	정비계획

6. 세무	사업용⑯	실제지목	주소지	취득일	이용의무	농지원부	토지위	취득일(등급)	**비사업유예**	판단
	감면대상	8년자경	3년대토	영농	농지보전	대체산림	개발부담금	취득시	등록세	취득세	**감면**
	양도세	양도가액	취득가액	자본적지출액	양도경비	장기보유	기본공제	예상금액

7. 처분조건⑰	의뢰인	처분기한	매도희망가	전속여부	광고방법	컨설팅약정(별지)

8. 평가의견⑱	적합용도	
	가치평가	1.
		2.
		3.

첨부서류⑲	1. 필지별보고서(필요시) 2. 도시기본계획 3. 도시관리계획 도면 및 행위제한표 4. 등기부·토지대장·지적도 각1부 5. 개발행위허가기준 6. 농지·산지전용체크리스트 7. 건축허가복합민원 8. 환경법관련체크리스트 9. 세금·부담금체크리스트 ⑳

〈협력업체〉 아래 전문업체의 보증을 받기 위해서는 별도의 수수료가 추가될 수 있습니다.

감정평가법인	감정평가사	(인)	변호사		변호사	(인)
건축설계사무소	건축사	(인)	측량설계사무소		소장	(인)
세무회계사무소	세무사	(인)	법무사		법무사	(인)

경매참가금액산출표

구 분	금액산정내역			금액
1	A. 법원 최초 최저법사가 : B. 유입취득여부 결정시 가격조사 : 업무규정에 의한 조사가격 C. 대항력있는 임차 보증금			
	(A와 B중 적은 금액)−C			
2	총채권액 + 선순위 채권액 + 예상 경매비용			
3	근저당권 설정최고액 + 선순위 채권액 + 예상 경매비용			
참가 금액	1,2,3중 최저금액 − 미반환	입찰보증금	− 예상 취득제비용	
		항고담보금		

▶ 취득제비용

세목	과세 기준	세 율		비 고
		당해직접수행	성업공사위임시	
취득세	경락금액	2	1	말소등록세 :
(농특세)	취득세	0.2	0.3	건당 3,600원
			감면세액의 20%	
			납부세액의 10%	(압류┌가압류
등록세	경락금액	3	1.5	저당권 등)
(농특세)			0.3	
			감면세액의 20%	
교육세	등록세	0.6	0.3	
계		5.8	3.4	

■ 농특세의 비과세 대상 : 85㎡이하의 주거용 건물과 부속토지

■ 특기사항

■ 매각계획

▶ 예상경매비용(경매신청시 가지급금+추가납부 예상액)
→경매비용예납금(법원보관금)은 경매 신청시 청구금액을 기준으로 산정하여 예납 후 경락금액이 청구금액을 초과하여 경락된 경우 경락금액과 청구금액과의 차액상당액에 대한 비용(경매수수료, 감정료)을 추가납부 통지서에 의하여 납부하게 됨.
→기타 경매진행 중에 예납한 송달료 및 신문 공고료를 소진한 경우에도 추가납부통지에 따라 납부하게 됨.
→따라서 예상경매비용은 경락금액(경매참가예정금액)을 기준으로 산정

II 실전경매 물건사례

물건사례1 (환지예정지 입찰분석표)

 지지옥션 여주4계 2010-11212   출력일:2014-05-25

소 재 지	경기 여주시 오학동 343-2 [일괄]-3, -6, 도로명주소 (구: 경기 여주군 여주읍 오학리 343-2)				
경 매 구 분	임의(기일)	채 권 자	오포농업협동조합		
용 도	전	채무/소유자	유중현	낙 찰 일 시	11.08.29 (225,100,000원)
감 정 가	684,396,000 (10.09.01)	청 구 액	310,798,600	종 국 결 과	11.10.17 배당종결
최 저 가	224,263,000 (33%)	토지총면적	962 ㎡ (291평)	경매개시일	10.08.26
입찰보증금	10% (22,426,300)	건물총면적	0 ㎡ (0평)	배당종기일	10.11.24
조 회 수	• 금일 1	공고후 129	누적 670 • 5분이상 열람 금일 0	누적 1			

  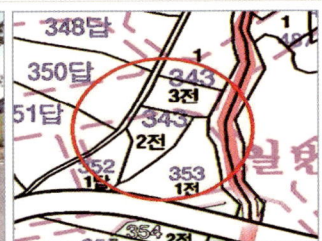

소재지/감정서	물건번호/면 적(㎡)	감정가/최저가/과정	임차조사	등기권리
469-121 경기 여주시 오학동 343-2 (구: 경기 여주군 여주읍 오학리 343-2) 감정평가액 토지:499,344,000 ●감정평가서정리 -중로1류(집산도로) 저촉 -시가지조성지역 ---------------- -일괄입찰 -신륵사사거리북서 측인근시가지조성 지역내위치 -부근도예전시장등 상가점포,농경지,상 가점포등형성 -동측인근간선도로 통과 -대중교통사정무난 -제반차량접근용이	물건번호: 단독물건 전 618 (186.94평) 현:주거나대지및 일부도로	감정가 684,396,000 • 토지 684,396,000 (100%) (평당 2,351,876) 최저가 224,263,000 (32.8%) ●경매진행과정 684,396,000 ① 유찰 2011-02-28 20%↓ 547,517,000 ② 유찰 2011-03-28 20%↓ 438,014,000 ③ 유찰 2011-04-25 20%↓ 350,411,000 ④ 유찰 2011-05-23 20%↓ 280,329,000 ⑤ 유찰 2011-07-25 20%↓ 224,263,000 ⑥ 낙찰 2011-08-29		소유권유중현 2006.10.09 전소유자:정인모 저당권오포농협 2008.02.18 377,000,000 지상권오포농협 2008.02.19 30년 임 의오포농협 2010.08.27 *청구액:310,798,600원 등기부채권총액 377,000,000원 열람일자 : 2010.10.11

환 지 예 정 지 도

※ 토지소재지 : 여주군 여주읍 오학리 343-2외1필 (5 BL 6 LOT)

환지처분시 환지예정지(체비지)면적과 확정면적의 차이가 발생할 수 있습니다

위와 같이 증명합니다.

2011년 7월 19일

여 주 군 수

수입증지가 첩부 소인되지 아니한 증명은 효력을 보증할 수 없습니다.

지 번 약 도

소재지: 경기도 여주군 여주읍 오학리 343-2 외

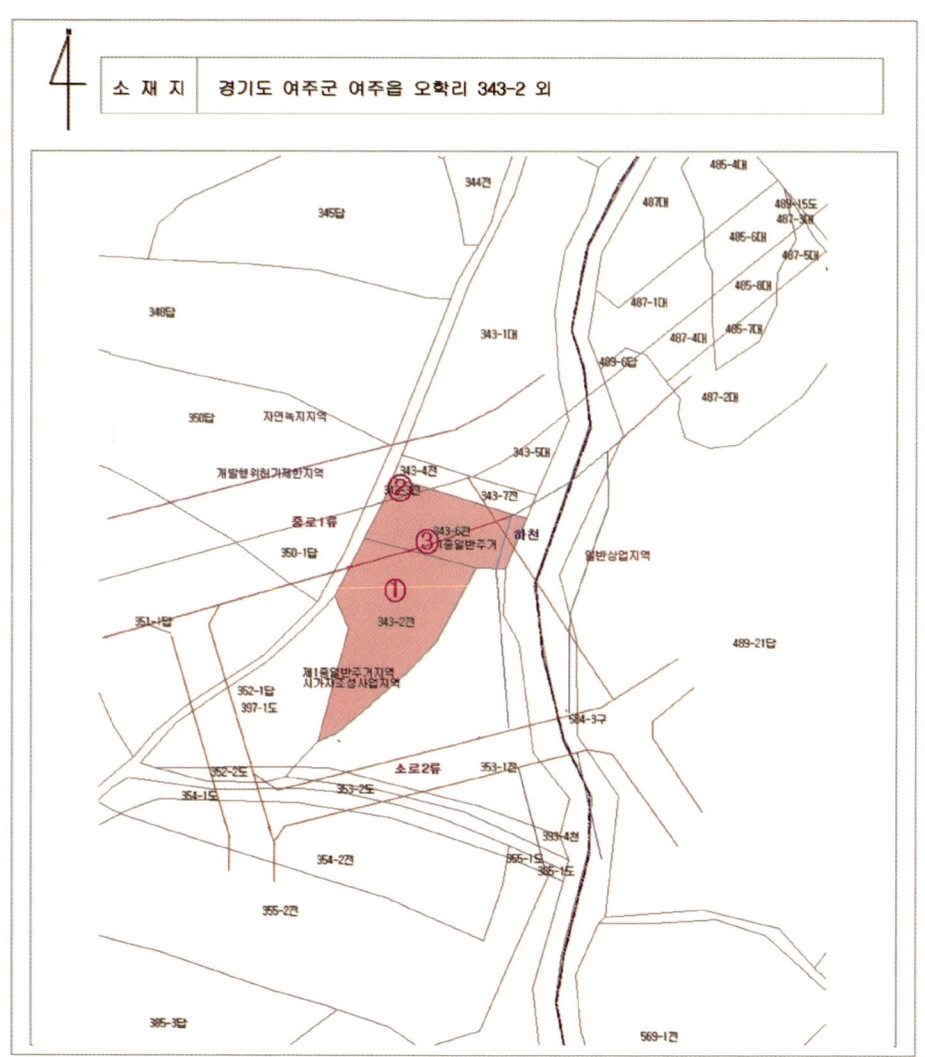

토지소유자	주 소 : 안산시 단원구 고잔동 538 주공아파트 215-102									확인자	
	성 명 : 유중현										

지 구 명 : 천송시가지조성사업 2지구

면적 단위 : ㎡

종전의 토지					환지예정지					비 고
동명	지번	지목	대장면적	편입면적	브럭	롯트	권리면적	환지면적	과도면적	부족면적	
오학리	343-2	전	618.0	618.0							
오학리	343-6	전	324.0	324.0							
	계		942.0	942.0	5	06	312.6	313.9	1.3		주거용지

환지처분시 환지예정지(체비지)면적과 확정면적의 차이가 발생할 수 있습니다

위와 같이 증명하여 주시기 바랍니다.

신청인 주 소 :
성 명 :   (서명 또는 날인)
연락처 :

위 와 같 이 증 명 합 니 다.
2011년 7월 19일

수입증지가 첨무 소인되지 아니한 증명은 효력을 보증할 수 없습니다.

여 주 군 수

환지개발 방식이란?

토지가 수용된 토지주에게 보상금을 지급하는 대신 개발구역 내 조성된 땅(환지)을 주는 토지보상방법이다. 주로 민간사업자나 재개발조합에서 시행하는 개발 방식으로, 도시개발법상 공공시설의 설치 및 변경이 필요하거나 개발 지역의 땅값이 인근 지역보다 비싸 보상금을 주기 어려울 때 적용할 수 있다.

도시개발법은 민영개발이나 공영개발 모두 환지나 수용·사용 방식, 이 두 가지를 섞은 혼용 방식을 적용할 수 있다.

환지 방식에 따라 시행자는 공사 완료 후 환지계획에 따라 종전의 토지에 갈음하여 새로운 환지(토지)를 교부하고, 그 과부족에 대하여 금전으로 차액을 청산하게 된다.

도시개발을 할때 사업지구내 토지소유자의 소유권 등의 권리를 변동시키지 않고 사업을 하며, 사업시행 전과 사업 시행 후의 위치, 지목, 면적, 토질, 이용상황 및 환경을 고려하여 사업시행 후의 토지이용계획에 따라 종전의 소유권을 사업 후 정리된 대지에 이전시키는 방식을 말한다.

토지구획 정리사업에서 공용지 확보와 공사비 충당을 위해 토지를 공출받는 비율, 공공단체 등의 재원이 부족할 경우에는 토지를 매수하지 않고 원래의 조건과 같은 장소로 환지(換地)하는 수가 많은데, 그 결과 일정한 비율의 토지가 줄어들게 되는 것을 감보율이라 하며, 그 비율은 사업주체와 소유자의 위치에 따라 다르지만 대체적으로 30% 안팎이다.

≫ 환지사업지 장점

환지를 받게되면 감보율로 인해 원 소유의 토지보다 면적은 줄어들지만 개발계획에 따라 용적률, 건폐율이 높아지기에 토지의 가치는 몇 배의 시세효과를 거둘 수 있는 장점이 된다.

환지사업을 받은 후 곧바로 신축을 할 수 있어 부재지주나 비사업용 토지의 범주에서 벗어나 높은 양도세부담이 줄고 실질적인 투자로서 수익성이 높아질 수 있기에 자연스럽게 토지의 가치가 상승하는 재투자가 진행된다.

tip. 환지예정지가 지정 되더라도 종전의 토지의 소유자와 임차권자 등은 환지 예정지 지정의 효력발생 일로부터 환지 처분이 공고되는 날 까지 환지 예정지나 해당부분에 종전과 같은 권리를 행사 할 수 있지만 종전의 토지를 사용하거나 수익 할 수는 없다.

> ☞ 물건 분석
>   환지 물건 분석조서[천송시가지 조성사업 2지구 5 BL 6 LOT(313㎡ 94.68평)]
>   환지-1종일반주거지역 (1종근린생활시설 4층이하, 단독주택)
>   사업지 건폐율 & 용적률 & 용도별 건축물의 종류 확인 후 건축면적 적용
> → 인근 대지시세 평당 150만 , 도로접 전,답 80~120만
> ※ 343-3 필지는 사업지 외 잔여지로서 별도 활용성 검토
> ⋯ 환지 사업지는 부여받은 사업지의 브럭(BL)과 루트(LOT)에 따라 동일 사업지내에서도 가치가 달라진다. 지구내 용도와 입지적 여건이 중요하기에 임장활동에서 물건의 위치와 입지적 여건과 지역적 특성을 고려하여 종합적인 가치 판단을 할 수 있다면 성공적인 투자가 이루어 질 것이다.

물건사례2 (위성사진을 통한 물건지 정보)

지지옥션 성남2계 2011-4720   출력일:2014-05-23

소 재 지	경기 하남시 천현동 194-18 [도로명주소]				
경매구분	임의(기일)	채 권 자	하남농업협동조합		
용 도	대지	채무/소유자	백주현	낙 찰 일 시	11.09.19 (441,570,000원)
감 정 가	623,000,000 (11.03.17)	청 구 액	325,000,000	종 국 결 과	11.12.02 배당종결
최 저 가	398,720,000 (64%)	토지총면적	140 ㎡ (42.35평)	경매개시일	11.03.14
입찰보증금	10% (39,872,000)	건물총면적	0 ㎡ (0평)	배당종기일	11.05.16
조 회 수	• 금일 1 | 공고후 110 | 누적 211 • 5분이상 열람 금일 0 | 누적 2				

  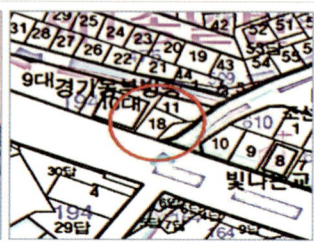

소재지/감정서	물건번호/면 적(㎡)	감정가/최저가/과정	임차조사	등기권리
465-110 경기 하남시 천현동 194-18 ●감정평가서정리 -동부파출소남동측 인근 -주변근린시설,단독 및 공동주택등소재 -차량출입가능 -대중교통사정보통 -부정형토지 -남측20m,동측10m 내외도로접함 -소로2류(8-10m)저촉 -중로1류(20-25m) 접함 -도시관리계획입안 중 -도시지역 -2종일반주거지역 -1종지구단위계획구역 (예동지역) -과밀억제권역 -배출시설설치제한 지역 -한강폐기물매립시 설설치제한지역 2011.03.17 강산감정	물건번호: 단독물건 대지 140 (42.35평) 현:공터(주차장)	감정가 623,000,000 • 토지 623,000,000 (100%) (평당 14,710,744) 최저가 398,720,000 (64.0%) ●경매진행과정 623,000,000 ① 유찰 2011-07-18 20%↓ 498,400,000 ② 유찰 2011-08-22 20%↓ 398,720,000 ③ 낙찰 2011-09-19 낙찰자 박홍수 응찰수 4명 낙찰액 441,570,000 (70.88%) 2위 430,493,000 (69.10%) 허가 2011-09-27 납부기한 2011-10-27 (납부완료) 종결 2011-12-02		소유권 백주현 2007.04.06 전소유자:권오현 저당권 하남농협 황산 2007.04.06 325,000,000 지상권 하남농협 황산 2007.04.06 30년 저당권 이윤걸외1 2007.04.06 900,000,000 저당권 최관식 2007.04.20 1,644,500,000 가압류 김서우 2008.06.24 1,000,000,000 가압류 정성숙 2008.07.02 180,000,000 가압류 윤병천 2008.07.02 160,000,000 가압류 하남농협 2009.08.27 3,029,842

지 적 개 황 도

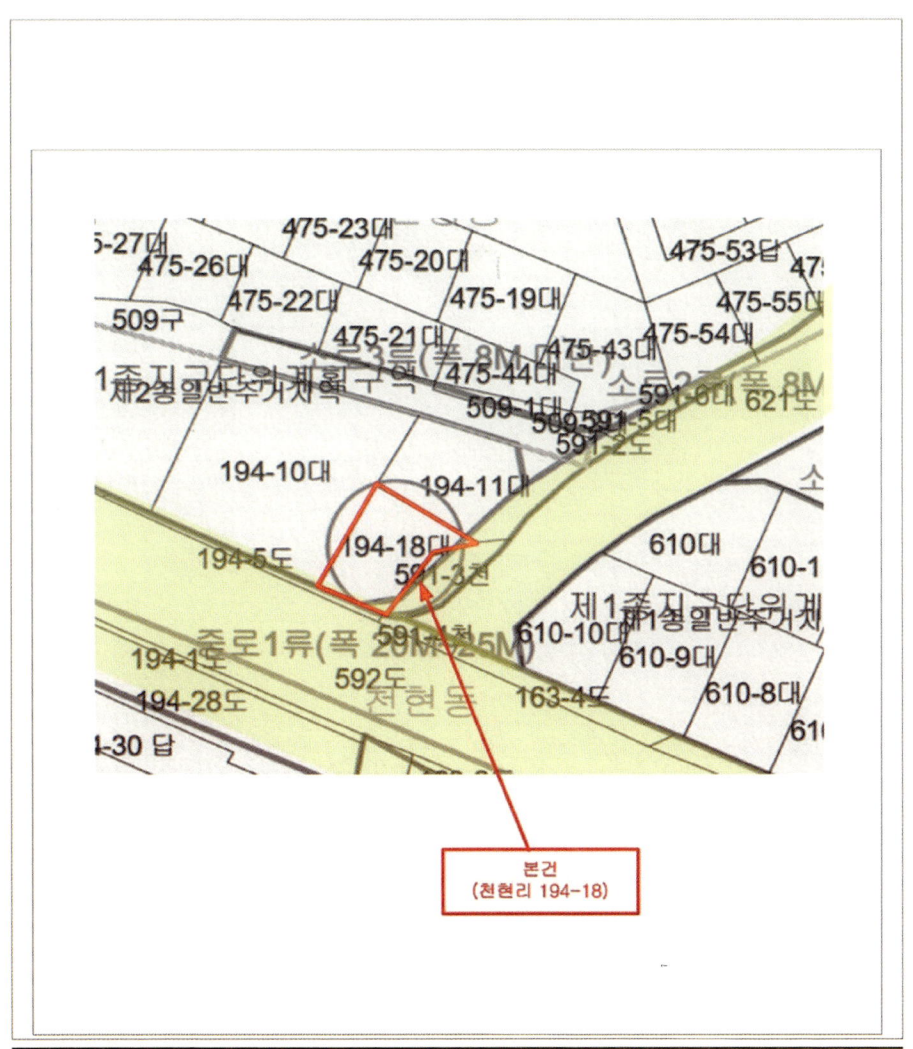

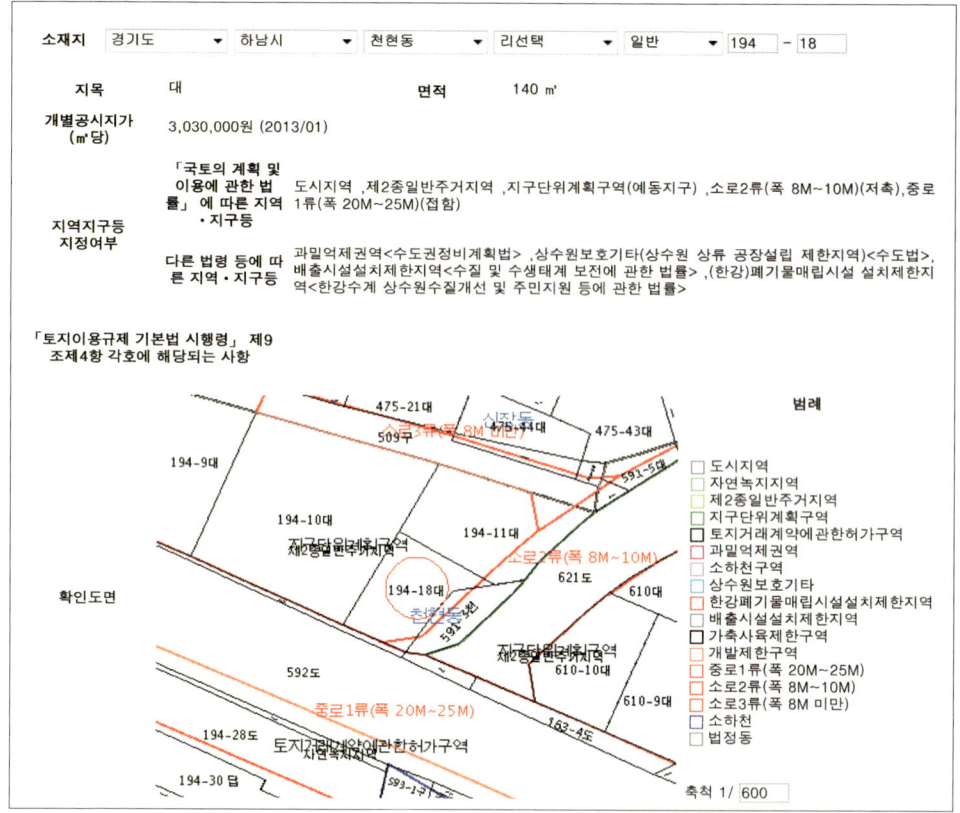

🖙 물건 분석

- 2종일반주거지역 건폐율60 용적률 250 [25평 / 4층 / 105평 조례참조]
- 하남시 그린벨트해제지역
- 천현, 교산물류단지(예정) 사업지 인접
- 신세계 미국 복합쇼핑몰 개발 연면적 33만여㎡규모 등 개발계획에 의거 지역특성상 지가 상승과 주택보급(임대)의 수요가 커질것으로 예견되며 건축을 통한 수익성으로 접근한다면 주변 시세보다 저렴하게 낙찰을 받을 수 있을거라 판단됨.

지금은 위성사진과 지도서비스를 통해 물건지 현장에 가보지 않아도 기본적인 정황을 확인할 수 있고 정부의 일사편리 서비스를 이용한다면 토지, 건물 등 종합적인 공부열람을 손쉽게 확인이 가능하다.
전국의 모든 경매물건을 경제적, 시간적 비용을 줄이면서 손쉽게 우량물건을 선별할 수 있기에 인터넷 정보이용 서비스를 잘 활용한다면 더욱더 성공적인 투자성공을 가져다 줄 것이다.

지적도와 다음지도(로드뷰)

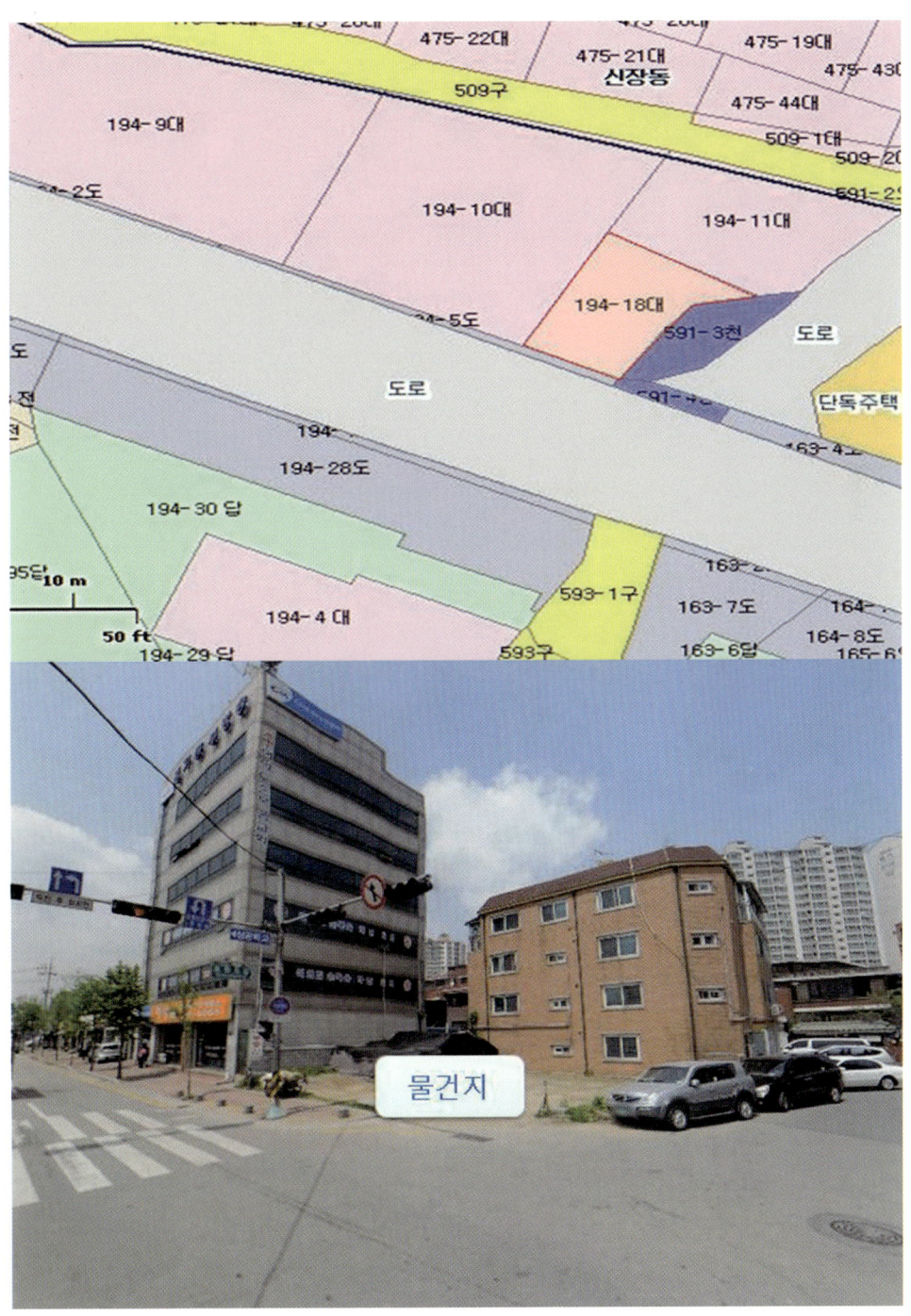

부록 407

위성지도와 일반지도

물건사례3 (법정지상권 물건/폐쇄등기부 확인)

지지옥션 수원5계 2010-36710
출력일:2014-05-23

관심물건	[수원] 메모:				- 수정
소 재 지	경기 수원시 팔달구 우만동 100-17 [도로명주소]				
경매구분	임의(기일)	채 권 자	이정애	낙찰일시	11.03.24 (40,380,000원)
용 도	대지	채무/소유자	신민경		
감 정 가	63,000,000 (10.08.25)	청 구 액	100,000,000	종 국 결 과	11.06.09 배당종결
최 저 가	40,320,000 (64%)	토지총면적	42㎡ (12.7평)	경매개시일	10.08.19
입찰보증금	10% (4,032,000)	건물총면적	0㎡ (0평)	배당종기일	10.10.28
조 회 수	· 금일 1	공고후 116	누적 361 · 5분이상 열람 금일 0	누적 1				
주의사항	· 법정지상권 · 입찰외 [특수件분석신청]				

소재지/감정서	물건번호/면적(㎡)	감정가/최저가/과정	임차조사	등기권리

442-190
경기 수원시
팔달구
우만동 100-17
 	
●감정평가서정리
-우만2동사무소북측
인근
-인근단독및다세대
주택등소재한기존
주택지대
-차량접근가능
-버스(정)인근소재
-제반교통사정무난
-사다리형토지
-남서측6m도로접함
-도시지역
-소로2류및3류접함
-가축사육제한구역
 	
-2종일반주거지역
 	
2010.08.25 제일감정
 	
표준공시지가 :
940,000
감정지가 :
1,500,000
	물건번호: 단독물건
	
	대지 42
	(12.7평)
	입찰외제시외등기
	부상미등기된채무
	자소유3층건물(사
	무실90.51㎡)소재
	법정지상권성립여
	지있음
		감정가 63,000,000
		· 토지 63,000,000
		              (100%)
		         (평당 4,960,630)
		
		최저가 40,320,000
		              (64.0%)
		
		●경매진행과정
		           63,000,000
		① 유찰 2011-01-14
		20%↓ 50,400,000
		② 유찰 2011-02-18
		20%↓ 40,320,000
		③ 낙찰 2011-03-24
		
		낙찰자 김병석
		응찰수 1명
		낙찰액 40,380,000
		              (64.10%)
		
		허가 2011-04-01
		납부기한 2011-05-03
		         (납부완료)
			●법원임차조사
			김재원 전입 2004.10.25
			         주거
			         조사서상
			
			엄태열 전입 2007.11.15
			         주거/101호
			         조사서상
			
			홍태호 전입 2008.05.15
			         주거
			         조사서상
			
			*전입세대열람내역 결과
			김재원, 엄태열, 홍태호세
			대 전입. 현황조사차 방문
			했으나 폐문관계로 점유
			자을 만나지 못하여 관할
			주민센터에 의뢰하여 확
			인한 내용이며 상세한 임
			대관계미상
				소유권 신민경
				2004.03.19
				전소유자:조성봉
				
				저당권 이정애
				2007.01.11
				100,000,000
				
				임 의 이정애
				2010.08.19
				*청구액:100,000,000원
				
				등기부채권총액
				100,000,000원
				
				열람일자 : 2010.09.16

등기부 등본 (말소사항 포함) - 토지

[토지] 경기도 수원시 팔달구 우만동 100-17   고유번호 1301-1996-506356

【 표 제 부 】 (토지의 표시)

표시번호	접 수	소 재 지 번	지 목	면 적	등기원인 및 기타사항
1 (전 3)	1997년8월13일	경기도 수원시 팔달구 우만동 100-17	잡	42㎡	
					부동산등기법 제177조의 6 제1항의 규정에 의하여 1999년 11월 23일 전산이기
2	2005년10월11일	경기도 수원시 팔달구 우만동 100-17	대	42㎡	지목변경

【 갑 구 】 (소유권에 관한 사항)

순위번호	등 기 목 적	접 수	등 기 원 인	권 리 자 및 기 타 사 항
1 (전 3)	소유권이전	1999년3월26일 제38519호	1999년1월29일 매매	소유자 조성봉 451201-1****** 수원시 권선구 권선동 952 권선빌라 나동 301호
1-1	1번등기명의인표시변경		2001년11월1일 전거	조성봉의 주소 경기도 수원시 권선구 권선동 979-9 무진빌라 비-101 2004년3월19일 부기
2 (전 4)	압류	1999년9월21일 제114310호	1999년9월17일 압류(세무13410-174)	권리자 팔달구
				부동산등기법 제177조의 6 제1항의 규정에 의하여 1번

열람일시 : 2010년09월16일 오전 11시29분57초

1/3

[토지] 경기도 수원시 팔달구 우만동 100-17   고유번호 1301-1996-506356

순위번호	등 기 목 적	접 수	등 기 원 인	권 리 자 및 기 타 사 항
				내지 2번 등기를 1999년 11월 23일 전산이기
3	압류	2001년3월9일 제30235호	2001년3월6일 압류(시세13410-518)	권리자 용인시
4	3번압류등기말소	2002년9월9일 제152938호	2002년9월6일 해제	
5	소유권이전	2004년3월19일 제29060호	2004년3월18일 매매	소유자 신민경 710808-2****** 경기도 부천시 소사구 송내동 385-24 크란빌라 112-102
5-1	5번등기명의인표시변경	2007년1월11일 제4765호	2006년11월3일 전거	신민경의 주소 포천시 신북면 만세교리 116
6	2번압류등기말소	2004년3월25일 제31616호	2004년3월25일 해제	
7	임의경매개시결정	2010년8월19일 제79227호	2010년8월19일 수원지방법원의 임의경매개시결정(2010 타경36710)	채권자 이정애 강원 철원군 동송읍 이평리679-17

【 을 구 】 (소유권 이외의 권리에 관한 사항)

순위번호	등 기 목 적	접 수	등 기 원 인	권 리 자 및 기 타 사 항
1	근저당권설정	1999년5월13일	1999년5월12일	채권최고액 금30,000,000원정

열람일시 : 2010년09월16일 오전 11시29분57초

2/3

[토지] 경기도 수원시 팔달구 우만동 100-17 　　　　　　　　　　　　　　　　　　고유번호 1301-1996-506356

순위번호	등 기 목 적	접　　수	등 기 원 인	권 리 자 및 기 타 사 항
(권 3)		제59509호	설정계약	채무자 조성봉 수원시 권선구 권선동 952 권선빌라 나동 301호 근저당권자 홍순배 570201-2****** 수원시 장안구 파장동 577-403 부동산등기법 제177조의 6 제1항의 규정에 의하여 1999년 11월 23일 전산이기
2	1번근저당권설정등기말소	2004년3월19일 제29059호	2004년3월18일 해지	
3	근저당권설정	2007년1월11일 제4766호	2007년1월11일 설정계약	채권최고액 금100,000,000원 채무자 신민경 포천시 신북면 만세교리 116 근저당권자 이정애 490809-2****** 강원도 철원군 동송읍 이평리 679-17

-- 이　하　여　백 --

관할등기소 수원지방법원 동수원등기소

* 본 등기부는 열람용이므로 출력하신 등기부는 법적인 효력이 없습니다.
* 실선으로 그어진 부분은 말소사항을 표시함. * 등기부에 기록된 사항이 없는 갑구 또는 을구는 생략함. * 등기부는 컬러 또는 흑백으로 출력 가능함.
* 열람일시 : 2010년09월16일 오전 11시29분57초

주요 등기사항 요약 (참고용)

[주 의 사 항]

본 주요 등기사항 요약은 등기부상에 말소되지 않은 사항을 간략히 요약한 것으로 증명서로서의 기능을 제공하지 않습니다.
실제 권리사항 파악을 위해서는 발급된 등기부를 필히 확인하시기 바랍니다.

[토지] 경기도 수원시 팔달구 우만동 100-17 대 42㎡　　　　　　　　　　　　　고유번호 1301-1996-506356

1. 소유지분현황 (갑구)

등기명의인	(주민)등록번호	최종지분	주　　　　　소	순위번호
신민경 (소유자)	710808-2******	단독소유	포천시 신북면 만세교리 116	5

2. 소유지분을 제외한 소유권에 관한 사항 (갑구)

순위번호	등기목적	접수정보	주요등기사항	대상소유자
7	임의경매개시결정	2010년8월19일 제79227호	채권자 이정애	신민경

3. (근)저당권 및 전세권 등 (을구)

순위번호	등기목적	접수정보	주요등기사항	대상소유자
3	근저당권설정	2007년1월11일 제4766호	채권최고액 금100,000,000원 근저당권자 이정애	신민경

출력일시 : 2010년09월16일 오전 11시29분57초

폐쇄등기부 열람 확인

폐쇄등기부 등본

수원지방법원 동수원등기소

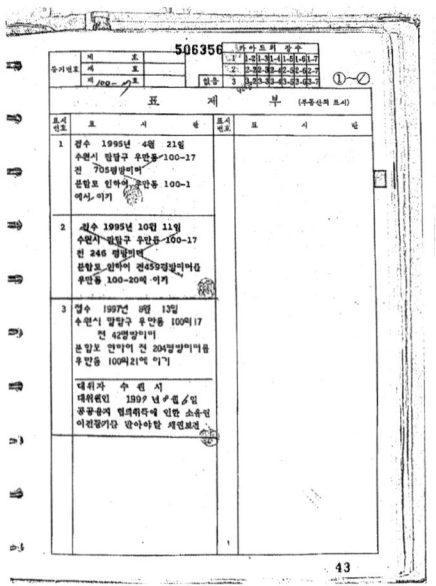

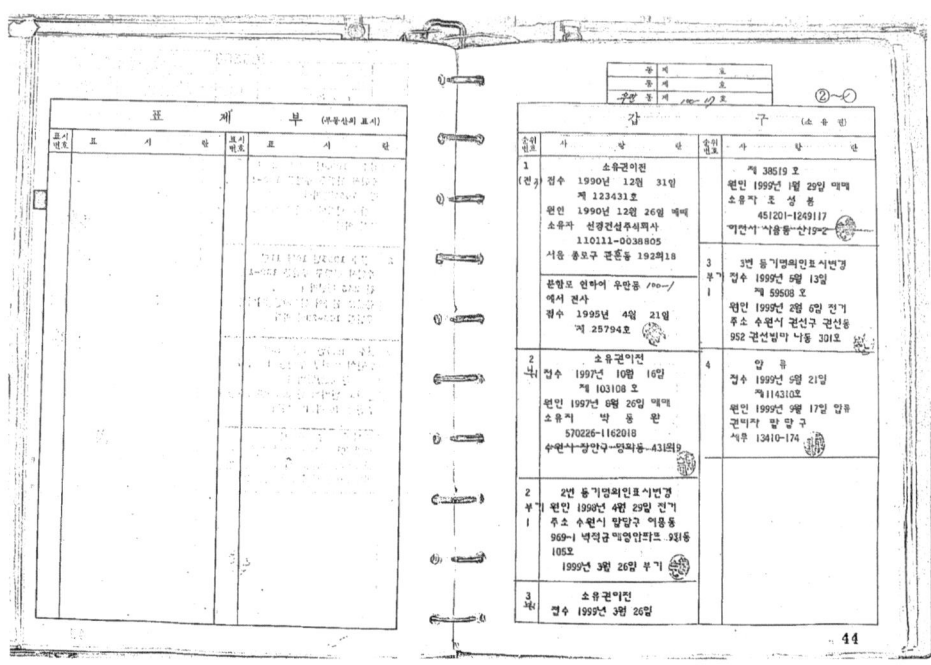

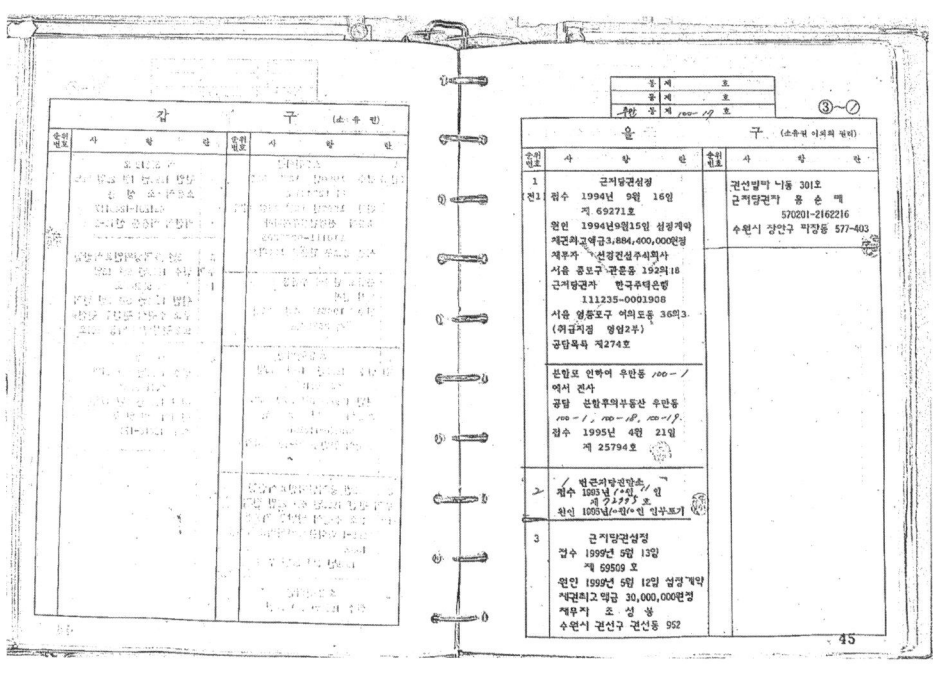

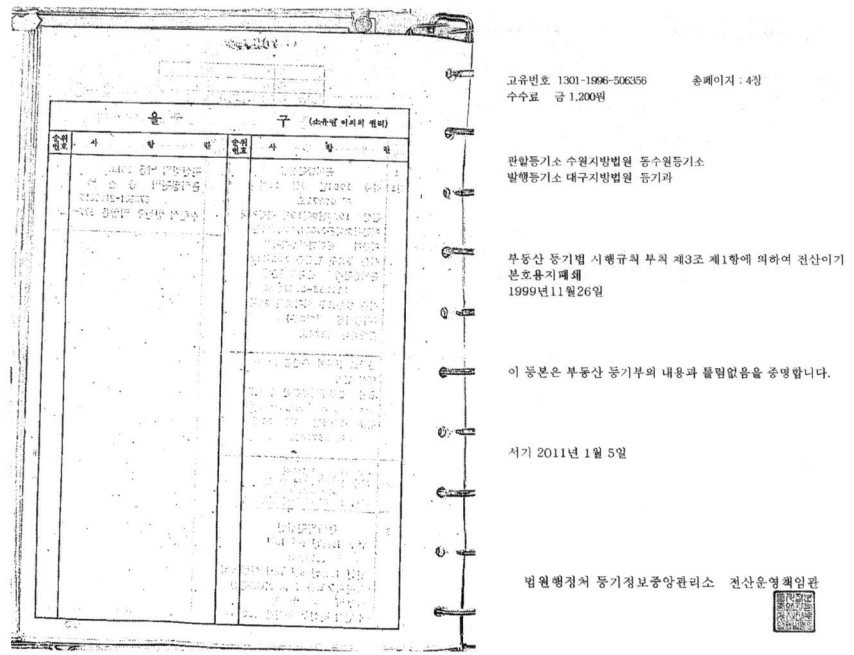

고유번호 1301-1996-506356 총페이지 : 4장
수수료 금 1,200원

관할등기소 수원지방법원 등수원등기소
발행등기소 대구지방법원 등기과

부동산 등기법 시행규칙 부칙 제3조 제1항에 의하여 전산이기
본호용지폐쇄
1999년11월26일

이 등본은 부동산 등기부의 내용과 틀림없음을 증명합니다.

서기 2011년 1월 5일

법원행정처 등기정보중앙관리소 전산운영책임관

부록 413

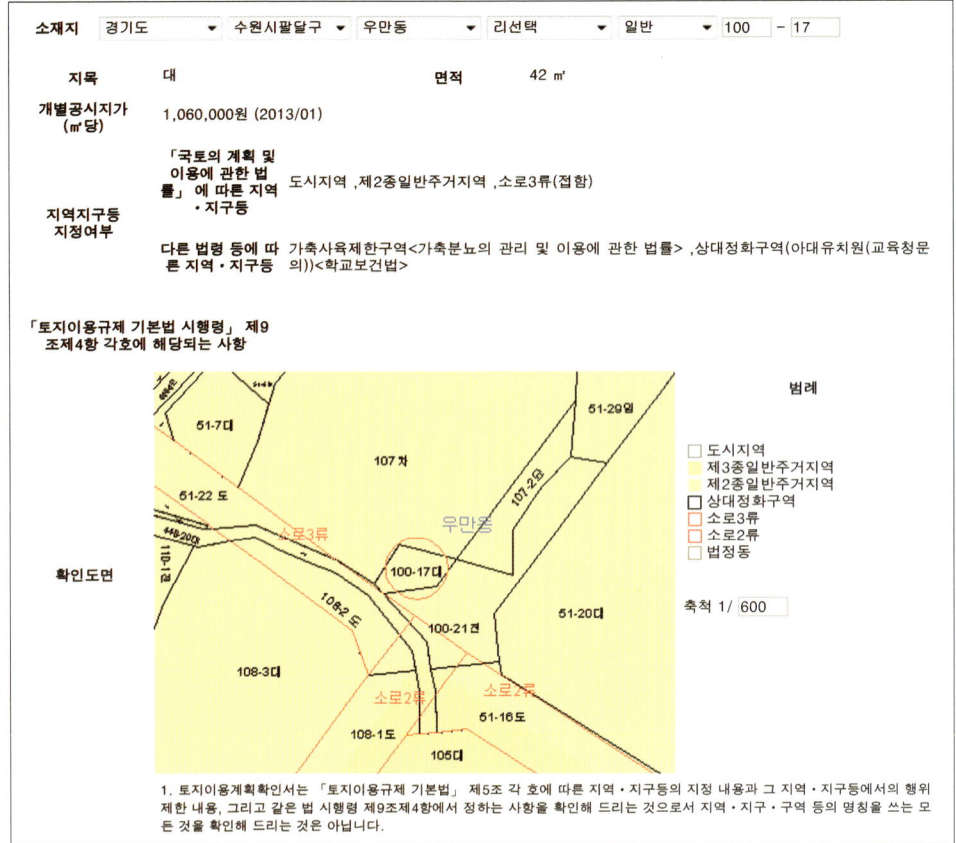

물건 분석

1. 토지(폐쇄등기부) & 건물 소유권 내역 확인[법정지상권 성립 유무 분석]
2. 건물 실 사용 현황 조사[임차 내역 외]
   전기(한국전력), 수도(수도사업소), 도시가스
3. 도시계획 예정도로 진행상황 확인.
4. 100-21 시유지로서 활용방안성 검토
   (목적에 따라 국, 시유지 매각과 임대 방향성 검토)
5. 건물가치와 활용 수익성 검토
6. 건물 위반사항 확인
7. 법정지상권 성립 시 지료청구 소송 제기
8. 법정지상권 부존재시 인도명령과 건물철거 소송 제기

▶ 본 물건은 토지주와 건물주가 동일인이며 건축물대장상 건물은 존재하지만 건물등기가 기입되지 않은 상황에서 강제경매로 토지만 경매진행 됨.

▷ 입찰당시 건물현황(제시외 건물)

▷ 건물인수 후 렉산작업

▷ 렉산작업과 기동순찰대 철거 후 현황

내 용 증 명

발신인 : 변호사 하기복 법률사무소
(우)446-593 경기도 용인시 기흥구 구갈동 354-4 금강프라자 5층
전화 : (031)275-4045 팩스 : (031)275-4044

의 뢰 인 : 김 병 석
경기도 성남시 분당구 금곡동 181
수 신 인 : 신 민 경
경기도 포천시 신북면 만세교리 116
제 목 : 임료상당의 부당이득반환청구의 건
****

1. 본인은 수원지방법원 성남지원 2012가소20225 지료청구 소송에 의하여 수신인에 대하여 다음과 같이 통고합니다.

****

- 다 음

1. 의뢰인의 토지 소유권 취득

 의뢰인 김병석(이하 의뢰인이라 칭함)은 '경기도 수원시 팔달구 우만동 100-17 대 42㎡(이하 이 사건 토지라 칭함)'를 수원지방법원 2010 타경 36710호 부동산임의경매 절차에서 낙찰받아 2011. 5. 2일 매각대금을 납부하고, 2011. 5. 4일자로 소유권이전등기를 마친 이 사건 토지의 소유자입니다.

2. 수신인의 임료상당의 부당이득반환의무

 따라서 이 사건 토지 지상의 건물(이하 건물이라 칭함)의 소유자인 수신인은 2011. 5. 2.부터 수신인의 위 건물의 소유권상실일까지 이 사건 토지의 임료상당액인 1개월당 금787,500원의 부당이득을 의뢰인에게 반환해야 할 의무가 있습니다.

3. 결 론

 이에 수신인에 대하여 이건 통고서를 발송하니, 수신인은 2011. 5. 2일 부터 수신인의 위 건물의 소유권상실일까지 이 사건 토지의 임료상당액인 1개월당 금787,500원의 부당이득을 의뢰인에게 반환하시기 바랍니다.

 만일 수신인이 위와 같은 의뢰인의 이 사건 토지의 임료상당의 부당이득반환요구에 응하지 않을 경우 본법률사무소는 의뢰인의 요구에 따라 수신인에 대하여 직접적이고도 강력한 모든 법적조치를 취할 예정이니 이를 유념하시고, 이 건과 관련하여 문의사항이 있는 경우에는 본법률사무소로 연락하시기 바랍니다.

첨부서류 : 부동산등기부등본 1통

2011. 5. 9.
변호사 하 기 복 (인)

입 찰 물 건 분 석 표(건물 매각제외) 법정지상권성립				
소 재 지		경기도 수원시 팔달구 우만동 100-17		
물 건 종 류		대지		
구 분	평 수	금 액	입 찰 진 행 내 용	
대지	42㎡(12.75평)	63,000,000	감정가	63,000,000
건물	90.51㎡(27.37평)	매각제외	최저가	40,320,000
기타	건물매각제외		회차	3차
감정가		63,000,000	%	100%
법사가		40,320,000	%	64%
감정가 평단가		4,941,176	낙찰가 평단가	3,167,059
법률적 권리분석			경제적 수익분석(임대)	
말소기준권리내용			입찰예정가	40,380,000
말소기준권리	이** 근저당(1억)		%	64.1%
등기부기입일자	2007.1.11		소유권이전등기비용	2,421,680원
등 기 부 관 계			지료청구 소송비용	3,000,000원
인수하는 권리		무	수리비	0
인수하는 권리내용		무	총투입비용	45,016,680원
인수하는 권리금액		무	융자 금액	0
등기부외 권리관계(법정지상권성립)			현금 투자금액	45,016,680원
근저당 설정일	2007.1.11		일반주변시세	600만(평)
건물 존재시점	2005.6.27		건축허가시세	원룸 500/30
성립여부	성립		매도수익(세전)	0
결 론			공시지가 토지가	38,819,183원
입찰가능 여 부	안 전	△ △	지료청구 요청비용	6,300,000(10%)
^	^	^	지료청구 예상비용	3,100,000(5%)
^	위 험		건물인수 비용예상	20,000,000원

법정지상권 지료청구 & 수익 분석(현 건축물 대장)

구 분	평 수	주용도	2종 근린생활시설			
대지	42㎡(12.75평)	건폐율	59.74%	용적율	154.5%	
건물	90.51㎡(27.37평)	높이	10.3㎡	용적률산정연면적	64.89㎡	
지역	1종일반주거지역	주구조	일반철골구조, 철근콘크리트			
건 물(지하1F/지상3층) 현 업무,주거용으로 사용중		지하 1층	25.62㎡		500/30(예상수익)	
		1F	25.09㎡		500/30	
		2F	19.9㎡		500/25	
		3F	19.9㎡		500/25	

- 현 건축물대장 2종근린생활시설로 건축 허가 득[법정지상권 성립]
- 주거용(도시형생활주택)용도변경시 지하1층을 주차장으로 변경필요
  [주거전용면적 합계를 기준으로 60㎡당 1대－도시형생활주택 주차장확보 기준]
- 2009년 9월부터 전기, 상하수도, 도시가스 공급 x
- 현건물은 사무, 주거용으로 사용하고 있으며 전 층 공실상태임
- 진출입 이용 계단(급경사)의 위험적 요소 해결방안 모색
- 주변일원 노후화된 단독주택 & 도시형생활주택으로 신축하여 저렴한 월세 수요 층 인기
- 아주대, 삼성, 소규모 공장 인접하여 대학생, 젊은 직장인들에게 원, 투룸 선호도 꾸준한 지역
- 법정지상권 소멸을 위한 지료청구소송과 수익성에 따라 건물 승계협의

원고
성남시 분당구 금곡동
청솔마을 *** - ***
김병석

463-720
2097333 - 640797
(민사과 민사21단독(소액))
2012-003-20225-12-11-29-15-30-099

이 사건의 사건번호는 수원지방법원 성남지원

2012가소 20225 지료

예정 기일 : 2012.11.29. 15:30
담당재판부 : 민사21단독(소액)   법원주사보 이후숙
직통 전화 : 031-737-1224   팩   스 : 031-742-2004
e-mail :
재판부 이메일 주소는 문의사항을 연락하기 위한 연락처이므로 재판부 이메일 주소로 전자문서를 전송하는 경우에는 서면을 제출한 효력이 발생하지 아니함을 유의하시기 바랍니다.

참 고 서 면

사건번호 : 2012가소20225 지료

원   고 : 김 병 석
         성남시 분당구 금곡동 181   *** – ***

피   고 : 신 민 경
         경기도 포천시 기지리   *** – ***

귀원 위 사건에 대하여 피고는 다음과 같이 참고서면을 제출합니다.

- 다 음 -

1. 피고는 2012. 9. 27 공판에서 조정위원회에서 회부되어 조정 절차에 들어가게 되었습니다.

2. 원고는 경기도 수원시 팔달구 우만동 100-17의 토지를 채권자 이정애의 경매신청으로 경매로 경락 받았습니다.

3. 원고는 피고와의 접촉에서 토지의 사용료 지불을 요구 하였으나 그에 대하여 피고는 2012. 9. 27 에 제출한 준비서면에서 지료의 지불의무가 없다는 취지의 주장을 한 바 있습니다.

4. 피고인은 원고와 협의하에 원만한 타협을 원하고 있음에도 원고의 일방적이고 과도한 요구에 협의점을 찾지 못하고 있습니다.

5. 원고는 당토지를 금40,230,000원에 경락받아 기타경비를 감안하더라도 금45,000,000

원 정도의 금원으로 토지를 인수한 것인데 피고에게는 당토지를 과도한 금액을 요구한 관계로 협의가 무산된 것입니다.

6. 이에 피고인은 조정위원회에 원고와 서로에게 납득이 갈만한 무리없는 방법으로 조정이 이루어 지도록 청합니다.

　① 현 지상의 건물은 건축당시 금80,000,000원의 건축비를 들여 신축한 건물이고 그동안 사용한 적이 없으므로 정당하게 감정평가를 거쳐 감정가에 인수해 가는 방법

　② 현 건물을 원고가 임대하여 임료를 지불하고 사용하는 방법

　③ 원고의 경락받은 토지를 피고에게 합리적인 가격으로 매각하는 방법

7. 위의 3가지 방법중 어느 것이든 피고는 조정을 거쳐 원만한 타협이 이루어 지기를 원합니다.

예상감정료(2012가소 20225)청구서

수원지방법원 민사2단독 귀하

일금육십삼만구백육십원정

구분		금액	비고
평가수수료			
실비	여비		
	자료수집비		
	공부발급비		
	기타실비		
특별용역비			
수수료합계		573,600	
(부가가치세)		57,360	
청구액합계		630,960	

베 스 트 감 정 평 가 사 무 소

감 정 인   백 성 수

Q1. 지료청구를 할 예정인데 청구기준이 어떻게 되는지?

A. 본건 감정평가액 (5~7%)*(1/12)로 계산하여 산정된 금액으로 월 00000씩 지급하라고 청구취지를 기재하고 청구원인에 정확한 지료는 지료감정을 통해서 확정하여 청구하겠다고 소장을 작성하여 제출한다. 소장에 지료감정신청신청서를 함께 넣거나 소송을 진행하면서 지료감정신청을 하는데 감정비용을 예납하면 지료감정을 하고 감정평가사가 그 결과를 법원에 제출한다. 지료감정 결과를 토대로 하여 청구취지와 청구원인을 변경하여 계속 소송을 진행한다.

참조사항

법정지상권이 성립함에도 불구하고 부당이득반환청구를 한 경우에는 2년분 이상 지급하지 아니한 경우에 토지소유자는 지상권자에게 지상권소멸청구할 수 없다. 왜냐하면 지료결정을 한 바가 없기 때문에 지료연체를 이유로 법정지상권을 해지할 수 없기 때문이다.

따라서 법정지상권이 성립한 경우에는 지료청구 확정판결을 받고 법정지상권이 성립하지 않는 경우에는 부당이득반환청구로 정확하게 청구하여야 차후에 불이익이 없을 것이므로 주의해야 한다.

민법 제287조 (지상권소멸청구권)

지상권자가 2년이상의지료를 지급하지 아니한 때에는 지상권설정자는 지상권의 소멸을 청구할 수 있다.

대법원 1996. 4. 26. 선고 95다52864 판결 【건물철거등】

【판시사항】

[1] [2] 생략

[3] 법정지상권에 관한 지료가 결정되지 않은 경우, 토지소유자가 2년 이상 지료 지급 지체를 이유로 지상권 소멸청구를 할 수 있는지 여부(소극)

【판결요지】

[1] [2] 생략

[3] 민법 제366조 단서의 규정에 의하여 법정지상권의 경우 그 지료는 당사자의 협의나 법원에 의하여 결정하도록 되어 있는데, 당사자 사이에 지료에 관한 협의가 있었다거나 법원에 의하여 지료가 결정되었다는 아무런 입증이 없고 법정지상권에 관한 지료가 결정된 바 없다면, 법정지상권자가 지료를 지급하지 않았다고 하더라도 지료 지급을 지체한 것으로는 볼 수 없으므로 법정지상권자가 2년 이상의 지료를 지급하지 아니하였음을 이유로 하는 토지소유자의 지상권소멸청구는 이유가 없다.

Q2. 지료청구 금액은 얼마나 받을수 있나?

A. 소장에는 7-10% 정도로 청구하며, 최근 주거지역 토지인 경우 연 4-5% 정도로 지료를 결정하는 것이 보통이다. 본서 P388참조

Q3. 지료청구 비용과 확정 판결까지 소요기간은?

A. 소가기준 소송비용이 발생되고 본인이 직접 소송을 진행하느냐 변호사를 선임하느냐에 따라 비용은 달라진다.

ex. 위 물건 사례3번 본인 직접 소송 진행시

1. 등기부등본, 내용증명 발급비용, 지료청구 소장 접수비 일체 50만원(일비적용)
2. 지료청구 소송 법원 3차 출석 50만원(일비적용)
3. 감정평가 비용 지급 530,960원(실비)

1~3 까지 합산적용 150만원 ~ 300만원(본인 직접 진행시)

     " + (변호사 선임시)

4. 확정판결 소요기간

본건기준 8개월 소요(타 소송건 6~12개월)

▶ 관할 법원사건 신청건수와 정황이 다르기에 소요기간 장담은 힘들다.

물건사례4 (지분매각 & 농지취득 자격증명원 신청)

 **지지옥션** **성남2계 2011-1493** 출력일:2014-05-23

과거사건	성남3계 2007-17828				
소 재 지	경기 성남시 분당구 대장동 45-1 [일괄]-2, [도로명주소]				
경매구분	강제(기일)	채 권 자	홍지원		
용 도	답	채무/소유자	엄광섭/엄광섭외1	낙 찰 일 시	11.10.24 (118,000,000원)
감 정 가	281,638,500 (11.02.19)	청 구 액	17,958,675	종 국 결 과	12.01.06 배당종결
최 저 가	92,287,000 (33%)	토지총면적	555.5 ㎡ (168.04평)	경매개시일	11.01.26
입찰보증금	10% (9,228,700)	건물총면적	0 ㎡ (0평)	배당종기일	11.04.04
조 회 수	• 금일 1	공고후 119	누적 319 • 5분이상 열람 금일 0	누적 1	
주 의 사 항	• 지분매각 • 법정지상권 • 맹지 • 입찰외 • 농지취득자격증명 [특수件분석신청]				

  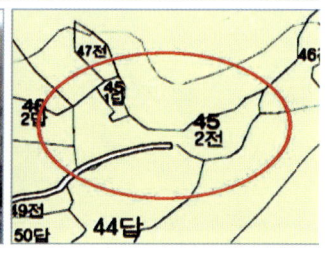

소재지/감정서	물건번호/면 적(㎡)	감정가/최저가/과정	임차조사	등기권리
463-460 경기 성남시 분당구 대장동 45-1 감정평가액 토지:29,786,250 ●감정평가서정리 -차량접근불가능 -지적및현황맹지 -개발행위가제한 지역(2005.7.15- 2008.7.14) ---------- -일괄입찰 -남서울주택단지북 서측인근 -주위전,답,임야등혼 재한시가지주변농 경지대 -대중교통사정다소 불편 -원거리버스(정)소재 -자체지반완경사인 부정형의장방형토 지 -도시지역 -대기환경규제지역	물건번호: 단독물건 답 58.75/235 (17.77평) 현:개사육시설및 부속건물부지 (토지 1/4 엄광섭 지분) 입찰외소유자미상 의개사육시설및부 속주택등소재 법정지상권성립여 지불분명 농취증필요	감정가 281,638,500 • 토지 281,638,500 (100%) (평당 1,676,021) 최저가 92,287,000 (32.8%) ●경매진행과정 281,638,500 ① 유찰 2011-04-18 20%↓ 225,311,000 ② 유찰 2011-05-16 20%↓ 180,249,000 ③ 유찰 2011-06-20 20%↓ 144,199,000 ④ 유찰 2011-07-18 20%↓ 115,359,000 ⑤ 유찰 2011-09-19 20%↓ 92,287,000 ⑥ 낙찰 2011-10-24 낙찰자 이소연	●법원임차조사 김세민 개사육장등 조사서상 윤건중 전입 2009.01.23 배당 2011.04.04 (보) 3,000,000 농원 점유 2001.9.25- 2011.3.25 임차권자 *현황대상장소는 답이나 제시외 제3자 김세민 소 유의 조립식 건물 및 가건 물 및 개사육장이 소재함. 주민센터에서 전입세대 열람한바 전입된 세대가 없음	저당권 홍지원 1989.06.05 56,000,000 저당권 강양희외1 1990.07.09 70,000,000 압 류성남세무서 1991.10.05 이 전 홍지원 2001.06.07 강양희 (90.07.09) 가압류 홍지원 2008.06.27 16,927,000 강 제 홍지원 2011.01.26 *청구액:17,958,675원 등기부채권총액 142,927,000원 열람일자 : 2011.02.16

본 경매물건은 성남대장지구 도시개발사업예정지 내에 위치한 물건지로서 기존 개사육장으로 사용하고 있으며 현재 건물, 가건물, 개사육시설 건물이 존재하고 있어 토지이용에 제약이 많이 따를뿐 아니라 토지가 경매로 진행이 되었기에 법정지 상권 문제도 해결해야 하는 과제를 안고 있으며 농지취득자격증명원을 발급받는데 문제가 없는지 확인이 필요한 물건이다.

1. 농지취득자격증명원 발급 가능 유무(입찰전 확인)

영농계획은 계절에 맞는 농작물과 수목중 경작재배품목을 작성하여 담당부서에 제출해야 하는데 본 물건은 지분권입찰 진행 물건이기에 가분할도를 작성하여 제출해야 한다.

설계사무소에 의뢰하여 세밀히 작성하면 좋겠지만 비용지출이 따르고 규정양식이 정해져 있지 않기에 개인입찰자는 토지이용계획원을 캡쳐하여 출력하던지 지도를 복사해서 대략적 지분권을 알 수 있는 구획선을 그려서 계획도를 장성하면 된다.

위 사진은 온비드 사이트에서 지적도를 캡처하여 2필지에 지분선 경계를 그리고 작성을 하여 제출하였다. 본 물건은 토지위에 건물이 존속하여 법정지상권 멸실 계획을 세워 선 농지취득자경증명서를 발급받아야 하며 지분분할이 되어있지 않는 지분권 경매물건이기에 어렵고 복잡하게 여길수 있지만 농지취득 자격증명원은 선계획을 수립하기에 입찰전에 관할청 담당부서와 확인을 통해 농지취득자격증명 발급이 문제 없을시에 입찰에 응하면 된다.

2. 법정지상권(지분권)

건물에 관한 법정지상권을 해결해야 토지 이용을 할 수 있기에 건물권이 법정지상권이 성립이 된다면 지료청구소송을 통해 지료확정판결을 받으면 되고 법정지상권이 성립되지 않는 다면 법정지상권 부존재 확정판결을 통해 건물을 철거 후 목적용도로 이용을 하면 된다.

3. 지분권과 법정지상권에 따른 대출 제약

건물에 관한 법정지상권 문제를 해소해야 정상적인 대출이 가능할 것이며 지분권에 대한 감정평가를 기준하기에 본 물건은 전체토지를 기준으로 평가하는 감정보다 다소 낮게 평가되며 자기자본금을 가지고 낙찰을 받아야 성공적인 투자 물건이 될 것이다.

성남대장지구 도시개발 계획도

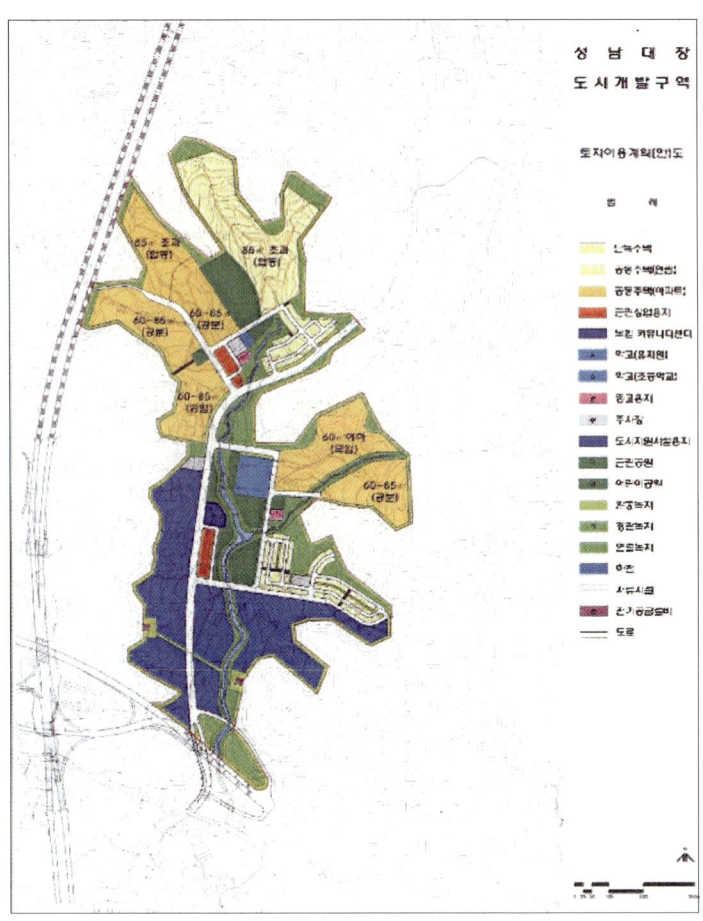

사업 배경 및 목적
대장동 지역은 성남시 도시기본계획상(2020) 시기화 예정용지로서 개발행위허가제 기간(10. 7)이 도래되어 계획적이고 신속한 개발이 요구되는 지역임

경기도의 명품단지 시범지구 선정 및 성남시의 지족 기능 확충요구를 포함한 새로운 개념의 친환경 명품 복합단지 개발하기 위하여 도시개발사업 추진

사업 개요
위　　치 : 성남시 분당구 대장도 일원
면　　적 : 910,000
건설호수 : 3,100호(계획인구 : 8,370인)
제 안 지 : 한국토지주택공사
사업기간 : 구역지정 고시일 ~ 2014년

[별지 제3호서식] (앞 쪽)

농지취득자격증명신청서			처리기간	접 수 *	. . . 제 호
			4일 (농업경영계획서를 작성하지 아니하는 경우에는 2일)	처 리 *	. . . 제 호

농지 취득자 (신청인)	①성명 (명칭)	이소연	②주민등록번호 (법인등록번호)	6***** -2******	⑥취득자의 구분			
	③주소	경기도 성남시 분당구 서현동 리 번지			농업인	신규 영농	법인 등	주말체험 영농
	④연락처	010-5***-****	⑤전화번호		○			

취 득 농지의 표 시	⑦소 재 지					⑪농지구분		
	시·군	구·읍·면	리·동	⑧지번	⑨지목	⑩면적 (㎡)	진흥 구역	보호 구역	진흥 지역 밖
	성남	분당	대장	45-1	답	58.75			
	성남	분당	대장	45-2	답	496.35			

⑫취득원인	부동산 경매				
⑬취득목적	농업 경영	농지 전용	시험·연구· 실습용 등	주말체험 영농	○

「농지법」 제8조제2항 및 같은 법 시행령 제7조제1항에 따라 위와 같이 농지취득자격증명의 발급을 신청합니다.

2010sus 10dnjf 25dlf

농지취득자 (신청인)   이 소 연   (서명 또는 인)

시장·구청장·읍장·면장 귀하

구 비 서 류	신청인(대표자) 제출서류	담당 공무원 확인사항 (부동의하는 경우 신청인이 직접 제출하여야 하는 서류)	수수료
	1. 별지 제2호서식의 농지취득인정서(법 제6조 제2항 제2호에 해당하는 경우에 한합니다) 2. 별지 제4호서식의 농업경영계획서(농지를 농업경영 목적으로 취득하는 경우에 한합니다) 3. 농지임대차계약서 또는 농지사용대차계약서(농업경영을 하지 아니하는 자가 취득하려는 농지의 면적이 영 제7조 제2항 제5호 각 목의 어느 하나에 해당하지 아니하는 경우에 한합니다) 4. 농지전용허가(다른 법률에 따라 농지전용허가가 의제되는 인가 또는 승인 등을 포함합니다)를 받거나 농지전용신고를 한 사실을 입증하는 서류(농지를 전용목적으로 취득하는 경우에 한합니다)	법인등기부등본	「농지법 시행령」 제74조 에 따름

본인은 이 건 업무처리와 관련하여 「전자정부법」 제21조제1항에 따른 행정정보의 공동이용을 통하여 담당 직원이 위의 담당 직원 확인사항을 확인하는 것에 동의합니다.

신청인(대표자)   (서명 또는 인)

210mm × 297mm(일반용지 60g/㎡(재활용품))

농지복구 계획서

[부동산의 표시]

경기도 성남시 분당구 대장동 45-1 답   234㎡(지분 1/4 58.75㎡)
경기도 성남시 분당구 대장동 45-2 답 1,987㎡(지분 1/4 496.35㎡)

-이 상-

-영농계획-

일자	재배작물
3~4월	상추
5~6월	들깨, 호박, 고추
8~9월	배추, 무

위 기재사항대로 성실히 영농을 이행할 것입니다.

2011. 10. 25.

이소연(6***** - 2******)
경기도 성남시 분당구 서현동

지분권이기에 가분할도 첨부

1. 경기도 성남시 분당구 대장동 45-1

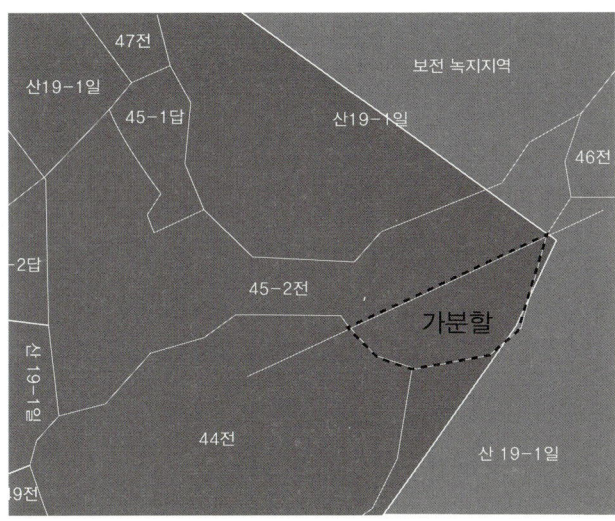

2. 경기도 성남시 분당구 대장동 45-2

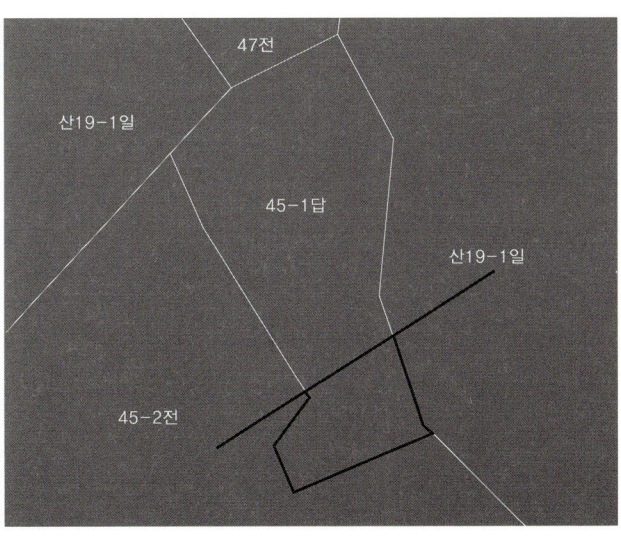

물건사례5 (구 단독주택 낙찰 후 다세대 신축)

지지옥션 — 북부4계 2012-14128
출력일:2014-05-23

관심물건	[서울] 메모:			수정

소 재 지	서울 도봉구 방학동 611-24 도로명주소		
경매구분	강제(기일)	채 권 자	신용보증기금
용 도	단독주택	채무/소유자	박순분
감 정 가	533,245,200 (12.07.07)	청 구 액	285,722,893
최 저 가	426,596,000 (80%)	토지총면적	172 ㎡ (52.03평)
입찰보증금	10% (42,659,600)	건물총면적	277.26 ㎡ (83.87평)
조 회 수	• 금일 1 • 공고후 135 • 누적 245	• 5분이상 열람 금일 0 • 누적 3	

낙 찰 일 시	12.12.10 (456,100,000원)	
종 국 결 과	13.02.05 배당종결	
경매개시일	12.06.19	
배당종기일	12.08.29	

소재지/감정서	물건번호/면 적(㎡)	감정가/최저가/과정	임차조사	등기권리
132-020 서울 도봉구 방학동 611-24 ●감정평가서정리 -벽돌조슬래브위시 멘트기와지붕 -신방학초등교북동 측인근 -인근단독및공동주 택,근린주택,근린생 활시설등혼재 -차량접근용이 -버스(정)인근,대중 교통여건보통 -정방형가까운등고 평탄지 -북측약5-6m도로, 동측약3-4m막다른 도로접함 -소로3류(8m미만)접 함 -도시가스보일러난 방 -도시지역 -2종일반주거지역 (7층이하) -최고고도지구 (5층20m이하(완화 시7층28m))	물건번호: 단독물건 대지 172 (52.03평) 건물 • 1층주택 85.91 (25.99평) • 2층주택 78.45 (23.73평) 현:공실 다락형태공간(옥 탑돌출부분)포함 • 지층보일러 실 18.86 (5.71평) • 지층주택 66.74 (20.19평) 제시외 • 현관,거실,발코 니 6.1 (1.85평) • 보일러실 0.2 (0.06평) • 발코니 14 (4.23평) • 창고 5 (1.51평) • 보일러실 2 (0.6평) 2층-86.01.21보 존	감정가 533,245,200 • 대지 462,680,000 (86.77%) (평당 8,892,562) • 건물 67,489,200 (12.66%) (평당 804,688) • 제시 3,076,000 (0.58%) 최저가 426,596,000 (80.0%) ●경매진행과정 533,245,200 ① 유찰 2012-11-05 20%↓ 426,596,000 ② 낙찰 2012-12-10 	낙찰자	문덕화
응찰수	3명
낙찰액	456,100,000 (85.53%)	 허가 2012-12-18 납부기한 2013-01-	●법원임차조사 김유경 전입 2008.10.28 확정 2008.10.28 배당 2012.06.28 (보) 35,000,000 주거/지하문앞쪽 방2(B01호) 점유기간 2008.10.25.- 홍옥희 전입 2008.11.19 확정 2010.11.30 배당 2012.07.02 (보) 30,000,000 주거/지하문앞쪽 방2(B02호) 점유기간 2008.11.12.- 홍경숙 전입 2009.09.29 확정 2009.09.29 배당 2012.07.04 (보) 100,000,000 주거/1층방3 점유기간 2009.9.28.- *남인욱 진술에 의하면 1층에 1세대가 거주하고 2층 비어 있다고 진술. 전입세대주 홍경숙, 홍진숙	건물 근저당축협중앙 [공동] 신도봉 1993.02.25 25,000,000 근저당축협중앙 [공동] 신도봉 1993.03.03 7,500,000 근저당축협중앙 [공동] 신설동 1994.02.21 39,000,000 소유권 박순분 2009.09.22 전소유자:송승국 가처분 우리은행 [공동] 송우 2009.10.08 2009 카합 836 의정부지법 내역보기 가처분 신용보증기금 [공동] 의정부 2009.10.12 2009 카합 1216

432

건축면적 및 건폐율, 용적율, 매입가와 융자 및 공사금액

주 용도 : 도시형 생활주택 다세대형	부지면적 : m²	
	건축면적 : m²	연면적 : m²

▼

세대사수 :	10가구	
건매율 : %		용적율 : %

▼

토지매입 가격	원	
융자 금액 : 원		실 구입비용 : 원

▼

건축비 : 약   억원

최초 사업자 낙찰에서 준공까지 공정 및 기간

최초 일반 단독주택 경매물건 검색 (1개월)

▼

사업성 검토 후 경매물건 낙찰

▼

가 도면 설계 후 정식 설계 시작 (약 1개월)

▼

설계 완료 후 사업 승인 완료 기존 주택 철거 병행 (약 1개월)

▼

터파기 및 기초공사 (15일)

▼

골조 공사, 전기, 설비공사 병행 (2개월)

▼

전기, 설비 내부 마감 공사 (약 3개월)

▼

준공도면 준비 및 사용승인 (약 15일)

1. 구옥낙찰 	2. 건물철거공정 
3. 철근배근공정 	4. 거푸집 시공 콘크리트 타설공정 
5. 내부바닥 난방공사 공정 	6. 내부 폴리싱 타일마감공정 
7. 신축 준공 허가 완료 	주택 내부 

신축 주택 사업의 장·단점

장점
- 소액 자금으로 투자하여 일정 수익을 유지할 수 있다.
- 공정기간이 짧은 관계로 시기를 선택하기 용이하다.

단점
- 부동산이 불경기일때 자금회전이 불리하다
- 사업의 경험이 부족할 시에는 대체능력이 뒤쳐질 수 있다.

Q1. 도시형 생활주택이란?
 ① 「국토의 계획 및 이용에 관한 법률」에 따른 도시지역
 ② 2세대 이상 300세대 미만
 ③ 30세대 이상은 주택법 제16조에 따른 사업계획승인,
    30세대 미만은 건축법 제11조에 따른 건축허가
 ④ 단지형 연립주택, 단지형 다세대주택, 원룸형 주택
 ⑤ 단지형 연립 및 다세대주택: 85㎡이하 원룸형 주택 :12㎡이상 ~ 50㎡ 이하

Q2. 단지형 연립주택, 단지형 다세대주택, 원룸형 주택이란?
 ○ 단지형 연립 및 다세대주택은 건축물의 용도상 연립 및 다세대주택에 해당하고, 각각 건축심의를 거쳐 1개층을 추가 건설 가능
 ○ 원룸형 주택은 건축물의 용도상 아파트, 연립주택, 다세대주택으로 건설 가능함(주택법 시행령 제3조 제1항)

Q3. 단지형 다세대주택과 원룸형 주택의 용도는?
단지형 다세대주택은 건축물의 용도상 다세대주택에 해당되며, 원룸형 주택은 아파트, 연립주택, 다세대주택에 해당됨

물건사례5 (도로 보상 물건사례)

지지옥션 제주6계 2012-12537

출력일:2014-05-25

관심물건	[제주도] 메모 :				수정
소 재 지	제주 서귀포시 서귀동 784-5 도로명주소				
경매구분	강제(기일)	채 권 자	한국자산관리공사		
용 도	도로	채무/소유자	이금순	낙 찰 일 시	14.04.14 (33,440,000원)
감 정 가	95,892,000 (12.11.08)	청 구 액	10,000,000	다 음 예 정	
최 저 가	32,891,000 (34%)	토지총면적	366 ㎡ (110.72평)	경매개시일	12.10.25
입찰보증금	10% (3,289,100)	건물총면적	0 ㎡ (0평)	배당종기일	13.01.17
조 회 수	•금일 1 ㅣ 공고후 94 ㅣ 누적 612		•5분이상 열람 금일 0 ㅣ 누적 28		
주 의 사 항	•재매각물건 특수件분석신청				

■ **특수조건분석** ※ 이해관계자 제보 등을 반영한 지지옥션의 주관적 분석 의견임

• **재매각**
이 사건은 첫 매각기일과 3회차 매각기일에 매각가율 101.1%와 63.4%에 각각 낙찰된 바 있으나, 2회 모두 대금을 미납하여 재매각(재경매)이 진행중입니다. 다만, 지목과 현황이 도로이고, `소유자에게 토지보상비가 지급된 상태로써 소유권 이전등기를 경료하지 못하였다는 서귀포시의 사실조회 회신(매각물건명세서 참고)` 내용이 있습니다. 그런데 공용징수(수용)의 경우 보상금이 지급되면, 사업시행자가 소유권을 취득(공시주의의 예외. 민법 제187조 참고)하기 때문에 낙찰을 받더라도 소유권을 상실할 수 있습니다. 입찰하지 않는 것이 최선이므로 각별히 주의하시기 바랍니다.(14.03.14)

  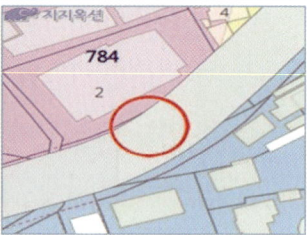

소재지/감정서	물건번호/면 적(㎡)	감정가/최저가/과정	임차조사	등기권리
697-010 제주 서귀포시 서귀동 784-5 ●**감정평가서정리** -서귀항북측인근 -부근식당,단독주택 등소재 -차량출입가능 -버스(정)인근소재 -제반교통사정무난 -부정형등고평탄지 -중로2류(15-20m) -무역항 -일반상업지역 -준공업지역 -준주거지역	물건번호: 단독물건 도로 366 (110.72평) *2013.8월 감정 가조정	감정가 95,892,000 • 토지 95,892,000 (100%) (평당 866,077) 최저가 32,891,000 (34.3%) ●**경매진행과정** 95,892,000 ① 낙찰 2013-03-18 낙찰자 강만홍 응찰수 1명 낙찰액 97,010,000 (101.17%)	●**법원임차조사** *도로로 사용 중이며, 보상비는 미지급상태라고 서귀포시청 담당공무원은 유선으로 진술하고 있으며 재확인 바랍니다	소유권 이금순 1976.06.15 가압류 한국자산관리공사 광주전남지사 2008.11.13 10,000,000 강 제 한국자산관리공사 광주전남지역 2012.10.25 *청구액:10,000,000원 등기부채권총액 10,000,000원 열람일자 : 2014.01.03

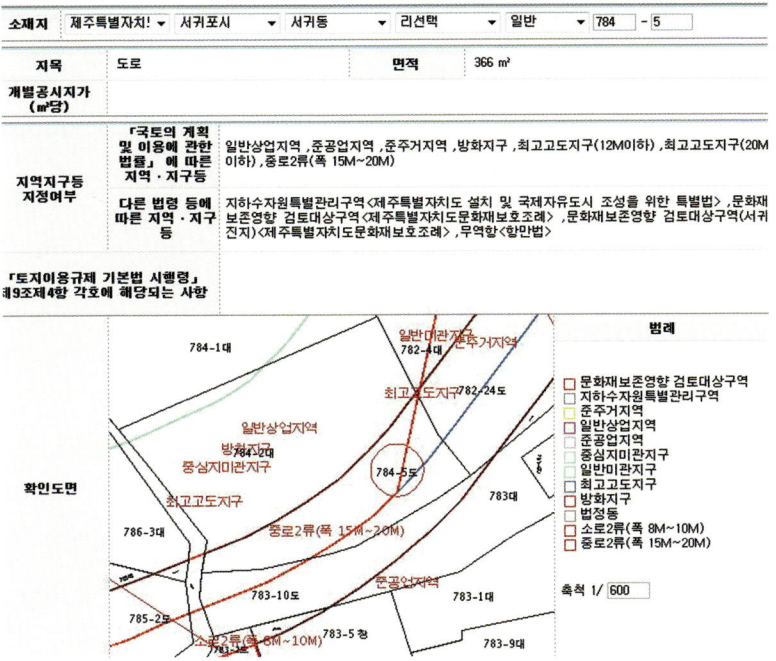

☞물건분석

tip. 도시계획도로 보상

도로보상물건은 지자체 도로계획과 도로보상을 확인후 수익성이 날 경우 입찰.

본건은 도시계획도로 "토지보상"을 1984년에 완료하였으나 소유권이전을 하지 않아 명의이전 되지 못한상태에서 경매가 진행이 되었으며 낙찰자는 도로보상을 받을수 없는 물건으로서 2회 낙찰이 되었으나 2회 모두 대금미납하여 재진행 된 상황에서 3회차 또다시 낙찰이 되었지만 3회차 낙찰자도 낙찰후 사실확인을 한다면 결과는 반복이 될듯하다.

☞ 토지경매에서는 이 물건처럼 보이지 않는 위험성이 항상 존재하기에 입찰전에 꼭 사실확인과 관련부서의 확인을 통해 입찰에 응해야 성공적인 투자가 이루어 질 것이다.

※ 지지옥션경매 정보에서는 특수조건 분석란에 상세내역을 기재하여 회원들에게 권리분석에 주의를 요하였기에 입찰분석에 큰 도움이 되었을 것이다.

국유지 매각과 임대방법

- 국유지 매각(불하)과 임대 방법안내 -

1. 해당 지자체, 또는 해당 농어촌공사, 해당지역 산림청 등이 소유하고 있는 국유지를 임대, 또는 매각(불하)를 받고 싶을 때는,
2. 해당 지자체, 또는 해당 농어촌공사, 해당지역 산림청 홈페이지에 접속하여 행정정보 공개를 청구하여 해당 지자체, 또는 해당 농어촌공사, 해당지역 산림청 등이 소유하고 있는 모든 국유지의 정보를 문서(전자우편)로 보내주도록 요청한다.
3. 청구할 때는 기관에 국유지의 매각(불하)이든 임대든 사용목적을 작성 한다.
4. 기관이 소유하고 있는 국유지의 모든 지번과, 면적, 매각(불하) 가격, 임대가격과 임대기간, 임대방법과 절차, 담당자의 성명과 연락처 등을 함께 요청한다.
5. 행정정보공개청구를 하면 해당 기관 담당자가 민원인에게 상세히 질문을 할 수 있으며 필요한 사항과 목적을 답변한다.
6. 절차가 끝난 후에 정보공개청구 접수일로부터 14일 이내에 해당기관으로부터 문서로 답변이 온다.
7. 문서로 답변이 오면 현장답사를 하고 담당자를 만나 상의하고,
8. 주의할 점은 모든 국유재산의 임대방식이 아닌 매각(불하)은 해당기관과 직접 매각계약을 하는게 아니고 해당기관이 한국자산관리공사(캠코)에 매각의뢰를 해서 한국자산관리공사(캠코)와 공개입찰방식으로 진행을 한다.
9. 수의계약조건 충족시 수의계약가능 하며 입찰방식을 통해서 진행한다. 수의계약 경우 에도 해당 기관과 직접 매각계약을 하는 게 아닌 한국자산관리공사(캠코)와 계약을 해야한다.

국유재산의 이해

1 국유재산이란?

국가가 행정목적을 수행하기 위해 필요로 하여 소유하고 있는 일체의 재산(광의) 및 국가의 부담이나 기부의 체납, 법령이나 조약의 규정에 의하여 국유로 된 재산(협의)을 말함

2 국유재산의 범위

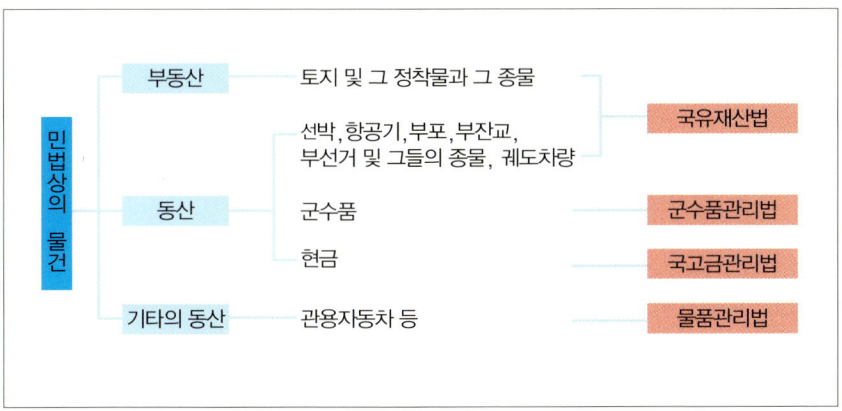

3 국유재산의 분류

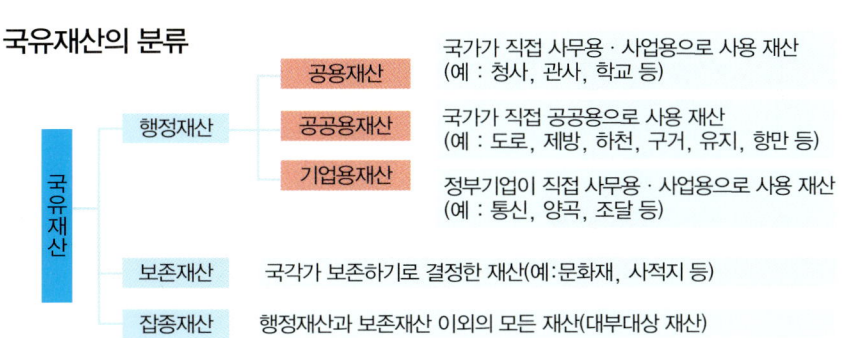

국유재산 관리기관

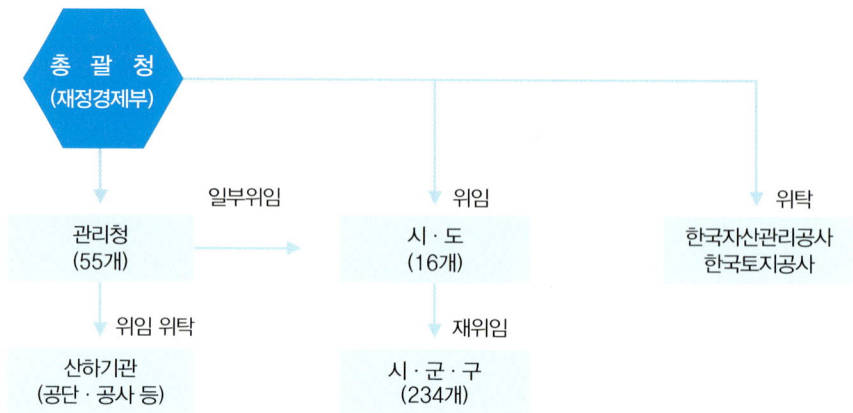

 관리기관별 재산관리 유형(국유잡종재산)

한국자산관리공사	지방자치단체	한국토지공사
1. 일단의 면적이 5,000㎡ 이하인 토지 2. 건물과 그 부속토지 3. 매각을 위하여 용도 폐지한 재산 4. 국세물납으로 인하여 취득한 재산 5. 한국자산관리공사에 위탁하는 것이 필요하다고 재정경제부가 결정한 재산	1. 농업진흥구역내 농경지 2. 상수원보호구역, 국립공원구역 등 개발제한 구역내에 위치하거나 기타 관계법령에 의한 사용 또는 개발이 부적합한 재산 3. 지방자치단체에 위임하는 것이 필요하다고 재정경제부가 결정한 재산	1. 일단의 면적이 5,000㎡ 초과하는 토지 2. 한국토지공사에 위탁하는 것이 필요하다고 재정경제부가 결정한 재산

잡종재산 대부 안내

1 국유재산이란?

- 법률의 규정에 의하여 국가가 국가 이외의 자에 대하여 사법상의 계약을 체결하여 사용·수익하게 하는 것
- 민법상의 임대차와 유사한 것이며, 잡종재산의 임대를 지칭함

2 대부 방법

▶ 원칙 : 공개경쟁입찰방식

▶ 예외 : 수의계약방식

- 주거용으로 대부하는 경우
- 경작의 목적으로 실경작자에게 대부하는 경우
- 2회에 걸쳐 2인이상의 유효한 입찰이 성립되지 아니한 경우
- 기타 법률등의 규정에 의하여 대부하는 경우

3 대부계약 체결 절차

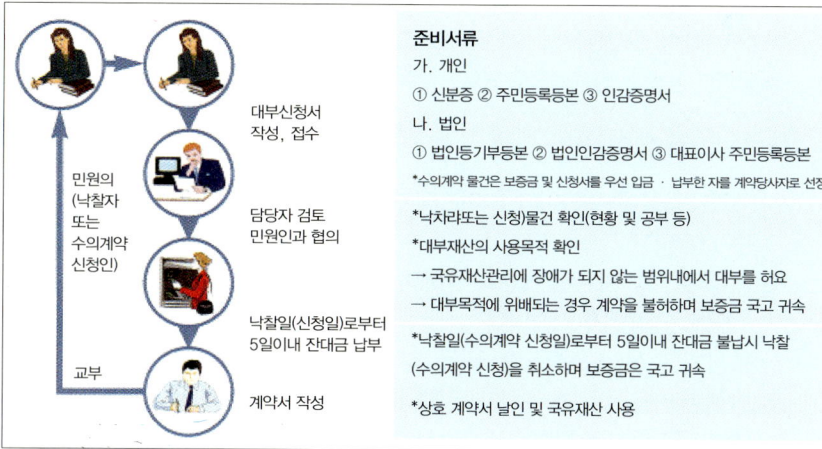

부록 441

4 대부기간 및 대부료

▶ **대부기간은 다음각호의 기간 이내에서 재산의 유형에 따라 결정**
- 10년 이내 : 조림을 목적으로 하는 토지와 그 정착물
- 5년 이내 : 조림목적 이외의 토지와 그 정착물(상업·주거·경작용)
- 1년 이내 : 기타의 물건

▶ **대부료 산정 : 연간대부료 = 재산가액 × 사용요율**

재산가액	사용요율
토지 : 당해연도 개별공시지가 건물 : 1개 감정평가법인의 평가금액	주거용 : 1천분의 25이상 경작용 : 1천분의 10이상 기타(상업용) : 1천분의 50이상

▶ **대부료 납부방법**
- 연간대부료는 전액 선납하는 것이 원칙임(시행령 제 27조 제1항)
- 대부계약 체결이후 연체시 최고 연 15%의 연체료가 부과됨

5 대부계약의 해지

▶ **다음의 경우에는 대부계약이 해지되오니 유의하시기 바랍니다.**
- 대부료 연체시
- 대부재산의 전대 또는 권리의 처분
- 대부목적의 변경
- 대부재산의 원상변경
- 국가가 공용·공공용으로 필요한 경우 등

6 대부계약중 유의사항

- 계약내용을 준수하여야 하며, 대부받은 재산에 대하여 아무런 연고권을 주장할 수 없습니다.
- 대부재산의 보존을 잘 해야하며 재산관리 소홀로 손해가 발생시 배상 및 원상복구 의무가 있습니다.
- 통상의 수선에 소요되는 비용 및 기타 승인을 받지 아니한 개보수로 인하여 발생한 비용 등은 청구하지 못합니다.
- 대부계약 해지를 원할시 1개월전에 신청하여야 합니다.

잡종재산 매각 안내

1. 국유재산 매각

- 국유재산은 재산의 위치, 규모, 형상, 용도 등으로 보아 매각하는 것이 유리하다고 판단되는 경우에 「관리계획 심의」를 거쳐 매각합니다.
- 국유재산의 매각은 사법상의 계약이지만, 성격상 공법상의 제약이 있습니다.

사법상의 계약 ← 국유재산 중 잡종재산 → 공법상의 제약

2. 매각 방법

▶ 원칙 : 공개경쟁입찰방식
▶ 예외 : 수의계약방식

1. 국가지분면적이 특별시 : 50㎡, 기타시 : 700㎡, 기타 : 1,000㎡이하의 토지를 공유지분권자에게 매각할 때
2. 2회에 걸쳐 2인이상의 유효한 입찰이 성립되지 아니한 경우
3. 좁고 긴 모양으로 되어 있으며 폭이 5m이하로서 국유지 이외의 토지와 합필이 불가피한 토지
4. 좁고 긴 모양으로 되어 있는 폐도, 폐구거, 폐하천으로서 인접 사유토지와 합필이 불가피한 토지
5. 농업진흥지역안의 농지로서 10,000㎡이하의 범위안에서 동일인이 5년이상 계속 경작한 실경작자에게 매각하는 경우
6. 일단의 토지면적이 시지역에서는 1,000㎡ 시이외의 지역은 2,000㎡이하로서 1989.01.24.이전부터 국유 이외의 건물이 있는 토지
7. 건축법 제49조 제1항의 규정에 의한 최소분할면적에 미달하는 일단의 토지로서 그 경계선의 2분의 1이상이 사유토지와 접하여 있는 경우
8. 기타

3 매각 절차

매수신청 → 현장조사 → 국유재산관리 계획수립 → (매각심의위원회 개최) → 관리계획 승인 → 감정평가 (2개기관) → 수의·입찰 (매매계약체결) → 대금수납 및 소유권이전

4 매각의 제한

1. 국가기관 및 지방자치단체가 행정목적 수행상 필요한 경우
2. 당해 재산의 매각으로 인하여 인근 잔여재산의 효용가치가 감소하는 경우
3. 상수도보호구역내의 국유지
4. 무주부동산 공고를 거쳐 취득한 후 10년이 경과되지 아니한 재산
5. 도시계획에 저촉되는 재산 등

5 대부계약중 유의사항

▶ 매각재산의 가격결정
- 결정방법 : 2개의 감정평가법인에게 의뢰한 평가액을 산술평균한 금액
- 적용기간 : 감정평가일로부터 1년

▶ 매각대금의 납부 : 매매계약 체결이로부터 60일 이내
- 계약체결시 매각대금의 10%이상을 계약금으로 납부

▶ 매각재산의 소유권이전
- 매각재산의 소유권이전은 매각대금이 완납된 후에 함이 원칙
- 도시재개발구역안의 토지매각시 분할납부의 경우 매각대금 완납전에 이전가능. 단, 저당권 설정 등 채권확보가 필수

입찰참가 안내

온비드 회원가입
www.onbid.co.kr 로 접속

- 온비드내〈회원가입〉코너를 통해 회원가입
- 반드시 유의사항을 읽어본 후 가입
- 기관회원도 인터넷입찰 참여가 가능하며 이 경우 개인명의가 아니라 기관명으로 입찰하여야 합니다.

공인인증서 등록
(은행, 증권회사, 한국전산원등에서 발급 받음)

- 발급받은 또는 보유한 공인인증서는 〈나의 온비드〉에서 등록합니다.
- 공인인증서는 온라인상 인감과 같으며 공인인증서가 없으면 인터넷 입찰에 참여할 수 없습니다.

입찰대상 물건확인
사진, 지도정보, 공부열람, 감정평가서, 현장확인 조사 등

- 〈입찰공고〉, 〈물건정보〉코너, 〈물건검색〉 기능을 통해 인터넷 입찰이 가능한 물건을 검색합니다.
- 공고와 물건정보를 〈관심정보〉로 등록해 두시면 〈나의 온비드〉를 통해 해당물건에 대한 입찰진행 정보를 쉽게 파악할 수 있습니다.

인터넷입찰서 작성
입찰참가 버튼을 누름

- 인터넷입찰이 시작된 물건의 물건정보화면 하단의 입찰정보목록에서 "입찰참가"버튼을 누르면
- 인터넷입찰서 작성"화면으로 넘어갑니다.
- 전자입찰서에는 원하시는 입찰금액과 유찰시 보증금을 환급받을 수 있는 계좌번호를 입력합니다.

입찰참가 제한

1. 대부료, 변상금 또는 매각대금의 체납자
2. 입찰을 방해하거나 온비드를 정상적으로 작동되지 않게 한 행위자
3. 허위 명의로 대부신청한 자
4. 부당하게 가격을 떨어뜨릴 목적으로 담합한 자
5. 입찰담당 직원의 직무집행을 방해한 자 등

입찰참가자 준수규칙 확인
공고사항 및 부대조건 등을 확인

- 작성된 입찰내용을 확인하고 "인터넷입찰 참가자 준수규칙"을 확인 후 동의를 선택합니다.

입찰서 제출 완료
"입찰서제출" 버튼을 누름

- 입찰참가 납부계좌 확인 및 관련정보를 확인하신 후 "확인"버튼을 눌러 입찰서 제출을 최종 완료합니다.
  ※ 공동입찰, 대리인입찰, 미성년자 입찰의 경우 인터넷입찰 마감 1영업일전까지 관련서류(공동·대리인입찰서, 법정대리인동의서)를 제출하여야 유효한 입찰이 됩니다.

입찰보증금 납부
입찰보증금업무 지불결제시스템 (외환은행)

- 해당물건의 인터넷 입찰마감시한까지 보증금을 납부하시면 입찰이 완료됩니다.
- 보증금은 인터넷뱅킹, ATM, 은행창구입금 등 일반적인 은행의 거래방식 모두를 사용할 수 있습니다.
  ※ 입금상태는 〈나의온비드〉코너의 〈입찰내역〉에서 확인

낙찰자선정 및 결과확인
낙찰자입찰 보증금 이체 (입찰진행기관)

- 해당 입찰건의 집행기관이 공지된 날에 낙찰자를 선정합니다.
- 온비드 회원 가입시 입찰진행 상태 알림메일을 신청하시면 이메일로 결과를 받아 보실 수 있습니다.
  ※ 유찰자의 입찰보증금은 입찰자 계좌번호로 환급

변상금에 대한 사항

1 변상금 부과

국유재산의 대부 또는 사용·수익허가 등을 받지 아니하고 점유·사용하였을 경우 정당한 대부료의 120%에 해당하는 금액을 부과하는 일종의 징벌적 성격을 가진 것

유의 사항
무단으로 국유지를 점유·사용하고 계시는 경우에는 변상금 부과에 따른 추가부담(대부료의 20%)을 줄이기 위해 대부 계약을 맺고 사용하시기 바랍니다.

2 부과처리 흐름도

무단점유 조사 → 변상금 사전통지 → 의견 제출 → 변상금 부과

3 변상금 산정 및 부과기간

※부과 시점부터 점유(사용)기간 소급 (최장 5년)부과하고 이후부터 1년 단위로 매년 정기적으로 부과합니다.

| 산식 | 연간 변상금 = 연간 대부료(사용료) × 120% |

4 변상금 부과 면제

무단으로 국유지를 점유하였다고 하여 무조건 변상금을 내게 되는 것은 아니며, 특별한 사유가 있는 경우에는 변상금을 면제받게 됩니다.

경우1
등기부 기타 공부상의 명의인을 정당한 소유자로 믿고 상당한 대가를 지급하고 권리를 취득한자의 재산이 취득후에 국유재산으로 판명되어 국가에 귀속되는 경우

경우2
국가 또는 지방자치단체가 불가피한 사유로 일정기간 국유재산을 점유하게 하거나 사용·수익하게 한 경우

연체료에 대한 사항

연체료 부과

대부료, 변상금, 매각대금 모두 납부기한이 경과한 후에는 납부 지연 기간에 대해 최고 연 15%의 연체료를 추가 부담하게 됩니다.

납부지연(연체) 기간	부과이율	비고
• 1개월 미만의 경우 • 1개월이상 3개월미만의 경우 • 3개월이상 6개월미만의 경우 • 6개월이상의 경우	• 연 12% • 연 13% • 연 14% • 연 15%	

자주 묻는 질문(FAQ)

국유재산 대부 입찰이란?
국유재산의 사용자를 경쟁의 방법으로 선정하는 방식을 입찰이라 하며
국유재산 대부는 사유재산의 임대와 같은 개념으로, 매각과는 별도입니다.

정보공개 및 대부입찰은 어디에서 하는지?
국유 잡종재산에 대한 대부 입찰은 한국자산관리공사의 온비드시스템
(www.onbid.co.kr)를 통하여 일반경쟁 입찰로 피대부자를 결정하게 됩니다.

전자입찰에 참가하기 위한 사전준비 사항은?
한국자산관리공사 온비드(www.onbid.co.kr)에 회원 가입 후 공인
인증기관으로부터 전자입찰용(범용) 공인인증서를 발급받아 온비드에 등록하셔야
합니다.

국유재산 대부계약 체결방법은?
정보공개, 입찰공고, 입찰참가 및 낙찰자 결정은 한국자산관리공사의
온비드시스템(www.onbid.co.kr)에서 일괄적으로 이루어지며, 대부계약은 낙찰된
금액 중 보증금을 제외한 잔대금 및 주민등록등본 등 관련서류를 지참하여 입찰
공고에서 정한 기일(5일) 이내에 체결하여야 합니다.

- 한국자산관리공사 위탁재산 : 한국자산관리공사 국유재산관리부
- 시·군·구 위임재산 : 관할 시·군·구청 재무과·회계과 등
- 토지공사 위탁재산 : 토지공사 국유재산관리처

개인도 국유재산을 대부 받을 수 있는지?
대부를 받기 위한 자격에는 제한이 없으며 자연인(개인)은 물론이고 법인, 외국인의
구분없이 누구든지 국유재산을 대부 받을 수 있습니다.
단, 종전 대부료 체납자에 대하여는 입찰을 참여하실 수 없습니다.

대부료 납부방법은?
대부료는 1년 단위로 선납함을 원칙으로 합니다.
(국유재산법시행령 제27조 제1항)

국유재산을 대부받기 위하여 반드시 입찰에 참여하여야 하는지?

대부방법에는 일반경쟁입찰 및 수의계약이 있는데 원칙적으로 일반경쟁입찰로 대부하고 있으며 법률에서 정한 일정한 요건하에서 수의계약으로 대부가 가능합니다.

〈수의계약 대상 예〉
- 주거를 목적으로 대부하는 경우
- 경작을 목적으로 실경작자에게 대부하는 경우
- 2회에 걸쳐 2인 이상의 유효한 입찰이 성립되지 아니한 경우

참고사항

사유건물로 점유된 국유지를 주거용으로 대부하는 경우 건물소유자에게 수의계약으로 대부하고 있으나, 토지와 건물이 모두 국유재산인 경우에는 일반인에게 공평한 기회를 제공하고자 경쟁 입찰에 의한 대부계약을 체결하고 있습니다.

대부예정가격은 어떻게 결정되는지?

대부예정가격이란 연간 대부료의 최저금액으로서 응찰자가 대부 예정가격 이상으로 입찰하여야 낙찰을 받을 수 있습니다. 대부예정가격은 재산가액을 기준으로 10/1,000~50/1,000 요율을 곱한 금액으로 정하며 이때 재산가액은 토지의 경우 해당 공시지가에 면적을 곱하여 산정하며 건물은 1개 감정평가 법인이 평가한 감정평가액으로 합니다.

- 경작용의 경우 : 재산가액의 10/1,000 이상
- 주거용의 경우 : 재산가액의 25/1,000 이상
- 기타(상업용 등)의 경우 : 재산가액의 50/1,000 이상

2회이상 경쟁입찰을 실시하여도 낙찰자가 결정되지 아니하는 경우에는 3회부터 경쟁입찰을 실시할 때마다 최초 대부예정가역의 100분의 10에 해당하는 금액을 체감하여 최고 50%까지 체감할 수 있습니다.

대부료가 고액일 경우 가격조정이 가능한지?

대부료는 국유재산법시행령 제26조의 방법에 의하여 산정되며, 재산관리기관이 임의로 조정할 수 없습니다. 다만, 경쟁입찰을 2회이상 실시하여 사용료 예정가격을 체감하여도 사용·수익자가 결정되기 어렵다고 인정되는 때에는 감정평가 법인의 평가액을 사용료 예정가격으로 정할 수 있습니다.

대부재산상에 건물 등을 설치할 수 있는지?

국유지상에 건물, 기타 영구시설물의 축조는 허용되지 않습니다. 다만, 대부계약자가 토지 이용을 위한 최소한의 가설물을 설치하고자 할 경우 반드시 관할 행정기관에 허가 가능여부를 확인한 후 대부자(자산관리공사)와 사전 협의를 하여야 합니다.

대부기간 중 대부계약자가 사망한 경우 대부계약자를 변경할 수 있는지?

호적등본, 제적등본 등으로 사망사실이 확인된 경우에 한하여 상속인으로 명의를 변경할 수 있습니다. 이 경우 대부기간은 당초 받은 자의 잔여기간으로 합니다.

대부계약을 체결하지 않고 국유재산을 사용할 경우 어떠한 불이익이 있는지?

당해 국유재산 대부료의 100분의 120에 상당하는 변상금을 납부하여야 함. 또한, 대부계약이 만료된 후 다시 대부계약을 체결하지 아니하고 계속 사용하는 자에게도 변상금을 부과·징수하고 있습니다. 변상금을 자진 납부하지 아니할 경우 체납자의 재산에 대한 압류 등의 법적 절차를 진행하여 체납변상금을 회수합니다.

국유재산에 대해 1인이 응찰한 경우 어떻게 되는지?

국유재산은 2인 이상의 유효한 입찰이 성립된 경우에 한하여 그 중 최고가액의 입찰자를 낙찰로 결정하므로 1인이 응찰한 경우 입찰이 무효가 됩니다.

참고사항

다만, 2회에 걸쳐 2인 이상의 유효한 입찰이 성립되지 않은 경우 입찰자가 원하는 경우에 응찰한 금액으로 수의계약을 체결할 수 있습니다. 동일한 최고가격으로 응찰한 자가 2인 이상일 경우에는 온비드시스템에 의한 무작위 추첨으로 결정합니다.

입찰에 참가하여 낙찰되었으나 대부계약을 체결하지 않는 경우 어떻게 되는지?

낙찰자는 입찰공고에서 정한 기일(5일) 이내에 주민등록등본 1통을 지참하여 대부계약 체결과 동시에 잔대금을 납부하여야 합니다. 만일 낙찰자가 이에 응하지 않을 경우에는 낙찰을 무효로 하고 입찰보증금은 국고에 귀속됩니다.

Word 국유재산 용어정리

1 대부료
국유재산 대부는 사유재산의 임대와 같은 개념이며, 잡종재산의 대부계약에 따른 임대료를 말함(행정재산의 경우에는 사용 · 수익허가라고 하며 "사용료"라 칭함)

2 변상금
국유재산을 정당하게 대부받지 아니하고 점유 · 사용하였을 경우 징벌적 성격에서 부과되는 행정처분 금액(대부료의 120%가 부과됨)

3 일단의 토지
국가이외의 소유 토지와 경계선을 접하고 있는 잡종재산인 일련의 토지(이 경우 행정재산,보전재산 또는 국가와 국가이외의 자가 공유한 토지는 국가이외의 자의 소유토지로 봄)

4 국유재산관리 계획
1회계연도에 있어 국유재산의 관리(취득, 관리환, 사용·수익허가, 대부)와 처분(매각, 교환, 양여, 신탁)에 관한 예정서로서 현금회계에 있어서 예산과 동일한 개념임

5 전대
대부를 받은 자가 허가없이 다시 제3자에게 임대하는 행위(계약해지 대상임)

6 용도폐지
행정재산 및 보존재산이 당해 목적수행을 위하여 사용할 필요가 없다고 판단되는 경우에 잡종재산으로 전환하는 것

7 영구시설
시설물의 해체가 물리적으로 심히 곤란하여 해체시 재사용이 불가능하거나 해체비용이 막대하여 오히려 재산의 손실을 가져올 수 있는 시설물

8 귀속재산
1948. 09. 11 대한민국 정부와 미국 정부간에 체결된 재정 및 재산에 관한 최초협정 제5조에 의거 대한민국정부에 이양된 재산으로 주둔 일본인, 일본법인 재산이 해당됨

Ⅳ 경매 서식

[전산양식 A3360] 기일입찰표(흰색)　　　　　　　　용지규격 210mm×297mm(A4용지)

(앞면)																						
\multicolumn{23}{	c	}{기 일 입 찰 표}
\multicolumn{11}{	l	}{법원 집행관 귀하}	\multicolumn{12}{l	}{매각(개찰)기일 : 201 년 월 일}

(표는 기일입찰표 양식: 사건번호 타경 호, 물건번호, 입찰자 본인/대리인 성명·주민(사업자)등록번호·주소·전화번호·법인등록번호·본인과의 관계, 입찰가격(천억 백억 십억 억 천만 백만 십만 만 천 백 십 일 원), 보증금액(백억 십억 억 천만 백만 십만 만 천 백 십 일 원), 보증의 제공방법 □입금증명서 □보증서, 보증을 반환 받았습니다. 입찰자 ㉑)

주의사항
1. 입찰표는 물건마다 별도의 용지를 사용하십시오. 다만, 일괄입찰시에는 1매의 용지를 사용하십시오.
2. 한 사건에서 입찰물건이 여러개 있고 그 물건들이 개별적으로 입찰에 부쳐진 경우에는 사건번호외에 물건번호를 기재하십시오.
3. 입찰자가 법인인 경우에는 본인의 성명란에 법인의 명칭과 대표자의 지위 및 성명을, 주민등록란에는 입찰자가 개인인 경우에는 주민등록번호를, 법인인 경우에는 사업자등록번호를 기재하고, 대표자의 자격을 증명하는 서면(법인의 등기사항증명서)을 제출하여야 합니다.
4. 주소는 주민등록상의 주소를, 법인은 등기기록상의 본점소재지를 기재하시고, 신분확인상 필요하오니 주민등록등본이나 법인등기사항전부증명서를 동봉하십시오.
5. 입찰가격은 수정할 수 없으므로, 수정을 요하는 때에는 새 용지를 사용하십시오.
6. 대리인이 입찰하는 때에는 입찰자란에 본인과 대리인의 인적사항 및 본인과의 관계 등을 모두 기재하는 외에 본인의 위임장(입찰표 뒷면을 사용)과 인감증명을 제출하십시오.
7. 위임장, 인감증명 및 자격증명서는 이 입찰표에 첨부하십시오.
8. 입찰함에 투입된 후에는 입찰표의 취소, 변경이나 교환이 불가능합니다.
9. 공동으로 입찰하는 경우에는 공동입찰신고서를 입찰표와 함께 제출하되, 입찰표의 본인란에는 "별첨 공동입찰자목록 기재와 같음"이라고 기재한 다음, 입찰표와 공동입찰신고서 사이에는 공동입찰자 전원이 간인하십시오.
10. 입찰자 본인 또는 대리인 누구나 보증을 반환 받을 수 있습니다(입금증명서에 의한 보증은 예금계좌로 반환됩니다).
11. 보증의 제공방법(입금증명서 또는 보증서)중 하나를 선택하여 ☑표를 기재 하십시오.

부록 453

(뒷면)

위 임 장

대리인	성 명		직업	
	주민등록번호		전화번호	
	주 소			

위 사람을 대리인으로 정하고 다음 사항을 위임함.

다 음

지방법원   타경   호 부동산

경매사건에 관한 입찰행위 일체

본인1	성 명	(인감인)	직 업	
	주민등록번호		전화번호	
	주 소			
본인2	성 명	(인감인)	직 업	
	주민등록번호		전화번호	
	주 소			
본인3	성 명	(인감인)	직 업	
	주민등록번호		전화번호	
	주 소			

* 본인의 인감 증명서 첨부

* 본인이 법인인 경우에는 주민등록번호란에 사업자등록번호를 기재

지방법원 귀중

공 동 입 찰 신 고 서

수원지방법원 집행관 귀하

사건번호   20   타경   호

물건번호

공동입찰자   아래 목록과 같음

위 사건에 관하여 공동입찰을 신고합니다.

년   월   일

신청인   외   인(아래 목록 기재와 같음)

공 동 입 찰 자 목 록

번호	성 명	주 소		지분
		주민등록번호	전화번호	
	㊞	-	☎ ( ) -	
	㊞	-	☎ ( ) -	
	㊞	-	☎ ( ) -	
	㊞	-	☎ ( ) -	
	㊞	-	☎ ( ) -	

※ 공동입찰을 하는 때에는 입찰자 목록에 각자의 지분을 분명하게 표시하여야 합니다.

공동입찰자목록

번호	성 명	주 소		지분
		주민등록번호	전화번호	
	(인)			
		-		
	(인)			
		-		
	(인)			
		-		
	(인)			
		-		
	(인)			
		-		
	(인)			
		-		
	(인)			
		-		
	(인)			
		-		
	(인)			
		-		
	(인)			
		-		

용지규격 210mm×297mm(A4용지)

[별지 제3호서식] (앞 쪽)

농지취득자격증명신청서

접 수 *	. . . 제 호	처리기간
처 리 *	. . . 제 호	4일 (농업경영계획서를 작성하지 아니하는 경우에는 2일)

농지 취득자 (신청인)	①성명 (명칭)		②주민등록번호 (법인등록번호)		⑥취득자의 구분			
	③주소	도 시·군 읍·면 리 번지			농업인	신규영농	주말체험영농	법인등
	④연락처		⑤전화번호					

취득 농지의 표시	⑦소 재 지						⑪농지구분		
	시·군	구·읍·면	리·동	⑧지번	⑨지목	⑩면적(㎡)	진흥구역	보호구역	진흥지역 밖

⑫취득원인				
⑬취득목적	농업경영	주말·체험영농	농지전용	시험·연구·실습용 등

「농지법」 제8조 제2항 및 같은 법 시행령 제7조 제1항에 따라 위와 같이 농지취득자격증명의 발급을 신청합니다.

년   월   일

농지취득자(신청인)   (서명 또는 인)

시장·구청장·읍장·면장 귀하

구비서류	신청인(대표자) 제출서류	담당 공무원 확인 사항	수수료
	1. 별지 제2호서식의 농지취득인정서(법 제6조 제2항 제2호에 해당하는 경우에 한합니다) 2. 별지 제4호서식의 농업경영계획서(농지를 농업경영 목적으로 취득하는 경우에 한합니다) 3. 농지임대차계약서 또는 농지사용대차계약서(농업경영을 하지 아니하는 자가 취득하려는 농지의 면적이 영 제7조 제2항 제5호 각 목의 어느 하나에 해당하지 아니하는 경우에 한합니다) 4. 농지전용허가(다른 법률에 따라 농지전용허가가 의제되는 인가 또는 승인 등을 포함합니다)를 받거나 농지전용신고를 한 사실을 입증하는 서류(농지를 전용목적으로 취득하는 경우에 한합니다)	법인등기부등본	「농지법 시행령」 제74조에 따름

본인은 이 건 업무처리와 관련하여 「전자정부법」 제21조 제1항에 따른 행정정보의 공동이용을 통하여 담당 직원이 위의 담당 직원 확인사항을 확인하는 것에 동의합니다.

신청인(대표자)   (서명 또는 인)

(뒷면)

※ 기재상 주의사항

* 란은 신청인이 쓰지 아니합니다.
①란은 법인에 있어서는 그 명칭 및 대표자의 성명을 씁니다.
②란은 개인은 주민등록번호, 법인은 법인등록번호를 씁니다.
⑥란은 다음 구분에 따라 농지취득자가 해당되는 난에 ○표를 합니다.

　가. 신청당시 농업경영에 종사하고 있는 개인은 "농업인"

　나. 신청당시 농업경영에 종사하지 아니하지만 앞으로 농업경영을 하려는 개인은 "신규영농"

　다. 신청당시 농업경영에 종사하지 아니하지만 앞으로 주말·체험영농을 하려는 개인은 "주말체험·영농"

　라. 농업회사법인·영농조합법인, 그 밖의 법인은 "법인 등"

[취득농지의 표시]란은 취득대상 농지의 지번에 따라 매 필지별로 씁니다.
⑨란은 공부상의 지목에 따라 전·답·과수원 등으로 구분하여 씁니다.
⑪란은 매 필지별로 진흥구역·보호구역·진흥지역 밖으로 구분하여 해당란에 ○표를 합니다.
⑫란은 매매·교환·경락·수증 등 취득원인의 구분에 따라 씁니다.
⑬란은 농업경영 / 주말·체험영농 / 농지전용 / 시험·연구·실습용 등 취득 후 이용목적의 구분에 따라 해당란에 ○표를 합니다.

※ 농지취득 후 농지이용목적대로 이용하지 아니할 경우 처분명령 / 이행강제금 부과 / 징역·벌금 등의 대상이 될 수 있으므로 정확하게 기록하여야 합니다.

※ 이 신청서는 무료로 배부되며 아래와 같이 처리됩니다.

신청인	처리기관(시·구·읍·면)
신청서 작성	접 수
	확인·조사
	검 토
교 부	증명발급 또는 신청서의 반려

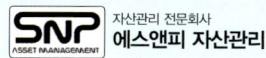 자산관리 전문회사 에스앤피 자산관리

NPL(부실채권) 매입 및 매각 전문 기업 1544-1293

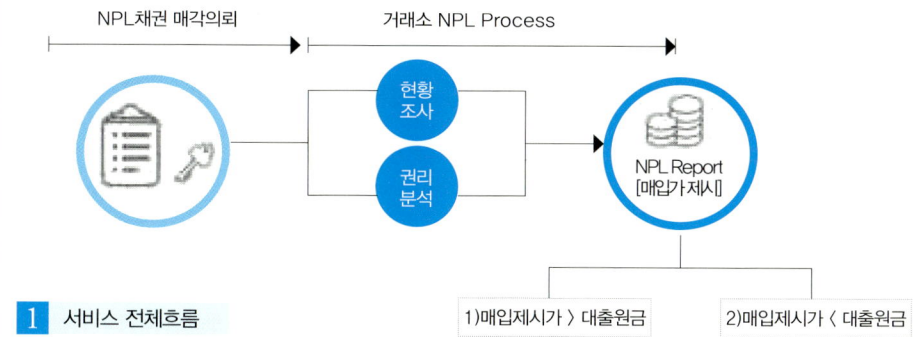

1 서비스 전체흐름

NPL에 관한 모든 분야에 '전문서비스'를 제공

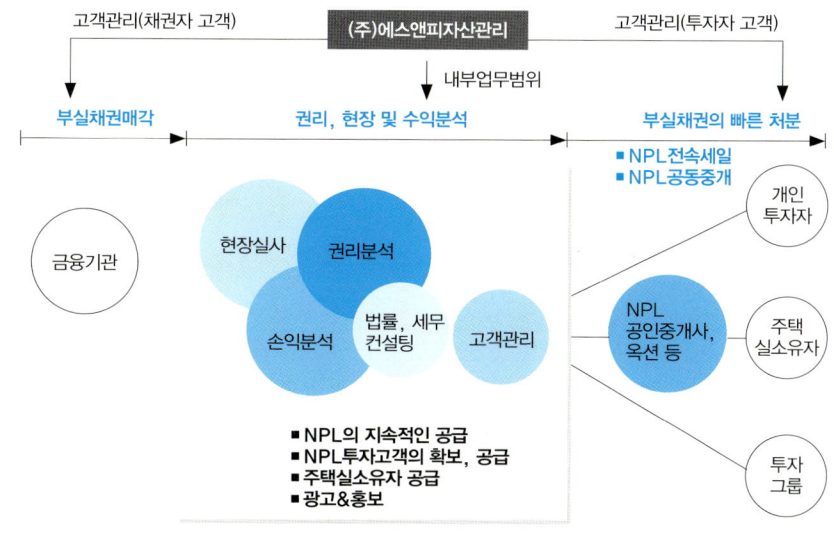

2 기대효과

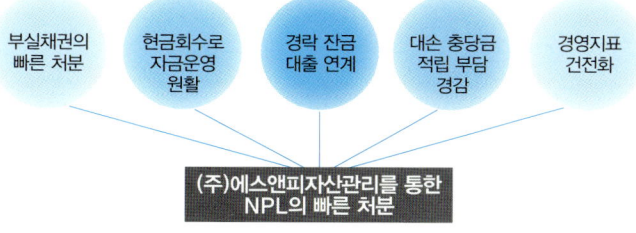

NPL의 빠른 처분으로 부실율 낮추고, 경쟁력 확보

리모델링 | 인테리어디자인 | 조경식재

건물의 경제적 가치를 높이기 위한 [컨설팅 | 설계·시공 | 시설관리] 전문기업

회사연혁

2005. 04. 01	신형건설 (주) 회사설립
2005. 04. 20	전문건설업 시설물유지관리업 면허취득
2005. 10. 17	(주)신형이앤씨 상호변경
2007. 05. 01	다음, 네이버 온라인광고(리모델링/주택/상가/모델/건물)
2007. 05. 22	제1회 국제방재전시회 코엑스박람회 '내진형 배관 이음쇠'
2007. 12. 25	본사이전 및 리모델링 쇼룸 OPEN
2008. 08. 12	사단법인 리모델링협회 정회원
2009. 12. 15	(주)신형이앤씨 R&D 기업부설연구소 설립
2010. 08. 12	사단법인 빌딩스마트협회 정회원
2010. 10. 02	도시형생활주택 "블루그린"브랜드 런칭
2011. 02. 14	한국부동산닷컴 온라인포털 단독·다세대 임대주택사업 제휴
2011. 03. 18	(주)리노디자인빌드 상호변경
2011. 05. 31	광교·흥덕 Kdb U-TOWER 사업장 이전
2012. 04. 19	조경식재공사업 면허취득 및 2억원증자[자본금6억원]
2012. 05. 08	건물[사솔]관리용역업 및 위생관리용역업[건축물 일반청소업] 직접생산확인증명서, 시설경비업 등록
2012. 07. 30	석면해체공사업 등록
2013. 03. 13	저수조청소업 등록
2013. 03. 14	전시사업자 등록
2013. 03. 19	소독업 등록
2013. 06	주택임대관리업 위탁업 면허취득